KU-014-486

Y MABINOGION

Diweddariad gan

DAFYDD IFANS

a

RHIANNON IFANS

ynghyd â
rhagymadrodd

gan
Yr Athro BRYNLEY F. ROBERTS

GWASG GOMER
1980

Argraffiad Cyntaf—Mawrth 1980
Ail Argraffiad—Mawrth 1981
Trydydd Argraffiad—Hydref 1983
Pedwerydd Argraffiad—1990
Pumed Argraffiad—1993

ISBN 0 85088 722 4

Cedwir pob hawl. Ni ellir atgynhyrchu unrhyw ran o'r cyhoeddiad hwn
na'i gadw mewn cyfundrefn adferadwy na'i drosglwyddo mewn unrhyw
ddull na thrwy unrhyw gyfrwng, electronig, electrostatig, tâp magnetig,
mecanyddol, ffotogopïo, recordio, nac fel arall, heb ganiatâd ymlaen
llaw gan y cyhoeddwyr Gwasg Gomer, Llandysul, Dyfed.

UNIVERSITY COLLEGE LIBRARY SWANSEA

Argraffwyd gan Wasg Gomer, Llandysul

CYNNWYS

Cyflwynedig i'r
Dr. R. Geraint Gruffydd

RHAGAIR

Ffrwyth comisiwn gan Gyngor Celfyddydau Cymru yw'r gwaith hwn.

Hyfrydwch yw cael diolch i'r Athro Brynley F. Roberts, nid yn unig am gytuno i ysgrifennu rhagymadrodd i'r gyfrol a gwneud hynny'n ddeheuig a thrylwyr, ond hefyd am ei lafur yn darllen dros y diweddariad er mwyn sicrhau cywirdeb y dehongliad.

Dymunwn ddiolch i'r Athro Bedwyr Lewis Jones a'r Athro J. E. Caerwyn Williams am eu sylwadau ar y gwaith ; i aelodau o staff y Cyngor Llyfrau Cymraeg am eu cymorth wrth baratoi'r teipysgrif ; i Mr. Dyfed Elis-Gruffydd, ar ran Gwasg Gomer, am hwyluso hynt y gyfrol drwy'r wasg ; i Mrs. Nansi Griffiths am ei chymorth gyda'r proflenni ; ac i'r argraffwyr am eu gwaith cymen.

Cyflwynwn y gyfrol i un a fu'n Athro arnom ac yn ysbryd-iaeth inni'n dau.

Aberystwyth   DAFYDD A RHIANNON IFANS

RHAGYMADRODD

Y mae ambell derm wedi ennill ei blwyf i'r fath raddau nes y byddai'n ffolineb pedantig ceisio'i newid, er bod pawb yn cydnabod ei fod yn ffurf wallus yn ôl safonau hanes yr iaith. Un o'r cyfryw eiriau yw *mabinogion*, term sydd lawn mor gartrefol erbyn hyn yn y Saesneg ag yn y Gymraeg i ddynodi'r casgliad hwnnw o chwedlau Cymraeg Canol brodorol a geir yn anghyflawn yn Llyfr Gwyn Rhydderch (llawysgrif Peniarth 4 a 5, tua 1325-1350), ac yn gyflawn yn Llyfr Coch Hergest (tua 1400), gyda rhannau a thameidiau o rai chwedlau mewn llawysgrifau eraill (Peniarth 6, 7, 14, 16), rhai ohonynt tua chan mlynedd yn gynharach na'r Llyfr Gwyn. Ond hyd y gwyddys, un waith y digwydd y gair yn y testunau hyn, a'r tebyg yw mai gwall ydyw y waith honno. Disgrifir y pedair chwedl gyntaf yn y Llyfr Gwyn a'r Llyfr Coch yn bedair cainc o'r mabinogi, ac yn ddiweddglo i'r ceinciau hyn yn y llawysgrifau ceir brawddegau tebyg i *Ac felly y terfyna'r gainc hon o'r mabinogi*. Ond y gair a ddefnyddir ar derfyn y gainc gyntaf yw 'mabinogion' (*mabynnogyon*), yr unig dro y digwydd mewn Cymraeg Canol. Yn y frawddeg flaenorol cyfeirir at briodas Pryderi â Chigfa a oedd yn disgyn *o dyledogyon yr ynys hon*, a diau mai wrth i lygaid copïydd grwydro o'r *-ogy* i'r *-ogyon* uwchben y troes *mabynnogy* yn *mabynnogyon*. I'r graddau hynny, ffurf ffug, heb iddi warant hanesyddol, yw *mabinogion*, ond rhaid derbyn arfer gwlad bellach, gan gydnabod yn ogystal ei fod yn derm hynod hwylus am y casgliad hwn o chwedlau, ein clasur cenedlaethol yn ôl un llenor diweddar.

Ond er sôn am arfer gwlad, term a dyfodd yn gyfarwydd yn gymharol ddiweddar ydyw. Dechreuodd William Owen-Pughe drosi'r chwedlau hyn i'r Saesneg ym mlynyddoedd olaf y ddeunawfed ganrif ac erbyn 1805 yr oedd *Pedair Cainc y Mabinogi* a *Peredur* wedi'u cwblhau ganddo. Yr oedd nifer o lenorion Saesneg rhamantaidd eu bryd megis Scott, Southey, a'r golygydd George Ellis, yn cefnogi'n eiddgar fwriad Pughe i gyhoeddi'r testunau a'r cyfieithiadau ohonynt, y 'large collections

of the ancient Tales alluded to under the title of Mabinogion,'
yn ôl disgrifiad Pughe, oblegid gwelent ynddynt ddeunydd
crai rhamantau poblogaidd yr Oesoedd Canol a thybient y
byddai tair cyfrol arfaethedig Pughe, gyda rhagymadrodd gan
Ellis, yn ennyn mwy o ddiddordeb na hyd yn oed waith Mac-
pherson ar ganu Ossian. Ond collodd Pughe ddiddordeb tros
dro, ac er iddo ailafael yn y gwaith rhwng 1825 ac 1834, y
cyfieithiadau o *Pwyll* a *Math* yn unig a gyhoeddwyd. Ond yr
oedd y tir wedi'i fraenaru, a'r term, fe ddichon, yn ddealladwy,
pan gyhoeddodd y Fonesig Charlotte Guest ei chyfieithiad
Saesneg hi o'r chwedlau mewn tair cyfrol hardd yn 1838-1849,
ac yna'n un gyfrol, heb y testunau Cymraeg, yn 1877. Rhoes
hi, fel Pughe a'i gyfeillion Saesneg, yr enw Mabinogion ar y
casgliad, gan dybio, mae'n ddiau, mai ffurf luosog *mabinogi*
ydoedd, a dyma ddechrau poblogeiddio a lledaenu'r enw, i'r
byd Saesneg yn gyntaf, ac yna i'r cyfandir pan gyhoeddwyd
trosiad Ffrangeg Joseph Loth, *Les Mabinogion*, yn 1889, (ail
argraffiad diwygiedig yn 1913).

Fel llawer label hwylus arall, mae i'r gair ei gyfyngiadau,
oblegid er bod sôn uchod am ' gasgliad ' o chwedlau, mwy
cywir yw synied amdanynt yn weddillion corff eang o storïau
y digwyddwyd eu cadw yn y ddwy lawysgrif a grybwyllwyd
eisoes. Hyd yn oed yn y llawysgrifau hyn, nid casgliad unol a
chwedlau'n dilyn ei gilydd yn yr un drefn a geir, a digwydd
chwedlau unigol heb y gweddill mewn llawysgrifau eraill. Ni
pherthynant oll i'r un cyfnod a gall fod cymaint â dwy ganrif o
wahaniaeth rhwng y chwedl gynharaf a'r ddiweddaraf ohonynt.
Nid yr un cyd-destun sydd iddynt, gwahaniaethant yn natur eu
cynnwys, ac er bod eu harddull yn debyg, nid yw'n unffurf. Ar
un olwg, damweiniol ac eilradd yw'r undod a berthyn iddynt
gan nad ffrwyth casglu a chyfundrefnu un golygydd mohonynt,
ond ar wastad arall, gellid dadlau fod iddynt yr undod dwfn
hwnnw a ganfyddir mewn creadigaethau sydd â'u gwreiddiau
yn yr un traddodiad llenyddol ac sy'n tarddu o'r un meddwl a
diwylliant. Gyda'i gilydd, cynrychiolant rai o brif destunau'r
byd storïol Cymraeg yn yr Oesoedd Canol a cheir ynddynt brif
fannau diwylliant dychymyg y cyfnod,—mythau crefydd *Pedair
Cainc y Mabinogi*, mythau hanes *Cyfranc Lludd a Llefelys* a *Breu-
ddwyd Macsen Wledig*, rhysedd a difyrrwch y stori werin yn

Culhwch ac Olwen, syniadaeth ymwybodol lenyddol byd sifal-
rïaidd marchogaethol y rhamantau Arthuraidd, *Peredur,*
Geraint ac Enid, Owain, a sylw dychanol, coeglyd unigolyn ar ei
draddodiad a rhai arferion llenyddol cyfoes yn *Breuddwyd Rhon-*
abwy, y cyfansoddiad mwyaf gwreiddiol ohonynt oll.

Ni ellir derbyn yr hen ddehongliadau o arwyddocâd y gair
mabinogi, mabinogion, 'juvenilities,' 'tales written to while
away the time of young chieftains, juvenile tales,' (yn ôl
William Owen-Pughe, mewn llythyr at Syr Walter Scott,
Cylchgrawn Llyfrgell Genedlaethol Cymru, X, 324, Thomas Stephens,
The Literature of the Kymry, 1876, td. 396, 416), neu ' the trad-
itional material—mythical, heroic, genealogical—which [the
Mabinog or bardic apprentice] had to acquire,' (Alfred Nutt,
yn ei nodiadau i *Mabinogion* Charlotte Guest, 1910, td. 331).
Diau ei bod yn gywir cynnig fod y term yn cynnwys y bôn *mab,*
ond cam â difrifoldeb awdur a chynulleidfa, heb sôn am fethu
amgyffred rhin y deunydd, yw eu hystyried yn ddim amgen na
storïau i blant. Mae mwy o gyfiawnhad tros yr ail ddehongliad,
er na welodd neb y gair *mabinog,* ' bardic apprentice,' y tu
allan i lawysgrifau Iolo Morganwg, oblegid iawn yw pwysleisio
cefndir traddodiadol y chwedlau hyn a chredu eu bod yn olion
corff llawer helaethach o ddysg a gwybodaeth (*cyfarwyddyd*), a
adroddid ar ffurf chwedlau gan storïwyr proffesiynol (*cyfar-*
wyddiaid). Ceir awgrym o ehangder y deunydd hwn yn y gwedd-
illion a gadwyd mewn mannau eraill megis Englynion y Beddau,
rhai o gerddi Llyfr Taliesin a Llyfr Du Caerfyrddin, a'r Trioedd,
y casgliad mawr hwnnw o gyfeiriadau cynnil at lu o arwyr a'u
gorchestion. Gyda'i gilydd, llwydda'r gweddillion hyn i godi
cwr y llen ar oludoedd cof y cyfarwydd Cymraeg ac awgrymu
fod yng Nghymru gynt gyfoeth o ddeunydd traddodiadol,
cyffelyb o ran natur a maint i'r hyn a gadwyd mewn Gwydd-
eleg. Ond er mai crefft lafar oedd crefft y cyfarwydd, ac felly'n
ddiflanedig, astudiwyd digon ar grefft adrodd chwedlau mewn
cymdeithasau cyfoes i'n galluogi i adnabod rhai o nodweddion
yr arddull honno, megis y pwys a roddir ar y stori fel dilyniant o
ddigwyddiadau wedi'u cydglymu'n dynn neu'u hysgogi'n
effeithiol, a'r rheini'n ymwneud ag un cymeriad ; y duedd i ail
a thrydydd adrodd episodau tebyg er mwyn dwysáu neu
gryfhau'u heffaith ; yr hoffter o adrodd hanesyn fesul tri

cham ; y defnydd o ymddiddan i fywiocáu ac i ddrama-
teiddio'r adrodd; a'r lle a roddir i ddyfeisiadau rhethregol yn
yr eirfa a'r gystrawen. Ni all y chwedl lafar oedi i ddisgrifio
cymeriad yn drwyadl gan mai cyfres o weithredoedd yw'r
sail, a thueddir, felly, i greu teipiau heb arbenigrwydd yn
perthyn iddynt ond sy'n llithro'n esmwyth i'w swyddogaeth.
Nid *personae* chwedl sy'n bwysig, yn gymaint â'r hyn a wnânt
neu a wneir iddynt ; y digwydd sy'n hawlio sylw, a hwnnw,
er mor ddisgwyliedig, yn ddigwydd rhyfeddol.

Diau fod y mwyafrif o un chwedl ar ddeg y Mabinogion
wedi'u selio, i wahanol raddau, ar chwedlau llafar traddodiadol,
ond mae'n iawn pwysleisio fod y weithred o ysgrifennu (nid
cofnodi'n syml) yn anorfod yn dwyn elfennau newydd i'r
adrodd ac yn dileu rhai nodweddion llafar. Nid yw'r ysgrifenn-
wr mor gaeth â'r cyfarwydd i ffurfiau ymadroddi traddodiadol
sy'n pwyso ar ystrydebau a fformiwlâu ; a chan nad oes rhaid
iddo greu effaith trwy gyfrwng arddull ansoddeiriol liwgar,
swnfawr, gall gymedroli beth ar dechnegau rhethregol ei ar-
ddull. Gall ymadroddi'n fwy personol awgrymog bellach, heb
fod mor gaeth i'r ' gweld ' sy'n hanfodol i arddull lafar, ac y
mae'n bosibl iddo lunio cymeriadau o gig a gwaed oherwydd
bod cyfansoddi llenyddol yn weithred fwy bwriadus a ham-
ddenol na'r ail-greu llafar. Er nad hawdd ennill y feistrolaeth
a'r hyder newydd hwn mewn hen draddodiad ac mewn cym-
deithas sy'n parhau i arfer darllen llafar, caiff y llenor ei ryddhau
o gyfyngiadau cynllun a rhediad y chwedl lafar a chaiff greu
patrwm a fframwaith llenyddol iddo ef ei hunan. Y mae
modd iddo arbrofi ag adeiledd chwedl, â threfn digwyddiadau, â
nifer ei arwyr, a llunio cynllunwaith cymhleth sy'n cynnwys
llawer mwy nag a allai'r stori werin. Yr hyn a ennill y llenor
yw'r cyfle i fynegi'i feddwl ei hun, a'r hawl i ddefnyddio stori i
gyfleu'i syniadau neu'i agwedd bersonol. Gweithiau llenyddol,
yn yr ystyr honno, er i raddau gwahanol iawn ac mewn cyfeir-
iadau gwahanol, yw chwedlau'r Mabinogion. A chaniatáu
fod eu gwreiddiau yn y traddodiad llafar, creadigaethau llen-
yddol awduron arbennig ydynt. Y mae dwy elfen amlwg
ynddynt oll, cynildeb awgrymog yr arddull ar y naill law, ei
moethusrwydd lliwgar ar y llaw arall ; byd rhyfeddodau

allanol a gwrthrychol y stori werin ar y naill law, ac ar y llall
ymgais i ddefnyddio stori ac i greu adeiledd i fynegi rhywbeth.

Y mwyaf arbennig o'r chwedlau hyn yw Pedair Cainc y
Mabinogi. Maent yn ddyfnach eu harwyddocâd na'r lleill ac
ni ellir llai nag ymdeimlo â rhyw ddieithrwch ynddynt sy'n peri
eu bod, ar ryw olwg, y lleiaf nodweddiadol o'r holl chwedlau
Cymraeg Canol. Cymeriadau ' hanesyddol ' yw Macsen a
marchogion Arthur, i fyd ffuglen boblogaidd y perthyn Cul-
hwch, Olwen ac Ysbaddaden, ond arall yw cefndir cymer-
iadau'r Pedair Cainc. Nid er difyrrwch y lluniwyd y chwedlau
hyn, ac nid er esbonio hynodion bro neu dras cenedl y crewyd
y storïau, er bod elfennau llên-gwerin yn amlwg ynddynt.
Olion mytholeg y Brythoniaid sydd yma, eu cred am y Byd
Arall—Annwfn—ac am ymwneud y duwiau â dynion ;
cymeriadau o bantheon crefydd Celtaidd Prydain yw arwyr y
Pedair Cainc,—Rhiannon, Y Frenhines, a'i nawdd yn arbennig
i feirch, Teyrnon, Y Brenin, Lleu, Lugh amlddoniog y Gwydd-
elod, Lugus y cyfandir, y coffeir ei enw mewn dinasoedd o Lyon
a Leiden hyd Ddinas Dinlle yn Arfon, Llŷr a Dôn (Lér a Danu
yn Iwerddon). Nid gormod yw credu mai yn nharddiad a
natur y chwedlau hyn y mae'r esboniad ar y dwyster a'r
dyfnder sydd ynddynt. Dichon fod ateg i darddiad mytholegol
y Pedair Cainc yn y gair *mabinogi* ei hun. Dadleuodd Eric P.
Hamp mai ystyr y gair, yn ôl ei ddarddiad ieithegol, yw casgliad
o ddeunydd yn ymwneud â Mabon, y duw hwnnw y digwydd
ei enw (Maponos, y Mab Dwyfol) a'r eiddo ei fam Matrona
(Modron, Y Fam Ddwyfol) ar allorau'r cyfnod Rhufeinig ac y
ceir awgrym o chwedl amdano'n cael ei gipio o wely ei fam, fel
y gwnaed i Bryderi, yn *Culhwch ac Olwen.* Er hynny, gan nad yw
Mabon yn gymeriad yn ffurf bresennol y Pedair Cainc, y mae
angen peth damcaniaethu pellach ynglŷn â chyswllt y duw hwn
â Rhiannon cyn y gellir cyfiawnhau galw'r chwedlau hyn yn
' mabonalia '.

Y mae ystyr pob gair yn blethiad o gysylltiadau, ac un o
blith llawer o elfennau yw ei ystyr tarddiadol. Gan mor nat-
uriol fyddai tybio mai *mab* yw'r elfen gyntaf, hawdd y gallai
gwedd newydd ar arwyddocâd y gair godi. Nid hon yw'r unig
enghraifft ohono, a chan ei fod yn digwydd yn gyfystyr â ' mab-
oliaeth ' ac yn gyfieithiad o'r Lladin *infantia*, y mae'r ystyr

' ieuenctid,' a ' hanes ieuenctid ' yn bur gadarn. Nododd Syr Ifor Williams enghraifft o'r gair mewn awdl i'r Llywelyn ap Iorwerth ieuanc lle y cyfeirir at ei ' fabolaeth ', ' mabddysg ', ' mamynogi ', a'i ' febyd '; ' mabinogi Llywelyn oedd cyfres o frwydrau ffyrnig i ennill gorsedd Gwynedd,' meddai. Campau gorchestol arwr ieuanc yw ei fabinogi, a chan mai Pryderi, fab Pwyll, yw'r unig gymeriad a ymddengys ymhob un o'r pedair cainc, dadleuwyd mai ei fabinogi ef yw'r sail y codwyd arni'r cyfansoddiad canghennog.   Y gainc gyntaf yw'r mabinogi gwreiddiol, meddai Syr Ifor, a cheinciau o'r cyff hwnnw, dat-blygiadau ar yr hyn a ddywedwyd yno, sydd yn y gweddill.   I gyfeiriad tebyg y rhedai meddwl W. J. Gruffydd, ond ei fod ef wedi ceisio ffurfioli perthynas y ceinciau ar sail patrwm y credai ei fod ar gael yn y chwedlau Gwyddelig. Tybiai fod bywyd yr arwr yn cael ei adrodd trwy gyfrwng cyfres o chwedlau a ymwnâi â chyfnodau yn ei hanes neu ag anturiaethau o natur arbennig, a chredai mai pedair rhan felly yn hanes Pryderi yw'r Pedair Cainc : ei eni rhyfeddol yn y gyntaf (y *compert* Gwyddeleg), anturiaeth ei faboliaeth yn yr ail (*macgnímartha*), ei garchariad yn y drydedd (*indarba*, er mai ' alltudiaeth ' yw ystyr y gair cymharol brin hwnnw, fe ddywedir), a'i farw yn yr olaf (*aided*). Mae'n wir fod y teipiau hyn o chwedlau, a llawer o fathau eraill hefyd, ar gael mewn Gwyddeleg, ond dosbarthiad y cyfarwyddiaid ar gorff y traddodiad ydynt, nid elfennau yn hanes un arwr. Nid oes tystiolaeth eu bod hwy'n llunio ' byw-graffiad ' arwrol yn y dull hwn, fel y mae'n haws credu mai W. J. Gruffydd ei hun, i raddau helaeth, sydd wedi creu'r patrwm, ac ar sail hwnnw wedi ail-lunio ffurfiau damcan-iaethol cysefin y chwedlau trwy gyfres o lygriadau a cham-syniadau. Llwyddodd dadansoddiad Gruffydd i ddangos yn eglur pa ddefnyddiau sydd yn y Pedair Cainc, ond rhaid amau a fodolai'r adeiledd mawreddog cywrain a gynigiai y tu allan i'w feddwl ei hun.

Y mae llawer mwy yma na hanes bywyd Pryderi. Prin y daw i mewn i'r ail gainc sy'n sôn am deulu Llŷr, a rhywbeth y mae ei angen i weithio'r plot ydyw yn yr olaf sy'n ymwneud â theulu newydd, sef plant Dôn. Y mae Pryderi'n gymeriad pwysig, ond o'r braidd y gellir ei ystyried yn arwr y Pedair Cainc. Yn wir, a barnu wrth swyddogaethau'r arwr mewn chwedlau traddod-

iadol, prin y gellir ei alw'n arwr o gwbl gan fod iddo gyn lleied
o nodweddion arwrol y tu allan i'r gainc gyntaf. Y mae'n brif
gymeriad y gainc honno a'i dilyniant yn y drydedd, dwy gainc
sy'n tarddu o Ddyfed ac sydd â'u canolfan yng Ngorsedd
Arberth, ond plant Llŷr a phlant Dôn yw cymeriadau'r ddwy
arall, sy'n troi o gylch Aberffraw, Harlech, Ardudwy ac
Eifionnydd. Gorchestion arwyr Dyfed a Gwynedd yw'r deu-
nydd, corff o chwedlau wedi'u cyfundrefnu'n bedair cainc.
Dichon felly mai swydd Pryderi yw cyfuno nifer o draddod-
iadau amrywiol yn hytrach na bod yn sail iddynt. Ni ellir
gwadu hynafiaeth y gair *mabinogi*, na thras oesol cynnwys y
chwedlau, ond tybed nad y cam olaf yn natblygiad y deunydd
yw'r undod sydd ynddo ac mai diweddar yw'r term *cainc* am
chwedl sy'n rhan o gyfanwaith hwy? Gwaith awdur arbennig
sydd yma, yn rhoi gwedd ymwybodol lenyddol i chwedlau
traddodiadol gan eu trefnu, eu hasio at ei gilydd ac yn cysoni'r
rhannau â'i gilydd. Awdur o allu eithriadol ydyw, oblegid
yma, yn anad yr un rhan arall o'r traddodiad rhyddiaith canol-
oesol Cymraeg, yr ymdeimlir â phersonoliaeth fawr yn gosod ei
delw ar y deunydd.

Buwyd yn ddyfal yn ceisio cysylltu'r ceinciau â'i gilydd.
Mae'r gyntaf yn agor â hanes trigias Pwyll yn Annwfn, ac yna
ceir hanes priodi Pwyll a Rhiannon, a geni a magwraeth
Pryderi. Stori newydd yw'r ail gainc, ond rhoir lle cynyddol i
Fanawydan ac awgrymir ei gymeriad yn gynnil, yn baratoad
gogyfer â'r drydedd gainc. Mae'r gainc hon yn ddilyniant i'r
ail, fel y dengys y frawddeg gyntaf sy'n arwydd mor amlwg o
gefndir llenyddol, nid llafar, yr awdur, ond ysgogir y digwydd-
iadau gan helyntion y gyntaf ac yn thematig rhwng I a III y
mae'r cyswllt agosaf. Y mae brawddeg gyntaf y gainc olaf yn
enwi Math a Phryderi, er mwyn cyflwyno prif gymeriad y
chwedl, a'r un pryd arwyddo cyswllt â'r gainc gyntaf. Gwneir
yn eglur mai rhodd Arawn (I) i fab ei gyfaill Pwyll yw'r moch
sy'n ysgogi'r rhyfel lle y lleddir Pryderi. O'r gainc gyntaf y
cyfyd digwyddiadau'r drydedd a'r olaf ; y mae cyswllt ffurfiol
rhwng yr ail a'r drydedd. Hawdd canfod anghysonderau yn y
manylion, a rhaid cyfaddef fod llawer o fannau pur dywyll a
chymysglyd yn y gainc gyntaf, ond gwnaed ymgais lew i lunio
adeiladwaith a allai gynnwys y cyfan. Ac ni ddylid gorbwys-

leisio gwendidau cyfansoddiad y gainc gyntaf, oblegid y mae'r modd y cynhwyswyd hanes y pair yn *Branwen* a'r rhan arwyddocaol a chwery wedyn, yn arwydd o feistrolaeth yr awdur ar ei ddeunydd. Yn yr un modd, prin fod digwyddiad diangen ym *Math* ac y mae gwead hon yn dynn a diwastraff.

Manylder yw un o nodweddion awdur y Pedair Cainc. Manylder geiriol ydyw'n fynych sy'n arwydd o eglurder ei weld, ' a'r iarll, *debygai ef*, (gan na allasai wybod) ar yr ochr arall,' 'newid eu hymddangosiad . . . ond bod Gwydion yn ddwysach,' y gofal fod trefn gosod gwystlon a meichiau'n gywir. Ond nid yn yr allanolion yn unig y ceir y manylu hwn : gwelir y gwirionedd yn araf wawrio ar Deyrnon pwy yw'r bachgen hwn, wrth iddo wrando a holi am yr hanes, meddwl ac edrych ar y mab, cael yn ei feddwl ei fod yn debyg i Bwyll, ac yna'r pendantrwydd, ' ac yntau'n *gwybod.* ' Fel yr ymhyfryda yn sicrwydd ei ddaearyddiaeth, felly y mynn yr awdur fanylu ar brofiad ei gymeriadau a'u cymhellion. Y ddawn hon i dreiddio i feddwl cymeriad sy'n peri fod ei ymddiddanion yn emau o sylwi a chyfleu sydd wedi symud yn bell o ddramateiddio a bywiocáu'r chwedl lafar. Nid techneg adrodd stori sy wrth wraidd llwyddiant sgyrsiau Pwyll ac Arawn, Arawn a'i wraig, Pwyll a Rhiannon, Teyrnon a'i wraig, a holl hanes Manawydan yn crogi'r llygoden, (enghraifft o ddefnyddio techneg y tri cham yn greadigol), ond gallu i ddefnyddio sgwrs i ddatblygu stori a dangos cymeriadau trwy gyfrwng eu geiriau eu hunain ac yn eu llais eu hunain. Ychydig o lunio cymeriadau cofiadwy sydd yn y chwedlau Cymraeg Canol. Ar wahân i Beredur a Luned, prin y ceir yr un y tu allan i'r Pedair Cainc : Branwen urddasol, dawel, gymodlon, Efnisien gymhleth wyrdroëdig, Manawydan nad oes ond ei ffyddlondeb bonheddig yn ei rwystro rhag cyfrwystra, Cigfa, ' snob ' gyntaf ein llên, Gwydion a Math, dwy ochr y natur ddynol, y naill yn hunanol ddiegwyddor, y llall yn dalp o raslonrwydd mawrfrydig. Ond trwy eu gweithredoedd a'u geiriau y cyfleir hyn oll, oblegid eithriadol yw unrhyw sylw gan yr awdur. Arddull lefn, wastad, gynnil sydd ganddo, yn awgrymog ond yn ddarluniadol. Prin yw ei ansoddeiriau, a phan y'u ceir, y mae iddynt ddiben, megis yn hanes cyfarfyddiad Pwyll a Rhiannon lle y llwyddant i fywiocáu'r adrodd y trydydd tro. Ond moelni ymataliol yw ei nodwedd amlycaf, a'i gamp yw awgrymu teilmad yn hytrach na disgrifio'n llawn,—Bendigeidfran yn cynnal ei chwaer rhwng ei darian a'i ysgwydd, y cyflead o ' ddimdra ' pan ddisgynnodd yr hud ar Ddyfed. Yn amrywiaeth siâp, ffurf a hyd ei frawddegau y mae'i gryfder, y newid patrwm i ynysu'r gair pwysig, y newid tempo, y cydbwysedd, y cynildeb, nodweddion sy'n cyfiawnhau'r farn mai ' yn ei fynegiant y mae ei fawredd '. Trefn a hyd brawddegau eu hymddiddan yw'r arwydd pennaf o'r gwahaniaeth anian rhwng Pwyll a Rhiannon ; yn yr arddull y mae'r cyferbyniad egluraf rhwng cyffro a cholli rheolaeth gwŷr Pwyll a thawelwch digynnwrf Rhiannon, a'i hymateb cyntaf i ochenaid Pwyll yn ddangoseg ddeifiol o'i chymeriad. Ni fu carwr mwy llywaeth na Phwyll fel yr awgryma ei ymadroddi hamddenol, di-frys, ond pan ddaw'n fater o benderfynu, mae iddo rym arweinydd a'i frawddegau'n byrhau fel y gweddai i bendefig, a phan fo rhaid sefyll gyda Rhiannon, ymdeimlir â phenderfyniad ei gymeriad. Digoned un enghraifft arall o addasrwydd arddull wrth i'r bachgen Gwern dderbyn brenhiniaeth Iwerddon,—y mynegiant perffaith o ymlacio cymdeithasgar ac o grwydro difeddwl-drwg, mewn cyfres o ferfau, nes i weithred ddiystyr, wallgof Efnisien ddinistrio'r heddwch a chreu terfysg gyda'r 'dyma' sydyn a rhes o ferfenwau cyflym. Cryfder arddull y chwedlau eraill yw'r elfennau hynny sy'n tarddu o ddisgrifio lliw a symud, ac sy'n allanol a gorchestol eu natur : y mae rhinweddau arddull y Pedair Cainc yn fwy llenyddol, yn codi o ymgais i fynegi ymwneud personau byw â'i gilydd.

Gwedd ar gysondeb dyfnach yw'r adeiladwaith a'r arddull a ddisgrifiwyd uchod. Mewn erthygl ddiddorol dadleuodd J· K. Bollard mai yng ngwead thematig y Pedair Cainc y mae'u gwir hunoliaeth ac mai bwriad yr awdur yw cyfosod digwyddiadau gan adael i'r darllenydd ymateb iddynt a chanfod eu harwyddocâd. Y cyfosod yw'r sylwebaeth. Y themâu llywodraethol a wêl J. K. Bollard yw cyfeillgarwch, priodas, cynnen, a'r rhain yn ymwau trwy'r ceinciau gan roi adeiledd i'r deunydd ac arwyddocâd i'r helyntion. Y mae cymharu'r naill ddigwyddiad â'r llall yn peri fod y darllenydd yn ymglywed ag elfen gref o eironi yn yr ysgrifennu, a dichon fod modd datblygu awgrymiadau Dr. Bollard ymhellach. Mae'n bosibl fod

yr adeiladwaith yn fwy ffurfiol fyth, oblegid wedi gosod allan
fan cychwyn yr hanes yn y gainc gyntaf, bron na theimlir fod
yr awdur yn pennu pwnc gwahanol yn destun i bob cainc, natur
sarhad yn yr ail, natur cyfeillgarwch yn y drydedd, a natur
cywilydd yn yr olaf, fel y bo'r darllenydd, erbyn y diwedd, wedi
dod wyneb yn wyneb ag agwedd gyson a moesol yr awdur tuag
at fywyd.

Ni ellir darllen *Branwen* heb ymdeimlo â rhyw ddawn ddin-
istriol sydd gan y ddynoliaeth i lygru a difa cymdeithas. Y mae
anghymodlonedd dynion yn esgor ar ddifodiant, ond eironi
dychrynllyd bywyd sy'n peri mai ymgais Branwen i heddychu'r
ddwy blaid yw man cychwyn y gyflafan. Y mae'r diniwed yn
dioddef, ac anufudd-dod balch dyn yw achos ei boen wrth iddo
fynnu agor y drws (neu fwyta o ffrwyth y pren). Oni bai am
urddas Branwen a thegwch ei brawd, posibiliadau'r ddynol-
iaeth, tywyllwch anaele fyddai'r ail gainc. Daw'r goleuni yn
Manawydan, y loywaf o'r ceinciau, a'r gair cymdeithas (cyfeill-
garwch) yn canu fel cloch trwyddi. Bwrdwn y chwedl yw
addewid Pryderi i Fanawydan, ' Y cyfeillgarwch gorau a allaf
i, i ti y bydd os mynni ef '. Ymhyfryda'r pedwar cymeriad yng
nghwmni ei gilydd, a hyd yn oed wedi colli cymdogaeth gyfan,
y mae eu digonolrwydd ynddynt eu hunain fel y mae'n hawdd
amgyffred siom a cherydd Rhiannon pan ddychwel Man-
awydan heb Bryderi, ' Cyfaill drwg fuost ti.'   Wedi colli
Rhiannon a'i mab, hiraeth am fro a'r hen gyfeillach sy'n dwyn
Manawydan yn ôl i Ddyfed ac yn ei gymell i gyfannu'r gym-
deithas eilwaith. Y mae cyfeillgarwch yn air pwysig yn *Math*
hefyd, er mor wahanol yw awyrgylch mwy cyntefig y gainc hon
i'r lleill. Y mae hud a lledrith yn elfen bwysicach yn hon na'r
un gainc arall.   Trwy nerth braich yr enillir brwydrau yn
Branwen, a meddwl craff ynghyd â chyfrwystra sy'n trechu yn
Manawydan, ond chwilio am ffordd fer a hawdd dewiniaeth a
wneir yn *Math*, lle y defnyddir y gair *hud* yn fwy mynych na'r
un gainc arall a lle y mae hudlathau Math a Gwydion bron â
bod yn gymeriadau. Er gwaethaf manylder ei ddaearyddiaeth,
byd ffantasi yw hwn, lle nad yw amodau arferol bywyd yn
gweithredu er mai cymeriadau cig a gwaed yn wynebu prob-
lemau dynol sydd yma, a holi a wneir yn chwedl beth a
ddigwydd pan fo dynion yn ffoi i fyd afreal. Y gainc hon,

efallai, o dan yr hud a'r rhithio, sy'n amlygu agwedd yr awdur egluraf. Iddo ef, byw'n ddynol yw byw cyfrifol, gan arddel safonau moesol a chyfiawn, fel y gwna Math (ac eraill megis Pwyll, Bendigeidfran, Manawydan) : y gwrthwyneb i hyn yw'r bywyd difoesoldeb a gynrychiolir gan Wydion. Cydym-deimlad a chyfiawnder yw nodweddion Math, ond unig gwestiwn Gwydion yw *sut* i gyflawni bwriad, nid *a* ddylid ei gyflawni. Ef yw'r dyn ymarferol, na all gyfrif cost dioddef, fel yr edliw Aranrhod iddo, 'Gŵr drwg wyt ti. Fe allai llawer mab fod wedi colli ei fywyd oherwydd y cynulliad a beraist ti yn y cantref hwn ', ond agwedd Gwydion yw fod pob moddion yn dderbyniol, ' gan na lwyddir heb hynny '. Yr hyn sy'n drysu'i agwedd yw ei fod yn troi'n ddynol. Nid yw perthynas Gwydion â Lleu'n eglur, ond beth bynnag ydoedd, carai Gwydion y llanc, ac nid oes dim a ddengys amgyffred artistig yr awdur yn well na'r ffaith na chaiff Gwydion arfer ei ddewiniaeth i iacháu Lleu. Ni all hud a lledrith gyffwrdd â gwir broblemau bywyd ac ni ellir osgoi dioddefaint. Erbyn y diwedd, dyn yw Gwydion, yn cael gweithredu cosb gyfiawn ar Flodeuwedd am ei drwg ystryw, fel y cafodd ef ei gosbi'n gyfiawn gan Fath am ei gynllwynio yntau.

Trefn gyfiawn deddf a chyfraith a welir yma, fel mewn mannau eraill yn y Pedair Cainc ; a therm cyfraith yw sarhau, sef niweidio corff neu statws dyn. Wedi sarhad, telir a derbynnir iawn, a dyna gyfiawnder wedi'i fodloni. Ond erys craith, oblegid ymosodir nid yn unig ar statws dyn, ond ar ei urddas fel person ; gellir achosi cywilydd iddo. Hon yw thema wael-odol *Math* : os gellir talu am sarhad, sut mae gwneud iawn am gywilydd ? Daw Gwydion a Gilfaethwy i wneud iawn, ond ymateb Math yw ' Ni ellwch chwi ad-dalu fy nghywilydd i mi '.

Soniwyd eisoes am fanylder geirfa'r awdur hwn. Y mae ganddo ddiddordeb yn y gwahaniaeth rhwng sarhad (yn ôl y gyfraith) a thramgwydd, a dangosodd Dr. Charles-Edwards fel y tynnir gwahaniaeth gofalus yn *Pwyll* rhwng tangnefedd neu gerennydd, cyflwr o gytundeb rhwng dwy blaid wedi trosedd, a chymdeithas neu gyfeillgarwch. Ffrwyth cyfiawnder yw'r naill, ond graslonrwydd maddeugar yw'r llall, ac yr oedd Math yn gywir,—ni ellir gosod cywilydd, sy'n ymwneud â pherthynas pobl â'i gilydd, yn ffrâm y gyfraith. Mae'r ddwy enghraifft o

gywilyddio, twyllo Math a thwyllo Lleu, yn debyg iawn i'w
gilydd, oblegid yr un achos sydd iddynt. Ymserchodd Gil-
faethwy yng Ngoewin, a Blodeuwedd yng Ngronw, ' ac wele,
ei liw a'i wedd a'i olwg yn nychu o gariad tuag ati,' ' nid oedd
rhan ohoni nad oedd yn llawn o gariad tuag ato ef.' Disgrif-
iadau traddodiadol o glefyd serch rhamantaidd yw'r rhain, y
serch hwnnw sy'n llanw'r bryd ac yn llywio bywyd. Ond can-
lyniad gorthrwm serch yw trais, lladd, a chywilydd ; cosbir
Gwydion a Gilfaethwy trwy eu troi'n anifeiliaid, sy'n rhagflas
o gosb Blodeuwedd. Yr hyn a gyhoedda'r awdur ar derfyn y
Pedair Cainc yw fod deddf a threfn foesol, fod twyll a brad a
drwg ystryw yn esgor ar ladd a thrais, distryw a chywilydd, a
bod y rhain yn hawlio iawn. Gelyniaeth yr adar at y dylluan,
ofn honno rhag mentro i liw dydd, y maen a'r twll trwyddo ar
lan afon Cynfal, dyma'r symbolau sy'n brawf o'r drefn honno.
Ond â'r awdur yng nghymeriad Math, y cam pellach, a datrys
y broblem a'i poenodd yn *Branwen* ; ni ellir talu am gywilydd, ni
ellir ond ei faddau. Yr agwedd foesol hon at fywyd, a'r olwg
faddeugar hon ar ffaeleddau'r ddynoliaeth, sy'n peri fod
Pedair Cainc y Mabinogi'n llefaru'n eglur wrth ein dydd ni, ac
yn rhychwantu wyth canrif mewn modd na allai ond llenydd-
iaeth fawr.

Anodd canfod cyn ddyfned arwyddocâd yn storïau eraill y
Mabinogion, er cydnabod, wrth reswm, ei bod yn anodd,
erbyn hyn, lwyr werthfawrogi'r hyn a olygent i wrandawyr a
darllenwyr y cyfnod canol. Dichon fod hyn yn arbennig o wir
am y ddwy chwedl sy'n tarddu o'r myth hanesyddol cened-
laethol. Ymddengys mai rhan o'r traddodiad hwnnw oedd
adrodd am y gwahanol oresgynwyr—meidrol ac arallfydol—a
oedd wedi ymosod ar ynys Prydain cyn ei sefydlu'n derfynol
gan y Brytaniaid. Ffurf boblogaidd ar y thema honno sydd yn
Cyfranc Lludd a Llefelys, ond yma cenedl y Coraniaid, dreigiau,
a gŵr nerthol ei hud a'i ledrith yw'r gormesoedd a drechir
gan yr arwr. Mae'n bosibl nad yn uniongyrchol o chwedl lafar
y daw'r fersiwn ysgrifenedig ond o ffurf gryno arni a gofnodwyd
gan gyfieithydd Cymraeg *Brut y Brenhinedd*, llyfr hanes Sieffre o
Fynwy, ac mai hyn sy'n esbonio arddull ddi-fflach bedestraidd
yr adrodd, nad yw agos mor fyw â'r chwedlau eraill. Rhan
bwysig arall o'r traddodiad hanesyddol Cymreig oedd cyswllt

Cymru, neu Brydain, â Rhufain, cyswllt y gellid ei fynegi, nid
yn syml yn nhermau goresgyniad Rhufeinig, ond yn hytrach
yn ymgyfathrach dwy genedl o uchel dras gyfartal. Dyrchafwyd
Magnus Maximus yn ymherodr gan ei fyddin ym Mhrydain yn
383 A.D., ac arweiniodd ef ei wŷr yn ôl i'r cyfandir lle y llywod-
raethodd hyd ei ladd yn 388. Yr oedd colli gwŷr Rhufain o
Brydain yn ddigwyddiad a'i seriodd ei hun ar feddwl a dych-
ymyg hanesyddol y Brytaniaid, oblegid hwy eu hunain,
bellach, fyddai etifeddion Rhufain a gwarchodwyr ei gwar-
eiddiad. Mynegir y cysylltiad wrth i nifer o lwythau a theulu-
oedd brenhinol Cymreig hawlio Maxim yn dad iddynt, ond ar
gof gwlad, ffordd rhamant o gyfleu'r berthynas yw synied am
Facsen (cymysgwyd dau enw, Maximus a Maxentius), yn
ymherodr a ddaeth i Brydain i ennill gwraig ac a ddychwelodd
gyda'i ddeiliaid newydd i ailennill ei orsedd ac i sefydlu rhai
o'i ddilynwyr yn Llydaw, y drefedigaeth sy'n wobr eu ffydd-
londeb.   Y dychymyg hanesyddol hwn sydd wrth wraidd
Breuddwyd Macsen Wledig, un o'r chwedlau byrraf ond mwyaf
gorffenedig. Seilir adeiledd y stori ar hen dechneg storïwyr pob
oes o adrodd yr un hanesyn deirgwaith, ond fe'i defnyddir yma
yn dra medrus at ddibenion artistig. Yn ei freuddwyd â'r
ymherodr ar daith bell ar draws mynyddoedd, afonydd,
gwledydd a moroedd nes gweld morwyn yr ymsercha ynddi, yn
eistedd ar orsedd mewn neuadd. Wedi deffro, anfonir cen-
hadau i chwilio amdani. Tramwyant yr un llwybrau â'r
breuddwyd ond wrth adrodd hanes y daith cynhwysir enwau
lleoedd cyfarwydd sy'n rhoi sylwedd i'r stori ac yn ei diriaethu.
Dychwelant at Facsen wedi darganfod y ferch. 'Gwyddom ei
henw,' meddant, ond nis datgelant. Rhaid i'r ymherodr fynd
ar y daith wirioneddol y tro hwn, gan oresgyn gwledydd a
chyfarfod â phersonau byw, nes gweld y forwyn a dysgu pwy
ydyw. Mae'r tri adroddiad yn peri symud y stori o fyd an-
sylweddol breuddwyd, trwy ddiriaethu daearyddol, i fyd amser,
fel y bo'r hyn sy'n dechrau'n ffantasi'n diweddu'n hanes. Er
tebyced y tri adroddiad, y mae'r newid pwyslais a'r amryw-
iaeth tempo yn rhwystro'r hanes rhag mynd yn feichus un-
donnog. Yr un arddull ddiwastraff gytbwys sydd yma ag yn y
Pedair Cainc, ond mwy nodweddiadol o'r chwedlau eraill yw
hoffter yr awdur o ddisgleirdeb lliw a moethusrwydd gwisg. Y

mae'r cyfan yn fwy llachar na'r Pedair Cainc er bod yr awdur
hwn yntau'n ofalus rhag peri i'r gemau ddallu'r darllenydd neu
i'r ymdroi disgrifiadol atal llif y stori. O safbwynt y darllenydd
modern, digon fuasai hanes breuddwyd Macsen, a bai ar yr
adeiladwaith yw ychwanegu nifer o hanesion am Elen a Macsen
a Llydaw. Ond nid yr un oedd diben yr awdur â disgwyl
cynulleidfa heddiw, oblegid iddo ef rhan o arwyddocâd hanes-
yddol Macsen oedd i'w wŷr sefydlu'r drefedigaeth Frythonig
yn Llydaw.

Disgyblaeth ac ymatal y darlunydd *miniature* sydd yn y
Breuddwyd, ond hunanhyder y cynfas eang a welir yn *Culhwch
ac Olwen*, yr hynaf o'r chwedlau hyn. Hon yw'r unig chwedl
Arthuraidd Gymraeg gyflawn a gadwyd o'r cyfnod cyn-
Normanaidd, ac felly rhydd syniad inni o gymeriad y brenin
Arthur Cymreig cyn iddo heneiddio ac ymbarchuso yn y
rhamantau cyfandirol, darlun y ceir ateg iddo mewn rhai
cerddi cynnar yn Llyfr Du Caerfyrddin a Llyfr Taliesin. Un
o'r chwedlau hwyaf yw *Culhwch ac Olwen*, ond er hynny, dyma
un o'r rhai symlaf ei chynllun. Ni chaiff Culhwch briodi
Olwen hyd nes iddo gyflawni'r gorchwylion anodd neu beryglus
a osodir iddo gan ei thad, Ysbaddaden Bencawr : hanes ennill
y rhyfeddodau hyn â chymorth gwŷr gosgordd Arthur, bob un
â'i gynneddf ryfeddol neu'i orchest arbennig, yw cynnwys y
chwedl. Ffrâm yw'r cynllun hwn y gellir adrodd ynddi nifer o
chwedlau hunangynhaliol a gyflwynir yn y cyd-destun hwn
yn hanes cyflawni tasgau'r cawr. Moddion i gludo casgliad
o storïau gwerin yw hanes Culhwch a'r cawr, ac ar yr elfennau
unigol hyn, y storïau annibynnol, y mae'r pwyslais yn hytrach
nag ar thema carwriaeth yr arwr ac Olwen. Prin, yn wir, y
gellir ystyried Culhwch yn brif gymeriad, llai fyth yn arwr, y
chwedl, oblegid diflanna o'r hanes unwaith y gesyd ei gais
gerbron Ysbaddaden gan ymddangos eilwaith yn y brawddeg-
au olaf. Ef bod diffygion ac anghysonderau rhediad y stori'n
amlwg, un o'i phrif nodweddion yw'r ymdrech i greu adeilad-
waith cyson, cytbwys. Y mae i'r adrodd dri cham, ac atelir llif
y naratif gan ddwy restr sydd megis dwy argae neu ddau atal-
nod anferth. Y mae'r rhan gyntaf hyd at ddyfodiad Culhwch i
lys Arthur, yn stori arwrol draddodiadol ei threfn a'i helfen-
nau,—y geni rhyfeddol, yr enw arwyddocaol, yr her sy'n

gyrru'r arwr allan o'i gynefin, ymffrost herfeiddiol arwr, a'i dderbyn gan ei bennaeth. Cyflwynir y cais i Arthur a'i hawlio yn enw ei wŷr, a'r rhestr honno yw'r arwydd fod y ' bennod ' gyntaf ar ben. Symudir ymlaen i chwilio am Olwen ac wedi'i chael, ei hawlio gan ei thad. Y mae awyrgylch yr adran hon yn wahanol, oherwydd hiwmor bras a ffars yw'r nodweddion amlycaf. Wedi ceisio twyllo'r arwr deirgwaith, rhestra Ysbaddaden ei orchwylion, a dyma'r ail atalnod. Bellach, a'r llwyfan wedi'i osod, gall yr awdur ddechrau ar wir fater y chwedl, sef y drydedd ran, hanes cyflawni'r tasgau sy'n galluogi'r arwr i ennill Olwen. Gwisg am y casgliad hwn o storïau yw gweddill y chwedl.

I raddau mwy na'r un o chwedlau eraill y Mabinogion, rhydd *Culhwch ac Olwen* syniad o arddull y storïwr llafar. Ar y mawreddog, y rhyfeddol a'r amhosibl y mae'r pwyslais, ac y mae cael cynulleidfa i weld ac i ymateb yn syn yn bwysicach na cheisio cyfleu cymhelliad neu awgrymu personoliaeth. Nid oes yma gymeriadau, dim ond gweithredoedd, yn sbloet o liw a chyffro a symud. Ond nid yn ddifeddwl yr adroddir yr anturiaethau, oblegid un o gryfderau'r awdur yw ei feistrolaeth ar wahanol fathau o arddull, a'i allu i newid awyrgylch. Gall ysgrifennu naratif drefnus bwyllog, arwrol ei naws, yn rhan gyntaf ei chwedl; y mae'n feistr ar y paragraff disgrifiadol rhethregol, gyda'i ansoddeiriau cyfansawdd cyfresog, ei gystrawen a'i eirfa hynafol. Y mae'n gyflym gwta wrth sôn am Wythyr a'r morgrug neu wrth ryddhau Mabon, ond yn ymwybodol drefnus yn hanes yr anifeiliaid hynaf neu'n hamddenol ofalus wrth osod llwyfan stori faith Twrch Trwyth. Ac wedi i'r hela gwyllt fynd ag anadl ei gynulleidfa, diwedda'i stori â ffars bur trechu'r Widdon Orddu. Ond er gwaethaf nodweddion llafar yr arddull ac er mor gyflawn y chwedl o dalpiau o'r traddodiad storïol Cymraeg, prin y gellir credu mai fersiwn ysgrifenedig o stori a adroddid yw *Culhwch ac Olwen*. Nod amgen y llenor ymwybodol yw'r manylrwydd cynllunio sydd yn sail i'r adrodd fel y dosbarthu cywrain a greodd restr Ysbaddaden o orchwylion : awdur unigol a ddatblygodd y ffordd hon o adrodd rhai o'i hoff storïau.

Perthyn *Breuddwyd Rhonabwy* i'r un byd Arthuraidd â *Culhwch ac Olwen*, er mai hon, mae'n bur debyg, yw'r ddiweddaraf o'r chwedlau. Arthur, pennaeth llu a gwarcheidwad ynys Prydain sydd yma, nid y brenin cwrtais Ffrengig sy'n cadw golwg ar hynt ei farchogion anturus, a'r hen safonau arwrol a arddelir yma,—caffael medd a bragod yn dâl am gadw'r blaen a'r ôl, y lladd cyrff sy'n llithio brain, a'r haeddu mawl, er bod yr arfau a'r gwisgoedd a ddisgrifir yn perthyn i fyd diwedd yr Oesoedd Canol. Y mae yn y chwedl fotifau llên-gwerin hawdd eu hadnabod, megis cysgu ar groen anifail a derbyn gweledigaeth, march anferth y mae'i anadlu'n drech na dynion, y maen cofio a'r fantell anweld, yr wyddbwyll gosmig, ond er hynny, nid stori werin draddodiadol mo hon, eithr cyfansoddiad newydd. Y mae'r unig gopi ohoni a gadwyd o'r cyfnod canol yn diweddu â pharagraff sy'n honni na wyddai neb y *Breuddwyd* heb lyfr oherwydd bod yr arddull ansoddeiriol foethus yn drech na'u cof. O'r braidd y gall hyn fod yn wir gan fod arddull liwgar, orchestol yn nodweddu crefft lafar cyfarwyddiaid lle y'u ceir heddiw, megis yn Iwerddon, a chan fod yn y chwedl gymaint o ailadrodd patrymog. Rhaid mai arall yw'r esboniad pam nad adroddid *Breuddwyd Rhonabwy* eithr ei darllen o lyfr, sef mai stori lenyddol gan awdur arbennig ydyw, nid rhan o gynhysgaeth draddodiadol y cyfarwyddiaid.

Y mae dwy ran amlwg i'r stori. Yn y gyntaf disgrifir y croeso a'r anghysur a dderbyniodd Rhonabwy a'i gydymdeithion yn nhŷ Heilyn Goch yn Nwdelstwn, a hynny mewn cyfnod pendant, tan amodau a eglurir, mewn tŷ arbennig a fu'n eiddo i unigolyn hanesyddol. Ni adewir dim i'r dychymyg yn y disgrifiadau o fudreddi'r tŷ fel mai prif nodwedd y rhan hon yw pendantrwydd a realaeth. Y mae'r gwrthgyferbyniad yn yr ail ran, y breuddwyd ei hun, yn drawiadol, oblegid er bod yma fanylder disgrifio, mae'n fyd cwbl afreal. Cyfres o ddarluniau lliwgar, swnllyd, cyffrous, sydd yma, ond gan na ddigwydd dim ar wahân i'r cyffro, nid oes yma ddilyniant o episodau na datblygu tuag at uchafbwynt. Defnyddir arddull rethregol draddodiadol wrth ddisgrifio gwisgoedd ac arfau, meirch a phebyll, ond er y digwydd hon yn *Culhwch, Peredur* a *Geraint ac Enid*, nis ceir i'r fath rysedd ag yn *Breuddwyd Rhonabwy*. Ni ellir gwadu egni a dawn yr awdur, ond mewn sefyllfaoedd unigol, nid yn y dilyniant naratif, y'u hamlygir ganddo. Mae'r elfen anorffen hon yn yr adrodd, ynghyd â'r anhrefn sy'n peri

mai gŵr annoeth anghwrtais sy'n cael ei ganmol rhagor y
cynghorwr doeth bonheddig, yn llwyddo i gyfleu byd afres-
ymol breuddwyd. Dichon hefyd mai'n fwriadol yr eir i rysedd
yn yr adeiledd a'r arddull, gan na ellir gwadu nad oes elfen
ddychanol gref yn y chwedl. Y mae sylw trist Arthur ar ansawdd
y gwŷr bach sy'n cadw ynys Prydain bellach yn awgrym clir o
farn yr awdur am wŷr ' heddiw ', a dengys ei ymateb i ganu
astrus y beirdd llys yn ei sylw ar gerddi beirdd Arthur. Tybed
nad dychan yw'r stori ar ei hyd, ar ramantau episodig crwydrol
beirdd anfedrus, ac ar arddull amlgymalog orddisgrifiadol y
rhethregwyr ?   Cyfansoddiad arbennig, unigryw yn wir, yn
hanes chwedlau Cymraeg Canol yw *Breuddwyd Rhonabwy*, os
derbynnir mai ei chryfder yw'r diffygion hynny sy'n ymddangos
ar yr wyneb.

Ar bwys nodweddion sy'n gyffredin iddynt ill tair, ac
oherwydd eu bod yn cyfateb, i raddau gwahanol, i dair o
gerddi'r bardd Ffrangeg Chrétien de Troyes, cyplysir y tair
chwedl olaf, *Peredur, Owain (Iarlles y Ffynnon)*, a *Geraint ac Enid*,
â'i gilydd a'u hystyried yn un grŵp, y Tair Rhamant. Label
hwylus, ond camarweiniol, yw hwn. Nid oes arwydd fod
copïwyr y llawysgrifau wedi synied amdanynt yn dair chwedl
gysylltiedig, sefydlog eu trefn, megis y mae'r *Pedair Cainc*. Nid
oes tystiolaeth ychwaith mai un awdur sydd iddynt. Y mae
rhai nodweddion gwahaniaethol yn eu harddull, ac er eu
cyswllt thematig, trawiadol yw'r gwahaniaeth rhwng patrwm
cymesur *Owain* ac adeiledd episodig llinynnol *Geraint*. Term
beirniadaeth lenyddol ddiweddar, sy'n canfod mewn tair
chwedl themâu, syniadaeth ac awyrgylch tebyg, yw'r Tair
Rhamant, nid enw ar gasgliad o chwedlau sy'n glwm wrth ei
gilydd. Tarddant o'r un byd ac y mae iddynt nodweddion cyff-
redin, ond anodd canfod cyswllt mwy hanfodol na hynny.

Lleolir y tair chwedl hyn yn llys Arthur, a marchogion y llys
hwnnw yw'r arwyr. Ychydig o ran a chwery'r brenin ei hun yn
yr hanes, ac nid corff o wŷr, ' teulu ' Arthur, sy'n cyflawni'r
gorchestion megis yn *Culhwch ac Olwen*, eithr unigolion sy'n codi
allan o ffiniau diogel y llys i fyd diderfyn dieithr anturiaeth a
rhyfeddod y tu allan. Marchog unigol yn cyflawni dyletswydd,
yn ymateb i her neu i alwad, yn dilyn llwybr yn syml am ei fod
yn ymagor o'i flaen, yw'r arwr sy'n chwilio am anturiaeth, fel

pe bai'n cael ei brofi neu'n gosod prawf, bob cam o'r daith. Er cymaint y rhyfeddod a berthyn i chwedlau eraill megis y *Pedair Cainc, Lludd a Llefelys, Macsen,* a hyd yn oed *Breuddwyd Rhonabwy,* y maent wedi'u gwreiddio yn nhir Cymru ac y mae eu daear-yddiaeth yn ystyrlon ; byd stori sydd yn *Culhwch.* Ond perthyn deuoliaeth i fyd y tair chwedl hyn, oblegid er mai byd gwŷr a gwragedd real ydyw, a bod iddo feysydd a choedydd, trefi a llysoedd, byd ffantasi ydyw. Nid oes sylwedd i'r term ynys Prydain yn *Owain,* ac ai Caerdydd profiad sydd yn *Geraint* ? Y mae'r byd hwn yn gorwedd yn union y tu allan i furiau'r gaer, fel pe bai rhyw ddieithrwch yn perthyn i'r llwyni y naill ochr a'r llall i'r llwybr cyfarwydd ; dynion yn byw dychmygion eu pensynnu eu hunain yw'r arwyr. Ond ar wahân i'r awyr-gylch anniffiniol hwn, gellir crybwyll nodweddion arbennig eraill sy'n peri fod y storïau hyn yn wahanol eu heffaith i'r lleill. Ag adeiledd a bwriadau llenyddol yr ymwna'r gwahan-iaeth hwn, oblegid y mae'r mynegiant a'r arddull yng nghanol llif iaith draddodiadol y chwedlau, a honno'n ddatblygiad ysgrifenedig ac yn gymedroli ar iaith lafar y cyfarwyddiaid. Yn wir, gellir honni mai yn y tair chwedl hyn a *Breuddwyd Macsen* y ceir y norm ac mai hon yw Cymraeg Canol storïol safonol, yn amrywiaeth ei chystrawennau brawddegol sy'n awgrymu pwysleisiau amryfal, cynildeb ei hystrydebau a'r rheolaeth ar gymhlethdodau rhethregol, yr hoffter o liw a chynhesrwydd a symud, a'r disgrifio disgybledig. Soniwyd eisoes am amrywiaeth arddulliau *Culhwch ac Olwen* ac am ormodedd *Breuddwyd Rhonabwy.* Darbodus a digyfaddawd yw arddull y Pedair Cainc, ac hanesydd ffeithiol anllenyddol a gofnododd *Cyfranc Lludd a Llefelys.* Ni pherthyn dim dieithrwch estron i iaith y tair chwedl hyn.

Y mae awdur y Pedair Cainc yn ceisio sicrhau fod ei arwyr yn gwneud yr hyn sy'n gyfiawn, ond er bod y rhamantau yn amlygu cryn ddiddordeb yn y ffordd y mae pobl yn ymddwyn, ymarweddiad cymwys, yn hytrach na chyfiawn, sydd dan sylw, gofal fod marchog yn ymddwyn yn unol â'i safle fel marchog ac yn wynebu pob sefyllfa yn y ffordd briodol. Dyma'r thema sy'n cysylltu *Owain* a *Geraint,* gan fod yr arwr, yn y naill stori a'r llall, yn ennill gwraig, ond oherwydd diffyg ynddo ef ei hun, yn ymddieithrio, ac yn gorfod ailsefydlu'r berthynas. Trwy

ymdroi'n ormodol gyda'i wraig y cyll Geraint barch ei gyd-
farchogion (a gofid Enid am hyn yn arwain i gamddeall-
twriaeth), ond gwarth Owain yw ymgolli'n ormodol yn nifyrr-
wch y llys nes anghofio am ei wraig. Gyda'i gilydd mae'r
ddwy chwedl yn darlunio'r diffyg hwnnw yn y bersonoliaeth a
elwid yn anghymedroldeb, methu cadw rhinweddau cymeriad
mewn cytgord â'i gilydd. Un o seiliau syniadol bywyd y
marchog oedd fod ei wasanaeth i wraig a'i serch tuag ati'n
foddion i'w wneud yn nerthol ac yn ddewr, a bod dawn ymladd
a llwyddiant mewn twrnameint, o'r tu arall, yn ei wneud yn
wrthrych serch teilwng i wraig. Darlunio peryglon gorbwys-
leisio'r naill wedd neu'r llall a wna'r ddwy chwedl, er bod hon
yn thema gryfach yn *Owain* nag ydyw yn *Geraint* sy'n oedi mwy
â pherthynas uniongyrchol gŵr a gwraig. Ni feddai awdur
Geraint yr un adnoddau ag awdur *Owain* i fynegi ing ei arwr, a
rhaid amau hefyd a allai dreiddio i arwyddocâd ei stori i'r un
graddau. Ymarweddiad cymwys yw thema rhan gyntaf
Peredur hithau, sy'n olrhain hanes addysg marchog, o'i awydd
bachgennaidd i ddynwared y ddau 'angel' a welsai, trwy gyng-
horion amrwd ei fam sy'n edrych ar y bywyd marchogaethol o'r
tu allan, trwy'r amlygiad o gwrteisi cynhenid greddfol a
ddengys yr arwr yn llys Arthur, a'r addysg ffurfiol yn llysoedd
y ddau ewythr, hyd nes iddo gyrraedd aeddfedrwydd cyflawn y
marchog grymus, cwrtais, cariadus. Yn y tair chwedl y safonau
a arddelir yw'r rhai sifalrïaidd,—dewrder a nerth wrth ymladd
ond tegwch mawrfrydig â gelyn ar ôl ei drechu, ffyddlondeb i
lw a gofal tros anrhydedd, parodrwydd i amddiffyn y weddw a'r
amddifad ac i gywiro cam, a'r gred fod serch at wraig yn brofiad
dyrchafol sy'n llanw'r holl bersonoliaeth, a defnyddir y storïau
gan yr awduron i amlygu'r themâu a'r safonau hyn. Gwir fod
y dilyniant anturiaethau sy'n codi i uchafbwynt ac i ddiweddglo
yn ddifyr ac yn bodloni'r darllenydd, ond er hynny, nid y
rhain yw'r stori, gan mai mynegi thema, nid bodoli er eu mwyn
eu hunain, a wna'r episodau. Nid cyfleu agwedd at fywyd yn
null y Pedair Cainc a wneir, ac nid yw'r awduron hyn yn
cynnig eu sylwadau ar yr hanes er mwyn dwyn ei arwyddocâd i
olau dydd, ond ni ellir amau nad oes arwyddocâd ymhlyg
ynddo a bod y stori wedi'i bwriadu i fod yn ystyrlon. Dyma
ddatblygiad yn hanes cyfansoddi ffuglen Gymraeg, a symudir

o osod gwedd lenyddol ysgrifenedig ar gyfarwyddyd i ddef-
nyddio chwedl at amcanion syniadol. Di-fudd fyddai ceisio
ailagor hen gwestiwn perthynas y chwedlau hyn â'r tair
rhamant Ffrangeg gyfatebol : tebyg fod perthynas pob un yn
wahanol ac yn fwy cymhleth nag y gellid ei mynegi yn nhermau
benthyg yn syml. Ond beth bynnag am darddiad y cynnwys,
a hawdd credu mai deunydd Celtaidd oesol ydyw llawer ohono,
mae'r arwyddocâd llenyddol a osodir arno yn codi o'r byd
ffasiynol cyfoes a oedd â'i ganolfannau ar y cyfandir. Yr es-
boniad ar ddieithrwch a newydd-deb y tair chwedl hyn yw
mai estron yw rhai o'u cynseiliau llenyddol, a'u bod nid yn
unig yn gynnyrch datblygu traddodiad y cyfarwyddyd, ond
hefyd yn ffrwyth mewnforio *genre* o lenyddiaeth arall. Ymgais
i gyfansoddi rhamant yn Gymraeg sydd yn y tair chwedl hyn.
Yr oedd cyfnewidiadau'n anorfod. Ffurf fydryddol a bardd-
onol yn defnyddio dulliau rhethregol yr ysgolion i chwyddo ac
addurno'r deunydd yw'r rhamant Ffrengig, chwedl ryddiaith
yw'r cyfrwng Cymraeg yn dilyn traddodiad maith o adrodd
olyniaeth gyflym o ddigwyddiadau, heb addurniadau disgrif-
iadol nac ymdroi ymholiadol dadansoddol, ond yn hoff o rethreg
liwgar eiriol i gymhlethu'r mynegiant. Mae'r tair chwedl yn
enghreifftiau o beth a all ddigwydd pan fynegir *genre* un iaith
a thraddodiad mewn iaith a thraddodiad arall. Anfodlon yw
ysgolheigion Hen Ffrangeg i roi'r enw *rhamant* ar y chwedlau
hyn gan mor wahanol ydynt i ffurf a safonau'r rhamant
Ffrangeg, ond defnyddiol yn ein traddodiad ni yw cyfeirio
atynt yn dair rhamant, nid yn gymaint i ddatgan eu bod yn
wahanol i'r chwedlau eraill, ond i awgrymu beth yw sail y
gwahaniaeth hwnnw. Dichon mai *Geraint ac Enid* sy agosaf at y
patrwm Cymraeg cysefin gan nad yw'r awdur yn mentro'n bell
o'i draddodiad ei hun. Ganddo ef y ceir y stori linynnol, yr
ystrydebau a'r fformiwlâu, y cyfresi o enwau personol, yr ail-
adrodd diarwyddocâd, y diffyg cynildeb a'r rhethreg ; hwn
hefyd, fel awdur y Pedair Cainc, sy fwyaf ei ofal am gywirdeb
cyfraith a manylion statws. Os un gŵr a luniodd *Peredur* fel y
mae gennym heddiw, diddorol sylwi mor anwastad y gall fod, y
rhan gyntaf yn rhwydwaith o gyfansoddi cordeddog disgybledig
sy'n newydd yn Gymraeg, yr ail ran yn Gymreig ei chynseiliau
er yn ysgafn goeglyd, a'r rhan olaf yn ddrylliog anfeistraidd.

Yn *Owain* y ceir y datblygiad aeddfed gorffenedig,—y feistrol-
aeth lwyr ar ddirwyn thema, y ddisgyblaeth wrth greu adeiledd
cymesur a llunio sefyllfa a chymeriad sy'n fynegiant o'r ystyr
ymhlyg, y ddawn lenyddol i gyfansoddi'n fyw ynghyd â'r
adnoddau iaith i fynegi'r cyfan heb odid yr un gair na digwydd-
iad ofer.

Rhyfedd meddwl na chafwyd hyd yn hyn ond un trosiad
Cymraeg o'r Mabinogion cyflawn. Mae'n debyg mai gwaith
Charlotte Guest a ysgogodd Isaac Foulkes i baratoi a chy-
hoeddi'r testunau gwreiddiol a diweddariad ohonynt yn
Y Mabinogion Cymreig, dwy gyfrol, Liverpool, 1880, a dilynwyd
y rhain gan J. M. Edwards, *Mabinogion o Lyfr Coch Hergest*, dwy
gyfrol, Gwrecsam, 1896, (eto 1921), 1901, sy'n cynnwys
fersiynau o'r Pedair Cainc, *Peredur, Breuddwyd Rhonabwy,
Cyfranc Lludd a Llefelys*, a *Hanes Taliesin*. (Er bod Charlotte
Guest, Isaac Foulkes a J. M. Edwards yn cynnwys *Hanes
Taliesin*, mewn llawysgrifau diweddar y ceir copïau ohono, er
bod y cynnwys yn hynafol, a phenderfynwyd peidio â'i gynnwys
yma yn y casgliad o chwedlau Cymraeg Canol.) Yr oedd arall-
eiriadau a diweddariadau o chwedlau unigol wedi ymddangos
cyn hyn yn *Cymru Fu*, Wrexham, 1862, sef *Ystori Cilhwch ac
Olwen*, td. 52-81, *Math ab Mythonwy*, td. 157-71, *Branwen*, td.
303-14, *Iarlles y Ffynon*, td. 379-99, bob un yn dwyn pennawd,
'Hen Fabinogi Gymreig' : ac yn Owen Jones, *Ceinion Llen-
yddiaeth Gymreig*, Llundain, 1876, sef *Mabinogi neu Ramant Math
ab Mathonwy*, cyfrol I, td. 102-12, *Peredur ab Efrog*, td. 250-60,
Mabinogi Iarlles y Ffynnon, cyfrol II, td. 18-28, *Mabinogi—
Cilhwch ac Olwen*, td. 225-40. Cyhoeddodd O. M. Edwards,
Breuddwyd Rhonabwy, Llyfrau Ceiniog, Ab Owen, Llanuwchllyn,
yn 1901, ac yn ddiweddarach cawsom gyfrol T. H. Parry-
Williams, *Pedair Cainc y Mabinogi*, Caerdydd, 1937, ac eiddo
Bobi Jones, *Y Tair Rhamant*, Aberystwyth, 1960.

Mantais fawr i gyfieithwyr y gyfrol hon oedd cael defnyddio
argraffiadau safonol o fwyafrif y chwedlau hyn, fel y gwelir o'r
llyfryddiaeth ddethol isod, ac elwa'n ogystal ar awgrymiadau a
diwygiadau testunol ysgolheigion diweddar na ellir rhestru
eu gwaith yma. Cafodd ambell un o'r cyfieithiadau Saesneg o'r
Mabinogion gryn ddylanwad a bod yn foddion i ennyn

diddordeb creadigol ledled y byd yn y traddodiad Cymraeg.
Mawr hyderir y bydd y gyfrol hon yn gyfle i ddarllenwyr o
Gymry ymgydnabod o'r newydd â'r clasuron hyn yn eu hiaith
eu hunain.

Abertawe   BRYNLEY F. ROBERTS

Llyfryddiaeth ddethol

Ceir testunau gwreiddiol y chwedlau yn John Rhŷs and J. Gwen-
ogvryn Evans, *The Text of the Mabinogion and other Welsh Tales from
the Red Book of Hergest*, Oxford, 1887, J. Gwenogvryn Evans, *The
White Book Mabinogion*, Pwllheli, 1907, argraffiad newydd, 1973.

Argraffiadau :
    Ifor Williams, *Pedair Keinc y Mabinogi*, Caerdydd, 1930 ; *Breuddwyd
Maxen*, trydydd argraffiad, Bangor, 1928 ; *Cyfranc Lludd a Llevelys*,
ail argraffiad, Bangor, 1923 ; Brynley F. Roberts, *Cyfranc Lludd a
Llefelys*, Dublin, 1975 ; Melville Richards, *Breudwyt Ronabwy*,
Caerdydd, 1948 ; R. L. Thomson, *Owein*, Dublin, 1970 ; Glenys
Witchard Goetinck, *Historia Peredur vab Efrawc*, Caerdydd, 1976.

Cyffredinol :
Edward Anwyl, ' The Four Branches of the Mabinogi ', *Zeitschrift
    für celtische Philologie*, I, 277-93, II, 124-33, III, 123-34.
John K. Bollard, ' The Structure of the Four Branches of the
    Mabinogi ', *Trans. Hon. Soc. of Cymmrodorion*, 1974 & 1975, 250-76.
Geraint Bowen, gol., *Y Traddodiad Rhyddiaith yn yr Oesau Canol*,
    Llandysul, 1974, penodau 2, 3, 4, 5, 6.
R. A. Breatnach, ' The Lady and the King ', *Studies*, XLII, 321-36.
Rachel Bromwich, ' The Character of the Early Welsh Tradition ',
    N. K. Chadwick, ed., *Studies in Early British History*, Cambridge,
    1959, 83-136 ; ' The Celtic Inheritance of Mediaeval Literature ',
    Mod. Lang. Quarterly, XXVI, 203-27; ' Celtic Dynastic Themes
    and the Breton Lays ', *Études Celtiques*, IX, 439-74 ; *Trioedd Ynys
    Prydein*, Cardiff, 1961.
J. Angela Carson, ' The structure and meaning of the Dream of
    Rhonabwy ', *Philological Quarterly*, LIII, 289-303.
T. M. Charles-Edwards, ' The Date of the Four Branches of the
    Mabinogi ', *Trans. Hon. Soc. of Cymmrodorion*, 1970, 263-98.
Patrick K. Ford, ' The Poet as *Cyfarwydd* in Early Welsh Tradition ',
    Studia Celtica, X/XI, 152-62.
Mary Giffin, ' The Date of the Dream of Rhonabwy ', *Trans. Hon.
    Soc. of Cymmrodorion*, 1958, 33-40.
Glenys Goetinck, ' Historia Peredur ', *Llên Cymru*, VI, 138-53 ;
    ' Peredur a Perceval ', *Llên Cymru*, VIII, 58-64 ; ' Sofraniaeth yn

y Tair Rhamant ', *Llên Cyn.ru*, VIII, 162-82 ; *Peredur: A Study of Welsh Tradition in the Grail Legends*, Cardiff, 1975.

W. J. Gruffydd, ' Mabon ab Modron ', *Revue Celtique*, XXXIII, 452-61 ; ' Mabon vab Modron ', *Y Cymmrodor*, XLII, 129-47 ; ' The Mabinogion ', *Trans. Hon. Soc. of Cymmrodorion*, 1912-13, 14-80; *Math vab Mathonwy*, Cardiff, 1928; *Rhiannon*, Cardiff, 1953.

Eric P. Hamp, ' Mabinogi ', *Trans. Hon. Soc. of Cymmrodorion*, 1974-75, 243-9.

P. L. Henry, ' Culhwch and Olwen—Some Aspects of Style and Structure ', *Studia Celtica*, III, 30-38.

Tony Hunt, ' The art of *Iarlles y Ffynnawn* and the European Volksmärchen ', *Studia Celtica*, VIII/IX, 107-20.

K. H. Jackson, *The International Popular Tale and Early Welsh Tradition*, Cardiff, 1961.

A. O. H. Jarman, ' Mabinogi Branwen, Crynodeb o ddamcaniaeth W. J. Gruffydd ', *Llên Cymru*, IV, 129-34.

A. O. H. Jarman and Gwilym Rees Hughes, *A Guide to Welsh Literature*, I, Swansea, 1976, penodau 8, 9.

Gwyn Jones, *Kings, Beasts and Heroes*, London, 1972, pennod 2.

Bobi Jones, ' Y Rhamantau ', *I'r Arch*, Llandybïe, 1959, 21-37.

R. M. Jones, ' Y rhamantau Cymraeg 'a'u cysylltiadau â'r rhamantau Ffrangeg ', *Llên Cymru*, IV, 208-27.

Thomas Jones, ' Pedair Cainc y Mabinogi ', ' Culhwch ac Olwen ', *Mân Us*, Caerdydd, 1949, 16-34; ' The Mabinogion and the Four Branches of the Mabinogi ', *Chester Archaeological Society*, L, 3-14.

Saunders Lewis, *Meistri'r Canrifoedd*, Caerdydd, 1973, 1-33.

E. J. Lloyd, ' *The Mabinogion* as Literature ', *Celtic Review*, VII, 164-74, 220-48.

R. S. Loomis, *Arthurian Tradition and Chrétien de Troyes*, New York, 1949 ; ed., *Arthurian Literature in the Middle Ages*, Oxford, 1959, penodau 4, 16.

J. Marx, *Nouvelles recherches sur la littérature arthurienne*, Paris, 1965 ; ' Observations sur la structure du roman gallais de Peredur ', *Études Celtiques*, X, 88-108.

Proinsias Mac Cana, *Branwen daughter of Llŷr*, Cardiff, 1958 ; *Celtic Mythology*, London, 1970 ; ' The Theme of King and Goddess in Irish Literature ', *Études Celtiques*, VII, 76-114, 356-413, VIII, 59-65 ; *The Mabinogi*, Cardiff, 1977.

Gerald Morgan, *Y Tair Rhamant*, Llandybïe, 1965.

Brinley Rees, *Ceinciau'r Mabinogi*, Bangor, 1975.

John Rhŷs, *Celtic Folklore, Welsh and Manx*, Oxford, 1901.

Brynley F. Roberts, ' *Owein* neu *Iarlles y Ffynnon* ', *Ysgrifau Beirniadol*, X, 124-43.

Mary Williams, *Essai sur la composition du roman gallois de Peredur*, Paris, 1909.

PWYLL PENDEFIG DYFED

YR oedd Pwyll Pendefig Dyfed yn arglwydd ar saith cantref Dyfed. Ac un diwrnod yr oedd yn Arberth, un o'i brif lysoedd, a daeth i'w fryd ac i'w feddwl fynd i hela. Dyma'r rhanbarth o'i deyrnas a fynnai ei hela, Glyn Cuch. Ac fe gychwynnodd ef y nos honno o Arberth a daeth i Ben Llwyn Diarwya, ac yno y bu y nos honno. A thrannoeth yn ieuenctid y dydd, cododd a dod i Lyn Cuch i ollwng ei gŵn dan y coed. Canodd ei gorn a pheri i'r hela ymgynnull a symud ar ôl y cŵn gan golli golwg ar ei gymdeithion. Ac fel yr oedd yn gwrando am lef yr helgwn fe glywai lef helgwn eraill, ond nid oeddynt yn unllef, a'r rhai hynny yn dod i gyfarfod â'i helgwn ef. A gwelai ef lannerch o faes gwastad yn y coed ; ac fel yr oedd ei helgwn ef yn cyrraedd ystlys y llannerch fe welai garw o flaen yr helgwn eraill. A thua chanol y llannerch dyma'r helgwn a oedd ar ei ôl yn ei oddiweddyd ac yn ei fwrw i'r llawr.

Yna fe edrychodd ef ar liw'r helgwn heb drafferthu i edrych ar y carw. Ac o'r holl helgwn a welsai yn y byd ni welsai gŵn o'r un lliw â hwy. Dyma'r lliw a oedd arnynt, claerwyn disglair a'u clustiau'n gochion. Ac fel y disgleiriai gwynder y cŵn y disgleiriai cochni eu clustiau. Ac ar hynny, daeth ef at y cŵn a gyrru'r helgwn a laddasai'r carw i ffwrdd a bwydo ei helgwn ei hunan ar y carw.

Ac fel yr oedd yn bwydo'r cŵn fe welai farchog yn dod ar ôl yr helgwn ar farch brychlas mawr a chorn canu am ei wddf a gwisg frethyn llwyd golau amdano yn wisg hela. Ac ar hynny, daeth y marchog ato ef a dweud fel hyn wrtho,

"Unben," ebe ef, "fe wn i pwy wyt ti, ond ni chyfarchaf well iti."

"Ie," ebe ef, "ond efallai bod iti'r cyfryw anrhydedd fel nad yw hynny'n ddyletswydd arnat."

"Duw a ŵyr," ebe ef, "nid teilyngdod fy anrhydedd sy'n fy atal rhag hynny."

"Unben," ebe yntau, "beth arall?"

"Rhyngof a Duw," ebe yntau, "dy anfoesgarwch dy hun a'th anghwrteisi."

I

"Pa anghwrteisi, unben, a welaist ti ynof fi ?"

"Ni welais fwy o anghwrteisi mewn gŵr," ebe ef, "na gyrru'r helgwn a laddasai'r carw ymaith a bwydo dy helgwn dy hun arno ; anghwrteisi oedd hynny," ebe ef, "ac er nad ymddialaf â thi, rhyngof a Duw," ebe ef, "fe ddygaf warth arnat gyfwerth â chan carw."

"Unben," ebe ef, "os gwneuthum gam mi a brynaf dy gymod."

"Pa fodd," ebe yntau, "y pryni di ef ?"

"Yn ôl fel y bo dy safle, ond ni wn i pwy wyt ti."

"Brenin coronog wyf i yn y wlad yr wyf yn hanfod ohoni."

"Arglwydd," ebe yntau, "dydd da iti, ac o ba wlad yr wyt ti'n hanfod ?"

"O Annwfn," ebe yntau, "Arawn, brenin Annwfn wyf i."

"Arglwydd," ebe yntau, "pa fodd y caf i dy gymod di ?"

"Dyma sut y cei di ef," ebe yntau. "Y mae gŵr sydd â'i deyrnas gyferbyn â'm teyrnas innau yn rhyfela arnaf yn wastad. Hafgan frenin o Annwfn yw hwnnw. Trwy gael gwared o ormes hwnnw oddi arnaf, ac fe elli hynny'n hawdd, y cei fy nghymod."

"Fe wnaf innau hynny'n llawen," ebe yntau. "Mynega dithau i mi pa fodd y gwnaf hynny."

"Mynegaf," ebe yntau. "Dyma fel y gelli di. Fe wnaf gyfeill-garwch cadarn â thi. Dyma fel y'i gwnaf ; fe'th roddaf di yn fy lle i yn Annwfn a rhoddaf y wraig decaf a welaist erioed i gysgu gyda thi bob nos, a'm pryd a'm gwedd innau arnat ti, fel na bo na gwas ystafell, na swyddog, na dyn arall o'r rhai a'm canlynodd i erioed a wypo nad myfi wyt ti. A hynny," ebe ef, "hyd ymhen y flwyddyn o'r dydd yfory. Ein cyfarfod y pryd hwnnw yn y lle hwn."

"Ie," ebe yntau, "er y byddwyf i yno hyd ymhen y flwyddyn, pa gyfarwyddyd a fydd imi o gyfarfod â'r gŵr y dywedi di amdano ?"

"Flwyddyn i heno," ebe ef, "y mae oed rhyngof i ac ef ar y rhyd. A bydd di yno yn fy rhith i," ebe ef. "A dyro di un dyrnod iddo ef ; ni bydd ef byw wedi hwnnw. Er y deisyfo iti roi ail ddyrnod, paid â'i roi, er cymaint yr ymbilia â thi. Er cymaint a roddwn i iddo ef, er hynny, fe ymladdai â mi drann-oeth gystal â chynt."

"Ie," ebe Pwyll, "ond beth a wnaf i ynglŷn â'm teyrnas ?"

"Fe baraf i," ebe Arawn, "na bo yn dy deyrnas na gŵr na gwraig a wypo nad ti wyf i. Ac fe af i yn dy le di."

"Yn llawen," ebe Pwyll, "ac fe af i ymlaen."

"Fe fydd dy daith yn ddilestair, ac ni rwystra dim iti rhag mynd ymlaen hyd oni ddoi di i'm teyrnas i : ac mi fyddaf i'n hebryngydd iti."

Fe'i hebryngodd ef hyd oni welodd y llys a'r anheddau. "Dyna," ebe ef, "y llys a'r deyrnas o dan dy awdurdod. Cyrcha'r llys. Nid oes ynddo neb nad yw'n dy adnabod ; ac wrth y gwasanaeth a weli di ynddo y doi i adnabod arfer y llys."

Cyrchodd yntau'r llys. Ac yn y llys fe welai leoedd cysgu a neuaddau ac ystafelloedd a'r gwychder tecaf o adeiladau a welsai neb. A chyrchodd ef i'r neuadd i dynnu ei esgidiau. Daeth llanciau a gweision ieuainc i dynnu ei esgidiau a chyfarch gwell a wnâi pawb iddo fel y deuent ato. Daeth dau farchog i dynnu ei wisg hela oddi amdano ac i wisgo amdano eurwisg sidanwe.

Ac fe baratowyd y neuadd. Yma fe welai ef osgorddlu a chatrodau a'r nifer harddaf a mwyaf trwsiadus a welsai neb yn dod i mewn, a'r frenhines gyda hwy, y wraig decaf a welsai neb ac eurwisg sidanwe ddisglair amdani. Ac ar hynny aethant i ymolchi a chyrchu at y byrddau a wnaethant, ac eisteddasant fel hyn—y frenhines ar y naill ochr iddo ef a'r iarll, debygai ef, ar yr ochr arall. A dechreuodd ef ymddiddan â'r frenhines. Ac o'r rhai a welsai ef erioed, wrth ymddiddan â hi, hi oedd y wraig fwyaf dirodres a mwyaf bonheddig ei natur a'i hymddiddan. A threuliasant yr amser gyda bwyd a diod a cherddi a chyfeddach. O'r rhai a welsai o holl lysoedd y ddaear dyna'r llys cyflawnaf o fwyd a diod, llestri aur, a thlysau brenhinol.

Daeth yn amser iddynt fynd i gysgu ac i gysgu yr aethant, ef a'r frenhines. Cyn gynted ag yr aethant i mewn i'r gwely, trodd ef ei wyneb at yr erchwyn a'i gefn ati hithau. O hynny hyd drannoeth ni ddywedodd ef un gair wrthi hi. Drannoeth, bu tirionwch ac ymddiddan hyfryd rhyngddynt. Pa faint bynnag o ymddwyn caruaidd a fyddai rhyngddynt y dydd, ni bu un nos hyd ddiwedd y flwyddyn yn wahanol i'r hyn a fu'r noson gyntaf.

Treuliodd y flwyddyn drwy hela a cherddi a chyfeddach ac ymddygiad caruaidd ac ymddiddan â chymdeithion hyd y nos

yr oedd yr ymgyfarfod. Pan ddaeth y nos honno, cystal y dôi'r
cyfarfyddiad i gof y dyn pellaf yn yr holl deyrnas ag iddo yntau.
Daeth yntau i'r oed a gwyrda ei deyrnas gydag ef. A chyn
gynted ag y daeth i'r rhyd, cododd marchog a dywedodd fel
hyn,

"Wyrda," ebe ef, "gwrandewch yn dda. Rhwng y ddau
frenin y mae'r oed hwn, a hynny rhwng eu deugorff hwy ill
dau. A phob un ohonynt sydd hawliwr ar ei gilydd, a hynny
am dir a daear. Gall pawb ohonoch fod yn llonydd a gadael
rhyngddynt ill dau."

Ac ar hynny nesaodd y ddau frenin ynghyd tua chanol y rhyd
i gyfarfod â'i gilydd. Ac ar yr ymosodiad cyntaf, y gŵr a oedd
yn lle Arawn a drawodd Hafgan ar ganol bogel ei darian hyd
oni holltodd yn ddau hanner, a hyd oni thorrodd yr holl arfau,
a hyd onid oedd Hafgan hyd ei fraich a'i waywffon dros grwper
ei farch i'r llawr, ac ergyd angheuol ynddo yntau.

"Unben," ebe Hafgan, "pa hawl oedd gennyt ti ar fy angau ?
Nid oeddwn i'n hawlio dim gennyt ti. Ni wyddwn achos
ychwaith iti fy lladd i ; ond er mwyn Duw," ebe ef, "gan iti
ddechrau fy lladd, gorffen y gwaith."

"Unben," ebe yntau, "efallai y bydd yn edifar gennyf
wneuthur yr hyn a wneuthum iti. Ceisia'r sawl a'th laddo, ni
laddaf fi di."

"Fy ngwyrda cywir," ebe Hafgan, "dygwch fi oddi yma ; fe
derfynwyd fy angau i. Nid oes modd imi eich cynnal chwi
bellach."

"Fy ngwyrda innau," ebe'r gŵr a oedd yn lle Arawn,
"ceisiwch gyfarwyddyd a mynnwch wybod pwy a ddylai fod
yn wŷr imi."

"Arglwydd," ebe'r gwydra, "dylai pawb gan nad oes frenin
ar holl Annwfn heblaw ti."

"Ie," ebe yntau, "y mae'n iawn derbyn y sawl a ddêl yn
ufudd. Y sawl ni ddêl yn ufudd, gorfoder hwy â nerth cledd-
yfau." Ac ar hynny, cymerasant wrogaeth y gwŷr a dechrau
goresgyn y wlad. Ac erbyn hanner dydd drannoeth yr oedd y
ddwy deyrnas dan ei awdurdod.

Ac ar hynny fe aeth ef tua'i gyfarfod a daeth i Lyn Cuch. A
phan ddaeth yno yr oedd Arawn frenin Annwfn yn ei gyfarfod.
Croesawodd pob un ohonynt ei gilydd.

"Ie," ebe Arawn, "Duw a dalo iti dy gyfeillgarwch ; mi glywais i amdano."

"Ie," ebe yntau, "pan ddoi di dy hun i'th wlad fe weli di'r hyn a wneuthum i drosot ti."

"Am yr hyn a wnaethost ti drosof i," ebe yntau, "Duw a'i talo iti."

Yna rhoddodd Arawn ei ffurf a'i wedd ei hunan i Bwyll Pendefig Dyfed, a chymerodd yntau ei ffurf a'i wedd ei hun. Ac aeth Arawn ymlaen tua'i lys i Annwfn a bu'n hyfryd ganddo weld ei lu a'i osgordd gan nas gwelsai hwy ers blwyddyn. Hwythau, er hynny, ni wybuasant ei golli ef ac ni bu ei ddyfodiad yn fwy newydd ganddynt na chynt. Y dydd hwnnw a dreuliodd drwy ddiddanwch a llawenydd ac eistedd ac ymddiddan â'i wraig ac â'i wyrda. A phan ddaeth yn fwy amserol cymryd cwsg na chyfeddach, aethant i gysgu. Cyrchodd ei wely ac aeth ei wraig ato. Y peth cyntaf a wnaeth ef oedd ymddiddan â'i wraig ac ymroi i bleser serch a chariad ati. Nid oedd hi wedi arfer â hynny ers blwyddyn ac am hynny meddyliodd hi,

"O Dduw," ebe hi, "pa feddwl gwahanol sydd ganddo ef heno nag a fu ers blwyddyn i heno ?" A meddyliodd yn hir am hynny. Ac wedi iddi fyfyrio felly, dihunodd yntau a dywedodd air wrthi, a'r eilwaith, a'r drydedd waith ; ond ni chafodd ef ateb ganddi hi ar hynny.

"Pam," ebe yntau, "na siaredi di â mi ?"

"Fe ddywedaf i wrthyt," ebe hi, "na siaredais i gymaint yn y fath le â hwn ers blwyddyn."

"Pam ?" ebe ef. "Buom yn ymddiddan yn ddyfal."

"Cywilydd arnaf," ebe hi, "os bu rhyngom ni, ers blwyddyn i neithiwr, o'r adeg yr aem rhwng plygion dillad y gwely, na difyrrwch nac ymddiddan na throi ohonot dy wyneb tuag ataf i heb sôn am ddim a fyddai fwy na hynny." Ac yna meddyliodd ef,

"O Arglwydd Dduw," ebe ef, "fe gefais i yn gyfaill un cadarn a di-wyro ei gyfeillgarwch." Ac yna dywedodd ef wrth ei wraig, "Arglwyddes," ebe ef, "paid â'm beio i. Rhyngof a Duw," ebe yntau, "ni chysgais ac ni orweddais i gyda thi ers blwyddyn i neithiwr." Ac yna mynegodd ei holl hanes iddi.

"Dygaf fy nghyffes i Dduw," ebe hithau, "cefaist afael

gadarn ar gyfaill o ran ei fod wedi ymladd â themtasiwn ei
gorff a chadw ffyddlondeb â thi."

"Arglwyddes," ebe ef, "am hynny yr oeddwn innau'n
meddwl tra tewais gyda thi."

"Nid yw hynny'n rhyfedd," ebe hithau.

Yntau Pwyll Pendefig Dyfed a ddaeth i'w deyrnas ac i'w
wlad. A dechreuodd holi gwyrda ei wlad sut y buasai ei deyrn-
asiad ef drostynt hwy y flwyddyn honno o'i gymharu â'r hyn a
fuasai cyn hynny.

"Arglwydd," ebe hwy, "ni bu dy gwrteisi gystal ; ni buost
tithau gyn hynawsed gŵr ; ni fu cyn hawsed gennyt tithau
rannu dy gyfoeth ; ni fu dy farn erioed yn well na'r flwyddyn
hon."

"Rhyngof a Duw," ebe yntau, "y mae'n beth iawn eich bod
chwi'n diolch i'r gŵr a fu gyda chwi ; dyma'r hanes fel y bu,"—
a Phwyll a'i datganodd i gyd.

"Ie, Arglwydd," ebe hwy, "diolch i Dduw iti gael y cyfeill-
garwch hwnnw ; ni thynni'r arglwyddiaeth a gawsom ninnau'r
flwyddyn honno yn ôl oddi wrthym, yn sicr."

"Na wnaf, rhyngof a Duw," ebe Pwyll yntau.

Ac o hynny allan dechreuwyd cadarnhau cyfeillgarwch
rhyngddynt, a phob un yn anfon i'w gilydd feirch a milgwn a
hebogiaid a phob math o dlysau y tebygai pob un a fyddai'n
plesio bryd ei gilydd. Ac oherwydd ei arhosiad ef y flwyddyn
honno yn Annwfn, ac iddo ddeyrnasu yno mor llwyddiannus, ac
iddo ddwyn y ddwy deyrnas yn un drwy ei ddewrder ef a'i
filwriaeth, y peidiwyd â'i alw ef Pwyll Pendefig Dyfed ac fe'i
gelwid Pwyll Pen Annwfn o hynny allan.

Ac un tro yr oedd yn Arberth, un o'i brif lysoedd, a gwledd
wedi'i darparu iddo, a niferoedd mawr o wŷr gydag ef. Ac
wedi'r eisteddiad cyntaf cododd Pwyll i gerdded, a chyrchu pen
bryncyn a elwid Gorsedd Arberth a oedd uwchlaw'r llys.

"Arglwydd," ebe un o'r llys, "priodoledd y bryncyn yw, pa
arglwydd bynnag a eisteddo arno, nad â oddi yno heb un o'r
ddau brofiad, naill ai ddolur neu archollion, neu ynteu fe welai
ryfeddod."

"Nid oes arnaf i ofn cael dolur neu archollion ymhlith hyn o
nifer. Ond rhyfeddod, er hynny, byddai'n dda gennyf pes
gwelwn. Fe af i i'r bryncyn i eistedd," ebe yntau. Eisteddodd

ar y bryncyn. Ac fel yr oeddynt yn eistedd fe welent hwy wraig ar farch gwyn, golau, mawr, ysblennydd, a gwisg euraid, ddisglair, sidanwe amdani, yn dod ar hyd y briffordd a âi heibio i'r bryncyn. Symudiad araf, gwastad a oedd gan y march i feddwl y sawl a'i gwelai, ac yn dod gyferbyn â'r bryncyn.

"Wŷr," ebe Pwyll, "a oes un ohonoch chwi sy'n adnabod y farchoges ?"

"Nac oes, arglwydd," ebe hwy.

"Aed un," ebe yntau, "i gyfarfod â hi i gael gwybod pwy ydyw."

Cododd un, ond pan ddaeth i'w chyfarfod i'r ffordd yr oedd hi wedi mynd heibio. Fe'i dilynodd cyn gynted ag y gallai ar ei droed, a pho fwyaf fai ei frys ef pellaf fyddai hithau oddi wrtho ef. A phan welodd na thyciai iddo ei dilyn, dychwelodd at Bwyll a dweud wrtho,

"Arglwydd," ebe ef, "ni thycia i neb yn y byd ei dilyn hi ar droed."

"Ie," ebe Pwyll yntau, "dos i'r llys a chymer y march cyflymaf y gwyddost amdano a dos yn dy flaen ar ei hôl."

Cymerodd y march ac aeth yn ei flaen ; cyrhaeddodd y maestir gwastad a defnyddiodd yr ysbardunau ar y march. A pho fwyaf y trawai ef y march pellaf fyddai hithau oddi wrtho ef er mai'r un cyflymder a oedd iddi â phan ddechreuodd hithau. Pallodd ei farch ef a phan wybu ef ar ei farch fod ei gyflymder yn pallu dychwelodd i'r lle yr oedd Pwyll.

"Arglwydd," ebe ef, "ni thycia i neb ddilyn yr unbennes acw. Ni wyddwn i am farch cyflymach na hwnnw yn y deyrnas ond ni thyciai imi ei dilyn hi."

"Ie," ebe Pwyll yntau, "y mae yno ryw ystyr hud. Awn tua'r llys." Daethant i'r llys a threuliasant y dydd hwnnw.

A thrannoeth codasant a threulio hwnnw hyd onid oedd yn amser mynd i fwyta. Ac wedi'r eisteddiad cyntaf,

"Ie," ebe Pwyll yntau, "fe awn ni, y cwmni y buom ddoe, i ben y bryncyn. A thydi," ebe ef wrth un o'i weision ieuainc, "dwg gyda thi'r march cyflymaf y gwyddost ti amdano yn y maes." A gwnaeth y gwas ieuanc hynny. Cyrchasant y bryncyn a'r march ganddynt.

Ac fel yr oeddent yn eistedd fe welent y wraig ar yr un march a'r un wisg amdani yn dod yr un ffordd.

"Dyma," ebe Pwyll, "y farchoges a welsom ddoe. Bydd barod, was," ebe ef, "i wybod pwy yw hi."

"Arglwydd," ebe ef, "fe wnaf hynny'n llawen." Ar hynny, daeth y farchoges gyferbyn â hwy. Dyma a wnaeth y gwas ieuanc yna,—esgyn ar y march, a chyn iddo ei osod ei hun yn ei gyfrwy yr oedd hi wedi mynd heibio a phellter rhyngddynt. Nid oedd brys ei symudiad hi yn ddim gwahanol i'r dydd cynt. Parodd yntau i'w farch rygyngu a thebygai ef, er arafed y teithiai ei farch, y goddiweddai hi. Ond ni thyciodd hynny iddo. Gollyngodd ei farch wrth yr awenau ; nid oedd yn nes ati yna na phe bai ar droed ; a pho fwyaf y trawai ef ei farch pellaf fyddai hithau oddi wrtho ef ; nid oedd ei symudiad hithau'n gyflymach na chynt. Gan y gwelodd ef na thyciai iddo ei ddilyn, troi yn ei ôl a wnaeth a dod i'r lle yr oedd Pwyll.

"Arglwydd," ebe ef, "nid oes mwy o allu gan y march nag a welaist ti."

"Mi welais," ebe yntau, "na thycia i neb ei herlid hi. A rhyngof a Duw," ebe ef, "yr oedd neges ganddi i rai yn y maes hwn pe gadawai ystyfnigrwydd iddi ei ddweud ; ac fe awn ni tua'r llys."

Daethant i'r llys a threuliasant y nos honno drwy gerddi a chyfeddach fel y bu ddymunol ganddynt. A thrannoeth, difyrru'r amser a wnaethant hyd onid oedd yn amser mynd i fwyta. A phan orffennodd y bwyd iddynt, dywedodd Pwyll,

"Ple mae'r cwmni ohonom a fu ddoe ac echdoe ym mhen y bryncyn ?"

"Dyma ni, arglwydd," ebe hwy.

"Awn," ebe ef, "i'r bryncyn i eistedd, a thithau," ebe ef wrth was ei farch, "cyfrwya fy march yn dda a thyrd ag ef i'r ffordd, a dwg fy ysbardunau gyda thi." Gwnaeth y gwas hynny.

Daethant i'r bryncyn i eistedd. Ni buont yno fawr o ysbaid hyd oni welent y farchoges yn dod yr un ffordd ac yn yr un dull a'r un cyflymder.

"Was," ebe Pwyll, "fe welaf y farchoges. Dyro imi fy march." Esgynnodd Pwyll ar ei farch, ac nid cynt yr esgynnodd ef ar ei farch nag yr aeth hithau heibio iddo ef. Trodd ef ar ei hôl a gadael ei farch bywiog ac uchel ei lam i'w symudiad ei hun. Ac fe debygai ef y'i goddiweddai ar yr ail naid neu ar y drydedd.

Er hynny, nid oedd yn nes ati na chynt. Gorfododd ei farch i'r cyflymder mwyaf a allai. A gwelodd na thyciai iddo ei hymlid. Yna dywedodd Pwyll, "Forwyn," ebe ef, "er mwyn y gŵr a geri fwyaf, aros amdanaf."

"Arhosaf yn llawen," ebe hi, "a buasai'n fwy o les i'r march pe baet wedi erchi hynny ers meitin." Safodd y forwyn ac aros a thynnodd ymaith y rhan o'i phenwisg a ddylai fod am ei hwyneb a sefydlu ei golwg arno a dechrau ymddiddan ag ef.

"Arglwyddes," ebe ef, "o ble y doi di ac i ble yr wyt ti'n mynd ?"

"Teithio wrth fy negesau," ebe hi, "ac y mae'n dda gennyf dy weld di."

"Croeso iti gennyf i," ebe ef. Ac yna meddyliodd fod gwedd pob morwyn a gwraig a welsai erioed yn annymunol ganddo o'i chymharu â'i phryd hi. "Arglwyddes," ebe ef, "a ddywedi di wrthyf rai o'th negesau ?"

"Dywedaf, rhyngof a Duw," ebe hi. "Fy mhennaf neges fu ceisio dy weld di."

"Dyna," ebe Pwyll, "y neges orau gennyf i iti ddod arni. Ac a ddywedi di wrthyf pwy wyt ti ?"

"Dywedaf Arglwydd," ebe hi. "Rhiannon ferch Hefëydd Hen wyf i, ac y maent yn fy rhoi i ŵr o'm hanfodd. Ac ni fynnais innau un gŵr a hynny o gariad atat ti. Ac ni fynnaf un eto oni bai i ti fy ngwrthod i. Ac i wybod dy ateb di ynghylch hynny y deuthum i."

"Rhyngof a Duw," ebe Pwyll yntau, "dyna fy ateb i iti, pe cawn ddewis o holl wragedd a morynion y byd, ti a ddewiswn."

"Ie," ebe hithau, "os hynny a fynni, trefna oed â mi cyn fy rhoi i ŵr arall."

"Gorau po gyntaf gennyf fi," ebe Pwyll, " a threfna'r oed yn y lle y mynni di."

"Gwnaf, arglwydd," ebe hi, "flwyddyn i heno yn llys Hefëydd fe baraf fod gwledd wedi ei darparu'n barod erbyn iti ddod."

"Yn llawen," ebe yntau, "fe fyddaf i yn y cyfarfyddiad hwnnw."

"Arglwydd," ebe hi, "yn iach iti a chofia gadw dy addewid ac fe af i ar fy nhaith."

A gwahanasant, a chyrchodd ef tua'i osgordd a'i lu. Pa holi

bynnag a fyddai ganddynt hwy ynglŷn â'r forwyn, troai yntau
at hanesion eraill. O hynny ymlaen, treuliasant y flwyddyn hyd
yr amser penodedig ; ac ymarfogodd Pwyll gyda chant o farch-
ogion. Fe gyfeiriodd tua llys Hefëydd Hen, a daeth i'r llys a
chroesawyd ef, ac yr oedd cynulliad a llawenydd ac arlwy mawr
yn ei aros a defnyddiwyd holl adnoddau'r llys wrth ei gyngor ef.
Paratowyd y neuadd ac aethant at y byrddau. Dyma fel yr
eisteddasant : Hefëydd Hen ar naill law Pwyll a Rhiannon ar
yr ochr arall iddo ; wedi hynny eisteddai pawb yn ôl ei an-
rhydedd. Bwyta a chyfeddach ac ymddiddan a wnaethant.

Ac ar ddechrau cyfeddach wedi bwyd fe welent hwy was
gwinau, mawr, brenhinol, yn dod i mewn a gwisg sidanwe
amdano. A phan ddaeth i gyntedd y neuadd cyfarchodd well i
Bwyll a'i gyfeillion.

"Croeso Duw iti, gyfaill, a dos i eistedd," ebe Pwyll.

"Nac af," ebe ef, "deisyfwr wyf i ac fe wnaf fy neges."

"Gwna yn llawen," ebe Pwyll.

"Arglwydd," ebe ef, "atat ti y mae fy neges i ac i ofyn gennyt
ti y deuthum."

"Pa gais bynnag a ofynni di imi, hyd y gallaf ei gyflawni, fe
fydd i ti."

"Och ! " ebe Rhiannon, "pam y rhoi di ateb felly ?"

"Y mae wedi'i roi felly, arglwyddes, yng ngŵydd gwyrda,"
ebe ef.

"Gyfaill," ebe Pwyll, "beth yw dy gais di ?"

"Yr wyt ti'n cysgu heno gyda'r wraig a garaf i fwyaf. Ac fe
ddeuthum i ofyn amdani hi a'r arlwy a'r paratoadau sydd
yma."

Tawodd Pwyll, gan nad oedd ateb a allasai ei roi.

"Taw hyd y mynni di," ebe Rhiannon, "ni bu gŵr mwy
musgrell ei synnwyr ei hun nag a fuost ti."

"Arglwyddes," ebe ef, "ni wyddwn i pwy oedd ef."

"Dyna'r gŵr yr oeddent yn mynnu fy rhoi i iddo o'm han-
fodd," ebe hi, "Gwawl fab Clud, gŵr byddinog, cyfoethog. A
chan iti ddweud y gair a ddywedaist, rho fi iddo i arbed gwarth
i ti."

"Arglwyddes," ebe ef, "ni wn i pa fath ateb yw hwnnw. Ni
allaf fi fyth fy nwyn fy hun i wneud yr hyn a ddywedi di."

"Rho di fi iddo ef," ebe hi, "ac fe baraf i na chaiff ef fyth mohonof."

"Pa fodd y bydd hynny ?" ebe Pwyll.

"Fe roddaf god fechan yn dy law," ebe hi, "a chadw honno gyda thi yn ofalus. Ac fe ofyn ef am y wledd a'r arlwy a'r paratoadau. Nid yw'r rhai hynny dan dy awdurdod di. Ac fe roddaf fi'r wledd i'r osgordd a'r lluoedd," ebe hi, "a dyna fydd dy ateb ynglŷn â hynny. Amdanaf innau," ebe hi, "fe wnaf i oed ag ef flwyddyn i heno i gysgu gyda mi ; ac ymhen y flwyddyn," ebe hi, "bydd dithau a'r god hon gyda thi, gyda chant o farchogion yn y berllan uchod. A phan fo ef ar ganol ei ddiddanwch a'i gyfeddach tyrd dithau dy hun i mewn a dillad tlodaidd amdanat a'r god yn dy law," ebe hi, "ac na ofyn ddim ond llond y god o fwyd. Fe baraf innau," ebe hi, "pe rhoid yr holl fwyd a diod sydd yn y saith cantref hyn ynddi na byddai hi lawnach na chyn hynny. Ac wedi taflu llawer ynddi fe ofyn ef iti, ' A fydd dy god di fyth yn llawn ? ' Dywed dithau, 'Na fydd oni chyfyd gŵr bonheddig tra chyfoethog a gwasgu'r bwyd yn y god â'i ddeudroed, a dweud ' Rhoddwyd digon yma '.' A minnau a baraf iddo fynd i sathru'r bwyd yn y god. A phan êl ef, tro dithau'r god fel yr êl ef dros ei ben i'r god. Ac yna taro gwlwn ar garrai'r god. A bydded corn canu da am dy wddf, a phan fo ef wedi ei glymu yn y god rho dithau lef ar dy gorn a bydded hynny'n arwydd rhyngot ti a'th farchogion ; pan glywont lef dy gorn, boed iddynt hwythau ymosod ar y llys."

"Arglwydd," ebe Gwawl, "mae'n hen bryd imi gael ateb am yr hyn a ofynnais."

"Fe gei di," ebe Pwyll, "gymaint ag a ofynnaist ti o'r hyn sydd tan fy awdurdod i."

"Gyfaill " ebe hithau Rhiannon, "am y wledd a'r ddarpariaeth sydd yma, fe roddais hwy i wŷr Dyfed ac i'r osgordd a'r lluoedd sydd yma. Hwnnw, ni adawaf i ei roi i neb. Flwyddyn i heno yntau, fe fydd gwledd wedi ei pharatoi yn y llys hwn i tithau, gyfaill, i gysgu gyda minnau."

Aeth Gwawl ymaith tua'i deyrnas. Daeth Pwyll yntau i Ddyfed. A threuliodd pawb ohonynt y flwyddyn honno hyd amser y wledd a oedd yn llys Hefëydd Hen. Daeth Gwawl fab Clud tua'r wledd a oedd wedi'i pharatoi iddo a chyrchodd y llys a rhoddwyd croeso iddo. Pwyll Pen Annwn yntau a ddaeth i'r

berllan gyda chant o farchogion fel y gorchymynasai Rhiannon
iddo, a'r god gydag ef. Gwisgodd Pwyll garpiau salw amdano a
rhoddodd facsau mawr am ei draed. A phan ddeallodd eu bod
ar ddechrau cyfeddach wedi bwyta, daeth yn ei flaen i'r
neuadd ; ac wedi iddo ddod i gyntedd y neuadd cyfarchodd
well i Wawl fab Clud a'i gyfeillion o wŷr a gwragedd.

"Duw fyddo'n dda wrthyt," ebe Gwawl, "a chroeso Duw
iti."

"Arglwydd," ebe yntau, "bydded i Dduw dalu iti."

"Un â chais ganddo iti wyf i."

"Croeso i'th gais," ebe ef. "Ac os erchi di gennyf gais rhes-
ymol fe'i cei di ef yn llawen."

"Y mae'n rhesymol, arglwydd," ebe yntau, "nid wyf yn
gofyn ond i arbed angen. Dyma'r cais a geisiaf : llond y god
fechan a weli di o fwyd."

"Cais cymedrol yw hwnnw," ebe ef, "ac fe'i cei di ef yn
llawen. Dygwch fwyd iddo," ebe ef. Cododd nifer mawr o
wasanaethwyr a dechrau llenwi'r god. Ac er cymaint a deflid
iddi ni fyddai lawnach na chynt. "Gyfaill," ebe Gwawl, "a
fydd dy god di fyth yn llawn ?"

"Na fydd, rhyngof a Duw," ebe ef, "er cymaint a roddir
ynddi fyth, oni chyfyd perchennog tir a daear a theyrnas a
sathru'r bwyd â'i ddeudroed yn y god a dweud, ' Rhoddwyd
digon yma '."

"Gampwr, cyfod ar frys," ebe Rhiannon wrth Wawl fab
Clud.

"Codaf yn llawen," ebe ef. A chododd a rhoi ei ddeudroed
yn y god a throdd Pwyll y god nes bod Gwawl dros ei ben yn y
god a chau'r god yn gyflym a tharo cwlwm ar y carrai a rhoi
llef ar ei gorn. Ac ar hynny, disgynnodd y gosgorddlu ar y llys
ac yna cymryd pawb o'r llu a ddaeth gyda Gwawl a'u rhwymo
yn eu hualau eu hunain. A thaflodd Pwyll ymaith y carpiau a'r
bacsau a'r dillad anniben oddi amdano.

Ac fel y deuai pob un o'i lu yntau i mewn, trawai pob un
ddyrnod ar y god a gofynnai,

"Beth sydd yma ?"

"Broch," meddent hwythau. Dyma'r modd y chwaraeënt :
trawai pob un ddyrnod ar y god naill ai â'i droed neu â ffon ;
ac felly y buont yn chwarae â'r god. Gofynnai pawb fel y delai,

"Pa fath o chwarae sydd gennych fel hyn?"

"Chwarae broch yng nghod," meddent hwythau. Ac yna y chwaraewyd broch yng nghod am y tro cyntaf.

"Arglwydd," ebe'r gŵr o'r god, "pe gwrandewit arnaf fi, ni fuasai fy lladd mewn cod yn farwolaeth gymwys imi."

"Arglwydd," ebe Hefëydd Hen, "gwir a ddywed. Iawn yw iti ei wrando ; nid dyna'r farwolaeth iddo."

"Ie," ebe Pwyll, "fe gyflawnaf dy gyngor di yn ei gylch ef."

"Dyna dy gyngor di," ebe Rhiannon yna. "Yr wyt mewn safle lle y mae'n gweddu iti fodloni deisyfwyr a cherddorion. Gad ef yno i roi i bawb drosot ti," ebe hi, " a mynn sicrwydd ganddo na fydd fyth hawlio na dial drosto, ac y mae hynny'n ddigon o gosb arno."

"Fe gaiff hynny'n llawen," ebe'r gŵr o'r god.

"A minnau a'i derbyniaf yn llawen," ebe Pwyll, "ar gyngor Hefëydd a Rhiannon."

"Hynny yw ein cyngor ni," ebe hwy.

"Fe'i cymeraf," ebe Pwyll. "Cais feichiau drosot."

"Fe wnawn ni ei warantu," ebe Hefëydd, "hyd oni fydd ei wŷr yn rhydd i sefyll drosto." Ac ar hynny gollyngwyd ef o'r god a rhyddhawyd ei wŷr gorau.

"Gofyn feichiau gan Wawl yn awr," ebe Hefëydd. "Fe adwaenwn y sawl y dylid ei gymryd oddi arno." Rhestrodd Hefëydd y meichiau.

"Llunia dy amod dy hun," ebe Gwawl.

"Digon gennyf i," ebe Pwyll, "yw'r modd y lluniodd Rhiannon ef." Aeth y meichiau ar yr amod hwnnw.

"Ie, arglwydd," ebe Gwawl, "briwedig wyf i a chefais ddolur mawr, a rhaid imi gael ymolchi ac fe af i ymaith, gyda'th ganiatâd di. Ac fe adawaf wyrda yma yn fy lle i ateb i bawb o'r rhai a ofynno gennyt."

"Yn llawen," ebe Pwyll, "a gwna dithau hynny." Aeth Gwawl tua'i deyrnas.

Cyweiriwyd y neuadd i Bwyll a'i lu, a gosgordd y llys yn ychwanegol at hynny. Ac aethant at y byrddau i eistedd, ac fel yr eisteddasant flwyddyn i'r nos honno yr eisteddodd pawb y noson hon. Bwyta a chyfeddach a wnaethant, a daeth amser iddynt fynd i gysgu. Ac aeth Pwyll a Rhiannon i'r ystafell a threulio'r nos honno mewn hyfrydwch a bodlonrwydd.

A thrannoeth, yn ieuenctid y dydd, "Arglwydd," ebe Rhiannon, "cyfod a dechreua fodloni'r cerddorion ac na omedd neb heddiw o'r rhai a fynno dda."

"Fe wnaf i hynny'n llawen," ebe Pwyll, "heddiw a phob dydd tra parhao'r wledd hon." Cododd Pwyll a pheri rhoi gosteg i erchi i'r holl eirchiaid a'r cerddorion ymddangos, a mynegi iddynt y bodlonid pawb ohonynt yn ôl ei fodd a'i fympwy, a hynny a wnaethpwyd. Treuliwyd y wledd honno ac ni omeddwyd neb tra parhaodd hi. A phan ddarfu'r wledd,

"Arglwydd," ebe Pwyll wrth Hefëydd, "gyda'th ganiatâd, fe gychwynnaf yfory tua Dyfed."

"Ie," ebe Hefëydd, "Duw a rwyddha dy ffordd, a threfna oed ac amser y dêl Rhiannon ar dy ôl."

"Rhyngof a Duw," ebe yntau Pwyll, "gyda'n gilydd yr awn oddi yma."

"Ai felly y mynni di, arglwydd ?" ebe Hefëydd.

"Felly, rhyngof a Duw," ebe Pwyll.

Teithiasant hwy drannoeth tua Dyfed a chyrchasant Lys Arberth, ac yr oedd yno wledd wedi ei pharatoi iddynt. Galwyd ynghyd y wlad a'r deyrnas, a daeth atynt rai o'r gwŷr gorau a'r gwragedd gorau. Ni adawodd Rhiannon na gŵr na gwraig o'r rhai hynny heb iddi roi rhodd gofiadwy iddo, un ai tlws, neu fodrwy, neu garreg werthfawr. Llywodraethwyd y wlad ganddynt yn llwyddiannus y flwyddyn honno, a'r ail. Ac yn y drydedd flwyddyn dechreuodd gwŷr y wlad deimlo'n drist o weld gŵr a garent gymaint â'u harglwydd a'u brawdmaeth, yn ddietifedd ; a'i wysio atynt a wnaethant. Dyma'r lle y daethant ynghyd, y Preselau yn Nyfed.

"Arglwydd," ebe hwy, "fe wyddom ni nad wyt ti gyfoed â rhai o wŷr y wlad hon ond ein hofn ni yw na fydd iti etifedd o'r wraig sydd gennyt. Ac oherwydd hynny, cymer wraig arall y bydd etifedd iti ohoni. Ni pharhei di am byth," ebe hwy, "ac er y dichon iti ddymuno bod felly, ni ddioddefwn hynny gennyt."

"Ie," ebe Pwyll, "nid ydym wedi bod ynghyd yn hir eto a llawer digwyddiad a ddichon fod. Oedwch gyda mi hyd ymhen y flwyddyn, a blwyddyn i'r amser hwn fe wnawn ni drefniant i ddod ynghyd a derbyniaf eich cyngor." Trefnwyd yr oed. Cyn i ddiwedd y cyfnod ddod fe aned mab iddo ef, ac yn Arberth y'i ganed. A'r nos y'i ganed dygwyd gwragedd i wylio'r mab a'i fam. Dyna a wnaeth y gwragedd, cysgu, a mam y mab, Rhiannon. Rhif y gwragedd a ddygwyd i'r ystafell oedd chwech o wragedd. Gwylio a wnaethant hwythau ran o'r nos, ond er hynny, cyn hanner nos aeth pawb ohonynt i gysgu, a deffro tua'r plygain. A phan ddeffroesant, edrychasant yn y lle y rhoddasent y mab, ac nid oedd dim sôn amdano yno.

"Och !" ebe un o'r gwragedd, "fe gollwyd y mab."

"Ie," ebe un arall, "bychan o ddial fyddai ein llosgi ni neu ein dienyddio am golli'r mab."

"A oes cyngor yn y byd," ebe un o'r gwragedd, "ynghylch hyn ?"

"Oes," ebe un arall, "fe wn i am gyngor da," ebe hi.

"Beth yw hynny ?" ebe hwy.

"Gast hela sydd yma," ebe hi, "a chŵn bach ganddi. Lladdwn rai o'r cŵn bach ac irwn ei hwyneb hithau, Rhiannon, a'i dwylo â'r gwaed, a thaflwn yr esgyrn ger ei bron a thaerwn iddi ddifetha'r mab ei hunan. Ni threchir ein taeru ni ein chwech gan ei gair hi ei hunan." A phenderfynwyd ar y cyngor hwnnw.

Tua'r bore, deffrôdd Rhiannon, a dywedodd,

"Wragedd," ebe hi, "ple mae'r mab ?"

"Arglwyddes," ebe hwy, "na ofyn di inni am y mab. Nid oes arnom ni ond cleisiau a dyrnodiau o achos ein hymdaro â thi ; ac y mae'n ddiamau gennym na welsom ni erioed gymaint o nerth ymlad mewn un wraig ag ynot ti. Ac ni thyciodd inni ymdaro â thi. Fe ddifethaist ti dy hun dy fab ac na ofyn i ni amdano ef."

"O drueiniaid," ebe Rhiannon, "er mwyn yr Arglwydd Dduw a ŵyr bob peth, na chyhuddwch fi ar gam. Duw, yr hwn a ŵyr bob peth, a ŵyr fod hynny'n gelwyddog amdanaf i. Ac os ofn sydd arnoch chwi, fy nghyffes i Dduw, fe'ch amddiffynnaf."

"Duw a ŵyr," ebe hwy, "ni adawn ni ddrwg arnom ni ein hunain er mwyn unrhyw un yn y byd."

"O drueiniaid," ebe hithau, "ni chewch un drwg o ddweud y gwirionedd." Er yr hyn a ddywedai hi'n deg ac yn druenus ni chaffai ond yr un ateb gan y gwragedd.

Cododd Pwyll Pen Annwn ar hynny a'r osgordd a'r lluoedd, ac ni allwyd celu'r digwyddiad hwnnw. Aeth yr hanes i'r wlad

a chlywodd pawb o'r gwyrda ef. Daeth y gwyrda ynghyd i anfon
negeswyr at Bwyll i erchi iddo ysgaru ei wraig am gyflafan mor
warthus â'r un a wnaethai. Dyma'r ateb a roddodd Pwyll,
"Nid oes achos ganddynt hwy i erchi imi ysgaru fy ngwraig
ond am na byddai plant iddi. Gwn fod iddi hi blant ac nid
ysgaraf hi. Os gwnaeth hithau gam, bydded iddi gymryd ei
phenyd amdano." Hithau Rhiannon a alwodd ati athrawon a
doethion. A phan oedd yn well ganddi gymryd ei phenyd nag
ymdaeru â'r gwragedd, fe gymerodd ei phenyd. Dyma'r penyd
a roddwyd arni : bod yn y llys hwnnw yn Arberth hyd ymhen
saith mlynedd. Ac yr oedd esgynfaen y tu allan i'r porth,
eistedd gerllaw hwnnw beunydd a dweud wrth bawb a ddelai
o'r rhai y tebygai hi na wyddai'r hanes oll a chynnig i westai a
dieithryn, o'r rhai a adawai iddi, ei ddwyn ar ei chefn i'r llys.
Ond o'r braidd y gadawai yr un ohonynt iddi ei ddwyn. Ac
felly y treuliodd gyfran o'r flwyddyn.

Ac yn yr amser hwnnw yr oedd Teyrnon Twrf Liant yn
arglwydd ar Went Is Coed, ac ef oedd y gŵr gorau yn y byd.
Ac yn y tŷ yr oedd caseg. Ac nid oedd yn y deyrnas na march
na chaseg decach na hi ; a phob nos Calan Mai fe fwriai ebol
ac ni fyddai neb yn gwybod un gair am ei hebol. Dyma a
wnaeth Teyrnon : un noswaith fe ymddiddanodd â'i wraig,
"Wraig," ebe ef, "diofal ydym bob blwyddyn yn colli epil
ein caseg heb gael un ohonynt."

"Beth a ellir ei wneud am hynny ?" ebe hi.

"Nos Calan yw hi heno," ebe ef, "dial Duw arnaf oni
chaf wybod pa ddinistr sydd yn dwyn yr ebolion." Parodd
ddwyn y gaseg i mewn i'r tŷ a gwisgodd yntau arfau amdano a
dechrau gwylio'r nos. Ac fel yr oedd yn dechrau nosi, esgorodd
y gaseg ar ebol mawr, hardd yn sefyll yn y fan. Dyma a
wnaeth Teyrnon : codi ac edrych ar braffter yr ebol, ac fel yr
oedd felly, fe glywai dwrw mawr ac ar ôl y twrw dyma grafanc
fawr drwy ffenestr yn y tŷ ac yn ymafael yn yr ebol gerfydd ei
fwng. Dyma a wnaeth Teyrnon yntau, tynnu cleddyf a tharo'r
fraich ymaith o'r penelin hyd nes bod hynny o'r fraich a'r ebol
gyda hi i mewn. Ac ar hynny clywodd dwrw a sgrech ynghyd.
Agorodd y drws a rhuthrodd ar ôl y twrw. Ni welai ef achos y
twrw gan dywylled y nos. Rhuthrodd ar ei ôl a'i ymlid. A
daeth i'w gof iddo adael y drws yn agored, a dychwelodd. Ac

wrth y drws, dyma blentyn bychan wedi ei rwymo a llen
sidanwe wedi ei phlygu yn ei gylch. Cymerodd y plentyn ato,
ac wele'r plentyn yn gryf am ei oed.

Caeodd y drws a chyrchu'r ystafell yr oedd ei wraig ynddi.
"Arglwyddes," ebe ef, "ai cysgu yr wyt ti ?"

"Nage, arglwydd," ebe hi. "Fe gysgais, a phan ddaethost ti
i mewn fe ddeffrois i."

"Mae yma blentyn iti," ebe ef, "os mynni, yr hyn na fu iti
erioed."

"Arglwydd," ebe hi, "beth oedd yr hanes hwnnw ?"

"Dyma'r cwbl," ebe Teyrnon gan fynegi'r holl hanes.

"Ie, arglwydd," ebe hi, "pa fath ddillad sydd am y plentyn?"

"Llen sidanwe," ebe yntau.

"Mab i bobl fonheddig yw ef," ebe hi. "Arglwydd," ebe hi,
"llawenydd a diddanwch fyddai imi ; pe mynnit ti, fe ddygwn
wragedd i gyfrinach â mi ac fe ddywedwn fy mod yn feichiog."

"Fe gytunaf â thi'n llawen ar hynny," ebe ef. Ac felly y
gwnaed. Parasant fedyddio'r mab â'r bedydd a wneid yr adeg
honno. Dyma'r enw a roddwyd arno, Gwri Wallt Euryn. Yr
oedd y cyfan o wallt ei ben cyn felyned â'r aur.

Meithrinwyd y mab yn y llys hyd onid oedd yn flwydd. A
chyn ei flwydd yr oedd yn cerdded yn gryf, a chadarnach
ydoedd na phlentyn teirblwydd a fai'n fawr ei dwf a'i faint. A
magwyd y mab yr ail flwyddyn ac yr oedd cyn gadarned â
phlentyn chweblwydd. A chyn pen y bedwaredd flwyddyn yr
oedd yn taro bargen â gweision y meirch i adael iddo ddwyn y
meirch i'r dŵr.

"Arglwydd," ebe'r wraig wrth Teyrnon, "ple mae'r ebol a
amddiffynnaist ti'r nos y cefaist hyd i'r plentyn ?"

"Fe'i gorchmynnais i weision y meirch," ebe ef, "ac fe
erchais iddynt ofalu amdano."

"Oni fyddai'n dda iti, arglwydd," ebe hi, "beri ei ddofi a'i
roi i'r bachgen ? Canys y nos y cefaist hyd i'r bachgen y
ganwyd yr ebol ac yr amddiffynnaist ef."

"Nid af i yn erbyn hynny," ebe Teyrnon. "Fe adawaf iti ei
roi iddo."

"Arglwydd," ebe hi, "Duw a ad-dalo iti. Fe'i rhoddaf iddo."
Fe roddwyd y march i'r mab, a daeth hi at y gwastrodion ac at

weision y meirch i orchymyn gofalu am y march a'i fod yn ddof
erbyn yr elai'r bachgen i farchogaeth, a bod sôn amdano.

Pan oedd hyn ar dro, fe glywsant newyddion am Riannon ac
am ei chosb. Dyma a wnaeth Teyrnon Twrf Liant, oherwydd
yr hyn a ddarganfu, gwrando am y newydd ac ymofyn yn ddyfal
amdani hyd oni chlywodd gan lawer o luoedd o'r rhai a ddelai
i'r llys, trwy fynych gwyno, druaned rhan Riannon a'i chosb.
Meddyliodd Teyrnon yntau am hynny ac edrych ar y mab yn
graff. A daeth i'w feddwl na welsai erioed o ran ymddangosiad
fab a thad cyn debyced â'r bachgen i Bwyll Pen Annwn. Yr
oedd gwedd Pwyll yn hysbys iddo canys deiliad fuasai iddo cyn
hynny. Ac am hynny, fe gydiodd pryder ynddo ei fod yn cadw'r
bachgen gydag ef ar gam ac yntau'n gwybod ei fod yn fab i ŵr
arall. A phan gafodd y cyfle cyntaf i siarad â'i wraig o'r
neilltu fe fynegodd iddi hi nad oedd yn iawn iddynt hwy
gadw'r plentyn gyda hwy a chaniatáu cymaint cosb ag a oedd
ar wreigdda gystal â Rhiannon oherwydd hynny, a'r bachgen
yn fab i Bwyll Pen Annwn.

A hithau, gwraig Teyrnon, a gydsyniodd i anfon y bachgen
at Bwyll.

"A thripheth, arglwydd," ebe hi, "a gawn o hynny, diolch
ac elusen o ollwng Rhiannon o'r gosb sydd arni a diolch gan
Bwyll am feithrin y mab a'i adfer iddo. A'r trydydd peth, os
gŵr bonheddig fydd y mab, bydd yn fab maeth inni ac fe wna
inni'r gorau a allo fyth." Penderfynasant ar y cyngor hwnnw.

Ac ni bu hwy ganddynt na thrannoeth pan ymbaratôdd
Teyrnon yn un o dri marchog a'r bachgen yn bedwerydd gyda
hwy ar y march a roddasai Teyrnon iddo. A theithio tuag
Arberth a wnaethant. Ni fuont yn hir hyd oni ddaethant i
Arberth. Pan ddaethant tua'r llys, gwelent Riannon yn eistedd
yn ymyl yr esgynfaen. Pan ddaethant gyferbyn â hi,

"Unben," ebe hi, "nac ewch ymhellach na hyn. Fe gariaf
bob un ohonoch at y llys. A hynny yw fy mhenyd am imi fy
hunan ladd fy mab a'i ddifetha."

"Wreigdda," ebe Teyrnon, "ni thebygaf i yr â un o'r rhai
hyn ar dy gefn di."

"Aed a fynno," ebe'r bachgen, "nid af i."

"Yn sicr, gyfaill," ebe Teyrnon, "nid awn ninnau."

Cyrchasant y llys. A bu dirfawr lawenydd o'u derbyn. A dechrau treulio'r wledd yr oeddent yn y llys. Yr oedd Pwyll yntau yn dychwelyd wedi cylchdaith ar Ddyfed. Aethant i'r neuadd ac i ymolchi. A chroesawodd Pwyll Deyrnon, ac aethant i eistedd. Dyma fel yr eisteddasant : Teyrnon rhwng Pwyll a Rhiannon, a dau gydymaith Teyrnon uwchlaw Pwyll, a'r bachgen rhyngddynt. Wedi darfod bwyta, ar ddechrau cyfeddach, ymddiddanasant. Dyma'r ymddiddan a fu gan Deyrnon, mynegi ei holl hanes am y gaseg ac am y bachgen ac fel yr oeddynt hwy, Teyrnon a'i wraig, wedi arddel y bachgen ac y bu iddynt ei fagu.

"Dyna dy fab, arglwyddes," ebe Teyrnon. "A phwy bynnag a ddywedodd gelwydd amdanat fe wnaeth gam â thi. A minnau pan glywais y gofid a oedd arnat, bu'n drist gennyf a gofidiais. Ac ni thebygaf o'r holl lu hwn nad oes neb nad adwaen fod y bachgen yn fab i Bwyll," ebe Teyrnon.

"Nid oes neb," ebe pawb, "na bo'n sicr ganddo hynny."

"Rhyngof a Duw," ebe Rhiannon, "byddai gwared i'm pryder i pe gwir hynny."

"Arglwyddes," ebe Pendaran Dyfed, "da yr enwaist dy fab, Pryderi. A gorau y gwedda iddo'r enw Pryderi fab Pwyll Pen Annwn."

"Gwyliwch," ebe Rhiannon, "rhag bod ei enw ei hun yn gweddu iddo orau."

"Beth yw'r enw ?" ebe Pendaran Dyfed.

"Gwri Wallt Euryn a roesom ni arno ef."

"Pryderi," ebe Pendaran Dyfed, "fydd ei enw ef."

"Hynny sydd orau," ebe Pwyll, "cymryd enw'r bachgen oddi wrth y gair a ddywedodd ei fam pan gafodd newydd da amdano." Ac ar hynny y cytunwyd.

"Teyrnon," ebe Pwyll, "Duw a ad-dalo iti am feithrin y bachgen hwn hyd yr awron. A iawn fydd iddo yntau, os bydd yn ŵr bonheddig, ei ad-dalu iti."

"Arglwydd," ebe Teyrnon, "y wraig a'i magodd ef, nid oes yn y byd un fwy ei galar ar ei ôl na hi. Y mae'n iawn iddo gofio amdanaf i a'r wraig honno am yr hyn a wnaethom erddo ef."

"Rhyngof a Duw," ebe Pwyll, "tra parhaf i fe'th gynhaliaf, ti a'th deyrnas, tra gallaf gynnal yr eiddof fy hun. Os bydd ef byw, mwy priodol yw iddo dy gynnal nag i mi. Ac os hynny yw dy gyngor di a chyngor hyn o wyrda, gan iti ei fagu ef hyd yr awr hon fe'i rhoddwn ar faeth i Bendaran Dyfed o hyn allan. A byddwch chwithau gyfeillion a thadmaethau iddo."

"Cyngor iawn yw hwnnw," ebe pawb. Ac yna rhoddwyd y bachgen i Bendaran Dyfed ac fe gymdeithasodd gwyrda'r wlad gydag ef. Ac fe gychwynnodd Teyrnon Twrf Liant a'i gymdeithion am ei wlad a'i deyrnas yn llawn cariad a llawenydd. Ac nid aeth heb gael cynnig iddo'r tlysau tecaf a'r meirch gorau a'r cŵn mwyaf cymeradwy. Ac ni fynnodd ef ddim.

Yna y trigasant hwythau yn eu teyrnas a magwyd Pryderi fab Pwyll Pen Annwn yn ofalus fel y dylid hyd onid oedd y mwyaf golygus o wŷr ieuainc a thecaf, a'r un â'r rhestr gyflawnaf o gampau wedi eu meistroli a oedd yn y deyrnas. Felly y treuliasant flwyddyn a blynyddoedd hyd oni ddaeth terfyn ar hoedl Pwyll Pen Annwn ac y bu farw. Ac fe lywodraethodd yntau Bryderi ar saith cantref Dyfed yn llwyddiannus a phobl ei deyrnas a phawb o'i gylch yn ei garu. Ac ar ôl hynny fe oresgynnodd dri chantref Ystrad Tywi a phedwar cantref Ceredigion. A gelwir y rhai hynny, saith cantref Seisyllwch. Ac ar y tir cynnydd hwnnw y bu ef Pryderi fab Pwyll Pen Annwn yn llywodraethu hyd oni ddaeth yn ei fryd gymryd gwraig. A'r wraig a ddewisodd oedd Cigfa ferch Wynn Gohoyw, fab Gloyw Walltlydan, fab Casnar Wledig, o arglwyddi'r ynys hon.

Ac felly y terfyna'r gainc hon o'r Mabinogi.

BRANWEN FERCH LLŶR

Yr oedd Bendigeidfran fab Llŷr yn frenin coronog ar yr ynys hon ac wedi ei arwisgo â choron Llundain. Ac un prynhawn yr oedd yn Harlech yn Ardudwy yn un o'i lysoedd. Ac yr oeddynt yn eistedd ar garreg Harlech uwch ben y weilgi a Manawydan fab Llŷr ei frawd gydag ef, a dau frawd o'r un fam ag ef, Nysien ac Efnysien, a gwyrda heblaw hynny fel y gweddai o gwmpas brenin.

Meibion oedd y ddau frawd o'r un fam ag ef i Euroswydd o'i fam yntau Penarddun, merch Beli fab Mynogan. A gŵr da oedd un o'r llanciau hynny ; fe barai dangnefedd rhwng y ddau lu pan fyddent fwyaf llidiog ; a Nysien oedd hwnnw. Parai'r llall ymladd rhwng y ddau frawd pan fyddent yn caru ei gilydd fwyaf.

Ac fel yr oeddynt yn eistedd felly fe welent hwy dair llong ar ddeg yn dod o dde Iwerddon ac yn cyrchu tuag atynt a symudiad rhwydd a chyflym ganddynt, a gwynt o'u hôl a hwythau'n nesáu yn fuan atynt.

"Fe welaf i longau acw," ebe'r brenin, "ac yn dod yn hy tua'r tir. Ac erchwch i wŷr y llys wisgo amdanynt a mynd i edrych pa beth yw eu bwriad."

Gwisgodd y gwŷr amdanynt a nesasant i waered atynt. Wedi gweld y llongau yn agos yr oedd yn sicr ganddynt na welsent erioed longau perffeithiach eu golwg na hwy. Baneri teg, gweddus, gwych, sidanwe oedd arnynt.

Ac ar hynny, wele un o'r llongau yn rhagflaenu'r rhai eraill ac fe welent godi tarian yn uwch na bwrdd y llong a swch y darian i fyny yn arwydd o heddwch. Ac fe nesaodd y gwŷr atynt fel y gallent glywed ei gilydd yn siarad. Gyrru cychod allan a wnaethant hwythau a nesáu tua'r tir, a chyfarch gwell i'r brenin. Clywai'r brenin hwythau o'r lle yr oedd ar garreg uchel uwch eu pen.

"Duw fyddo'n dda wrthych," ebe ef, "a chroeso ichwi. Pwy biau'r llu llongau hyn, a phwy sy'n bennaeth arnynt hwy ?"

"Arglwydd," ebe hwy, "Matholwch brenin Iwerddon sydd yma ac ef biau'r llongau."

"Beth a fynnai ef ?" ebe'r brenin, "a fynn ef ddod i'r tir ?"

"Na fynn, arglwydd," ebe hwy, "oni chaiff ei neges. Negesydd yw atat ti."

"Pa fath neges sydd ganddo ef ?" ebe'r brenin.

"Mynnu ymgysylltu'n deuluol â thydi, arglwydd," ebe hwy. "I geisio Branwen ferch Llŷr y daeth, ac os yw hynny'n dda gennyt ti fe fynn rwymo Ynys y Cedyrn ac Iwerddon ynghyd fel y byddent gadarnach."

"Ie," ebe yntau, "doed i'r tir a chymerwn ninnau gyngor ynghylch hynny." Aeth yr ateb hwnnw ato ef.

"Fe af innau'n llawen," ebe ef.

Fe ddaeth i'r tir a rhoddwyd croeso iddo ; a bu ymgynulliad mawr yn y llys y nos honno rhwng ei lu ef a gwarchodlu'r llys.

Ar unwaith drannoeth, fe ymgyngorasant. Dyma a benderfynwyd yn y cyngor, rhoi Branwen i Fatholwch. A honno oedd un o Dair Prif Riant yr ynys hon ; hi oedd y forwyn decaf yn y byd. A gwnaed oed i gysgu gyda hi yn Aberffraw, a chychwyn oddi yno. A'r lluoedd hynny a gychwynasant tuag Aberffraw, Matholwch a'i luoedd yn y llongau, Bendigeidfran a'i lu yntau ar dir, hyd oni ddaethant i Aberffraw. Yn Aberffraw, dechrau'r wledd ac eistedd. Dyma fel yr eisteddasant : brenin Ynys y Cedyrn, a Manawydan fab Llŷr o'r naill ochr iddo a Matholwch o'r ochr arall, a Branwen ferch Llŷr gydag yntau. Nid mewn tŷ yr oeddynt ond mewn pebyll. Nid oedd Bendigeidfran erioed wedi cael ei gynnwys mewn tŷ.

A dechreuasant y gyfeddach. Ymroesant i'r gyfeddach ac ymddiddan. A phan welsant ei bod yn well iddynt gymryd cwsg nag ymroi i'r gyfeddach fe aethant i gysgu. A'r nos honno fe gysgodd Matholwch gyda Branwen. A thrannoeth cododd pawb o warchodlu'r llys ; a dechreuodd y swyddwyr drafod llety'r meirch a'r gweision. A'u lletya a wnaethant ym mhob rhanbarth hyd y môr. Ac wedi hynny un diwrnod, wele Efnysien, y gŵr anheddychlon y dywedasom amdano uchod, yn taro ar lety meirch Matholwch a gofynnodd pwy oedd biau'r meirch.

"Meirch Matholwch brenin Iwerddon yw'r rhai hyn," ebe hwy.

"Beth a wnânt hwy yna ?" ebe ef.

"Y mae brenin Iwerddon yma ac y mae wedi cysgu gyda Branwen dy chwaer, a'i feirch ef yw'r rhai hyn."

"Ai felly y gwnaethant hwy ynghylch morwyn gystal â honno ac yn chwaer i minnau, ei rhoi heb fy nghaniatâd i ? Ni allent hwy fy sarhau i'n fwy," ebe ef.

Ac ar hynny, rhuthrodd at y meirch a thorri eu gweflau hyd at eu dannedd a'r clustïau hyd at eu pennau a'r gynffon hyd at asgwrn eu cefn ; a lle y câi afael ar yr amrannau, eu torri hyd at yr asgwrn ac anffurfio'r meirch felly fel nad oedd defnydd y gellid ei wneud o'r meirch.

Daeth yr hanes at Fatholwch. Dyma fel y daeth, dweud am anffurfio'r meirch a'u difetha fel nad oedd un defnydd y gellid ei wneud ohonynt.

"Ie, arglwydd," ebe un, "dy waradwyddo a wnaed a hynny a fynnir ei wneud â thi."

"Duw a ŵyr, y mae'n rhyfedd gennyf os fy ngwaradwyddo a fynnent, roi morwyn gystal, mor uchel ei thras, gyn anwyled gan ei thylwyth, ag a roddasant i mi."

"Arglwydd," ebe un arall, "fe weli ei egluro, os felly. Ac nid oes dim a wnei di ond cyrchu dy longau."

Ac ar hynny, ceisio ei longau a wnaeth ef.

Daeth yr hanes at Fendigeidfran fod Matholwch yn ymadael â'r llys heb ofyn, heb ganiatâd. Ac aeth negeswyr i ofyn iddo paham yr oedd hynny. Dyma'r negeswyr a aeth, Iddig fab Anarawg a Hefëydd Hir. Goddiweddodd y gwŷr hynny ef a gofynasant iddo pa fwriad a oedd ganddo ac am ba achos yr oedd yn mynd ymaith.

"Duw a ŵyr," ebe yntau, "petaswn i'n gwybod ni ddaethwn yma. Cefais waradwydd cyflawn. Ac nid aeth neb ar siwrnai waeth na'r un a ddygais yma. Cyfarfu rhyfeddod â mi."

"Beth yw hwnnw ?" ebe hwy.

"Rhoi Branwen ferch Llŷr imi yn un o Dair Prif Riant yr ynys hon ac yn ferch i frenin Ynys y Cedyrn, a chysgu gyda hi, ac wedi hynny fy ngwaradwyddo. A rhyfedd oedd gennyf nad cyn rhoi morwyn gystal â honno imi y gwneid im y gwaradwydd a wnelid."

"Duw a ŵyr, arglwydd, nid o ewyllys y sawl a feddai'r llys," ebe hwy, "na neb o'i gyngor y gwnaed y gwaradwydd hwn iti.

Ac er y byddo hynny'n waradwydd gennyt ti, y mae'r sarhâd hwnnw a'r ystryw yn fwy gan Fendigeidfran na chennyt ti."

"Ie," ebe ef, "fe debygaf. Ac er hynny, ni all ef ddileu fy ngwaradwydd i o achos hynny."

Dychwelodd y gwŷr hynny gyda'r ateb hwnnw tua'r lle yr oedd Bendigeidfran a mynegi iddo'r ateb a ddywedasai Matholwch.

"Ie," ebe yntau, "nid oes fantais ei fynd ef yn anheddychol ac ni adawn hynny."

"Ie, arglwydd," ebe hwy, "anfon eto negeswyr ar ei ôl."

"Anfonaf," ebe ef. "Codwch, Fanawydan fab Llŷr a Hefëydd Hir ac Unig Glew Ysgwydd, ac ewch ar ei ôl," ebe ef, "a mynegwch iddo y caiff ef farch iach am bob un a ddifethwyd ; ac ynghyd â hynny fe gaiff yn bris ei anrhydedd wialen arian a fyddo mor drwchus â'i fys bychan a chyhyd ag ef ei hun a phlat aur cyfled â'i wyneb ; a mynegwch iddo pa fath ŵr a wnaeth hynny, ac mai o'm hanfodd innau y gwnaed hynny; ac mai brawd o'r un fam â mi a wnaeth hynny ac nad hawdd gennyf i ei ladd na'i ddifetha ; a doed i ymweld â mi," ebe ef, "a gwnaf heddwch yn y modd y mynno ef ei hun."   .

Aeth y negeswyr ar ôl Matholwch a mynegasant iddo'r ymadrodd hwnnw'n garedig, a gwrandawodd arnynt.

"Wŷr," ebe ef, "fe ymgynghorwn."

Fe aeth at ei gyngor ; dyma'r penderfyniad : os gwrthod hynny a wnaent, ei bod yn debycach iddynt gael cywilydd a fai'n fwy na chael iawn a fai'n fwy. Penderfynodd gymryd hynny. Ac i'r llys y daethant yn heddychlon. A pharatoi'r pebyll a'r gwersyll a wnaethant yn y modd y trefnir neuadd, a mynd i fwyta. Eisteddasant yna yn y modd y dechreuasant eistedd ar ddechrau'r wledd.

A dechreuodd Matholwch ymddiddan â Bendigeidfran. Ac wele'r ymddiddan a gâi gan Fatholwch yn ddifywyd ac yn drist gan Fendigeidfran, ac yntau wedi bod yn wastad moɪ llawen. A meddyliodd ei bod yn drist iawn gan yr unben gyn lleied o iawn a gawsai am ei gam.

"Ŵr," ebe Bendigeidfran, "nid wyt gystal ymddiddanwr heno â'r noson o'r blaen. Ac os oherwydd bychander dy iawn gennyt fe gei ychwanegu yn ôl dy ewyllys ac yfory dalu dy feirch i ti."

"Arglwydd," ebe ef, "Duw a ad-dalo iti."

"Fe wnaf dy iawn hefyd yn fwy cyflawn," ebe Bendigeidfran. "Fe roddaf iti bair, a hynodrwydd y pair yw, y deiliad iti a ladder heddiw, ei fwrw yn y pair ac erbyn yfory fe fydd cystal ag y bu ar ei orau ond na bydd ganddo leferydd."

A diolchodd yntau am hynny a llawenhaodd yntau'n ddir-fawr oherwydd hynny. A thrannoeth fe dalwyd ei feirch iddo tra parhaodd meirch dof. Ac oddi yno fe gyrchodd ef i gwmwd arall a thalwyd iddo ebolion hyd oni fu ei dâl yn gyflawn iddo. Ac am hynny y galwyd y cwmwd o hynny allan, Tâl Ebolion.

A'r ail nos eisteddasant ynghyd.

"Arglwydd," ebe Matholwch, "o ble y daeth iti'r pair a roddaist i mi ?"

"Fe ddaeth imi," ebe ef, "oddi wrth ŵr a fu yn dy wlad di, ac ni wn yn amgenach nad yno y'i cafodd."

"Pwy oedd hwnnw ?" ebe ef.

"Llasar Llaes Gyfnewid," ebe ef. "A daeth hwnnw yma o Iwerddon a Chymidei Cymeinfoll ei wraig gydag ef, ac fe ddiangasant o'r tŷ haearn yn Iwerddon pan y'i gwnaed yn wyn o'u cwmpas ac y diangasant oddi yno. A rhyfedd gennyf i oni wyddost rywbeth am hynny."

"Gwn arglwydd," ebe ef, "a chymaint ag a wn fe'i mynegaf iti. Yr oeddwn yn hela yn Iwerddon ryw ddiwrnod ar ben bryncyn uwch ben llyn a oedd yn Iwerddon, a Llyn y Pair y'i gelwid. Ac fe welwn i ŵr mawr, melyngoch ei wallt, yn dod o'r llyn a phair ar ei gefn. Ac yr oedd hefyd yn ŵr mawr, anferth a golwg ddrwg arno fel carnleidr, a gwraig ar ei ôl ; ac os oedd ef yn fawr, yr oedd ei wraig ddwywaith yn fwy nag ef. A chyrchu ataf a wnaethant a chyfarch gwell imi. ' Ie,' ebe mi, ' sut hwyl sydd arnoch chwi ? ' ' Dyma sut mae arnom ni, arglwydd,' ebe ef, ' bydd y wraig hon,' ebe ef, ' ymhen pythefnos a mis yn esgor, a'r plentyn a enir yna o'r torllwyth honno ar ddiwedd y pythefnos a'r mis a fydd yn ymladdwr arfog cyflawn.' Cymerais innau hwy ataf i'w cynnal : buont flwyddyn gyda mi. Fe'u cefais hwy yn ddiwrthwynebiad am flwyddyn ; o hynny allan fe'u gwarafunwyd imi. A chyn pen y pedwerydd mis, hwy eu hunain yn peri eu bod yn cael eu casáu, a heb fodd eu cadw yn y wlad, yn gwneud camweddau ac yn trachwantu ac yn gofidio gwŷr da a gwragedd da. O

hynny allan y cynullodd pobl fy nheyrnas yn fy mhen i erchi
imi ymwadu â hwy, a rhoi dewis imi, ai fy nheyrnas, ai hwy.
Fe roddais innau ar gyngor fy ngwlad beth a wneid amdanynt.
Nid aent hwy o'u bodd ; nid oedd raid iddynt hwythau fynd o'u
hanfodd oherwydd eu gallu i ymladd. Yna yn eu cyfyng-
gyngor, penderfynasant wneuthur ystafell o haearn i gyd ; ac
wedi i'r ystafell fod yn barod, galw yno bob gof a phob perchen
gefel a morthwyl a oedd yn Iwerddon a pheri gosod golosg
cyfuwch â tho'r ystafell, a pheri gweini arnynt fwyd a diod heb
brinder, ar y wraig a'i gŵr a'i phlant. A phan wybuwyd eu
bod hwy wedi meddwi fe ddechreuwyd cymysgu'r tân gyda'r
golosg am ben yr ystafell a chwythu'r meginau a oedd wedi eu
gosod o gwmpas y tŷ, pob gŵr a chanddo ddwy fegin, a dechrau
chwythu'r meginau hyd onid oedd y tŷ yn wenfflam o gylch eu
pen. Ac yna bu ymgynghori ganddynt hwy yng nghanol llawr
yr ystafell ; ac fe arhosodd ef hyd oni fu'r mur haearn yn
wynias. Ac oherwydd y gwres dirfawr fe ruthrodd at y mur â'i
ysgwydd a'i fwrw allan gydag ef, a'i wraig ar ei ôl yntau. Ac ni
ddihangodd neb oddi yno ond ef a'i wraig. Ac yna, fel y tybiaf
i, arglwydd," ebe Matholwch wrth Fendigeidfran, "y daeth ef
drosodd atat ti."

"Yna, Duw a ŵyr," ebe yntau, "y daeth yma ac y rhoes y
pair i minnau."

"Sut, arglwydd, y derbyniaist ti hwythau ?"

"Eu rhannu i bob lle yn y deyrnas ; ac y maent yn niferus,
ac yn llwyddo ym mhob lle, ac yn cadarnhau'r fan y byddont o
wŷr ac arfau gorau a welodd neb."

Ymroi i ymddiddan a wnaethant y nos honno tra fu'n dda
ganddynt, a cherdd a chyfeddach. A phan welsant ei bod yn
fwy llesol iddynt fynd i gysgu nag eistedd yn hwy, aethant i
gysgu. Ac felly y treuliasant y wledd honno'n ddiddan. Ac ar
derfyn hynny fe gychwynnodd Matholwch, a Branwen gydag
ef, tuag Iwerddon. Ac o Abermenai y cychwynnodd y rheini
yn dair llong ar ddeg, ac fe ddaethant i Iwerddon.

Bu croeso mawr iddynt yn Iwerddon. Ni ddeuai gŵr mawr
na gwraig dda yn Iwerddon i ymweld â Branwen na roddai hi
un ai glesbyn neu fodrwy neu dlws gwerthfawr, brenhinol iddo
a fyddai'n eithriadol i'w weld wrth fynd i ffwrdd. Ac yn y
cyfamser, treuliodd hi'r flwyddyn honno a'i chlod yn fawr a

chafodd amser cyflawn o glod a chyfeillion. Yn hynny o amser, digwyddodd iddi ddod yn feichiog. Ac wedi treulio'r amseroedd dyledus, ganwyd mab iddi. Dyma'r enw a roddwyd ar y mab, Gwern fab Matholwch. Rhoddwyd y mab ar faeth yn y lle gorau un ei ddynion yn Iwerddon.

Ac yn yr ail flwyddyn dyma siarad grwgnachlyd yn Iwerddon am y sarhad a gawsai Matholwch yng Nghymru a'r twyll a wnaethid iddo ynghylch ei feirch. A'r rheini, ei frodyr maeth a'r gwŷr nesaf ato, yn edliw hynny iddo, a heb ei gelu. Ac wele'r terfysg yn Iwerddon hyd nad oedd llonydd iddo oni châi ddial y sarhad. Dyma'r dial a wnaethant, gyrru Branwen o'r un ystafell ag ef a'i gorfodi i bobi yn y llys, a pheri i'r cigydd, wedi iddo fod yn torri cig, ddod ati a tharo bonclust iddi bob dydd. Ac felly y gwnaed ei chosb.

"Ie, arglwydd," ebe ei wŷr wrth Fatholwch, "pâr yn awr wahardd y llongau a'r cychod rhwyfo a'r coryglau fel nad êl neb i Gymru ; a'r sawl a ddêl yma o Gymru, carchara hwy a phaid â'u gadael drachefn, rhag gwybod am hyn." Ac ar hynny y penderfynasant.

Am flynyddoedd nid llai na thair y buont felly. Ac yn ystod hynny o amser, meithrin aderyn drudwen a wnaeth hithau ar ymyl ei noe gyda hi, a dysgu iaith iddo, a mynegi i'r aderyn pa fath ŵr oedd ei brawd, a llunio llythyr am ei chosbau a'r amharch a oedd arni hithau. A rhwymwyd y llythyr am fôn adenydd yr aderyn a'i anfon tua Chymru. A daeth yr aderyn i'r ynys hon. Dyma lle y cafodd Fendigeidfran, yng Nghaer Saint yn Arfon mewn cynhadledd iddo un diwrnod. A disgynnodd ar ei ysgwydd ac ysgwyd ei blu hyd oni ddarganfuwyd y llythyr a sylweddoli feithrin o'r aderyn ymhlith pobl. Ac yna cymryd y llythyr a'i edrych. A phan ddarllenwyd y llythyr dolurio a wnaeth o glywed y gosb a oedd ar Franwen, ac o'r lle hwnnw ddechrau peri anfon negeswyr i ymgynnull yr ynys hon ynghyd. Ac yna fe barodd ef ddod ato wŷs gyflawn o bedair ar ddeg a saith ugain o wledydd a chwyno ei hun wrth y rhai hynny oherwydd y gosb a oedd ar ei chwaer.

Ac yna, ymgynghori. Dyma'r cyngor a gafwyd, cyrchu Iwerddon a gadael saith o wŷr yn llywodraethwyr yma, a Charadog fab Brân yn arweinydd, a'u saith marchog. Yn Edeyrnion y gadawyd y gwŷr hynny ac oherwydd hynny y galwyd y drefgordd Saith Marchog. Dyma'r saith gŵr : Caradog fab Brân a Hefëydd Hir ac Unig Glew Ysgwydd ac Iddig fab Anarawg Walltgrwn a Ffodor fab Erfyll ac Wlch Minasgwrn a Llashar fab Llaesar Llaesgyngwyd a Phendaran Dyfed yn llanc ieuanc gyda hwy. Y saith hynny a drigodd yn saith gweinyddwr i gadw golwg ar yr ynys hon, a Charadog fab Brân yn bennaf gweinyddwr arnynt.

Hwyliodd Bendigeidfran a'r llu a ddywedasom ni tuag Iwerddon ac nid oedd y weilgi yn fawr y pryd hwnnw ; gan gerdded yr aeth ef. Nid oedd ond dwy afon, Lli ac Archan y'u gelwid. Ac wedi hynny y cynyddodd y weilgi pan oresgynnodd y weilgi'r teyrnasoedd. Ac yna fe gerddodd ef a phawb a oedd o grefft tannau ar ei gefn ei hun, a chyrchu tir Iwerddon.

Ac yr oedd meichiaid Matholwch ar lan y weilgi ryw ddiwrnod yn troi ynghylch eu moch. Ac oherwydd yr olygfa a welsent ar y weilgi daethant hwy at Fatholwch.

"Arglwydd," ebe hwy, "henffych well."

"Duw fyddo'n dda wrthych," ebe ef. "A oes gennych newyddion ?"

"Arglwydd," ebe hwy, "mae gennym ni newyddion rhyfedd ; yr ydym wedi gweld coed ar y weilgi yn y lle na welsom erioed un pren."

"Dyna beth rhyfedd," ebe ef. "A welech chwi rywbeth heblaw hynny ?"

"Gwelem arglwydd," ebe hwy, "mynydd mawr gerllaw'r coed a hwnnw'n symud ; a chefnen uchel iawn ar y mynydd a llyn o bob ochr i'r gefnen ; a'r coed a'r mynydd a phob peth oll o'r rhai hynny'n symud."

"Ie," ebe yntau, "nid oes neb yma a ŵyr ddim am hynny onid yw Branwen yn gwybod. Gofynnwch iddi."

Aeth negeswyr at Franwen.

"Arglwyddes," ebe hwy, "beth a dybi di yw hynny ?"

"Er nad wyf yn arglwyddes," ebe hi, "fe wn i beth yw hynny. Gwŷr Ynys y Cedyrn yn dod drosodd wedi clywed am fy nghosb a'm hamarch."

"Beth yw'r coed a welwyd ar y môr ?" ebe hwy.

"Gwernenni a hwylbrenni llongau," ebe hi.

"Och !" ebe hwy, "beth oedd y mynydd a welwyd wrth ochr y llongau ?"

"Bendigeidfran fy mrawd oedd hwnnw," ebe hi, "yn dod gan gerdded. Nid oedd long y cynhwysid ef ynddi."

"Beth oedd y gefnen uchel iawn a'r llyn o bob ochr i'r gefnen ?"

"Ef," ebe hi, "yn edrych ar yr ynys hon ; y mae'n llidiog. Ei ddau lygad ef o bob ochr i'w drwyn yw y ddau lyn o bob ochr i'r gefnen."

Ac yna, galwyd ynghyd holl wŷr ymladd Iwerddon a'r holl benrhynnau yn gyflym, a chymerwyd cyngor.

"Arglwydd," ebe ei wyrda wrth Fatholwch, "nid oes gyngor ond cilio dros Linon (afon a oedd yn Iwerddon) a gadael Llinon rhyngot ag ef, a thorri'r bont sydd ar yr afon. A cherrig sugno sydd yng ngwaelod yr afon na all na llong na llestr fynd arni."

Ciliasant hwy dros yr afon a thorasant y bont.

Daeth Bendigeidfran i'r tir tua glan yr afon a llynges gydag ef.

"Arglwydd," ebe ei wyrda, "fe wyddost ti hynodrwydd yr afon ; ni all neb fynd drosti, nid oes bont arni hithau. Beth yw dy gyngor am bont ?" ebe hwy.

"Nid oes ond hyn," ebe yntau, "sef a fo ben, bid bont. Fe fyddaf i'n bont," ebe ef. Ac yna y dywedwyd y gair hwnnw gyntaf, sy'n ddihareb fyth.

Ac yna wedi iddo ef orwedd ar draws yr afon taflwyd clwydau arno ef ac fe aeth ei luoedd ef drosodd ar ei draws ef. Ar hynny, cyn gynted ag y cododd ef, dyma negeswyr Matholwch yn dod ato ef ac yn cyfarch gwell iddo ac yn ei annerch oddi wrth Fatholwch ei berthynas ac yn mynegi, yn ôl ei ewyllys ef, na syrthiai i'w ran ef ddim ond da.

"Ac y mae Matholwch yn rhoi brenhiniaeth Iwerddon i Wern fab Matholwch dy nai dithau, fab dy chwaer, ac yn ei throsglwyddo yn dy ŵydd di yn lle'r cam a'r anghyfiawnder a wnaed i Franwen. Ac yn y lle y mynni dithau, ai yma ai yn Ynys y Cedyrn, cynnal di Fatholwch."

"Ie," ebe yntau Bendigeidfran, "oni allaf fi fy hun gael y frenhiniaeth efallai y cymeraf gyngor am eich cenadwri chwi. O hyn hyd pan ddêl un gwahanol, ni chewch ateb gennyf fi."

"Ie," ebe hwythau, "fe ddown ni â'r ateb gorau a gawn ninnau atat ti ac aros dithau am ein neges ninnau."

"Arhosaf," ebe ef, "os dowch yn gyflym."

Aeth y negeswyr yn eu blaenau a daethant at Fatholwch.
"Arglwydd," ebe hwy, "paratoa i Fendigeidfran ateb a fo'n
well. Ni wrandawai ddim ar yr ateb a aeth ato ef gyda ni."
"Wŷr," ebe Matholwch, "beth yw eich cyngor chwi ?"
"Arglwydd," ebe hwy, "nid oes cyngor iti ond un. Ni
chynhwyswyd ef mewn tŷ erioed," ebe hwy. "Gwna dŷ," ebe
hwy, "er anrhydedd iddo, fel y cynhwyser ef a gwŷr Ynys y
Cedyrn yn y naill ochr i'r tŷ a thithau a'th lu yn yr ochr arall.
A dyro dy frenhiniaeth dan ei ewyllys a thâl wrogaeth iddo. Ac
oherwydd yr anrhydedd o wneud tŷ," ebe hwy, "am na chafodd
erioed dŷ y'i cynhwysid ef ynddo, fe wnaiff ef heddwch â thi."
A daeth y negeswyr â'r genadwri honno gyda hwy at
Fendigeidfran ; a chymerodd yntau gyngor. Dyma a bender-
fynodd yn y cyngor, derbyn hynny ; a thrwy gyngor Branwen
y bu hynny oll, a rhag dinistrio'r wlad y gwnaed hynny
ganddi hi.
Trefnwyd yr heddwch ac adeiladwyd y tŷ yn fawr ac yn
braff. Ond fe wnaeth y Gwyddelod ystryw. Dyma'r ystryw a
wnaethant, rhoi hoelen o bob ochr i bob colofn o'r can colofn
a oedd yn y tŷ, a rhoi cwdyn croen ar bob hoelen a gŵr arfog
ym mhob un ohonynt. Dyma a wnaeth Efnysien, dod i mewn
o flaen llu Ynys y Cedyrn ac edrych drwy'r tŷ gyda llygaid
gwyllt anhrugarog. A sylwodd ar y cydynnau crwyn ar hyd y
pyst.
"Beth sydd yn y cwdyn hwn?" ebe ef wrth un o'r Gwyddelod.
"Blawd, gyfaill," ebe ef.
Dyna a wnaeth yntau, ei deimlo hyd nes y cafodd ei ben, a
gwasgu ei ben hyd oni theimlai ei fysedd yn suddo i mewn i'r
ymennydd drwy'r asgwrn, a gadael hwnnw a rhoi ei law ar un
arall a gofyn,
"Beth sydd yma ?"
"Blawd," meddai'r Gwyddel.
Dyna a wnâi yntau, yr un ystryw â phawb ohonynt hyd nad
adawodd ef ŵr byw o'r holl wŷr ond un o'r ddau can gŵr. A
daeth at hwnnw a gofyn,
"Beth sydd yma ?"
"Blawd, gyfaill," ebe'r Gwyddel.
Dyna a wnaeth yntau, ei deimlo ef hyd oni chafodd ei ben, ac
fel y gwasgasai bennau'r rhai eraill, gwasgu pen hwnnw. Fe

deimlai arfau am ben hwnnw. Nid ymadawodd ef â hwnnw
hyd nes y'i lladdodd. Ac yna, canu englyn,—

"Y mae yn y cwdyn amryw fathau o flawd,
Campwyr, rhyfelwyr, ymosodwyr mewn brwydr,
O flaen gwŷr y gad yn barod i'r frwydr."

Ac ar hynny fe ddaeth y lluoedd i'r tŷ. Ac fe ddaeth gwŷr
Ynys Iwerddon i'r tŷ o'r naill ochr a gwŷr Ynys y Cedyrn o'r
ochr arall. A chyn gynted ag yr eisteddasant bu cytundeb
rhyngddynt, ac estynnwyd y frenhiniaeth i'r mab.

Ac yna, wedi cyflawni'r heddwch, galwodd Bendigeidfran
y mab ato. Oddi wrth Fendigeidfran cyrchodd y mab at Fan-
awydan ac yr oedd pawb o'r rhai a'i gwelai yn ei garu. Galwodd
Nysien fab Euroswydd y bachgen ato oddi wrth Fanawydan.
Aeth y mab ato'n gyfeillgar :

"Pam," ebe Efnysien, "na ddaw fy nai fab fy chwaer ataf fi?
Er nad yw'n frenin ar Iwerddon, da fyddai gennyf i ddangos
cariad at y bachgen."

"Aed yn llawen," ebe Bendigeidfran.

Aeth y mab ato'n llawen.

"I Dduw y dygaf fy nghyffes," ebe yntau'n ei feddwl, "fe
wnaf i'n awr gyflafan nad yw pobl y tŷ yn disgwyl imi ei
gwneud."

A chododd a chymryd y bachgen gerfydd ei draed, ac ar
unwaith, heb i un dyn yn y tŷ gael gafael arno, dyma daflu'r
bachgen yn wysg ei ben i'r tân. A phan welodd Branwen ei
mab yn llosgi yn y tân fe geisiodd neidio i'r tân, fel petai, o'r lle
yr oedd yn eistedd rhwng ei dau frawd. A gafaelodd Bendi-
geidfran ynddi o'r naill ochr a'i darian yn y llaw arall. Ac yna,
ymladdodd pawb drwy'r tŷ. A dyna'r trwst mwyaf a fu gan lu
un tŷ, pawb yn cymryd ei arfau. Ac yna y dywedodd Mor-
ddwyd Tyllion :

"Gŵn Gwern, gochelwch rhag Morddwyd Tyllion."

A thra aeth pawb am yr arfau fe ddaliodd Bendigeidfran
Franwen rhwng ei darian a'i ysgwydd.

Ac yna fe ddechreuodd y Gwyddelod gynnau tân o dan y
Pair Dadeni. Ac yna, taflwyd y cyrff meirw i'r pair hyd oni
fyddai'n llawn, a chyfodent drannoeth y bore yn wŷr ymlad
cystal â chynt ond na fedrent siarad. Ac yna, pan welodd

Efnysien y cyrff meirw heb fod lle i wŷr Ynys y Cedyrn yn un-man, fe ddywedodd yn ei feddwl :

"O Dduw," ebe ef, "gwae fi fy mod yn achos y domen anferth hon o wŷr Ynys y Cedyrn, a chywilydd arnaf i," ebe ef, "oni cheisiaf i waredigaeth rhag hyn."

Ac ymgropiodd ymhlith cyrff meirw'r Gwyddelod, a daeth dau Wyddel cefn noeth ato a'i daflu i'r pair ar ffurf Gwyddel. Ymestynnodd yntau yn y pair hyd oni thorrodd y pair yn bedwar darn a hyd oni thorrodd ei galon yntau. Ac oherwydd hynny y bu hynny o fuddugoliaeth a fu i wŷr Ynys y Cedyrn. Ni bu buddugoliaeth yn hynny ond bod saith gŵr wedi dianc a bod Bendigeidfran wedi'i glwyfo yn ei droed â phicell wenwynig.

Dyma'r saith gŵr a ddihangodd : Pryderi, Manawydan, Glifiau Ail Daran, Taliesin, ac Ynawg, Gruddiau fab Muriel, Heilyn fab Gwyn Hen.

Ac yna fe orchmynnodd Bendigeidfran dorri ei ben.

"A chymerwch chwi'r pen," ebe ef, "a chariwch ef i'r Gwynfryn yn Llundain a chleddwch ef â'i wyneb tua Ffrainc. A byddwch ar y ffordd yn hir ; fe fyddwch yn ciniawa yn Harlech am saith mlynedd ac Adar Rhiannon yn canu ichwi. A bydd y pen cystal ei gymdeithas gennych ag y bu ar ei orau gennych pan fu arnaf i erioed. Ac yng Ngwales ym Mhenfro y byddwch bedwar ugain mlynedd. A gellwch fod yno a'r pen gennych heb ei lygru hyd onid agoroch y drws tuag Aber Hen-felen i gyfeiriad Cernyw. Ac o'r amser yr agoroch y drws hwnnw, ni ellwch fod yno. Cyrchwch Lundain i gladdu'r pen. A chyrchwch chwi yn eich blaen drosodd."

Ac yna y torrwyd ei ben ef ac y cychwynasant drosodd a'r pen gyda hwy, y seithwyr hyn a Branwen yn wythfed. Ac yn Aber Alaw yn Nhalebolion y daethant i'r tir. Ac yna, eisteddasant a gorffwys. Edrychodd hithau ar Iwerddon ac ar Ynys y Cedyrn, gymaint a welai ohonynt.

"O Fab Duw," ebe hi, "gwae fi fy ngenedigaeth. Dwy ynys dda a ddiffeithiwyd o'm hachos i."

A rhoddodd ochenaid fawr, a thorri ei chalon ar hynny. Gwnaed bedd petryal iddi, a'i chladdu yno yng nglan Alaw.

Ac ar hynny, cerddodd y saith gŵr tua Harlech a'r pen gyda

hwy. Fel yr oeddynt yn cerdded, dyma gwmni o wŷr a gwragedd yn cyfarfod â hwy.

"A oes gennych chwi newyddion ?" ebe Manawydan.

"Nac oes," ebe hwy, "heblaw bod Caswallon fab Beli wedi goresgyn Ynys y Cedyrn a'i fod yn frenin coronog yn Llundain."

"Beth a ddigwyddodd," ebe hwythau, "i Garadog fab Brân a'r seithwyr a adawyd gydag ef yn yr ynys hon ?"

"Daeth Caswallon am eu pen a lladd y chwe gŵr, a thorrodd yntau, Caradog, ei galon o dristwch am weld y cleddyf yn lladd ei wŷr ac na wyddai pwy a'u lladdai. Gwisgasai Caswallon fantell hud amdano ac ni welai neb ef yn lladd y gwŷr ond y cleddyf. Ni fynnai Caswallon ei ladd yntau, ei nai fab ei gefnder oedd. (A hwnnw fu'r trydydd dyn a dorrodd ei galon gan dristwch.) Fe ddihangodd Pendaran Dyfed, a oedd yn llanc ieuanc gyda'r seithwyr, i'r coed," ebe hwy.

Ac yna fe gyrchasant hwy i Harlech a dechreuasant eistedd ac fe ddechreuwyd eu digoni eu hunain o fwyd a diod. Cyn gynted ag y dechreuasant hwythau fwyta ac yfed, daeth tri aderyn a dechrau canu rhyw gerdd iddynt, ac o'r cerddi a glywsent erioed yr oedd pob un yn anhyfryd o'i chymharu â hi. A rhaid oedd iddynt syllu ymhell allan uwch ben y weilgi i'w gweld. Ac yr oeddynt mor amlwg iddynt hwy â phe byddent gyda hwy. Ac ar y cinio hwnnw y buont am saith mlynedd.

Ac ymhen y seithfed flwyddyn y cychwynasant tua Gwales ym Mhenfro. Ac yno yr oedd iddynt le teg brenhinol uwch ben y weilgi, ac yr oedd neuadd fawr, a chyrchasant i'r neuadd. A gwelent ddau ddrws yn agored ; y trydydd drws oedd yn gaeëdig, yr hwn a wynebai tua Chernyw.

"Gwêl di acw," ebe Manawydan, "y drws na ddylem ni ei agor."

A'r nos honno y buont yno heb eisiau, a bu'n ddymunol ganddynt. Ac er a welsent o ofid yn eu gŵydd, ac er a gawsent eu hunain, ni ddeuai cof iddynt hwy o gwbl, nac am hynny nac am alar yn y byd. Ac yno y treuliasant y pedwar ugain mlynedd fel na wyddent hwy erioed dreulio ysbaid mwy dymunol na hyfrytach na hwnnw. Nid oedd anesmwythach na phan ddaethant yno, na bod un yn adnabod wrth y llall ei fod yn hŷn yn hynny o amser. Nid oedd anesmwythach ganddynt hwythau

gymdeithas y pen yna na phan fuasai Bendigeidfran yn fyw
gyda hwy. Ac o achos y pedwar ugain mlynedd hwnnw y'i
gelwid Gwledd y Pen Urddasol. (Gwledd Branwen a Math-
olwch oedd yr hon a aed i Iwerddon.)

Dyma a wnaeth Heilyn fab Gwyn un diwrnod.

"Cywilydd ar fy marf i," ebe ef, "onid agoraf y drws i wybod
ai gwir a ddywedir am hynny."

Agorodd y drws ac edrych ar Gernyw ac ar Aber Henfelen.
A phan edrychodd yr oedd mor hysbys iddynt gynifer y coll-
edion a gollasant erioed, a chynifer a gollasant o berthnasau a
chyfeillion, a chymaint o ddrwg a ddaethai iddynt â phe bai
yno y cyfarfyddai â hwy ; ac yn bennaf oll am eu harglwydd.
Ac o'r funud honno ni allasent hwy orffwys ond cyrchu â'r pen
tua Llundain. Pa hyd bynnag y buont ar y ffordd, fe ddaethant
i Lundain a chladdasant y pen yn y Gwynfryn.

A hwnnw oedd un o'r tri Chuddiad Ffodus pan y'i cuddiwyd,
ac yn un o'r tri Datguddiad Anffodus pan y'i datguddiwyd ;
oblegid ni ddeuai gormes fyth dros fôr i'r ynys tra fyddai'r pen
yn y guddfan honno. A hyn a ddywed y chwedl hon ; eu
hanes hwy, ' Y gwŷr a gychwynnodd o Iwerddon,' yw honno.

Yn Iwerddon ni adawyd undyn byw ond pump o wragedd
beichiog mewn ogof yn niffeithwch Iwerddon. A ganed i'r pum
gwraig hynny, yn yr un cyfnod, bum mab. A'r pum mab
hynny a fagasant hyd pan fuont yn llanciau mawr, a hyd oni
feddyliasant am wragedd, a hyd oni fu dymuniad ynddynt eu
cael. Ac yna cysgodd pob un blith draphlith gyda mam ei
gilydd, a gwladychu'r wlad a'i chyfaneddu, a'i rhannu rhyng-
ddynt ill pump. Ac oherwydd y rhaniad hwnnw y gelwir eto
bum talaith Iwerddon felly. Ac edrych y wlad a wnaethant, lle
y buasai'r meysydd brwydro, a chael aur ac arian hyd onid
oeddynt yn gyfoethog.

A dyna sut y terfyna'r gainc hon o'r Mabinogi, am Ddyrnod
Branwen yr hon a fu'n un o'r tair Dyrnod Anfad yn yr ynys
hon ; ac am Wledd Brân, pan aeth llu pedair talaith ar ddeg a
saith ugain i Iwerddon i ddial Dyrnod Branwen ; ac am y cinio
saith mlynedd yn Harlech ; ac am Ganiad Adar Rhiannon, ac
am Wledd y Pen bedwar ugain mlynedd.

MANAWYDAN FAB LLŶR

WEDI i'r seithwyr a ddywedasom ni uchod gladdu pen Bendigeidfran yn y Gwynfryn yn Llundain a'i wyneb tua Ffrainc, edrychodd Manawydan ar y dref yn Llundain ac ar ei gyfeillion a rhoi ochenaid fawr, a daeth drosto alar a hiraeth mawr.

"O Dduw Hollalluog, gwae fi," ebe ef, "nid oes neb heb le iddo heno ond fi."

"Arglwydd," ebe Pryderi, "na fydded cyn drysted gennyt â hynny. Y mae dy gefnder yn frenin ar Ynys y Cedyrn ac er iddo wneud cam â thi," ebe ef, "ni fuost hawliwr tir a daear erioed. Un o'r tri arglwydd gwylaidd wyt ti."

"Ie," eb ef, "er bod y gŵr hwnnw'n gefnder i mi, trist iawn yw gennyf i weld neb yn lle Bendigeidfran fy mrawd ac ni allaf fod yn llawen yn yr un tŷ ag ef."

"A gymeri dithau gyngor arall ?" ebe Pryderi.

"Y mae'n rhaid imi gael cyngor," ebe ef, "a pha gyngor yw hwnnw ?"

"Fe adawyd imi saith cantref Dyfed," ebe Pryderi, "a Rhiannon fy mam sydd yno. Fe roddaf i honno i ti, a chyda hi awdurdod dros y saith cantref. Ac er na bai iti deyrnas ond y saith cantref hynny nid oes saith cantref gwell na hwy. Cigfa ferch Gwyn Gloyw yw fy ngwraig innau," ebe ef. "Ac er bod y deyrnas yn eiddo i mi mewn enw bydded ei defnydd i ti a Rhiannon. Petasit ti erioed wedi mynnu teyrnas, mae'n sicr y cawsit ti un waeth na honno."

"Na, ni fynnaf, unben," ebe ef. "Duw a ad-dalo iti dy gyfeillgarwch."

"Y cyfeillgarwch gorau a allaf i, i ti y bydd os mynni ef."

"Mynnaf, gyfaill," ebe ef, "Duw a ad-dalo i ti. A mi a af gyda thi i weld Rhiannon ac i edrych ar y deyrnas."

"Fe wnei'n iawn," ebe yntau. "Fe dybiaf na wrandewaist erioed ar ymddiddanwraig well na hi. Yn yr adeg y bu hithau yn ei gogoniant ni bu wraig brydferthach na hi, ac eto ni fyddi anfodlon ar ei golwg."

Fe gerddasant hwy yn eu blaenau. A pha hyd bynnag yr

oeddynt ar eu ffordd fe ddaethant hwy i Ddyfed. Yr oedd gwledd wedi ei darparu iddynt erbyn eu dyfodiad i Arberth, a Rhiannon a Chigfa wedi ei harlwyo.

Ac yna dechreuodd Manawydan a Rhiannon gydeistedd a siarad ; ac oherwydd y siarad, anwylo tuag ati a wnaeth ei fryd a'i feddwl, a chanmol yn ei feddwl na welsai erioed wraig fwy cyflawn ei thegwch a'i harddwch na hi.

"Pryderi," ebe ef, "fe gydsyniaf â'r hyn a ddywedaist ti."

"Pa sylw oedd hwnnw ?" ebe Rhiannon.

"Arglwyddes," ebe Pryderi, "fe'th roddais i di'n wraig i Fanawydan fab Llŷr."

"Fe gydsyniaf innau â hynny'n llawen," ebe Rhiannon.

"Mae'n llawenydd gennyf innau," ebe Manawydan, "a Duw a ad-dalo i'r gŵr sydd yn rhoi i minnau ei gyfeillgarwch mor ddiwyro â hynny."

Cyn darfod y wledd honno, fe gysgodd gyda hi.

"Treuliwch chwi'r rhan o'r wledd sydd heb ei gorffen," ebe Pryderi, "ac fe af innau i Loegr i dalu fy ngwrogaeth i Gaswallon fab Beli."

"Arglwydd," ebe Rhiannon, "yng Nghaint y mae Caswallon, ac fe elli di dreulio'r wledd hon a'i aros hyd oni fo'n nes."

"Fe arhoswn ninnau amdano," ebe ef. A threuliasant y wledd honno a dechreuasant wneud cylch o amgylch Dyfed a'i hela a mwynhau eu difyrrwch.

Ac wrth rodio'r wlad ni welsant erioed wlad wedi ei diwyllio'n well na hi, na thir hela gwell na gwlad helaethach ei mêl a'i physgod na hi. Ac yn y cyfamser, tyfodd cyfeillgarwch rhyngddynt ill pedwar fel na fynnai'r un ohonynt fod heb ei gilydd na dydd na nos. Ac yn y cyfamser, fe aeth ef at Gaswallon i Rydychen i dalu ei wrogaeth iddo. A chafodd ef groeso mawr yno a diolch iddo am dalu ei wrogaeth iddo. Ac wedi dychwelyd, mwynhau eu gwleddoedd a'u hesmwythder a wnaeth Pryderi a Manawydan.

A dechreuasant wledd yn Arberth, canys prif lys ydoedd, ac yno y dechreuid pob anrhydedd. Ac wedi'r eisteddiad cyntaf y nos honno, tra fai'r gwasanaethwyr yn bwyta, codi allan a wnaethant a chyrchu Bryncyn Arberth a wnaethant ill pedwar, a llu gyda hwy. Ac fel yr oeddynt yn eistedd felly dyma dwrw, ac oherwydd maint y twrw dyma len o niwl yn dod fel na welai'r un ohonynt hwy ei gilydd. Ac ar ôl y niwl fe oleuodd pob lle. A phan edrychasant i'r cyfeiriad lle y gwelent y preiddiau a'r ysbail a'r anheddau cyn hynny, ni welent neb na dim, na thŷ nac anifail na mwg na thân, na dyn nac annedd, ond tai'r llys yn wag, diffaith, anghyfannedd, heb ddyn, heb anifail ynddynt ; eu cyfeillion eu hunain wedi eu colli heb wybod dim amdanynt, heblaw hwy ill pedwar.

"O Arglwydd Dduw," ebe Manawydan, "ple mae gwarch-odlu'r llys a'n llu ninnau heblaw am y rhain? Awn i edrych." Daethant i'r neuadd, nid oedd neb yno. Cyrchasant yr ystafell a'r ystafell gysgu ; ni welent neb. Yn y feddgell ac yn y gegin nid oedd ond diffeithwch.

Dechreuasant ill pedwar dreulio'r wledd, a hela a wnaethant a mwynhau eu difyrrwch ; a dechreuodd pob un ohonynt rodio'r wlad a'r deyrnas i edrych a welent un ai dŷ neu annedd ; ac ni welsant neb na dim ond anifeiliaid gwylltion. Ac wedi iddynt dreulio eu gwledd a'u paratoadau, dechreuasant ymborthi ar gig hela a physgod a heidiau o wenyn gwyllt. Ac felly y treuliasant flwyddyn, a'r ail, yn ddifyr ganddynt. Ac yn y diwedd alaru a wnaethant.

"Duw a ŵyr," ebe Manawydan, "ni fyddwn byw fel hyn. Cyrchwn Loegr a cheisiwn grefft y cawn ein hymborth wrthi."

Cyrchu Lloegr a wnaethant a dod i Henffordd, ac ymgymryd â gwneud cyfrwyau. A dechreuodd Manawydan lunio bwâu blaen cyfrwyau a'u lliwio â chalch glas yn y modd y gwelsai gyda Llasar Llaesgyngwyd, a gwneud calch glas rhag blaen fel y gwnaethai'r gŵr hwnnw. Ac oherwydd hynny y'i gelwir eto Galch Llasar am ei wneuthur gan Llasar Llaesgyngwyd. Ac o'r gwaith hwnnw, tra y'i ceid gan Fanawydan, ni phrynid gan gyfrwywr drwy ardal Henffordd na bwa blaen na chyfrwy hyd oni sylweddolodd pob un o'r cyfrwywyr ei fod ar ei golled o'u hennill hwy, ac na phrynid dim ganddynt ond wedi methu ei gael gan Fanawydan. Ac oherwydd hynny ymgynnull a wnaethant, bawb ohonynt, a chytuno ar ei ladd ef a'i gyd-ymaith. Ac yn y cyfamser cawsant hwythau rybudd a derbyn cyngor i adael y dref.

"Rhyngof a Duw," ebe Pryderi, "ni chynghoraf i adael y dref, ond i ladd y taeogion acw."

"Nage," ebe Manawydan, "ped ymladdem ni â hwy byddai

inni enw drwg a'n carcharu a wneid. Byddai'n well inni," ebe
ef, "gyrchu tref arall i'n cynnal ein hunain ynddi."

Ac yna cyrchu dinas arall a wnaethant ill pedwar.

"Pa gelfyddyd," ebe Pryderi, "a gymerwn ni arnom ?"

"Gwnawn darianau," ebe Manawydan.

"A wyddom ni rywbeth am hynny ?" ebe Pryderi.

"Rhown gynnig arni," ebe yntau.

Dechreuasant dorri ffurf y tarianau, eu llunio ar ffurf tar-
ianau da a welsent a rhoi arnynt y calch a roddasent ar y
cyfrwyau.

A llwyddodd y gwaith hwnnw ganddynt fel na phrynid
tarian yn yr holl dref ond ar ôl methu â chael un ganddynt hwy.
Yr oedd eu gwaith hwythau'n gyflym, a'r tarianau a wnaent yn
aneirif ac felly y buont hyd oni flinodd eu cyd-drefwyr arnynt
a hyd oni gytunasant ar geisio eu lladd. Daeth rhybudd iddynt
hwythau, a chlywed bod y gwŷr â'u bryd ar eu dienyddio.

"Pryderi," ebe Manawydan, "y mae'r gwŷr hyn yn mynnu
ein difetha."

"Ni ddioddefwn ni oddi wrth y taeogion hynny. Awn i
ymosod arnynt a lladdwn hwy."

"Nage," ebe yntau, "fe glywai Caswallon a'i wŷr hynny a
byddai distryw arnom. Fe wnawn ni gyrchu tref arall."
Daethant hwy i dref arall.

"Wrth ba gelfyddyd yr awn ni ?" ebe Manawydan.

"O'r rhai a fedrwn, yr hon a fynni di," ebe Pryderi.

"Nage," ebe yntau, "arferwn grefft crydd. Ni fydd calon gan
gryddion i ymladd â ni nac i warafun inni."

"Ni wn i ddim am honno," ebe Pryderi.

"Yr wyf i'n ei gwybod," ebe Manawydan, "ac fe ddysgaf iti
wnïo ac ni thrafferthwn â pharatoi lledr ond ei brynu'n barod
a thorri ein ffurf ohono."

Ac yna dechreuodd brynu'r lledr Cordofa tecaf a gafodd yn
y dref ac ni phrynai ef ledr gwahanol i hwnnw ar wahân i ledr
gwadnau. A dechreuodd gymdeithasu â'r gof aur gorau yn y
dref a pheri llunio byclau i'r esgidiau, ac euro'r byclau, a chadw
golwg ar hynny ei hun hyd oni wyddai hynny. Ac oherwydd
hynny y'i gelwid ef yn un o'r Tri Chrydd Aur.

Tra y'i ceid ganddo ef ni phrynid dim gan grydd yn yr holl
dref, nac esgid na botasen. Dyma a wnaeth y cryddion,

sylweddoli bod eu henillion yn peidio, canys fel y lluniai Manawydan y gwaith fe wnïai Pryderi. Daeth y cryddion ynghyd ac ymgynghori ; dyma a benderfynasant, cytuno ar eu lladd.

"Pryderi," ebe Manawydan, "y mae'r gwŷr yn mynnu ein lladd."

"Pam y derbyniwn ni hynny gan y lladron daeogion," ebe Pryderi, "ond eu lladd oll ?"

"Nage," ebe Manawydan, "nid ymladdwn â hwy ac nid arhoswn yn hwy yn Lloegr. Cyrchwn tua Dyfed ac awn i'w hedrych."

Pa hyd bynnag y buont ar y ffordd, daethant hwy i Ddyfed a chyrchasant Arberth. A chynnau tân a wnaethant a dechrau bwyta a hela a threulio mis felly, a chynnull eu cŵn atynt a hela, a bod yno felly am flwyddyn.

Ac un bore cododd Pryderi a Manawydan i hela ; a pharatoi eu cŵn a mynd oddi allan i'r llys. Dyma a wnaeth rhai o'u cŵn, mynd o'u blaenau a mynd i berth fechan a oedd gerllaw. A chyn gynted ag yr aethant i'r berth, cilio'n gyflym a'u gwrychyn yn codi'n fawr ac yn frawychus, a dychwelyd at y gwŷr.

"Nesawn," ebe Pryderi, "tua'r berth i edrych beth sydd ynddi." Nesasant tua'r berth. Pan nesasant, dyma faedd coed claerwyn yn codi o'r berth ; dyma a wnaeth y cŵn, wedi eu calonogi gan y gwŷr, rhuthro arno. Dyma a wnaeth yntau, gadael y berth a chilio ychydig oddi wrth y gwŷr. A hyd onid oedd y gwŷr yn agos eto, daliai ei dir ar y cŵn heb gilio rhagddynt er dim a wnelai'r cŵn : a phan nesái'r gwŷr fe giliai eilwaith, a rhuthro ymaith.

A theithiasant ar ôl y baedd hyd oni welent gaer fawr uchel iawn a golwg newydd arni mewn lle na welsent na charreg nac adeiladwaith erioed, a'r baedd yn cyrchu i'r gaer yn gyflym a'r cŵn ar ei ôl. Ac wedi i'r baedd a'r cŵn fynd i'r gaer, rhyfeddasant wrth weld y gaer mewn lle na welsent adeiladwaith erioed cyn hynny, ac edrychasant o ben y bryncyn a gwrando am y cŵn.

Pa hyd bynnag y buont felly, ni chlywent un o'r cŵn na dim amdanynt.

"Arglwydd," ebe Pryderi, "fe af i'r gaer i geisio newyddion am y cŵn."

"Duw a ŵyr," ebe yntau, "nid doeth dy gyngor ynghylch mynd i'r gaer. Ni welsom ni erioed y gaer hon yma. Ac os gwnei yn ôl fy nghyngor i nid ei di i mewn iddi. Y sawl a roddodd hud ar y wlad a barodd fod y gaer yma."

"Duw a ŵyr," ebe Pryderi, "ni ollyngaf i fy nghŵn."

Pa gyngor bynnag a gâi ef gan Fanawydan, fe gyrchodd ef y gaer. Pan ddaeth i'r gaer, ni welai yn y gaer na dyn nac anifail, na'r baedd na'r cŵn, na thŷ nac annedd. Fe welai, megis yng nghanol llawr y gaer, ffynnon â gwaith o garreg farmor o'i amgylch. Ac wrth ochr y ffynnon gawg aur yn rhwym wrth bedair cadwyn, a hynny uwchben llechen o garreg farmor a'r cadwynau'n estyn i'r awyr, ac ni welai ben draw iddynt. Llawenhaodd yntau gan deced yr aur a chystal gwneuthuriad y cawg, a daeth at y cawg ac ymaflyd ynddo. Ac fel yr ymaflodd yn y cawg, glynodd ei ddwylo wrth y cawg a'i draed wrth y llechen yr oedd yn sefyll arni, a dygwyd ei leferydd oddi wrtho fel na allai ddweud un gair. A sefyll felly a wnaeth.

Ac arhosodd Manawydan amdano yntau hyd tua diwedd y dydd. Ac ar ddiwedd y prynhawn, pan oedd yn sicr ganddo ef na châi newyddion am Bryderi nac am y cŵn, daeth tua'r llys.

Pan ddaeth i mewn, dyma a wnaeth Rhiannon, edrych arno. "Pa le," ebe hi, "y mae dy gyfaill di a'th gŵn ?"

"Dyma fy chwedl," ebe yntau, a'i datgan i gyd.

"Duw a ŵyr," ebe Rhiannon, "cyfaill drwg fuost ti, a chyfaill da a gollaist ti." A chyda'r gair hwnnw aeth allan, a chyrchodd hithau i'r cyfeiriad y mynegasai ef fod y gŵr a'r gaer.

Fe welodd borth y gaer yn agored, nid oedd yn guddiedig, a daeth i mewn. A chyn gynted ag y daeth, darganfod Pryderi yn ymaflyd yn y cawg a dod ato.

"Och ! fy arglwydd," ebe hi, "beth a wnei di yma ?", ac ymaflyd yn y cawg gydag ef. Ac fel yr ymaflodd, glynodd ei dwylo hithau wrth y cawg a'i deudroed wrth y llechen fel na allai hithau ddweud un gair. Ac ar hynny, fel ag y daeth y nos, dyma dwrw'n dod arnynt a llen o niwl, ac ar hynny, diflannodd y gaer ac ymaith â hwythau.

Pan welodd Cigfa ferch Gwyn Gloyw, gwraig Pryderi, nad oedd ond hi a Manawydan yn y llys, fe wylodd hyd nad oedd yn well ganddi ei byw na'i marw. Dyma a wnaeth Manawydan, edrych ar hynny.

"Duw a ŵyr," ebe ef, "yr wyt yn camsynied os wyt yn wylo oherwydd fy ofni i. Fe roddaf Dduw'n feichiau iti na welaist ti gyfaill cywirach nag y cei di fi, tra mynno Duw iti fod felly. Rhyngof a Duw, pe bawn i ar ddechrau fy ieuenctid, fe gadwn ffyddlondeb i Bryderi, ac er dy fwyn di, fe'i cadwn ; ac na fydded un ofn arnat," ebe ef. "Rhyngof a Duw," ebe ef, "fe gei di'r cyfeillgarwch a fynni gennyf i yn ôl fy ngallu i tra mynno Duw ein bod yn y trueni hwn a'r pryder."

"Duw a ad-dalo iti ; hynny a debygwn i." Ac yna, llawenhau a bod yn hyderus a wnaeth y forwyn oherwydd hynny.

"Ie, gyfeilles," ebe Manawydan, "nid yw'n gyfleus inni aros yma. Fe gollasom ein cŵn, ac ni allwn gael bwyd. Cyrchwn Loegr. Yno y mae hawsaf inni gael bwyd."

"Yn llawen, arglwydd," ebe hi, "fe wnawn ni hynny."

Teithiasant ynghyd tua Lloegr.

"Arglwydd," ebe hi, "pa grefft a ymgymeri di â hi? Cymer un deilwng."

"Ni chymeraf i," ebe ef, "ond crefft crydd fel y gwneuthum gynt."

"Arglwydd," ebe hi, "nid yw honno'r fwyaf teilwng i ŵr mor fedrus, cystal ei safle â thydi."

"Wrth honno yr af i," ebe ef.

Dechreuodd wrth ei gelfyddyd a llunio'i waith o'r lledr Cordofa tecaf a gafodd yn y dref. Ac fel y dechreuasant yn y lle arall, dechrau gwneud byclau i'r esgidiau o fyclau euraid hyd onid oedd gwaith holl gryddion y dref yn ofer a gwael o'i gymharu â'r eiddo ef ei hun. Ni phrynid dim gan eraill, nac esgid na botasen, tra ceid hwy ganddo ef.

A threuliodd yno flwyddyn felly hyd onid oedd y cryddion yn dal cenfigen a malais yn ei erbyn, a hyd oni ddaeth rhybuddion ato a mynegi bod y cryddion wedi cytuno ar ei ladd.

"Arglwydd," ebe Cigfa, "pam y dioddefir hyn gan y taeogion ?"

"Nage," ebe yntau, "fe awn ni felly i Ddyfed."

Cyrchasant Ddyfed. Dyma a wnaeth Manawydan pan gychwynnodd tua Dyfed, dwyn baich o wenith gydag ef, a chyrchu Arberth a chartrefu yno. Ac nid oedd dim yn fwy difyr ganddo na gweld Arberth a'r diriogaeth lle y buasai'n hela, ef a Phryderi, a Rhiannon gyda hwy.

Dechreuodd gynefino â hela pysgod ac anifeiliaid gwyllt ar eu gwalau. Ac wedi hynny, dechrau palu'r tir, ac wedi hynny hau maes, a'r ail a'r trydydd. Ac wele'r gwenith gorau yn y byd yn tyfu, a'i dri maes yn llwyddo, yn dwf unffurf, hyd na welsai dyn wenith tecach nag ef. Treuliodd amserau'r flwyddyn. Wele'r cynhaeaf yn dod a daeth i edrych ar un o'i feysydd. Wele, yr oedd hwnnw'n aeddfed.

"Fe fynnaf fedi hwn yfory," ebe ef. Dychwelodd y nos honno i Arberth.

Yn gynnar y bore drannoeth, daeth gan fwriadu medi ei faes. Pan ddaeth, nid oedd ond y gwellt yn llwm a phob un wedi'i dorri lle y deuai'r tywys o'r gwelltyn ac wedi mynd â'r tywys ymaith yn hollol gan adael y gwellt yno'n llwm. Rhyfeddodd yn fawr at hynny a dod i edrych y maes arall ; wele, yr oedd hwnnw'n aeddfed.

"Duw a ŵyr," ebe ef, "fe fynnaf i fedi hwn yfory."

A thrannoeth daeth gyda'r bwriad o fedi hwnnw a phan ddaeth, nid oedd dim ond y gwellt llwm.

"O Arglwydd Dduw," ebe ef, "pwy sydd yn gorffen fy nifa i ? A mi a wn hynny : y sawl a ddechreuodd fy nifa i sy'n gorffen hynny ac sydd wedi difa'r wlad gyda mi."

Daeth i edrych y trydydd maes. Pan ddaeth, ni welsai dyn wenith tecach a hwnnw'n aeddfed.

"Cywilydd arnaf," ebe ef "os na wyliaf i heno. Y sawl a ddug yr ŷd arall a ddaw i ddwyn hwn, ac fe fyddaf i'n gwybod beth yw." A chymerodd ei arfau a dechrau gwylio'r maes. A mynegodd hynny oll i Gigfa.

"Ie," ebe hi, "beth yw dy fwriad di ?"

"Fe wyliaf i'r maes heno," ebe ef.

Aeth i wylio'r maes, ac fel yr oedd felly ar hanner nos wele'r twrw mwyaf yn y byd ; dyma a wnaeth yntau, edrych. Dyma dorf y byd o lygod ac ni ellid eu cyfrif na'u mesur. Ac ni sylweddolodd ddim hyd onid oedd y llygod yn rhuthro am y maes a phob un yn dringo ar hyd y gwelltyn ac yn ei blygu gyda hi ac yn torri'r tywys ac yn rhuthro ymaith â'r tywys gan adael y gwellt yno. Hyd y gwyddai ef nid oedd un gwelltyn yno nad oedd llygoden arno, ac fe aethant ymaith â'r tywys gyda hwy. Ac yna rhwng dicter a llid tarawodd i ganol y llygod ac ni ddaliai ei olwg ar yr un ohonynt hwy fwy nag ar wybed neu'r adar yn yr awyr ; ond fe welai un yn feichiog fel y tybiai na allai gerdded yn gyflym. Cerddodd ef ar ôl honno a'i dal a wnaeth, a rhoddodd hi yn ei faneg a rhwymo genau'r faneg â llinyn a'i chadw gydag ef, a chyrchu'r llys.

Daeth i'r ystafell lle'r oedd Cigfa a chynnau'r tân, a chrogodd y faneg gerfydd y llinyn ar hoelen.

"Beth sydd yna, arglwydd ?" ebe Cigfa.

"Lleidr," ebe yntau, "a gefais yn lladrata oddi arnaf."

"Pa fath ar leidr, arglwydd, y gallet ti ei roi yn dy faneg ?" ebe hi.

"Dyma'r cyfan," ebe yntau, a dweud fel yr oeddid wedi llygru a difetha ei feysydd iddo, ac fel y daeth y llygod ato i'r maes olaf yn ei ŵydd. "Ac yr oedd un ohonynt yn feichiog ac fe'i deliais, a hi sydd yn y faneg ac a grogaf innau yfory. A cherbron Duw, pe cawn i hwy oll, fe'u crogwn."

"Arglwydd," ebe hi, "nid oedd hynny'n rhyfedd. Ac er hynny, nid hardd yw gweld gŵr cystal ei safle, mor urddasol â thi, yn crogi'r fath anifail â hwnnw. A phe bait ti'n gwneud yn iawn ni thrafferthit ti â'r anifail ond ei ollwng ymaith."

"Cywilydd arnaf," ebe ef, "pe cawn i hwy oll a heb eu crogi, a'r hyn a gefais, fe'i crogaf."

"Ie, arglwydd," ebe hi, "nid oes achos imi fod o gymorth i'r anifail hwnnw ond i osgoi anghwrteisi tuag atat. Gwna dithau yn ôl dy ewyllys, arglwydd."

"Pe gwyddwn innau am reswm yn y byd y dylit ti fod o gymorth iddo ef, fe gymerwn dy gyngor yn ei gylch ; ond gan na wn i hynny, arglwyddes, y mae yn fy meddwl ei ddifetha."

"A gwna dithau'n llawen," ebe hi.

Ac yna fe gyrchodd ef Fryncyn Arberth a'r llygoden gydag ef, a sengi dwy fforch i'r man uchaf ar y bryncyn. Ac fel yr oedd felly, wele, fe welai glerigwr yn dod ato a hen ddillad tlawd, wedi treulio, amdano. Ac yr oedd saith mlynedd cyn hynny er pan welsai ef na dyn nac anifail heblaw y pedwar person a fuasent ynghyd hyd oni chollodd y ddau.

"Arglwydd," ebe'r clerigwr, "dydd da iti."

"Duw fyddo'n dda wrthyt a chroeso iti," ebe ef. "O ba le y doi di, glerigwr ?" ebe ef.

"Fe ddof, arglwydd, o fod yn canu yn Lloegr. A pham y gofynni di, arglwydd ?" ebe ef.

"Am na welais," ebe ef, "un dyn yma ers saith mlynedd heblaw am bedwar dyn alltudiedig a thithau'r awr hon."

"Ie, arglwydd," ebe ef, "mynd drwy'r wlad hon tua'm gwlad fy hun yr wyf innau'r awr hon. A pha fath o waith yr wyt ti arno, arglwydd ?"

"Crogi lleidr a gefais yn lladrata oddi arnaf," ebe ef.

"Pa fath leidr, arglwydd ?" ebe ef. "Creadur tebyg i lygoden a welaf i'n dy law di, ac anweddus yw i ŵr cystal ei safle â thi drin y fath anifail â hwnnw. Gollwng ef ymaith."

"Ni ollyngaf, rhyngof a Duw," ebe yntau. "Fe'i cefais ef yn lladrata a chyfraith lleidr a roddaf innau arno ef, ei grogi."

"Arglwydd," ebe yntau, "rhag gweld gŵr cystal ei safle â thi wrth y gwaith hwnnw, fe gefais i bunt wrth gardota, fe'i rhoddaf i ti, a gollwng di'r anifail hwnnw ymaith."

"Ni ollyngaf, rhyngof a Duw, ni werthaf ef."

"Gwna di, arglwydd," ebe ef. "Ni fyddai waeth gennyf oni bai ei bod yn annymunol gweld gŵr cystal ei safle â thi yn trafod y fath anifail â hwnnw. Ac fe aeth y clerigwr ymaith.

Fel yr oedd yntau'n rhoi'r trawst yn y ffyrch, wele offeiriad yn dod ato ar farch wedi ei gyweirio.

"Arglwydd, dydd da iti," ebe ef.

"Duw fyddo'n dda wrthyt," ebe Manawydan, "dy fendith."

"Bendith Duw arnat. A pha fath waith, arglwydd, yr wyt yn ei wneud ?"

"Crogi lleidr a gefais yn lladrata oddi arnaf," ebe ef.

"Pa fath leidr, arglwydd ?" ebe ef.

"Anifail ar ffurf llygoden," ebe yntau, "a lladrata oddi arnaf a wnaeth ac fe roddaf i arno ef farwolaeth lleidr."

"Arglwydd, rhag dy weld yn trin yr anifail hwnnw, fe'i prynaf. Gollwng ef."

"I Dduw y cyffesaf, ni wnaf i ei werthu na'i ollwng."

"Gwir yw, arglwydd, nid oes dim gwerth arno ef. Rhag dy weld di'n dy halogi dy hun â'r anifail hwnnw fe roddaf iti dair punt, a gollwng ef ymaith."

"Ni fynnaf, rhyngof a Duw," ebe yntau, "un gwerth ond yr hwn sy'n ddyledus, ei grogi."

"Yn llawen, arglwydd, gwna dy ewyllys."

Aeth yr offeiriad ymaith. Dyma a wnaeth yntau, clymu'r llinyn am wddf y llygoden.

Ac fel yr oedd yn ei chodi fe welai fintai esgob a'i bynnau a'i osgordd, a'r esgob ei hun yn cyrchu tuag ato. Dyma a wnaeth yntau, gohirio ei waith.

"Arglwydd esgob," ebe ef, "dy fendith."

"Duw a roddo ei fendith arnat," ebe ef. "Pa fath waith wyt ti arno ?"

"Crogi lleidr a gefais yn lladrata oddi arnaf," ebe ef.

"Onid llygoden," ebe yntau, " a welaf i yn dy law di ?"

"Ie," ebe yntau, "a lleidr fu hi arnaf i."

"Ie," ebe yntau, "gan imi ddod pan oeddid ar fin difetha'r creadur hwnnw, fe'i prynaf gennyt. Fe roddaf saith bunt iti amdano, a rhag gweld gŵr cystal ei safle â thi'n difetha creadur mor ddiwerth â hwnnw, gollwng ef ac fe gei dithau'r elw."

"Ni wnaf ei ollwng, rhyngof a Duw," ebe yntau.

"Gan nas gollyngi am hynny, fe roddaf iti bedair punt ar hugain o arian parod, a gollwng ef."

"Cyffesaf i Dduw, ni ollyngaf er cymaint eto," ebe ef.

"Gan na wnei di ei ollwng am hynny," ebe ef, "fe roddaf iti'r holl feirch ag a weli yn y maes hwn a'r saith pwn sydd yma ar y saith march y maent arnynt."

"Ni fynnaf, rhyngof a Duw," ebe yntau.

"Gan na fynni hynny, dywed dy bris."

"Gwnaf," ebe yntau, "rhyddhau Rhiannon a Phryderi."

"Fe gei di hynny."

"Ni fynnaf, rhyngof a Duw."

"Beth a fynni dithau ?"

"Symud yr hud a'r lledrith oddi ar saith cantref Dyfed."

"Fe gei hynny hefyd, a gollwng y llygoden."

"Ni ollyngaf, rhyngof a Duw," ebe ef. "Fe fynnaf wybod pwy yw'r llygoden."

"Fy ngwraig i yw hi, a phe na bai hi hynny ni fyddwn yn ei rhyddhau."

"Pa fodd y daeth hi ataf i ?"

"I ladrata," ebe yntau. "Myfi yw Llwyd fab Cilcoed, ac fe roddais yr hud ar saith cantref Dyfed, ac i ddial cam Gwawl fab Clud o gyfeillgarwch ag ef y rhoddais i'r hud ; ac fe ddielais ar Bryderi am i Bwyll Pen Annwfn chwarae broch yng

nghod â Gwawl fab Clud pan wnaeth hynny, a hynny a wnaeth
yn llys Hefëydd Hen, o ynfydrwydd. Ac wedi clywed dy fod yn
cartrefu yn y wlad y daeth fy ngosgordd ataf innau ac erchi eu
rhithio yn llygod i ddifa dy ŷd, ac fe ddaethant y nos gyntaf, fy
ngosgordd eu hunain. A'r ail nos hefyd y daethant ac fe ddifa-
sant y ddau faes. A'r drydedd nos fe ddaeth fy ngwraig a
gwragedd y llys ataf i erchi imi eu rhithio, ac fe'u rhithiais
innau. A beichiog oedd hi, a phe na bai hi'n feichiog ni
fyddet wedi ei goddiweddyd hi. A chan ei bod, a'i dal hi, fe
roddaf Bryderi a Rhiannon iti ac fe symudaf yr hud a'r lledrith
oddi ar Ddyfed. Fe fynegais innau iti pwy yw hi, a gollwng hi.''

"Ni ollyngaf, rhyngof a Duw,'' ebe ef.

"Beth a fynni dithau ?'' ebe ef.

"Dyma a fynnaf,'' ebe yntau, "na fo hud fyth ar saith can-
tref Dyfed, ac na rodder ef.''

"Fe gei di hynny,'' ebe ef, "a gollwng hi.''

"Ni ollyngaf, rhyngof a Duw,'' ebe ef.

"Beth a fynni dithau ?'' ebe ef.

"Dyma a fynnaf,'' ebe ef, "na fo dial ar Bryderi a Rhiannon
nac arnaf innau fyth am hyn.''

"Fe gei hynny oll, a Duw a ŵyr, da y bargeiniaist,'' ebe ef.
"Pe na byddit wedi gwneud hynny,'' ebe ef, "fe ddeuai'r cwbl
o'r gofid ar dy ben di.''

"Ie,'' ebe yntau, "rhag hynny y crybwyllais innau.''

"A rhyddha fy ngwraig imi'n awr.''

"Ni ryddhaf hi, rhyngof a Duw, hyd oni welwyf Bryderi a
Rhiannon yn rhydd gyda mi.''

"Gweli di hwythau'n dod yma,'' ebe ef.

Ar hynny wele Bryderi a Rhiannon. Cododd yntau i'w
cyfarfod a'u croesawu, ac eistedd i gyd.

"Wrda, rhyddha fy ngwraig imi'n awr, ac fe gefaist y cwbl
a nodaist.''

"Gollyngaf yn llawen,'' ebe ef.

Ac yna ei gollwng hi, ac fe drawodd yntau hi â hudlath ac fe
ddadrithiodd hi'n wraig ieuanc decaf a welsai neb.

"Edrych o'th amgylch ar y wlad,'' ebe ef, "ac fe weli di'r holl
anheddau a'r cartrefi fel y buont ar eu gorau.'' Ac yna cododd
yntau ac edrych. A phan edrychodd fe welai'r holl wlad wedi

ei chyfaneddu ac yn gyflawn o'i holl yrroedd gwartheg a'i hanheddau.

"Pa fath gaethiwed y bu Pryderi a Rhiannon ynddo ?" ebe ef.

"Yr oedd Pryderi â morthwylion porth fy llys i am ei wddf a Rhiannon a oedd â choleri'r asynnod wedi iddynt fod yn cywain gwair am ei gwddf hithau. Ac felly y bu eu caethiwed."

Ac oherwydd y carchariad hwnnw y gelwid y chwedl honno Mabinogi Mynweir a Mynordd. Ac felly y terfyna'r gainc hon o'r Mabinogi.

MATH FAB MATHONWY

Y R oedd Math fab Mathonwy yn arglwydd ar Wynedd a Phryderi fab Pwyll yn arglwydd ar un cartref ar hugain yn y De. Dyma oedd y rhai hynny, saith cantref Dyfed a saith Morgannwg a phedwar Ceredigion a thri Ystrad Tywi. Ac yn yr amser hwnnw ni fyddai Math fab Mathonwy byw ond tra fyddai â'i ddeudroed yng nghôl morwyn, oni fyddai cynnwrf rhyfel yn ei rwystro. Dyma oedd y forwyn a oedd ganddo, Goewin ferch Pebin o Ddôl Pebin yn Arfon, a honno oedd y forwyn decaf o bawb y gwyddid amdanynt yno yn ei hamser. Ac yr oedd ei breswylfod yntau yng Nghaer Dathl yn Arfon. Ac ni fedrai wneud cylch ei wlad, ond fe âi Gilfaethwy fab Dôn ac Efëydd fab Dôn ei neiaint, meibion ei chwaer, a'r osgordd gyda hwy i gylchu'r wlad drosto.

Ac yr oedd y forwyn gyda Math yn wastadol; a rhoddodd Gilfaethwy fab Dôn yntau ei fryd ar y forwyn a'i charu hyd na wyddai beth a wnâi amdani. Ac wele, ei liw a'i wedd a'i olwg yn nychu o gariad tuag ati hyd nad oedd yn hawdd ei adnabod.

Dyma a wnaeth Gwydion ei frawd, edrych arno'n graff un diwrnod.

"Lanc," ebe ef, "beth a ddigwyddodd iti ?"

"Pam ?" ebe yntau. "Beth a weli di arnaf i ?"

"Gwelaf arnat," ebe ef, "iti golli dy bryd a'th liw, a pha beth a ddigwyddodd iti ?"

"Arglwydd frawd," ebe ef, "nid yw'n fuddiol imi gyfaddef i neb yr hyn a ddigwyddodd imi."

"Beth yw hynny, gyfaill ?" ebe ef.

"Fe wyddost ti," ebe yntau, "hynodrwydd Math fab Mathonwy. Pa sibrwd bynnag a fo rhwng dynion, er ei fychaned, fe fydd ef yn ei wybod os digwydd i'r gwynt gyfarfod ag ef."

"Ie," ebe Gwydion, "taw di bellach. Fe wn i dy feddwl di ; yr wyt ti'n caru Goewin."

Dyma a wnaeth yntau yna, pan wybu ef fod ei frawd yn gwybod ei feddwl, rhoi'r ochenaid drymaf yn y byd.

"Taw, gyfaill, â'th ochneidio," ebe ef, "nid felly y llwyddir. Fe baraf innau," ebe ef, "gan na lwyddir heb hynny, gasg ynghyd Wynedd a Phowys a Deheubarth i geisio'r forwyn, a bydd di lawen ac fe'i paraf iti."

Ac ar hynny aethant hwy at Fath fab Mathonwy.

"Arglwydd," ebe Gwydion, "fe glywais i fod anifeiliaid wedi dod i'r De na ddaeth eu bath i'r ynys hon erioed."

"Beth yw eu henw hwy ?" ebe ef.

"Hobau, arglwydd."

"Pa fath o anifeiliaid yw'r rhai hynny ?"

"Anifeiliaid bychain, gwell eu cig na chig eidion. Bychain ydynt hwythau ac y maent yn newid eu henw. Moch y'u gelwir yn awr."

"Pwy biau hwy ?"

"Pryderi fab Pwyll, fe'u hanfonwyd iddo o Annwfn gan Arawn Frenin Annwfn." (A chedwir eto o'r enw hwnnw hanner hwch, hanner hob.)

"Ie," ebe yntau, "pa fodd y'u ceir hwy ganddo ef ?"

"Fe af i'n un o ddeuddeg yn rhith beirdd, arglwydd, i erchi'r moch."

"Efallai y bydd iddo eich gwrthod," ebe yntau.

"Nid drwg fy nghynllun i, arglwydd," ebe ef. "Ni ddof i heb y moch."

"Yn llawen," ebe yntau, "dos yn dy flaen."

Fe aeth ef a Gilfaethwy a dengwr gyda hwy i Geredigion, i'r lle a elwir Rhuddlan Teifi yn awr ; yr oedd llys yno gan Bryderi ac yn rhith beirdd y daethant i mewn. Croesawyd hwy. Gosodwyd Gwydion y nos honno ar naill law Pryderi.

"Ie," ebe Pryderi, "y mae'n dda gennym ni gael chwedl gan rai o'r gwŷr ieuainc acw."

"Y mae'n arferiad gennym ni, arglwydd," ebe Gwydion, "y nos gyntaf y deuir at ŵr mawr, i'r pencerdd ddatgan. Fe ddywedaf i chwedl yn llawen."

Yntau, Gwydion, oedd y chwedleuwr gorau yn y byd. A'r nos honno diddanodd y llys ag ymddiddanion dymunol a chwedlau hyd onid oedd yn hoff gan bawb o'r llys ac yn ddifyr ·an Bryderi sgwrsio ag ef.

Ac ar derfyn hynny, "Arglwydd," ebe ef, "ai yn well y dywed ·wun fy neges i wrthyt ti na mi fy hun ?"

Dim gwell," ebe yntau. "Tafod llawn, da yw'r eiddot ti."

"Dyma fy neges innau, arglwydd, geisio gennyt yr anifeiliaid a anfonwyd iti o Annwfn."

"Ie," ebe yntau, "byddai hynny'r peth hawsaf yn y byd pe na bai amod rhyngof a'm gwlad yn eu cylch ; dyma yw hynny, nad elont oddi wrthyf hyd onid epiliant eu cymaint ddwywaith yn y wlad."

"Arglwydd," ebe yntau, "fe allaf innau dy ryddhau dithau o'r geiriau hynny. Dyma'r modd y gallaf : paid â rhoi'r moch imi heno a phaid â'u gwrthod hwy imi. Yfory, fe ddangosaf innau iti rywbeth yn gyfnewid amdanynt hwy."

A'r nos honno fe aeth ef a'i gyfeillion i'r llety i ymgynghori.

"Wŷr," ebe ef, "ni chawn ni'r moch wrth eu herchi."

"Ie," ebe hwythau, "wrth ba gynllun y'u ceir hwy ?"

"Fe baraf i eu cael," ebe Gwydion.

Ac yna fe aeth ef at ei gelfyddydau ac fe ddechreuodd arddangos ei hud ac fe hudodd ddeuddeng march a deuddeng milgi, pob un ohonynt yn ddu a chyda bron wen, a deuddeg coler a deuddeg tennyn arnynt, ac ni wyddai'r sawl a'u gwelai nad oeddynt o aur ; a deuddeg cyfrwy ar y meirch, ac ym mhob lle y dylai fod arnynt haearn yr oedd y cwbl o aur a'r ffrwynau o'r un crefftwaith â hynny.

Fe ddaeth ef at Bryderi gyda'r meirch a chyda'r cŵn.

"Dydd da iti, arglwydd," ebe ef.

"Duw fyddo'n dda wrthyt," ebe ef, "a chroeso iti."

"Arglwydd," ebe ef, "dyma ryddid iti oddi wrth y gair a ddywedaist neithiwr ynghylch y moch, na roddit ti ac na werthit ti hwy. Fe elli dithau eu cyfnewid am rywbeth a fyddo'n well. Fe roddaf innau'r deuddeng march hyn fel y maent wedi eu paratoi, eu cyfrwyau a'u ffrwynau, a'r deuddeng milgi, a'u coleri a'u tenynnau fel y gweli, a'r deuddeg tarian euraid a weli di acw." (Y rhai hynny a rithiasai ef o'r madarch.)

"Ie," ebe yntau, "fe ymgynghorwn ni."

Dyma a benderfynasant, rhoi'r moch i Wydion a chymryd y meirch a'r cŵn a'r tarianau ganddo yntau.

Ac yna y derbyniasant hwy ganiatâd i ymadael ac fe ddechreuasant deithio gyda'r moch.

"Gampwyr," ebe Gwydion, "y mae'n rhaid inni deithio'n gyflym. Ni phery'r hud ond o'r naill ddydd i'r nesaf."

A'r nos honno fe deithiasant i ucheldir Ceredigion, i'r lle a

elwir Mochdref o hyd oherwydd hynny. A thrannoeth fe
aethant yn eu blaenau ; daethant dros Elenid, a'r nos honno y
buont rhwng Ceri ac Arwystl yn y dref a elwir Mochdref hefyd
oherwydd hynny. Ac oddi yno fe deithiasant yn eu blaenau, a'r
nos honno fe aethant i gwmwd ym Mhowys a elwir Mochnant
hefyd oherwydd yr hanes hwnnw ac yno y buont y nos honno.
Ac oddi yno fe deithiasant i gantref Rhos ac yno y buont y nos
honno mewn tref a elwir Mochdref eto.

"Wŷr," ebe Gwydion, "fe gyrchwn ni ddiogelwch Gwynedd
gyda'r anifeiliaid hyn. O'r tu ôl inni y maent yn cynnull
byddinoedd."

Fe gyrchasant y dref uchaf yn Arllechwedd a gwneud yno
dwlc i'r moch, ac oherwydd hynny y rhoddwyd Creuwrion yn
enw ar y dref. Ac yna, wedi gwneud twlc i'r moch, fe gyrch-
asant at Fath fab Mathonwy i Gaer Dathl.

A phan ddaethant yno yr oeddid yn cynnull y wlad.

"Pa newyddion sydd yma ?" ebe Gwydion.

"Y mae Pryderi," ebe hwy, "yn cynnull un cantref ar hugain
i'ch erlid chwi. Y mae'n rhyfedd mor araf y teithiasoch chwi."

"Pa le y mae'r anifeiliaid yr aethoch i'w nôl ?" ebe Math.

"Y maent wedi gwneud twlc iddynt yn y cantref arall isod,"
ebe Gwydion.

Ar hynny, fe glywent yr utgyrn a'r ymgynnull yn y wlad. Ar
hynny, ymarfogi a wnaethant hwythau a theithio hyd onid
oeddynt ym Mhennardd yn Arfon.

A'r nos honno, fe ddychwelodd Gwydion fab Dôn a Gil-
faethwy ei frawd i Gaer Dathl. A rhoddwyd Gilfaethwy fab
Dôn a Goewin ferch Pebin yng ngwely Math fab Mathonwy i
gysgu ynghyd, a gyrrwyd y morynion allan yn amharchus, a
chysgu gyda hi o'i hanfodd y nos honno.

Pan welsant y dydd drannoeth, cyrchasant tua'r lle yr oedd
Math fab Mathonwy a'i lu. Pan ddaethant yr oedd y gwŷr
hynny'n mynd i ymgynghori ynglŷn â pha ochr yr arhosent am
Bryderi a gwŷr y De. Daethant hwythau i'r cyngor. Pender-
fynasant aros yn niogelwch Gwynedd yn Arfon. Ac yng
nghanol y ddwy faenor yr arhoswyd, Maenor Bennardd a
Maenor Coed Alun.

A chyrchodd Pryderi hwy yno ; ac yno y bu'r frwydr ac y
lladdwyd lladdfa fawr ar bob ochr ac y bu raid i wŷr y De

gilio. Dyma lle y ciliasant, i'r lle a elwir Nant Call o hyd, a hyd yno y'u hymlidiwyd. Ac yna fe fu brwydr anfesuradwy ei maint. Ac yna fe giliasant i'r lle a elwir Dôl Benmaen. Ac yna ailffurfio'n fyddin a wnaethant a cheisio heddwch, a rhoddodd Pryderi wystlon i sicrhau'r heddwch. Dyma a wystlodd, Gwrgi Gwastra yn un o bedwar ar hugain o feibion uchelwyr.

Ac wedi hynny, teithiasant mewn heddwch i'r Traeth Mawr ; ac oherwydd na ellid rheoli'r gwŷr traed rhag saethu at ei gilydd, cyn gynted ag y daethant i'r Felenrhyd, anfonodd Pryderi negeswyr i erchi gwahardd y ddau lu ac i erchi eu gadael rhyngddo ef a Gwydion fab Dôn, canys ef oedd wedi peri hynny. Daeth y neges at Fath fab Mathonwy.

"Ie," ebe Math, "rhyngof a Duw, os da yw hynny gan Wydion fab Dôn fe'u gadawaf yn llawen. Ni orfodaf innau i neb fynd i ymladd yn lle ein bod ninnau'n gwneud a allwn."

"Duw a ŵyr," ebe'r negeswyr, "fe ddywed Pryderi ei bod yn deg i'r gŵr a wnaeth y cam hwn i'w erbyn ymladd â'i gorff yn erbyn yr eiddo yntau a gadael y ddau lu'n llonydd."

"Cyffesaf i Dduw nad archaf fi i wŷr Gwynedd ymladd drosof fi a minnau'n cael ymladd yn bersonol â Phryderi. Fe ymladdaf i yn ei erbyn ef yn llawen."

Ac anfonwyd y neges honno at Bryderi.

"Ie," ebe Pryderi, "nid archaf innau i neb ofyn am fy iawn ond mi fy hun."

Neilltuwyd y gwŷr hynny a dechreuwyd ymarfogi, ac ymladdasant. Ac oherwydd nerth, grym a chryfder a hud a lledrith, Gwydion a drechodd a lladdwyd Pryderi, ac ym Maen Twrog uwchben y Felenrhyd y'i claddwyd ac yno y mae ei fedd.

Teithiodd gwŷr y De tua'u gwlad yn drist eu cân ac nid oedd hynny'n rhyfedd ; collasent eu harglwydd a llawer o'u gwŷr gorau, a'u meirch a'u harfau gan mwyaf.

Dychwelodd gwŷr Gwynedd yn ôl yn llawen orfoleddus.

"Arglwydd," ebe Gwydion wrth Math, "onid yw'n iawn inni ollwng eu gŵr bonheddig i wŷr y De, yr hwn a wystlasant inni dros yr heddwch ? Ac nid oes hawl gennym ei garcharu."

"Rhyddhaer ef," ebe Math.

A'r llanc hwnnw a'r gwystlon a oedd gydag ef a ryddhawyd ar ôl gwŷr y De.

Yntau Math a gyrchodd Gaer Dathl. Cyrchodd Gilfaethwy

fab Dôn a'r osgordd a fu gydag ef i gylchu Gwynedd fel yr arferent, a heb gyrchu'r llys. Cyrchodd Math yntau ei ystafell a pharodd drefnu lle iddo i orffwyso fel y câi roi ei draed yng nghôl y forwyn.

"Arglwydd," ebe Goewin, "cais forwyn i fod o dan dy draed bellach. Gwraig wyf fi."

"Pa fodd y mae hynny ?"

"Fe ddaeth cyrch am fy mhen, a hynny'n agored, ac ni fûm innau'n dawel. Nid oedd neb yn y llys na wyddai amdano. Dyma a ddaeth, dy neiaint feibion dy chwaer, arglwydd, Gwydion fab Dôn a Gilfaethwy fab Dôn, a gwnaethant drais arnaf a chywilydd arnat tithau a chysgwyd gyda mi, a hynny yn dy ystafell ac yn dy wely."

"Ie," ebe yntau, "yr hyn a allaf i fe'i gwnaf. Fe baraf i iawn iti'n gyntaf, a byddaf yn ceisio fy iawn innau. Ac fe'th gymeraf dithau'n wraig i mi," ebe ef, "ac fe roddaf lywodraeth fy nheyrnas yn dy law dithau."

Ac yn y cyfamser, ni ddaethant hwy ar gyfyl y llys ond aros i gylchu'r wlad a wnaethant hyd oni fu gwahardd bwyd a diod iddynt. Ar y cyntaf ni ddaethant hwy ar ei gyfyl ef. Yna fe ddaethant hwythau ato ef.

"Arglwydd," ebe hwy, "dydd da iti."

"Ie," ebe yntau, "ai i wneud iawn â mi y daethoch chwi ?"

"Arglwydd, yr ydym ni wrth dy ewyllys."

"Pe byddid wrth fy ewyllys ni fyddwn wedi colli'r gwŷr ac arfau a gollais. Ni ellwch chwi ad-dalu fy nghywilydd imi heb sôn am farwolaeth Pryderi. A chan i chwithau ddod o dan fy ewyllys innau fe ddechreuaf i gosb arnoch."

Ac yna fe gymerodd ei hudlath ac fe darawodd Gilfaethwy hyd onid oedd yn ewig mawr, a chydiodd yn gyflym yn y llall, ac er y mynnai ddianc ni allai, a'i daro â'r un hudlath hyd onid oedd yn garw.

"Gan eich bod wedi eich cydrwymo fe wnaf ichwi gyd-gerdded, a'ch bod yn gymaredig ac o'r un natur â'r anifeiliaid gwyllt yr ydych yn eu ffurf, ac yn yr amser y byddo epil iddynt hwy fe fydd i chwithau. A blwyddyn i heddiw dewch yma ataf i."

Ymhen y flwyddyn i'r un diwrnod fe glywai dwrw o dan fur yr ystafell a chŵn y llys yn cyfarth am ben y twrw.

"Edrych," ebe yntau, "beth sydd allan."

"Arglwydd," ebe un, "fe edrychais i. Mae yna garw ac ewig a charw ieuanc gyda hwy."

Ac ar hynny cododd yntau a dod allan. A phan ddaeth, fe welai'r tri anifail ; dyma oedd y tri anifail—carw, ewig ac elain gref. Dyma a wnaeth, codi ei hudlath.

"Y sawl ohonoch a fu y llynedd yn ewig bydded eleni yn faedd coed. A'r sawl ohonoch a fu y llynedd yn garw bydded eleni yn hwch goed." Ac ar hynny, fe'u tarawodd â'r hudlath.

"Ond fe gymeraf i'r mab ac a baraf ei feithrin a'i fedyddio." Dyma'r enw a roddwyd arno, Hyddwn.

"Ewch chwithau a byddwch y naill yn faedd coed a'r llall yn hwch goed. A'r natur a fyddo i foch coed, bydded i chwithau. A blwyddyn i heddiw byddwch yma o dan y pared a'ch etifedd gyda chwi."

Ymhen y flwyddyn fe glywent gyfarthiad cŵn dan bared yr ystafell, a heblaw hynny y llys yn ymgynnull o'u hamgylch. Ar hynny, cododd yntau a mynd allan. A phan ddaeth allan fe welai dri anifail. Dyma'r cyfryw anifeiliaid a welai, baedd coed a hwch goed ac anifail ieuanc da o gryn faint gyda hwy. Ac yr oedd yn fawr o'i oed.

"Ie," ebe ef, "fe gymeraf i hwn ataf ac a baraf ei fedyddio,"— a'i daro â'r hudlath hyd onid oedd yn fab golygus, praff, gwinau ei wallt. Dyma'r enw a roddwyd ar hwnnw, Hychddwn.

"A chwithau, yr un ohonoch a fu y llynedd yn faedd coed bydded eleni yn fleiddiast, a'r hwn a fu y llynedd yn hwch goed bydded eleni yn flaidd."

Ac ar hynny, eu taro â'r hudlath hyd onid oeddynt yn flaidd a bleiddiast.

"A bydded i chwithau natur yr anifeiliaid yr ydych yn eu ffurf. A byddwch yma o dan y pared hwn flwyddyn i'r dydd heddiw."

Yr un dydd ymhen y flwyddyn fe glywai ymgynnull a chyfarth o dan bared yr ystafell. Cododd yntau allan, a phan ddaeth fe welai flaidd a bleiddiast a chenau blaidd cryf gyda hwy.

"Fe gymeraf i hwn," ebe ef, "ac fe baraf ei fedyddio, ac y mae ei enw'n barod. Dyma yw hwnnw, Bleiddwn. Tri mab sydd ichwi a'r tri hynny yw :

"Tri mab Gilfaethwy anwir
Tri phencampwr cywir,
Bleiddwn, Hyddwn, Hychddwn Hir."

Ac ar hynny, eu taro hwy ill dau â'r hudlath hyd onid oeddynt yn eu cnawd eu hunain.

"Wŷr," ebe ef, "os gwnaethoch gam â mi, digon y buoch o dan fy nghosb a chywilydd mawr a gawsoch fod plant o bob un ohonoch i'ch gilydd. Perwch i'r gwŷr gael ymolchi a golchi eu pennau a darparu dillad iddynt." A hynny a barwyd iddynt.

Ac wedi iddynt ymbaratoi fe gyrchasant ato ef.

"Wŷr," ebe ef, "fe gawsoch heddwch ac fe gewch gyfeill-garwch. A chynghorwch fi ynglŷn â pha forwyn a geisiaf."

"Arglwydd," ebe Gwydion fab Dôn, "y mae'n hawdd dy gynghori. Arianrhod ferch Dôn dy nith, merch dy chwaer."

Fe gyrchwyd honno ato a daeth y forwyn i mewn.

"Forwyn," ebe ef, "a wyt ti'n forwyn ?"

"Ni wn i'n wahanol na'm bod."

Yna fe gymerodd yntau'r hudlath a'i phlygu.

"Cama di dros hon," ebe ef, "ac os wyt ti'n forwyn fe fyddaf yn gwybod."

Yna camodd hithau dros yr hudlath ac ar y cam hwnnw gadawodd fachgen mawr, praff, penfelyn. Dyma a wnaeth y mab, rhoi sgrech uchel. Wedi sgrech ei phlentyn cyrchodd hi'r drws, ac ar hynny, gadawodd hi rywbeth bychan a chyn i neb gael ail olwg arno fe gymerodd Gwydion ef ac fe blygodd len sidanwe o'i amgylch a'i guddio. Dyma'r lle y'i cuddiodd, mewn cist fechan wrth droed ei wely.

"Ie," ebe Math fab Mathonwy, "fe baraf i fedyddio hwn," am y mab praff, penfelyn. "Dyma'r enw a roddaf, Dylan." Bedyddiwyd y mab a chyn gynted ag y bedyddiwyd ef fe gyrchodd y môr. Ac ar unwaith, cyn gynted ag y daeth i'r môr, fe gafodd natur y môr ac fe nofiai cystal â'r pysgod gorau yn y môr ac oherwydd hynny y gelwid ef Dylan Eil Don. Ni thorrodd ton oddi tano erioed. Gofannon ei ewythr a darodd yr ergyd a ddaeth â'i farwolaeth, a honno oedd un o'r Tair Ergyd Ddrwg.

Fel yr oedd Gwydion yn ei wely un diwrnod ac yn deffro, fe glywai sgrech yn y gist wrth ei draed. Er nad oedd hi'n uchel yr oedd hi'n ddigon uchel fel y clywai ef hi. Dyma a wnaeth yntau, codi'n gyflym ac agor y gist. Ac fel yr oedd yn ei hagor, fe welai fab bychan yn ysgwyd ei freichiau o blyg y llen ac yn ei gwthio ymaith. Ac fe gymerodd y mab rhwng ei ddwylo a chyrchodd y dref gydag ef i'r lle y gwyddai fod gwraig â bronnau ganddi. A gwnaeth gytundeb â'r wraig i feithrin y mab. A magwyd y mab y flwyddyn honno. Ac ymhen y flwyddyn buasent yn synnu at ei brafftter petai'n ddwyflwydd. A'r ail flwyddyn yr oedd yn fab mawr ac yn gallu cyrchu i'r llys ei hunan. Gwydion yntau ei hunan, wedi iddo ddod i'r llys, a sylwodd arno. A daeth y mab yn gynefin ag ef a charodd ef yn fwy nag un dyn. Yna y magwyd y mab yn y llys nes ei fod yn bedair blwydd oed. A buasai'n syndod i fab wyth mlwydd oed fod mor braff ag ef. Ac un diwrnod fe gerddodd allan ar ôl Gwydion i fynd ar daith. Dyma a wnaeth, cyrchu Caer Arianrhod a'r mab gydag ef. Wedi iddo ddod i'r llys cododd Arianrhod i'w gyfarfod, i'w groesawu ac i gyfarch gwell iddo.

"Duw fyddo'n dda wrthyt ti," ebe ef.

"Pa fab sy'n dy ganlyn di ?" ebe hi.

"Mab i ti yw'r mab hwn," ebe ef.

"O ŵr, beth sydd arnat ti, fy nghywilyddio i, ac erlid fy nghywilydd a'i gadw cyhyd â hyn ?"

"Os na fydd arnat ti gywilydd mwy na'm bod i wedi meithrin mab cystal â hwn bychan o beth fydd dy gywilydd di."

"Beth yw enw dy fab di ?" ebe hi.

"Duw a ŵyr," ebe ef, "nid oes enw arno eto."

"Ie," ebe hi, "mi dyngaf dynged arno na chaiff enw hyd oni chaiff hynny gennyf i."

"Cyffesaf i Dduw," ebe ef, "gwraig ddrwg wyt ti ac fe gaiff y mab enw er y byddo hynny'n ddrwg gennyt ti. A thithau," ebe ef, "yr hyn wyt ti ac yn ddig am na'th elwir di'n forwyn ; ni chei di dy alw'n forwyn fyth bellach."

Ac ar hynny, cerddodd ymaith yn ei lid a chyrchu Caer Dathl ac yno y bu'r nos honno. A thrannoeth, cododd a chymryd ei fab gydag ef a mynd i gerdded gyda glan y weilgi rhwng y lle hwnnw ac Aber Menai. Ac yn y lle y gwelodd ddelysg a gwymon fe hudodd long. Ac o'r gwymon a'r delysg hwnnw fe hudodd ledr Cordofa, lawer ohono, a lliwiodd hwy hyd na welsai neb ledr tecach nag ef. Ac ar hynny, cyweiriodd hwyl ar y llong a dod i geg porthladd Caer Arianrhod, ef a'r mab yn y llong. Ac yna, dechrau llunio esgidiau a'u gwnïo. Ac yna fe'u canfuwyd o'r gaer.

Pan wyddai yntau iddynt gael eu gweld o'r gaer, newidiodd eu pryd a'u gwedd eu hunain a rhoi iddynt bryd a gwedd arall fel na fyddid yn eu hadnabod.

"Pa ddynion sydd yn y llong ?" ebe Arianrhod.

"Cryddion," ebe hwy.

"Ewch i edrych pa fath ledr sydd ganddynt a pha fath waith a wnânt."

Yna y daethant, a phan ddaethant yr oedd ef yn lliwio lledr Cordofa a hynny'n euraid. Yna daeth y negeswyr a mynegi hynny iddi hi.

"Ie," ebe hithau, "mesurwch fy nhroed ac erchwch i'r crydd wneud esgidiau imi."

Fe luniodd yntau'r esgidiau, ond nid wrth ei mesur ond yn fwy. Daethpwyd â'r esgidiau iddi. Wele'r esgidiau'n rhy fawr.

"Y mae'r rhai hyn yn rhy fawr," ebe hi. "Fe gaiff ef werth y rhai hyn ond gwnaed hefyd rai a fyddo'n llai na hwy."

Dyma a wnaeth ef, gwneud rhai eraill yn llawer llai na'i throed a'u hanfon iddi.

"Dywedwch wrtho nad â un o'r esgidiau hyn am fy nhroed," ebe hi.

Fe ddywedwyd wrtho.

"Ie," ebe ef, "ni luniaf esgidiau iddi hyd oni welaf ei throed." Dywedwyd hynny wrthi.

"Ie," ebe hi, "mi af i ato."

Ac yna fe ddaeth hi at y llong, a phan ddaeth yr oedd ef yn llunio a'r mab yn gwnïo.

"Ie, arglwyddes," ebe ef, "dydd da iti."

"Duw fyddo'n dda wrthyt," ebe hi. "Y mae'n rhyfedd gennyf na fedret ti fod yn gymedrol wrth wneud esgidiau yn ôl mesur."

"Ni fedrais," ebe yntau. "Fe'i medraf yn awr."

Ac ar hynny dyma ddryw yn sefyll ar fwrdd y llong. Dyma a wnaeth y mab, taflu ato a'i daro rhwng gewyn ac asgwrn ei goes. Dyna a wnaeth hithau, chwerthin.

"Duw a ŵyr," ebe hi, "â llaw gelfydd y tarawodd yr un golau ef."

"Ie," ebe yntau, "melltith Duw arnat. Fe gafodd ef enw ac enw digon da ydyw. Lleu Llaw Gyffes ydyw bellach."

Ac yna diflannodd y gwaith yn ddelysg ac yn wymon. Ac ni chanlynodd ef wrth y gwaith yn hwy na hynny. Ac oherwydd hynny y'i gelwid ef yn un o'r Tri Chrydd Aur.

"Duw a ŵyr," ebe hithau, "ni fyddi di ddim gwell o fod yn ddrwg tuag ataf i."

"Ni fûm i'n ddrwg tuag atat ti eto," ebe ef.

Ac yna fe ryddhaodd ef ei fab i'w bryd a'i wedd ei hun ac fe gymerodd ei ffurf ei hun.

"Ie," ebe hithau, "fe dyngaf innau dynged ar y mab hwn na chaiff arfau fyth hyd oni wisgaf i hwy amdano."

"Rhyngof a Duw," ebe ef, "o'th ddrygioni di y mae hyn yn hanfod, ond fe gaiff ef arfau."

Yna fe ddaethant hwy tua Dinas Dinlleu. Ac yno, feithrin Lleu Llaw Gyffes hyd oni allai farchogaeth pob march a hyd onid oedd yn aeddfed o ran golwg, twf a maint.

Ac yna sylwodd Gwydion wrtho ei fod yn drist o eisiau meirch ac arfau, a galwodd ef ato.

"Lanc," ebe yntau, "fe awn ni, ti a mi, ar neges yfory. Bydd yn fwy llawen nag wyt ti."

"Fe wnaf innau hynny," ebe'r llanc.

Ac yn gynnar y dydd drannoeth, codasant a dilyn yr arfordir i fyny tua Bryn Arien. Ac ym mhen uchaf Cefn Cludno, trefnasant eu hunain ar feirch a dod tua Chaer Arianrhod. Ac yna, newid ei hymddangosiad a wnaethant a chyrchu'r porth yn rhith dau lanc ieuanc ond bod ymddangosiad Gwydion yn fwy dwys nag un y llanc.

"Borthor," ebe ef, "dos i mewn, a dywed fod yma feirdd o Forgannwg."

Aeth y porthor.

"Croeso Duw iddynt. Gollwng hwy i mewn," ebe hi.

Estynnwyd croeso brwd iddynt. Paratowyd y neuadd ac aed i fwyta. Wedi gorffen bwyta ymddiddanodd hi â Gwydion am chwedlau a storïau. Yr oedd yntau, Wydion, yn chwedleuwr da.

Pan oedd yn amser ymadael â chyfeddach paratowyd ystafell iddynt hwy ac aethant i gysgu. Cododd Gwydion yn gynnar yn y bore. Ac yna fe alwodd ato ei hud a'i alluoedd. Erbyn bod y dydd yn goleuo yr oedd yna redeg yma ac acw a chyrn yn canu a bloeddio drwy'r wlad i gyd. Pan oedd yn dyddio fe glywent guro ar ddrws yr ystafell ac Arianrhod yn erchi ei agor. Cododd y llanc ifanc ac agor. Daeth hithau i mewn a morwyn gyda hi.

"Wyrda," ebe hi, "yr ydym mewn lle drwg."

"Ie," ebe yntau, "fe glywn ni gyrn yn canu a bloeddio, a beth a dybi di ynghylch hynny ?"

"Duw a ŵyr," ebe hi, "ni chawn weld lliw'r weilgi gan fod pob llong yn dynn yn ei gilydd. Ac y maent yn cyrchu'r tir cyn gynted ag y gallant. Beth a wnawn ni ?" ebe hi.

"Arglwyddes," ebe Gwydion, "nid oes cyngor gennym ond cau'r gaer amdanom a'i chynnal orau ag y gallom."

"Ie," ebe hithau, "Duw a ad-dalo i chwi. Ac amddiffynnwch chwithau ac fe gewch yma ddigon o arfau."

Ac ar hynny fe aeth hi i nôl yr arfau. A dyma hi'n dod a dwy forwyn gyda hi ac arfau i ddau ŵr ganddynt.

"Arglwyddes," ebe ef, "gwisga am y gŵr ieuanc hwn. A minnau, fi a'r morynion, a wisgaf amdanaf innau. Fe glywaf i sŵn y gwŷr yn dod."

"Fe wnaf hynny'n llawen."

A gwisgodd hi amdano ef yn llawen ac yn hollol.

"A ddarfu," ebe ef, "iti wisgo am y gŵr ieuanc hwnnw ?"

"Do," ebe hi.

"Fe'm gwisgwyd innau," ebe ef. "Diosgwn ein harfau yn awr, nid rhaid inni wrthynt."

"Och !" ebe hithau, "pam ? Dyma'r llynges o amglych y tŷ."

"Wraig, nid oes yna un llynges."

"Och !" ebe hi, "pa fath ymgynnull fu hynny ?"

"Fe'i cynullwyd," ebe yntau, "i dorri dy dynged di ynghylch dy fab ac i geisio arfau iddo. Ac fe gafodd ef arfau heb dddiolch i ti amdanynt."

"Rhyngof a Duw," ebe hithau, "yr wyt ti'n ŵr drwg. Fe allai llawer mab fod wedi colli ei fywyd oherwydd y cynulliad a beraist ti yn y cantref hwn heddiw. Ac fe dyngaf i dynged arno," ebe hi, "na chaiff fyth wraig o'r genedl sydd ar y ddaear hon yr awr hon."

"Ie," ebe yntau, "gwraig ddrwg fuost erioed ac ni ddylai neb fod yn gymorth iti. Fe gaiff ef wraig er hynny."

Daethant hwythau at Fath fab Mathonwy a chwyno yn y modd taeraf yn y byd a wnaethant am Arianrhod a mynegi fel y parasai'r holl arfau iddo.

"Ie," ebe Math, "ceisiwn ninnau, ti a mi, o'n hud a'n lledrith, hudo gwraig o'r blodau iddo yntau." Yr oedd yntau, yna, o faint gŵr a'r llanc mwyaf golygus a welodd dyn erioed.

Ac yna fe gymerasant hwy flodau'r deri a blodau'r banadl a blodau'r erwain, ac o'r rhai hynny swyno'r forwyn decaf un a'r harddaf a welodd dyn erioed. A'i bedyddio a wnaethant yn ôl y bedydd a arferid y pryd hwnnw, a rhoi Blodeuwedd yn enw arni.

Wedi iddynt hwy gyd-gysgu dros y wledd, "Nid yw'n hawdd," ebe Gwydion, "i ŵr heb deyrnas ganddo ei gynnal ei hun."

"Ie," ebe Math, "fe roddaf i iddo'r cantref gorau un i lanc ieuanc ei gael."

"Arglwydd," ebe ef, "pa gantref yw hwnnw ?"

"Cantref Dinoding," ebe ef.

Ac fe elwir hwnnw yr awr hon Eifynydd ac Ardudwy. Dyma'r fan yn y cantref lle y sefydlodd lys iddo sef yn y lle a elwir Mur Castell, a hynny yn ucheldir Ardudwy. Ac yno y preswyliodd ef ac y llywodraethodd. A bu pawb yn fodlon arno ef a'i arglwyddiaeth.

Ac yna, un tro, cyrchodd tua Chaer Dathl i ymweld â Math fab Mathonwy. Symud o amgylch y llys a wnaeth hi'r diwrnod yr aeth ef tua Chaer Dathl. Ac fe glywai hi lef corn, ac ar ôl llef y corn dyma hydd blinedig yn mynd heibio a chŵn a gwŷr hela ar ei ôl. Ac ar ôl y cŵn a'r gwŷr hela daeth mintai o wŷr ar draed.

"Anfonwch was," ebe hi, "i wybod pwy yw'r osgordd."

Aeth y gwas a gofyn pwy oeddynt.

"Gronw Pebr, y gŵr sydd yn arglwydd ar Benllyn, yw hwn," ebe hwy.

Dywedodd y gwas hynny wrthi hithau. Teithiodd yntau ar ôl yr hydd ac wrth Afon Gynfael goddiweddodd yr hydd a'i ladd.

Ac yn blingo'r hydd a bwydo ei gŵn y bu ef hyd oni chaeodd y nos arno. A phan oedd y dydd yn darfod a'r nos yn nesáu fe ddaeth heibio i borth y llys.

"Duw a ŵyr," ebe hi, "fe gawn ni ein dilorni gan yr unben am ei adael i fynd i wlad arall yr adeg hon o'r dydd oni wahoddwn ef."

"Duw a ŵyr, arglwyddes," ebe hwy, "y mae'n beth iawn i'w wahodd."

Yna, fe aeth negeswyr i'w gyfarfod i'w wahodd. Ac yna fe gymerodd ef ei wahodd yn llawen a daeth i'r llys a daeth hithau i'w gyfarfod, i'w groesawu, ac i gyfarch gwell iddo.

"Arglwyddes, Duw a ad-dalo iti am dy groeso," ebe ef.

Tynnu ei wisg, ac aethant i eistedd. Dyma a wnaeth Blod-euwedd, edrych arno ef, a'r funud yr edrychodd nid oedd rhan ohoni hi nad oedd yn llawn o gariad tuag ato ef. A syllodd yntau arni hithau, a daeth yr un meddwl iddo ef ag a ddaeth iddi hithau. Ni allodd ef guddio ei fod yn ei charu a mynegodd hynny iddi. Cymerodd hithau lawenydd mawr o'i mewn. Ac ynghylch y serch a'r cariad a roddasai pob un ohonynt ar ei gilydd y bu eu hymddiddan y nos honno. Ac ni bu iddynt ohirio ymgofleidio yn hwy na'r nos honno. A'r nos honno, cysgasant gyda'i gilydd.

A thrannoeth, gofynnodd ef am ganiatâd i ymadael.

"Duw a ŵyr," ebe hi, "nid ei di oddi wrthyf i heno."

Y nos honno hefyd fe fuont gyda'i gilydd. A'r nos honno y bu ymgynghori rhyngddynt pa fodd y caent fod gyda'i gilydd.

"Nid oes ond un cyngor iti," ebe ef, "ceisio cael gwybod ganddo pa fodd y daw ei farwolaeth, a hynny dan gochl gofalu amdano."

Drannoeth, gofynnodd am gael ymadael.

"Duw a ŵyr, ni chynghoraf iti fynd oddi wrthyf i heddiw."

"Duw a ŵyr, gan na chynghori dithau, nid af innau," ebe ef. "Er hynny, dywedaf ei bod yn berygl i'r unben biau'r llys ddod adref."

"Ie," ebe hi, "yfory fe ganiatâf iti fynd ymaith."

Drannoeth gofynnodd am ganiatâd i ymadael ac ni rwystrodd hithau ef.

"Ie," ebe yntau, "cofia'r hyn a ddywedais wrthyt, ac ymddiddan yn ddyfal ag ef a hynny dan gochl taerineb cariad tuag ato ef. A cheisia gael gwybod ganddo pa fodd y gallai ei farwolaeth ddod."

Daeth yntau adref y nos honno. Treuliasant y dydd drwy ymddiddan a cherdd a chyfeddach. A'r nos honno aethant i gysgu ynghyd. Ac fe ddywedodd ef air wrthi, a'r eilwaith. Ac er hynny ni chafodd air yn ôl.

"Beth a ddigwyddodd iti," ebe ef, "ac a wyt ti'n iach ?"

"Yr wyf i'n meddwl," ebe hi, "am rywbeth na feddylit ti mewn cyswllt â mi. Dyma yw hynny," ebe hi, "poeni am dy farwolaeth di os ei di ynghynt na mi."

"Ie," ebe yntau, "Duw a ad-dalo iti am dy ofal. Er hynny, os na wnaiff Duw fy lladd i ni fydd yn hawdd fy lladd i," ebe ef.

"A wnei dithau, er mwyn Duw ac er fy mwyn innau, fynegi imi pa fodd y gellir dy ladd dithau ? Canys wrth warchod rhag perygl y mae fy nghof i'n well na'r eiddot ti."

"Dywedaf yn llawen," ebe ef. "Nid yw'n hawdd fy lladd i," ebe ef, "gydag ergyd. Y mae'n rhaid bod flwyddyn yn gwneud y bicell y tarewid fi â hi a heb wneud dim ohoni ond pan fyddid yn yr offeren ddydd Sul."

"A yw hynny'n sicr ?" ebe hi.

"Yn sicr, Duw a ŵyr," ebe ef. "Ni ellir fy lladd i mewn tŷ," ebe ef, "ni ellir a mi allan ; ni ellir fy lladd ar farch, ni ellir a mi ar fy nhraed."

"Ie," ebe hithau, "pa fodd y gellid dy ladd dithau ?"

"Fe ddywedaf hynny wrthyt ti," ebe yntau. "Gwneud ymolchfa imi ar lan afon a gwneud ffram to uwchben y baddon a'i thoi hithau'n dda a diddos wedi hynny. A dod â bwch," ebe ef, "a'i roi gerllaw y baddon ac i minnau roi y naill droed ar gefn y bwch a'r llall ar ymyl y baddon. Pwy bynnag a'm tarawai i felly, fe'm lladdai."

"Ie," ebe hithau, "diolchaf i Dduw am hynny. Fe ellir dianc rhag hynny'n hawdd."

Cyn gynted ag y cafodd hi'r gair fe'i hanfonodd hithau ef at Ronw Pebr. Llafuriodd Gronw waith y bicell ac yr oedd yn barod ymhen y flwyddyn i'r diwrnod. A'r diwrnod hwnnw fe barodd ef iddi hi wybod hynny.

"Arglwydd," ebe hi, "yr wyf yn ystyried pa fodd y gallai'r hyn a ddywedaist ti wrthyf i gynt fod. Ac a ddangosi di imi pa fodd y sefit ti ar ymyl y baddon a'r bwch os trefnaf innau'r ymolchfa ?"

"Dangosaf," ebe yntau.

Anfonodd hithau at Ronw ac fe archodd iddo fod yng nghysgod y bryn a elwir yn awr Bryn Cyfergyr, yng nglan Afon Cynfael yr oedd hynny. Parodd hithau osod yr holl eifr a gafodd yn y cantref a'u dwyn i'r ochr draw i'r afon, gyferbyn â Bryn Cyfergyr.

A thrannoeth fe ddywedodd hi, "Arglwydd," ebe hi, "mi berais drefnu'r ffrâm a'r ymolchfa ac y maent yn barod."

"Ie," ebe yntau, "awn yn llawen i'w hedrych."
Drannoeth, fe ddaethant hwy i edrych yr ymolchfa.

"A ei di i'r ymolchfa, arglwydd ?" ebe hi.

"Af yn llawen," ebe ef.
Fe aeth i'r baddon ac ymolchodd.

"Arglwydd," ebe hi, "dyma'r anifeiliaid y dywedaist ti fod arnynt yr enw bwch."

"Ie," ebe yntau, "pâr ddal un ohonynt a phâr ei ddwyn yma."
Fe ddaethpwyd ag ef. Yna, fe gododd yntau o'r ymolchfa a gwisgo amdano ei lodrau ac fe roddodd ei naill droed ar ymyl y baddon a'r llall ar gefn y bwch.

Cododd Gronw yntau o'r bryn a elwir Bryn Cyfergyr a chododd ar ei naill benglin a thaflu'r bicell wenwynig a'i daro yn ei ochr nes i'r paladr dasgu allan ohono ac i'r blaen aros ynddo. Ac yna ehedodd yntau yn rhith eryr a rhoi sgrech erchyll ac o hynny allan ni chafodd ei weld mwy.

Cyn gynted ag yr aeth ef ymaith fe gyrchasant hwythau'r llys a'r nos honno cysgu ynghyd. A thrannoeth, cododd Gronw a goresgyn Ardudwy. Wedi goresgyn y wlad, ei llywodraethu a wnaeth hyd onid oedd Ardudwy a Phenllyn yn ei feddiant ef.

Yna, fe aeth yr hanes at Fath fab Mathonwy. Tristáu a galaru o'i fewn a wnaeth Math, a Gwydion yn fwy o lawer nag yntau.

"Arglwydd," ebe Gwydion, "ni orffwysaf fyth hyd oni chaf newyddion ynghylch fy nai."

"Ie," ebe Math. "Duw a fyddo'n nerth iti."

Ac yna cychwynnodd ef a dechrau teithio yn ei flaen, a theithio Gwynedd a wnaeth a Phowys drwyddi draw. Wedi iddo deithio pob lle fe ddaeth ef i Arfon ac fe ddaeth i dŷ taeog ym Maenor Bennardd.

Disgynnodd wrth y tŷ ac aros yno y nos honno. Daeth gŵr y tŷ a'i deulu i mewn ac yn olaf fe ddaeth meichiad.

Dywedodd gŵr y tŷ wrth y meichiad, "Was," ebe ef, "a ddaeth dy hwch di i mewn heno ?"

"Daeth," ebe yntau, "yr awr hon y daeth at y moch."

"I ba le yr â'r hwch honno ?" ebe Gwydion.

"Pan agorir y twlc bob dydd fe â allan. Ni cheir gafael arni ac ni wyddys pa ffordd yr â mwy na phetai'n mynd i'r ddaear."

"A wnei di," ebe Gwydion, "er fy mwyn i, beidio ag agor y twlc nes fy mod i'r naill ochr i'r twlc gyda thi ?"

"Gwnaf yn llawen," ebe ef.

Aethant i gysgu'r nos honno.

A phan welodd y meichiad liw dydd fe ddeffrôdd Gwydion, a chododd Gwydion a gwisgo amdano a dod gydag ef a sefyll wrth y twlc. Agorodd y meichiad y twlc. Cyn gynted ag yr agorodd ef, dyma hithau'n rhoi naid allan ac aeth ymaith yn gyflym, a chanlynodd Gwydion hi. A dilynodd yn erbyn llif yr afon a chyrchodd nant a elwir Nantlleu yn awr ac yna ymbwyllodd a phori.

Daeth Gwydion yntau o dan y goeden ac fe edrychodd pa beth yr oedd yr hwch yn ei bori, ac fe welai'r hwch yn pori cig wedi pydru a chynrhon. Dyma a wnaeth yntau, edrych ar frig y goeden, a phan edrychodd fe welai ef eryr ar frig y goeden. A phan ymysgydwai'r eryr fe syrthiai'r pryfed a'r cig wedi pydru ohono, a'r hwch yn bwyta'r rhai hynny. Dyna a wnaeth yntau, meddwl mai Lleu oedd yr eryr, a chanu englyn :

> Derwen a dyf rhwng dau lyn
> Yn cysgodi'n dywyll awyr a glyn.
> Oni ddywedaf i gelwydd
> O flodau Lleu y mae hyn.

Dyma a wnaeth yr eryr, ei ostwng ei hun hyd onid oedd yng nghanol y goeden. Dyma a wnaeth Gwydion yntau, canu englyn arall :

> Derwen a dyf mewn maes uchel,
> Nis gwlych glaw, nis tawdd gwres.

Cynhaliodd ugain dawn.
Ar ei brig, Lleu Llaw Gyffes.

Ac yna gostyngodd yntau ei hun onid oedd ar y gainc isaf o'r
goeden, yna canu englyn iddo yntau :

Derwen a dyf dan lechwedd,
Noddfa tywysog hardd.
Oni ddywedaf i gelwydd
Fe ddaw Lleu i'm harffed.

Ac fe ddisgynnodd yntau ar lin Gwydion ac yna fe darawodd
Gwydion yntau â'r hudlath hyd onid oedd yn ei ffurf ei hunan.
Ni welsai neb olwg druenusach ar ŵr, fodd bynnag, nag a oedd
arno ef. Nid oedd yn ddim ond croen ac asgwrn.

Yna cyrchodd ef Gaer Dathl ac yna y dygwyd ato bob
meddyg da yng Ngwynedd. Cyn ymhen y flwyddyn yr oedd
ef yn holliach.

"Arglwydd," ebe ef wrth Fath fab Mathonwy, "y mae'n hen
bryd imi gael iawn gan y gŵr y cefais ofid ganddo."

"Duw a ŵyr," ebe Math, "ni all ef ei gynnal ei hun a'th
iawn di ganddo i'w dalu."

"Ie," ebe yntau, "gorau po gyntaf gennyf i y caf iawn."

Yna, ymgynnull Gwynedd ynghyd a wnaethant a chyrchu
Ardudwy. Teithiodd Gwydion ar y blaen a chyrchodd Fur
Castell. Dyma a wnaeth Blodeuwedd, clywed eu bod yn dod,
cymryd ei morynion gyda hi a chyrchu'r mynydd, a thrwy Afon
Cynfael, cyrchu llys a oedd ar y mynydd. Ac ni fedrent gerdded
gan ofn ond â'u hwyneb tuag yn ôl. Ac yna ni wyddent ddim
hyd oni syrthiasant i'r llyn ac y boddasant oll heblaw amdani
hi ei hunan.

Ac yna y goddiweddodd Gwydion hithau ac y dywedodd
wrthi, "Ni'th laddaf di. Fe wnaf iti rywbeth sy'n waeth. Dyma
yw hynny," ebe ef, "dy ollwng di yn rhith aderyn. Ac oherwydd
y cywilydd a wnaethost ti i Leu Llaw Gyffes, na feiddia
dithau ddangos dy wyneb fyth liw dydd a hynny gan ofn yr holl
adar. A bydd gelyniaeth rhyngot a'r holl adar a'i bod yn eu
hanian iddynt dy guro a'th amharchu ym mhob lle y'th gânt,
ac ni cholli di dy enw ond dy alw fyth yn Flodeuwedd."

Dyna yw Blodeuwedd, tylluan, yn yr iaith sydd yr awr hon.

Ac oherwydd hynny y mae'r adar yn elyniaethus tuag at y dylluan : ac fe elwir y dylluan eto yn Flodeuwedd.

Yntau, Gronw Pebr, a gyrchodd Benllyn ac oddi yno anfonodd negeswyr. Dyma'r neges a anfonodd : gofynnodd i Leu Llaw Gyffes a fynnai ai tir ai daear, ai aur ai arian am y sarhad.

"Ni chymeraf, cyffesaf i Dduw," ebe ef. "A dyma'r peth lleiaf a gymeraf ganddo, iddo ef fynd i'r lle yr oeddwn i pan y'm tarawodd i â'r bicell a minnau i'r lle yr oedd yntau, a gadael i minnau ei daro ef â phicell. A hynny yw'r peth lleiaf a gymeraf ganddo."

Mynegwyd hynny i Ronw Pebr. "Ie," ebe yntau, "y mae'n iawn imi wneud hynny. Fy uchelwyr ffyddlon a'm gosgordd a'm brodyr maeth, a oes yn eich plith chwi un a gymero'r ergyd drosof fi ?"

"Nac oes, Duw a ŵyr," ebe hwy. Ac oherwydd iddynt hwy wrthod dioddef cymryd un ergyd dros eu harglwydd y'u gelwir hwythau o hynny hyd heddiw yn un o'r Tair Gosgordd Anffyddlon.

"Ie," ebe ef, "fe'i cymeraf."

Ac yna fe ddaethant ill dau i lan Afon Cynfael, ac yno y safai Gronw Pebr yn y lle yr oedd Lleu Llaw Gyffes pan y'i tarawodd ef, a Lleu yn y lle yr oedd yntau. Ac yna, fe ddywedodd Gronw Pebr wrth Lleu :

"Arglwydd," ebe ef, "gan mai o ystryw ddrwg gwraig y gwneuthum iti yr hyn a wneuthum, fe archaf innau iti, er mwyn Duw ; fe welaf garreg ar lan yr afon, gad imi osod honno rhyngof i a'r ddyrnod."

"Duw a ŵyr," ebe Lleu, "ni wrthodaf i hynny iti."

"Ie," ebe ef, "Duw a ad-dalo iti."

Ac yna, fe gymerodd Gronw'r garreg a rhoddodd hi rhyngddo ef a'r ergyd. Ac yna fe darawodd Lleu ef â'r bicell ac fe wanodd y garreg drwyddi a thrwyddo yntau hyd oni thorrodd ei gefn.

Ac yna y lladdwyd Gronw Pebr, ac yno y mae'r garreg ar lan afon Cynfael yn Ardudwy a'r twll drwyddi. Ac oherwydd hynny y'i gelwir eto Llech Gronw.

Yntau Lleu Llaw Gyffes a oresgynnodd y wlad eilwaith ac fe'i llywodraethodd yn llwyddiannus. Ac yn ôl fel y dywed y chwedl fe fu wedi hynny yn arglwydd ar Wynedd.

Ac felly y terfyna'r gainc hon o'r Mabinogi.

BREUDDWYD MACSEN

DYMA freuddwyd Macsen Wledig.

Yr oedd Macsen Wledig yn ymherodr yn Rhufain ac ef oedd y gŵr tecaf a doethaf a gorau a weddai i fod yn ymherodr o'r rhai a fu o'i flaen ef. A chynhaliodd gyngor brenhinoedd un diwrnod ac fe ddywedodd wrth ei gyfeillion,

"Fe fynnaf i," ebe ef, "fynd i hela yfory."

Drannoeth yn fore, fe gychwynnodd ef a'i lu a daeth i ddyffryn afon sy'n llifo i Rufain. Hela ar hyd y dyffryn a wnaeth hyd oni fu'n hanner dydd. Fodd bynnag, yr oedd gydag ef ddeuddeg brenin coronog ar hugain yn ddeiliaid iddo bryd hynny. Nid er mwyn pleser hela yr helai'r ymherodr gyhyd â hynny ond oherwydd ei wneuthur yn ŵr cystal ei safle ag a fyddai'n arglwydd ar y nifer hwnnw o frenhinoedd.

Ac yr oedd yr haul yn uchel yn yr awyr uwch eu pen, a'r gwres yn fawr, a daeth cwsg arno. Dyma a wnaeth ei weision ystafell, castellu eu tarianau o'i amgylch ar goesau gwaywffyn rhag yr haul; rhoesant darian wedi ei hysgythru ag aur dan ei ben ac felly y cysgodd Macsen. Ac yna fe welai freuddwyd; dyma'r freuddwyd a welai,—ei fod yn teithio dyffryn yr afon hyd ei tharddiad. A deuai at y mynydd uchaf yn y byd. Fe debygai fod y mynydd yn gyfuwch â'r awyr. A phan ddeuai dros y mynydd fe welai ei fod yn teithio'r gwledydd tecaf a mwyaf gwastad a welsai dyn erioed, o'r ochr arall i'r mynydd; ac afonydd mawr llydain a welai o'r mynydd yn cyrchu i'r môr, a theithiai tuag at rydau'r môr ar yr afonydd.

Pa hyd bynnag y teithiai felly fe ddaeth at aber afon lydan, y fwyaf a welsai neb. A gwelai ddinas fawr wrth aber yr afon a chaer fawr yn y ddinas, a gwelai ar y gaer lawer o dyrau mawr amryliw, a gwelai lynges yn aber yr afon a'r llynges fwyaf a welsai neb erioed oedd honno. A gwelai long yng nghanol y llynges ac yr oedd honno'n fwy o lawer a thecach na'r rhai eraill oll; a chymaint ag a welai ef o'r llong uwchlaw'r môr, fe welai ei fod y naill ystyllen yn euraid a'r llall yn ariannaid. Fe welai bont o asgwrn morfil o'r llong i'r tir, ac fe debygai ei fod yn dod i'r llong ar hyd y bont. Dyrchafwyd hwyl ar y llong a theithiwyd gyda hi ar fôr a gweilgi. Fe welai ei ddod i'r ynys decaf o'r holl fyd, ac ar ôl teithio ar draws yr ynys o'r môr bwy gilydd i ymyl eithaf yr ynys, fe welai gymoedd a dibyn a chreigiau uchel a thir garw a chaled, na welsai erioed ei gyfryw. Ac oddi yno fe welai ynys yn y môr gyferbyn â'r tir garw hwnnw : a rhyngddo a'r ynys honno fe welai ef wlad a oedd gyhyd ei doldir â'i môr, gyhyd ei mynydd â'i choed. Ac o'r mynydd hwnnw fe welai afon yn llifo ar draws y wlad yn cyrchu'r môr.

Ac wrth aber yr afon fe welai gaer fawr, y decaf a welsai dyn erioed : a gwelai borth y gaer yn agored a daeth i'r gaer. Fe welai neuadd deg yn y gaer : fe debygai fod nenfwd y neuadd yn aur i gyd. Tebygai fod mur cylchynol y neuadd yn feini llachar, bob un mor werthfawr â'i gilydd. Tebygai fod drysau'r neuadd yn aur i gyd. Gwelai orweddfannau euraid yn y neuadd a byrddau arian, ac ar yr orweddfan gyferbyn ag ef fe welai ddau was ieuanc â gwallt gwinau yn chwarae gwyddbwyll. Fe welai fwrdd arian i'r wyddbwyll a darnau aur arno. Sidanwe purddu oedd gwisg y gweision ieuainc ac addurniadau talcen o ruddaur yn dal eu gwallt a cherrig llachar mawr eu gwerth ynddynt : rhuddemau a gemau ynddynt bob yn ail a cherrig ymerodrol. Yr oedd esgidiau o ledr Cordofa newydd am eu traed a llafnau o ruddaur yn eu cau.

Ac wrth fôn colofn y neuadd fe welai ŵr â gwallt wedi britho ar gadair o asgwrn eliffant a ffurf dau eryr arni o ruddaur. Yr oedd breichledau aur am ei freichiau a llawer o fodrwyau am ei ddwylo a thorch drwchus aur am ei wddf ac addurn talcen aur yn dal ei wallt, a golwg urddasol arno. Yr oedd bwrdd o aur a gwyddbwyll ger ei fron, a ffon aur yn ei law a llifiau dur, ac yr oedd ef yn torri darnau gwyddbwyll.

A gwelai forwyn yn eistedd ger ei fron mewn cadair o rudd-aur. Megis nad hawdd oedd edrych ar yr haul pan fyddai'n fwyaf teg, nid mymryn haws oedd edrych arni hi gan ei theced. Yr oedd crysau o sidan gwyn am y forwyn a byclau o ruddaur ar ei bron, a swrcot sidanwe euraid amdani a mantell gyfryw â hi a thlws o ruddaur yn ei chynnal amdani, ac addurn talcen o ruddaur am ei phen a rhuddemau a gemau yn yr addurn talcen, a pherlau bob yn ail a cherrig ymerodrol ; a gwregys o ruddaur amdani, a hithau'n wraig decaf ei golwg o edrych arni. A chododd y forwyn o'r gadair o'i flaen. A chofleidiodd ef y forwyn ac eisteddasant ill dau yn y gadair aur. Ac nid oedd y gadair yn fwy cyfyng iddynt ill dau nag a oedd i'r forwyn ei hun. A phan oedd ef yn cofleidio'r forwyn, a'i rudd wrth ei grudd hithau, deffrôdd yr ymherodr gan ffyrnigrwydd y cŵn wrth eu tenynnau ac ysgwyddau'r tarianau yn taro yn erbyn ei gilydd a choesau'r gwaywffyn yn ymdaro a gweryru a sŵn carnau'r meirch. A phan ddeffrôdd, nid oedd iddo na hoedl nac einioes na bywyd oherwydd y forwyn a welsai yn ei gwsg. Nid oedd iddo na chymal un asgwrn na mynwes un ewin, heb sôn am fan mwy na hynny, nad oedd yn gyflawn o gariad at y forwyn.

Ac yna fe ddywedodd yr osgordd wrtho :

"Arglwydd," ebe hwy, "y mae'r amser iti gymryd dy fwyd wedi hen fynd heibio."

Ac yna yr esgynnodd yr ymherodr ar ei farch yn ŵr tristaf a welsai dyn erioed, a theithiodd yn ei flaen i Rufain. Ac felly y bu'r wythnos ar ei hyd. Pan âi'r osgordd i yfed y gwin a'r medd o'r llestri aur nid âi ef gyda neb ohonynt hwy. Pan aent hwy i wrando cerddi a diddanwch nid âi ef gyda hwy. Ac ni cheid dim ganddo ond cysgu ; cyn fynyched ag y cysgai, fe welai yn ei gwsg y wraig a garai fwyaf ; pryd na chysgai yntau, ni phoenai am ddim o'i herwydd hi gan na wyddai pa le yn y byd yr oedd hi.

A dywedodd gwas ystafell wrtho ryw ddiwrnod,—ac er ei fod yn was ystafell yr oedd yn frenin Romani, —

"Arglwydd," ebe ef, "y mae dy wŷr i gyd yn dy ddilorni."

"Pam y dilornant hwy fi ?" ebe'r ymherodr.

"Oherwydd na chânt gennyt na neges nac ateb fel y caiff gwŷr gan eu harglwydd. A dyma achos y dilorni sydd arnat."

"Was," ebe'r ymherodr, "dwg dithau ddoethion Rhufain o'm cwmpas i ac fe ddywedaf i paham yr wyf i'n drist."

Ac yna y dygwyd doethion Rhufain o gwmpas yr ymherodr ac y dywedodd yntau,

"Ddoethion Rhufain," ebe ef, "fe welais i freuddwyd, ac yn y freuddwyd fe welwn forwyn. Nid oes ynof na hoedl na bywyd nac einioes oherwydd y forwyn."

"Arglwydd," ebe hwythau, "gan mai gennym ni y bernaist ti gael cyngor, fe'th gynghorwn ni di. A dyna ein cyngor iti :

anfon negeswyr am dair blynedd i dair rhan y byd i geisio dy
freuddwyd. A chan na wyddost pa ddydd, pa nos, y daw
newyddion da iti, hynny o obaith a'th geidw."

Yna fe deithiodd y negeswyr hyd ddiwedd y flwyddyn i
grwydro'r byd ac i geisio hanesion ynglŷn â'r freuddwyd. Pan
ddaethant yn ôl ymhen y flwyddyn ni wyddent un gair yn fwy
na'r dydd y cychwynasant. Ac yna tristáu a wnaeth yr ym-
herodr o feddwl na châi fyth newyddion am y wraig a garai
fwyaf. Ac yna fe ddywedodd brenin y Romani wrth yr
ymherodr,

"Arglwydd," ebe ef, "cychwynna i hela'r ffordd yr oeddit
yn gweld dy fod yn mynd, ai tua'r dwyrain, ai tua'r gorllewin."

Ac yna fe gychwynnodd yr ymherodr i hela a daeth i lan yr
afon.

"Dyma," ebe ef, "lle yr oeddwn i pan welais y freuddwyd.
Ac i gyfeiriad tarddiad yr afon tua'r gorllewin y teithiwn."

Ac yna fe aeth tri ar ddeg o wŷr yn negeswyr i'r ymherodr.
Ac o'u blaen fe welsant fynydd mawr y tebygent ei fod yn
cyffwrdd â'r awyr. Dyma'r wedd a oedd ar y negeswyr wrth
eu taith,—yr oedd un llawes ar fantell pob un ohonynt o'r tu
blaen yn arwydd eu bod yn negeswyr, pa wlad bynnag wrth
ryfel y teithient drwyddi ni wneid drwg iddynt. Ac fel y
daethant dros y mynydd hwnnw, fe welent hwy wledydd mawr
gwastad ac afonydd llydain yn llifo drwyddynt.

"Dyma," ebe hwy, "y tir a welodd ein harglwydd ni."

Teithiasant i'r rhydau môr ar yr afonydd hyd oni ddaethant
at afon lydan a welent yn cyrchu'r môr a dinas fawr wrth aber
yr afon, a chaer fawr yn y ddinas a thyrau mawr amryliw ar y
gaer. Fe welent y llynges fwyaf yn y byd yn aber yr afon, a
llong a oedd yn fwy nag un o'r rhai eraill.

"Dyma eto," ebe hwy, "y freuddwyd a welodd ein harglwydd
ni."

Ac yn y llong fawr honno y teithiasant ar y môr ac y daethant i
ynys Prydain, a theithiasant ar hyd yr ynys hyd oni ddaethant
i Eryri.

"Dyma eto," ebe hwy, "y tir caled a welodd ein harglwydd
ni."

Daethant yn eu blaen hyd oni welent Fôn gyferbyn â hwy, a
hyd oni welent Arfon hefyd.

"Dyma," ebe hwy, "y tir a welodd ein harglwydd ni yn ei gwsg."

Ac fe welent Aber Saint a'r gaer wrth aber yr afon. Gwelent borth y gaer yn agored. Daethant i'r gaer. Gwelsant neuadd yn y gaer.

"Dyma," ebe hwy, "y neuadd a welodd ein harglwydd ni yn ei gwsg."

Daethant hwy i'r neuadd a gwelsant hwy y ddau was ieuanc yn chwarae gwyddbwyll ar y gorweddfan aur. A gwelsant y gŵr a'i wallt wedi britho wrth fôn y golofn ar y gadair asgwrn yn torri darnau gwyddbwyll, ac fe welsant y forwyn yn eistedd mewn cadair o ruddaur. A gostwng ar eu pengliniau a wnaeth y negeswyr.

"Ymerodres Rhufain, henffych well."

"Wyrda," ebe'r forwyn, "golwg gwŷr bonheddig a welaf arnoch, a nod negeswyr. Pa watwar a wnewch chwi imi?"

"Ni wnawn, arglwyddes, un gwatwar ohonot. Ond ymherodr Rhufain a'th welodd di yn ei gwsg. Nid oes iddo na hoedl nac einioes o'th herwydd. Fe gei di ddewis gennym ni, arglwyddes, ai dod gyda ni i'th wneuthur yn ymerodres yn Rhufain ai bod yr ymherodr yn dod yma i'th gymryd yn wraig iddo."

"Wyrda," ebe'r forwyn, "ni wnaf i amau yr hyn a ddywedwch chwi na'i gredu ychwaith yn ormodol. Ond os myfi a gâr yr ymherodr, doed yma ar fy ôl i."

Ddydd a nos y teithiodd y negeswyr yn eu hôl, ac fel y diffygiai eu meirch prynent eraill o'r newydd. Ac fel y daethant i Rufain, cyfarch gwell i'r ymherodr a wnaethant a gofyn am eu gwobrau. A chawsant hynny fel y'u nodent.

"Fe fyddwn ni'n arweinwyr iti, arglwydd," ebe hwy, "ar fôr ac ar dir, i'r lle y mae'r wraig a geri di fwyaf. A gwyddom ni ei henw a'i cheraint a'i thras."

Ac yn ddiymdroi teithiodd yr ymherodr gyda'i osgordd, a'r gwŷr hynny yn arweinwyr iddynt. Daethant tuag ynys Prydain dros fôr a gweilgi. A goresgynnodd Macsen yr ynys oddi ar Feli fab Manogan a'i feibion a'u gyrru hwy i'r môr, ac fe ddaeth yn ei flaen i Arfon, ac fe adnabu yr ymherodr y wlad fel y'i gwelodd hi. Ac fel y gwelodd Gaer Aber Saint,

"Gwel di acw," ebe ef, "y gaer y gwelais ynddi'r wraig a garaf i fwyaf." Ac fe ddaeth yn ei flaen i'r gaer ac i'r neuadd, ac fe welodd yno Gynan fab Eudaf a Gadeon fab Eudaf yn chwarae gwyddbwyll, a gwelodd Eudaf fab Caradog yn eistedd ar gadair o asgwrn yn torri darnau gwyddbwyll. Y forwyn a welodd yn ei gwsg, fe'i gwelai hi'n eistedd ar gadair o aur. "Ymerodres Rhufain," ebe ef, "henffych well." A'i chofleidio hi a wnaeth yr ymherodr, a'r nos honno fe gysgodd gyda hi. A'r bore trannoeth gofynnodd y forwyn am ei thâl morwynol oherwydd ei chael yn forwyn, ac yntau a archodd iddi nodi ei thâl morwynol. A nododd hithau ynys Prydain i'w thad, o Fôr Udd hyd fôr Iwerddon, a'r tair rhagynys i'w dal dan ymerodres Rhufain, a gwneud tair caer fawr iddi hithau yn y lle y dewisai yn ynys Prydain. Ac yna y dewisodd godi iddi'r gaer bwysicaf yn Arfon, ac fe ddygwyd daear yno o Rufain fel y byddai'n iachusach i'r ymherodr i gysgu ac i eistedd ac i gerddded. Wedi hynny y gwnaed y ddwy gaer arall iddi, sef Caer Llion a Chaer Fyrddin.

A rhyw ddiwrnod fe aeth yr ymherodr i hela i Gaer Fyrddin ac fe aeth i ben Y Frenni Fawr. A chodi pabell a wnaeth yr ymherodr yno a Chadair Facsen y gelwir y gwersyll hwnnw oddi ar hynny hyd heddiw. Fe elwid Caer Fyrddin felly am i'r gaer gael ei gwneuthur gan fyrdd o wŷr.

Ac yna fe feddyliodd Elen wneud ffyrdd llydain o bob caer i'w gilydd ar draws ynys Prydain, ac fe wnaed y ffyrdd. Ac oherwydd hynny y gelwir hwy yn Ffyrdd Elen Luyddog oherwydd ei bod hi'n hanfod o ynys Prydain ac na wnâi gwŷr ynys Prydain y lluoedd mawr hynny i neb ond iddi hi.

Saith mlynedd y bu'r ymherodr yn yr ynys hon. Dyma oedd defod gwŷr Rhufain yn yr amser hwnnw,—pa ymherodr bynnag a drigai mewn gwledydd eraill yn eu darostwng saith mlynedd, fe drigai yn y wlad a oresgynnodd ac ni châi ddod i Rufain drachefn. Ac yna fe wnaethant hwythau ymherodr newydd ; ac yna fe luniodd hwnnw lythyr yn bygwth Macsen. Nid oedd er hynny fwy o lythyr na :

"Os deui di, ac os deui di fyth i Rufain—."

A daeth y llythyr hwnnw i Gaer Llion at Facsen, a'r hanesion : ac wedi hynny anfonodd yntau lythyr at y gŵr a ddywedai ei fod yn ymherodr yn Rhufain. Nid oedd yn y llythyr hwnnw ychwaith ddim ond :

"Os af innau i Rufain, ac os af—."

Ac yna fe deithiodd Macsen gyda'i lu tua Rhufain ac fe oresgynnodd Ffrainc a Bwrgwyn a'r holl wledydd hyd at Rufain, gosododd warchae ar gaer Rhufain. Bu'r ymherodr wrth y gaer am flwyddyn : nid oedd yn nes iddo ei chael na'r dydd cyntaf. Ac ar ei ôl ef fe ddaeth brodyr i Elen Luyddog o ynys Prydain a llu bychan gyda hwy ; ac yr oedd gwell ymladdwyr yn y llu bychan hwnnw na dwywaith cymaint â hwy o wŷr Rhufain. Ac fe ddywedwyd wrth yr ymherodr, wrth weld y llu yn disgyn yn ymyl ei lu yntau ac yn gwersyllu. Ac ni welsai dyn erioed lu tecach na mwy trwsiadus na baneri harddach nag oedd hwnnw am ei faint. Ac fe ddaeth Elen i archwilio'r llu ac fe adnabu faneri ei brodyr. Ac yna fe ddaeth Cynan fab Eudaf a Gadeon fab Eudaf i ymweld â'r ymherodr, a bu'r ymherodr yn groesawus wrthynt ac fe'u cofleidiodd.

Ac yna yr edrychasant hwy ar wŷr Rhufain yn ymosod ar y gaer, a dywedodd Cynan wrth ei frawd,

"Fe geisiwn ni ymosod ar y gaer yn fwy cyfrwys na hyn."

Ac yna, yn ystod y nos, fe fesurasant hwythau uchder y gaer, ac fe anfonasant eu seiri i'r coed ac fe wnaethpwyd ysgol ar gyfer pob pedwar gŵr ohonynt. Ac wedi i hynny fod yn barod ganddynt, bob dydd am hanner dydd fe gymerai'r ddau ymherodr eu bwyd, ac fe beidient ag ymladd ar y ddwy ochr hyd oni orffennai pawb fwyta. Ond cymerodd gwŷr ynys Prydain eu bwyd yn y bore ac yfasant hyd onid oeddynt yn galonnog. A phan oedd y ddau ymherodr wrth eu bwyd fe ddaeth y Brytaniaid at y gaer a rhoi eu hysgolion wrthi : ac yn ddiymdroi fe aethant dros y mur i mewn iddi. Ni chafodd yr ymherodr newydd gyfle i wisgo ei arfau amdano hyd oni ddaethant am ei ben a'i ladd, a llawer gydag ef. A buont am dair noson a thridiau yn darostwng y gwŷr a oedd yn y gaer ac yn goresgyn y castell, a'r rhannau eraill ohonynt yn gwylio'r gaer rhag i neb o lu Macsen ddod iddi hyd oni ddarfu iddynt ddarostwng pawb yn unol â'u hewyllys.

Ac yna fe ddywedodd Macsen wrth Elen Luyddog,

"Y mae'n rhyfeddod mawr gennyf i, arglwyddes," ebe ef, "nad i mi y goresgynnai dy frodyr di'r gaer hon."

"Arglwydd ymherodr," ebe hithau, "fy mrodyr i yw'r gwŷr ieuainc doethaf yn y byd, a dos dithau acw i hawlio'r gaer. Ac os hwythau sy'n ei meddiannu hi, fe'i cei di hi'n llawen."

Ac yna fe ddaeth yr ymherodr ac Elen i hawlio'r gaer. Ac fe ddywedasant hwythau wrth yr ymherodr nad oedd yn weithred i neb ond i wŷr ynys Prydain i gael y gaer nac i'w rhoi iddo yntau. Ac yna fe agorwyd pyrth caer Rhufain ac eisteddodd yr ymherodr ar ei orsedd, ac fe dalodd pawb o wŷr Rhufain wrogaeth iddo.

Ac yna y dywedodd yr ymherodr wrth Gynan a Gadeon,

"Wyrda," ebe ef, "cefais i'r cwbl o'm hymerodraeth : a rhoddaf i'r llu hwn i chwithau i oresgyn y rhan a fynnoch o'r byd."

Ac yna fe deithiasant hwythau ac fe oresgynasant wledydd a chestyll a dinasoedd, ac fe laddasant eu gwŷr oll ac fe adawsant y gwragedd yn fyw. Ac felly y buont hyd onid oedd y llanciau ieuainc a ddaethai gyda hwy yn wŷr a'u gwallt wedi britho gan gyhyd y buasent yn y goresgyniad hwnnw.

Ac yna y dywedodd Cynan wrth Gadeon ei frawd,

"Beth a fynni di," ebe ef, "ai trigo yn y wlad hon ai mynd i'r wlad yr wyt yn hanfod ohoni ?"

Dyma a benderfynodd, mynd i'w wlad ei hun a llawer gydag ef. Ac yno y trigodd Cynan a'r rhan arall o'r llu i'w phreswylio gydag ef : a phenderfynasant dorri tafodau'r gwragedd rhag llygru eu hiaith. Ac oherwydd i'r gwragedd a'u hiaith dewi y gelwid gwŷr Prydain yn ' Llydaw '. Ac oddi yno y daeth, ac y daw o hyd, rhai o'r iaith honno o ynys Prydain yn fynych.

A'r chwedl hon a elwir Breuddwyd Macsen Wledig, Ymherodr Rhufain. Ac yma y mae terfyn arni.

CYFRANC LLUDD A LLEFELYS

D<small>YMA</small> gyfranc Lludd a Llefelys.
  Bu gan Feli Mawr fab Manogan dri mab : Lludd a
Chaswallon a Nyniaw ; ac yn ôl y chwedl, pedwerydd mab iddo
oedd Llefelys. Ac wedi marwolaeth Beli ac i deyrnas ynys
Prydain ddod i law Lludd ei fab hynaf, ac i Ludd ei rheoli hi'n
llwyddiannus, fe adnewyddodd ef furiau Llundain ac fe'i ham-
gylchynnodd hi â thyrau aneirif. Ac wedi hynny, gorchmynn-
odd i'r dinasyddion adeiladu tai o'i mewn fel na bai yn y
teyrnasoedd dai mor hardd ag a fai ynddi hi. A heblaw hynny
yr oedd yn ymladdwr da, a rhoddai fwyd a diod i bawb a'i
ceisiai ganddo yn hael a helaeth. Ac er bod ganddo lawer o
geyrydd a dinasoedd, fe garai ef hon yn fwy na'r un ac yn honno
y preswyliai'r rhan fwyaf o'r flwyddyn ; ac oherwydd hynny
y'i gelwid hi Caer Ludd, ac yn ddiweddarach, Caer Lundain.
Ac wedi i genedl estron ddod iddi y'i galwyd hi Llundain, neu
Lwndrys.
  O'i frodyr, Llefelys a garai Lludd fwyaf oherwydd yr oedd yn
ŵr call a doeth. Ac wedi i Lefelys glywed bod brenin Ffrainc
wedi marw heb adael etifedd iddo ar wahân i un ferch, a bod y
deyrnas wedi ei gadael yn llaw honno, fe ddaeth at ei frawd
Lludd i ofyn cyngor a chymorth ganddo, a hynny nid yn unig
er lles iddo ef ond hefyd er mwyn ceisio ychwanegu anrhydedd
ac urddas a bri i'w cenedl os gallai fynd i deyrnas Ffrainc i ofyn
am y ferch honno'n wraig iddo. Cydsyniodd ei frawd ag ef ar
unwaith ac yr oedd ei gyngor ynghylch hynny yn rhyngu ei
fodd. Ac ar unwaith, fe baratowyd llongau a'u llanw â march-
ogion arfog a chychwyn tua Ffrainc. Ac ar unwaith wedi
iddynt lanio, anfonasant negeswyr i fynegi i bendefigion Ffrainc
natur y neges y daethent i'w cheisio. Wedi i bendefigion Ffrainc
a'i thywysogion ymgynghori, fe roddwyd y forwyn ynghyd â
choron y deyrnas i Lefelys. Ac wedi hynny fe lywodraethodd
y deyrnas yn gall ac yn ddoeth ac yn ddedwydd tra fu byw.
  Ac wedi i ysbaid o amser fynd heibio, fe syrthiodd tri gormes
ar ynys Prydain na welsai neb o'r ynysoedd eu tebyg o'r blaen.
Y cyntaf ohonynt oedd hyn : daeth rhyw genedl a elwid y

Coraniaid, a chymaint oedd eu gwybodaeth fel nad oedd
ymadrodd dros wyneb yr ynys, pa mor ddistaw bynnag y'i
sibrydid, na wyddent hwy amdano os cyfarfyddai'r gwynt ag
ef ; ac oherwydd hynny ni ellid gwneud dim drwg iddynt.
Yr ail ormes oedd hyn : rhoddid sgrech bob nos Calan Mai
dros bob aelwyd yn ynys Prydain ; ac fe âi honno drwy gal-
onnau'r bobl ac fe'u dychrynai hwy cymaint nes y collai'r
gwŷr eu lliw a'u nerth, a'r gwragedd ffrwyth eu croth ; collai'r
meibion a'r merched eu synhwyrau a gadewid yr holl anifeiliaid
a'r coed a'r ddaear a'r dyfroedd yn ddiffrwyth.
Y trydydd gormes oedd hyn : er cymaint fyddai'r ddar-
pariaeth a'r arlwy a baratoid yn llysoedd y brenin, er bod arlwy
blwyddyn o fwyd a diod, ni cheid fyth ddim ohono ar wahân i'r
hyn a dreulid ar y nos gyntaf un.
Ac er hynny yr oedd y gormes cyntaf yn eglur ac amlwg, ond
am y ddau ormes arall, nid oedd neb a wyddai pa ystyr a oedd
iddynt, ac oherwydd hynny yr oedd mwy o obaith cael gwared
ar y cyntaf nag a oedd ar yr ail neu ar y trydydd. Ac oherwydd
hynny, cydiodd pryder mawr a gofid yn y brenin Lludd gan na
wyddai pa ffordd y câi wared ar y gormesoedd hynny. A
galwodd ato holl bendefigion ei deyrnas a gofyn iddynt eu
cyngor ynghylch pa beth a wnaent i wrthwynebu'r gormes-
oedd hynny. Ac ar gyngor unfrydol ei bendefigion aeth Lludd
fab Beli at Lefelys ei frawd, brenin Ffrainc, oblegid yr oedd
hwnnw'n ŵr doeth, cytbwys ei farn, i ofyn cyngor ganddo.
Ac yna, paratoesant lynges, a hynny'n ddirgel ac yn ddistaw
rhag i'r genedl honno wybod ystyr eu bwriad, na neb arall ar
wahân i'r brenin a'i gynghorwyr. A phan oeddynt yn barod
aethant hwy, Lludd a'r sawl a ddewisodd gydag ef, yn eu
llongau a dechrau rhwygo'r moroedd tua Ffrainc.
Ac wedi i'r newyddion hynny gyrraedd Llefelys, fe ddaeth
yntau o'r lan arall i'w gyfarfod a llynges enfawr gydag ef, gan
na wyddai achos llynges ei frawd. Ac wedi i Ludd weld hynny,
fe adawodd ei holl longau allan ar y weilgi ac eithrio un llong
ac yn yr un honno y daeth i gyfarfod â'i frawd. Daeth yntau
mewn llong arall i gyfarfod â'i frawd. Ac wedi iddynt ddod
ynghyd fe gofleidiodd y ddau ei gilydd a chroesawodd y naill
y llall mewn cariad brawdol. Ac wedi i Ludd fynegi i'w frawd
ystyr ei neges, dywedodd Llefelys y gwyddai ei hun reswm ei

ddyfodiad i'r parthau hynny. Ac yna fe ymgyngorasant i ymddiddan am eu negesau yn wahanol i hynny fel nad âi'r gwynt am eu hymadrodd rhag i'r Coraniaid wybod beth a ddywedent. Ac yna fe barodd Llefelys wneud corn hir o efydd, a siarad â'i gilydd drwy'r corn hwnnw ; a pha ymadrodd bynnag a ddywedai un ohonynt wrth y llall trwy'r corn, dim ond ymadrodd croes, tra atgas a ddeuai at y llall. Ac wedi i Lefelys weld hynny, a bod cythraul yn eu llesteirio ac yn creu terfysg trwy'r corn, fe barodd yntau roi gwin yn y corn a'i olchi, a thrwy rinwedd y gwin yrru'r cythraul o'r corn.

A phan oedd eu hymddiddan yn ddilestair, fe ddywedodd Llefelys wrth ei frawd y rhoddai iddo bryfed arbennig ac iddo adael rhai ohonynt yn fyw er mwyn iddynt epilio rhag ofn i'r gormes arbennig hwnnw ddigwydd dod eilwaith ; a chymryd eraill o'r pryfed a'u malu mewn dŵr, a chadarnhâi ef y byddai hynny'n ffordd dda i ddinistrio cenedl y Coraniaid. Hynny yw, pan ddychwelai adref i'w deyrnas yr oedd i wysio yr holl bobl ynghyd, ei genedl ef a chenedl y Coraniaid, i'r un cynulliad dan esgus gwneud heddwch rhyngddynt. A phan fyddai pawb ohonynt ynghyd, gymryd y dŵr rhinweddol hwnnw a'i daenu dros bawb yn ddiwahaniaeth. Ac fe sicrhai ef y gwenwynai'r dŵr hwnnw genedl y Coraniaid ond na laddai ac na niweidiai neb o'i genedl ei hun.

"Draig yw'r ail ormes sydd yn dy deyrnas," ebe ef, "ac y mae draig cenedl estron arall yn ymladd â hi ac yn ceisio ei goresgyn. Ac oherwydd hynny," ebe ef, "y rhydd eich draig chwi sgrech erchyll. Ac fel hyn y gelli di gael gwybod hynny : wedi iti ddychwelyd adref, pâr fesur hyd a lled yr ynys, ac yn y lle y cei di'r canolbwynt yn union pâr gloddio'r lle hwnnw. Ac yna pâr osod cerwynaid o'r medd gorau y gellir ei fragu yn y cladd hwnnw a llen sidanwe dros y cerwyn. Ac yna bydd di yn dy ffurf dy hun yn gwylio, ac yna fe weli di'r dreigiau'n ymladd yn rhith aruthredd anifeiliaid. Ac o'r diwedd fe ânt yn rhith dreigiau yn yr awyr, ac yn ddiwethaf oll, wedi iddynt flino ar eu hymladdfa galed ac ofnadwy, fe syrthiant hwy ar y llen yn rhith dau borchell ac fe suddant y llen gyda hwy ac fe'i tynnant i waelod y cerwyn ac fe yfant y medd yn llwyr ac fe gysgant wedi hynny. Ac yna, ar unwaith, plyg dithau'r llen o'u cwmpas hwythau a chladda hwy mewn cist garreg a chudd

hi yn y ddaear yn y lle diogelaf y cei di hyd iddo yn dy deyrnas.
A thra fônt hwy yn y lle diogel hwnnw ni ddaw gormes ar ynys
Prydain o le arall.

"Achos y trydydd gormes," ebe ef, "yw gŵr dewinol cryf
sydd yn dwyn dy fwyd a'th ddiod a'th ddarpariaeth. Ac y mae
hwnnw, trwy ei hud a'i ledrith, yn peri i bawb gysgu. Ac
oherwydd hynny y mae'n rhaid i tithau, yn bersonol, wylio dy
wleddoedd a'th arlwyau. A rhag ofn i'w gwsg ef dy drechu,
bydded gyda thi lond cerwyn o ddŵr oer gerllaw iti, a phan fo
cwsg yn dy ormesu dos i mewn i'r cerwyn.

Ac yna fe ddychwelodd Lludd i'w wlad drachefn ac yn ddi-
oed fe alwodd bawb oll ato, o'i genedl ef ac o'r Coraniaid. Ac
fel y dysgodd Llefelys iddo, fe falodd y pryfed yn y dŵr a
thaenu hwnnw dros bawb yn ddiwahân. Ac yn ddi-oed fe
ddiffeithiodd holl genedl y Coraniaid felly heb niweidio neb o'r
Brytaniaid.

Ac ymhen ychydig wedi hynny parodd Lludd fesur yr ynys
ar ei hyd ac yn ei lled, a chafodd ei chanolbwynt yn Rhyd-
ychen. Ac yn y lle hwnnw fe barodd gloddio'r ddaear, ac yn y
cladd hwnnw gosod cerwyn yn llawn o'r medd gorau y gallwyd
ei fragu gyda llen sidanwe drosto, a bu ef ei hun yn gwylio'r
nos honno. Ac fel yr oedd felly fe welodd y dreigiau yn ymladd.
Ac wedi iddynt flino a diffygio disgynasant hwy ar ben y llen a'i
thynnu gyda hwy i waelod y cerwyn. Ac wedi iddynt yfed y
medd, cysgasant, ac yn eu cwsg plygodd Lludd y llen amdanynt
ac fe'u cuddiodd mewn cist garreg yn y lle diogelaf a ddarganfu
yn Eryri. Dinas Emrys yw'r ffurf y gelwid ar y lle hwnnw wedi
hynny a chyn hynny Dinas Ffaraon Dandde. Hwnnw fu un
o'r Tri Phrif Was a dorrodd ei galon gan dristwch. Felly
y peidiodd y sgrech dymhestlus a oedd yn ei deyrnas.

Wedi gorffen hynny parodd Lludd Frenin arlwyo gwledd
ddirfawr ei maint. A phan oedd yn barod gosododd gerwyn yn
llawn o ddŵr oer gerllaw iddo, ac ef ei hun, yn bersonol, a'i
gwyliodd. A thra yr oedd felly'n arfog tua thrydedd gwyliad-
wraeth nos, wele, fe glywai lawer diddanwch prin ac amryfal
gerddi, a hun yn ei orfodi yntau i gysgu. Ac ar hynny dyma a
wnaeth yntau, rhag llesteirio'r ddarpariaeth ac i'w hun ei
orthrymu, mynd i'r dŵr yn fynych. Ac yn y diwedd dyma ŵr
anferth ei faint wedi ei wisgo ag arfau trymion, cadarn yn dod i

mewn a chawell ganddo, ac fel y buasai'n arfer ganddo yn rhoi'r holl ddarpariaethau a'r arlwy, yn fwyd a diod, yn y cawell ac yn cychwyn ymaith ag ef. Ac nid oedd dim yn rhyfeddach gan Ludd na bod y cawell hwnnw'n cynnwys cymaint â hynny. Ac ar hynny fe gychwynnodd Lludd Frenin ar ei ôl a dywedodd wrtho fel hyn :

"Aros, aros," ebe ef, "er dy fod wedi achosi llawer sarhad a cholledion cyn hyn, ni wnei hynny mwyach oni bai i'th fedr i drin arfau brofi dy fod yn drech ac yn ddewrach na mi."

Ac yn ddi-oed gosododd yntau'r cawell ar y llawr ac arhosodd iddo ddod ato. A bu ymladdfa ffyrnig rhyngddynt hyd onid oedd gwreichion yn tasgu o'u harfau. Ac o'r diwedd cydiodd Lludd ynddo a mynnodd tynged fod y fuddugoliaeth yn syrthio i ran Lludd drwy iddo fwrw'r gormes rhyngddo a'r ddaear. Ac wedi iddo gael ei drechu gan rym ac angerdd, ceisiodd nawdd ganddo.

"Sut y gallwn i roi nawdd i ti," ebe'r brenin, "wedi i tithau beri cynifer o golledion a sarhad i mi ?"

"Mi adenillaf iti'r holl golledion a wneuthum iti erioed nes eu bod gystal â phan ddygais hwy," ebe yntau, "ac ni wnaf ei gyffelyb o hyn allan, a byddaf yn ddeiliad ffyddlon iti byth mwy."

A derbyniodd y brenin hynny ganddo. Ac felly y gwaredodd Lludd y tri gormes oddi ar ynys Prydain. Ac o hynny hyd ddiwedd ei oes fe reolodd Lludd fab Beli ynys Prydain mewn heddwch yn llwyddiannus.

Gelwir y chwedl hon yn 'Gyfranc Lludd a Llefelys', ac fel hyn y terfyna.

CULHWCH AC OLWEN

Y modd y cafodd Culhwch Olwen.
Fe fynnai Cilydd fab Celyddon Wledig wraig gystal ei
safle ag ef. Dyma'r wraig a fynnodd, Goleuddydd ferch
Anlawdd Wledig. Wedi ei arhosiad dros nos gyda hi aeth y
wlad i weddi i weld a gaent etifedd a chafwyd mab ohonynt
drwy weddi'r wlad. Ac o'r awr y beichiogodd fe gollodd
hithau ei phwyll heb ddod yn agos i gyfannedd. Pan ddaeth
amser iddi esgor fe ddaeth ei hiawn bwyll iddi. Daeth i'r lle yr
oedd meichiad yn cadw cenfaint o foch, ac oherwydd ofn y
moch esgor a wnaeth y frenhines. A chymerodd y meichiad y
mab hyd oni ddaeth i'r llys. A bedyddiwyd y mab a'i enwi
Culhwch oherwydd ei gael mewn rhedegfa mochyn.

Er hynny, yr oedd y mab yn fonheddig ; cefnder i Arthur
ydoedd. A rhoddwyd y mab i'w feithrin ; ac wedi hynny
clafychodd mam y mab, **Goleuddydd ferch Anlawdd Wledig.**
Dyma a wnaeth hi, galw ei chymar ati. A dywedodd hi wrtho
ef,

"Fe fyddaf i farw o'r clefyd hwn ac fe fynni dithau wraig
arall. Ac yn awr, rhanwyr anrhegion yw'r gwragedd. Er
hynny, drwg yw iddi lygru dy fab. Dyma a archaf iti, na fynni
wraig nes y gweli ddrysïen a dau ben iddi ar fy medd."
Addawodd yntau hynny iddi. Galwodd hithau ei chaplan ati
a gorchymyn iddo chwynnu ei bedd bob blwyddyn hyd na
thyfai dim arno. Bu farw'r frenhines. Dyma a wnâi'r brenin,
gyrru gwas bob bore i edrych a dyfai rhywbeth ar y bedd.
Ymhen y seithfed flwyddyn, esgeulusodd y caplan yr hyn a
addawsai i'r frenhines. Un diwrnod a'r brenin yn hela, fe
gyrchodd y fynwent. Mynnai weld y bedd drwy yr hwn y câi
gymryd gwraig. Gwelodd y ddrysïen ac fel y'i gwelodd fe
ymgynghorodd y brenin o ble y câi wraig.

Dywedodd un o'r cynghorwyr, "Fe wn wraig a weddai iti'n
dda. Dyma yw honno, gwraig Doged frenin."
Eu cyngor hwy oedd ei chyrchu, a lladd y brenin a dwyn y
wraig adref gyda hwy a wnaethant ac un ferch a oedd iddi
gyda hi. A meddiannu tir y brenin a wnaethant.

Un diwrnod, fe aeth y wreigdda allan i gerdded a daeth i dŷ hen wraig a oedd yn y dref, heb ddant yn ei phen.

Dywedodd y frenhines, "Wraig, a ddywedi di wrthyf yr hyn a ofynnaf iti, er mwyn Duw. Pa le y mae plant y gŵr sydd wedi fy nghipio i trwy drais ?"

Dywedodd y wraig, "Nid oes plant iddo."

Dywedodd y frenhines, "Gwae finnau fy nyfod at un diffrwyth."

Dywedodd y wraig, "Ni raid iti ofidio am hynny. Y mae darogan y bydd iddo gael etifedd. Ohonot ti y'i caiff ef gan na chaiff ef o arall. Na fydd yn drist chwaith, y mae iddo un mab."

Aeth y wreigdda adref yn llawen. A dywedodd hi wrth ei chymar, "Pa reswm sydd gennyt ti dros gelu dy fab oddi wrthyf i ?"

Dywedodd y brenin, "Ni chelaf innau ef."

Anfonwyd negeswyr at y mab a daeth yntau i'r llys. Dywedodd ei lysfam wrtho, "Y mae cymryd gwraig yn dda iti, fab, ac y mae imi ferch deilwng o bob uchelwr yn y byd."

Dywedodd y mab, "Nid wyf eto mewn oed cymryd gwraig."

Dywedodd hithau, "Tyngaf dynged arnat ti na tharawo dy ystlys yn erbyn gwraig nes y cei Olwen ferch Ysbaddaden Bencawr."

Gwridodd y mab, ac aeth y serch at y forwyn i bob aelod ohono er nas gwelsai erioed.

Dywedodd ei dad wrtho, "Fab, paham y gwridi di ? Pa ddrygfyd sydd arnat ti ?"

"Fy llysfam sydd wedi tyngu na chaf wraig fyth hyd nes y caf Olwen ferch Ysbaddaden Bencawr."

"Y mae'n hawdd iti gael hynny, fab," ebe'r tad wrtho. "Y mae Arthur yn gefnder iti. Dos dithau at Arthur i drin dy wallt a gofyn hynny ganddo yn rhodd iti."

Aeth y mab ar farch penllwyd-olau, pedair oed, cadarn o gymal, â'i garn fel cragen a ffrwyn aur bibellog yn ei ben a chyfrwy aur gwerthfawr oddi tano a dwy waywffon arian, flaenllym yn ei law. Bwyell ryfel yn ei law a'i mesur o'i thrum hyd ei hawch o arddwrn hyd benelin gŵr aeddfed. Buasai'n tynnu gwaed oddi ar y gwynt ; buasai'n gyflymach na'r gwlithyn cyntaf o'r gwelltyn i'r ddaear pan fyddai drymaf y gwlith fis Mehefin. Cleddyf eurddwrn ar ei glun a rhagllafn aur iddo, a tharian â rhwyllwaith aur arni a lliw mellt y nef arni a chanol ifori iddi. A dau filgi bronwyn, brych o'i flaen a choler trwchus, rhuddaur am wddf pob un o godiad yr ysgwydd hyd y glust. Yr hwn a fyddai ar yr ochr aswy a fyddai ar yr ochr dde, a'r hwn a fyddai ar yr ochr dde a fyddai ar yr ochr aswy, fel dwy fôr-wennol yn chwarae o'i amgylch. Fe darawai pedwar carn y march bedair tywarchen fel pedair gwennol yn yr awyr uwch ei ben, weithiau uchod, weithiau isod. Yr oedd mantell borffor â phedair congl iddi amdano a chnepyn rhuddaur wrth bob congl iddi. Yr oedd pob cnepyn yn werth cant o wartheg. Yr oedd ei esgidiau a'i warthaflau o'i benglin hyd flaen ei fys yn werth tri chant o wartheg o aur gwerthfawr. Ni syflai blaen blewyn arno gan ysgafned oedd tuth y march oddi tano yn cyrchu porth llys Arthur.

Dywedodd y mab, "A oes porthor ?"

"Oes, ac na fo dy ben yn eiddo iti am dy fod yn gofyn. Fi sy'n borthor i Arthur bob dydd calan Ionawr, a'm rhaglawiaid drwy'r flwyddyn heblaw am hynny yw Huandaw a Gogigwr a Llaesgynyn a Phenpingion sy'n mynd ar ei ben er mwyn arbed ei draed, nid i'r nef nac i'r ddaear, ond fel carreg dreiglo ar lawr llys."

"Agor y porth."

"Na wnaf."

"Paham nad agori di ef ?"

"Aeth cyllell i fwyd a diod i gorn yfed a mynd a dod yn neuadd Arthur, ac eithrio mab brenin priodol gwlad neu grefftwr sy'n dwyn ei grefft, ni adewir neb i mewn. Bwyd i'th gŵn ac ŷd i'th farch, a seigiau cig poeth â phupur i tithau a gwin yn llifo drosodd a cherddi diddan ger dy fron. Fe ddaw atat i'r gwesty fwyd dengwr a deugain,—yno y bwyty estroniaid a meibion gwledydd eraill nad ydynt yn ymarfer crefft yn llys Arthur. Ni fydd yn waeth iti yno nag i Arthur yn ei lys—gwraig i gysgu gyda thi a cherddi diddan ger dy ddeulin. Yfory ar y drydedd awr, pan agorir y porth i'r osgordd a ddaeth yma heddiw, o dy flaen di y bydd y porth yn agor gyntaf. A chydeistedd a wnei di yn y lle a ddewisi yn neuadd Arthur, o'i phen i'w chwr."

Dywedodd y mab, "Ni wnaf i ddim o hynny. Os agori di'r porth, da yw; onid agori di ef, fe ddygaf i warth ar dy arglwydd ac enw drwg i tithau. Ac fe roddaf i dair gwaedd o flaen y porth hwn fel na byddo'n llai clywadwy ym mhen Pengwaedd yng Nghernyw ac yng ngwaelod Dinsel yn y gogledd ac yn Esgair Oerfel yn Iwerddon. Ac fe fydd i holl wragedd beichiog y llys hwn erthylu, a'r rhai ohonynt nad ydynt yn feichiog fe fydd i'w crothau drymhau ynddynt fel na fyddant feichiog fyth o heddiw allan."

Dywedodd Glewlwyd Gafaelfawr, "Pa weiddi bynnag a wnei di ynghylch cyfreithiau llys Arthur ni'th adewir di i mewn hyd onid af i i siarad ag Arthur yn gyntaf."

Ac fe ddaeth Glewlwyd i'r neuadd. Dywedodd Arthur wrtho, "A oes newyddion gennyt o'r porth ?"

"Y mae gennyf. Deuparth fy einioes a aeth heibio a deuparth yr eiddot tithau. Fe fûm i gynt yng Nghaer Se ac Ase, yn Sach a Salach, yn Lotor a Ffotor. Fe fûm i gynt yn yr India Fawr a'r India Fechan. Fe fûm i gynt yn ymladd dau Ynyr pan ddygwyd y deuddeg gwystl o Lychlyn. Ac fe fûm i gynt yn yr Egrop ac fe fûm yn yr Affrig ac yn ynysoedd Corsica ac yng Nghaer Brythwch a Brythach a Nerthach. Fe fûm i gynt pan leddaist ti osgordd Gleis fab Merin, pan leddaist Mil Du fab Dugum. Fe fûm i gynt pan oresgynnaist Roeg tua'r dwyrain. Fe fûm i gynt yng Nghaer Oeth ac Anoeth ac yng Nghaer Nefenhyr Nawdant. Brenhinoedd teg a welsom ni yno. Ni welais i erioed ddyn mor brydweddol â'r hwn sydd o flaen y porth yr awr hon."

Dywedodd Arthur, "Os ar gerdded y daethost i mewn dos allan yn rhedeg. Dyma orchymyn i'r sawl a edrych ar y goleuni ac a egyr ei lygad ac a'i cau, bydded arno ei gyflawni. A gwasanaethed rhai â chyrn yfed wedi'u goreuro ac eraill â seigiau cig poeth â phupur arnynt nes y bo iddo ddarpariaeth o fwyd a diod. Y mae'n beth drwg gadael dyn cystal ei safle â'r dyn a ddywedi di dan wynt a glaw."

Dywedodd Cai, "Myn llaw fy nghyfaill, pe gweneid yn ôl fy nghyngor i ni thorrid cyfreithiau'r llys er ei fwyn."

"Na yn wir, Cai deg, yr ydym yn uchelwyr tra gofynnir cymwynasau gennym. Po fwyaf yr anrheg a roddom, mwyaf fydd ein boneddigeiddrwydd ninnau a'n clod a'n moliant."

Ac fe ddaeth Glewlwyd i'r porth ac agor o'i flaen. Ac ni

wnaeth ef yr hyn a wnâi pawb sef disgyn oddi ar ei farch wrth y porth ar yr esgynfaen, ond dod i mewn ar ei farch.

Dywedodd Culhwch, "Henffych well, pennaeth brenhinoedd yr ynys hon. Na fydded yn waeth ym mhen isaf y tŷ nag ym mhen uchaf y tŷ. Bydded y cyfarchiad hwn gystal i'th uchelwyr a'th osgordd a'th gadfridogion. Na foed neb wedi ei ddidoli ohono. Yn yr un modd ag y cyferchais i well yn gyflawn iti, bydded dy fendith dithau a'th ffydd a'th foliant yn gyflawn yn yr ynys hon."

"Gwir Duw, boed felly, unben. Henffych well i tithau," ebe Arthur. "Eistedd rhwng dau o'r milwyr a cherdd ddiddan ger dy fron a braint etifedd arnat, aer teyrnas, pa hyd bynnag y byddi yma. A phan rannaf fy meddiannau i westeion a rhai o bell, wrth dy law di y dechreuaf yn y llys hwn."

Dywedodd y mab, "Ni ddeuthum i yma er mwyn begera bwyd a diod drwy gyfrwystra, ond os caf fy anrheg byddaf deilwng ohoni a'i moli. Os na chaf ef fe ddygaf ymaith dy anrhydedd di hyd y lle y bu dy glod bellaf ym mhedair congl y byd."

Dywedodd Arthur, "Er na thrigi di yma, unben, fe gei di'r rhodd a nodo dy ben a'th dafod hyd y sycha gwynt, hyd y gwlycha glaw, hyd y rhed yr haul, hyd yr ymestyn môr, hyd y cyrraedd daear, heblaw am fy llong a'm mantell a Chaledfwlch fy nghleddyf a Rhongomyniad fy ngwaywffon a Wynebgwrthucher fy nharian a Charnwennan fy nghyllell a Gwenhwyfar fy ngwraig."

"Gwir Duw ar hynny ?"

"Fe'i cei yn llawen. Noda'r hyn a fynni."

"Nodaf. Fe fynnaf drin fy ngwallt."

"Fe gei di hynny."

Cymerodd Arthur grib aur a gwellau gyda dolennau arian arnynt a chribodd ei ben, a gofynnodd pwy ydoedd. Dywedodd Arthur, "Mae fy nghalon yn tirioni tuag atat. Mi wn dy fod yn hanfod o'm gwaed. Dywed pwy wyt ti."

"Dywedaf. Culhwch fab Cilydd fab Celyddon Wledig, o Oleuddydd ferch Anlawdd Wledig, fy mam."

Dywedodd Arthur, "Gwir yw hynny. Cefnder i mi wyt tithau. Noda'r hyn a fynni ac fe'i cei, yr hyn a noda dy ben a'th dafod."

"Gwir Duw imi am hynny a gwir dy deyrnas ?"

"Fe'i cei yn llawen."

"Nodaf arnat ti gael imi Olwen ferch Ysbaddaden Bencawr a'i herchi a wnaf yn enw dy filwyr."

Ac erchi ei anrheg a wnaeth yn enw Cai a Bedwyr a Greidawl Gallddofydd a Gwythyr fab Greidawl a Greid fab Eri a Chynddylig Gyfarwydd a Thathal Twyll Golau a Maelwys fab Baeddan a Chnychwr fab Nes a Chubert fab Daere a Ffercos fab Poch a Lluber Beuthach a Chorfil Berfach a Gwyn fab Esni a Gwyn fab Nwyfre a Gwyn fab Nudd ac Edern fab Nudd a Chadwy fab Geraint a Fflewddwr Fflam Wledig a Rhuawn Bebyr fab Dorath a Bradwen fab Moren Mynawg a Moren Mynawg ei hun a Dalldaf ail Cimin Cof a mab Alun Dyfed a mab Saidi a mab Gwryon ac Uchdryd Ardwyad Cad a Chynwas Cwryfagl a Gwrhyr Gwarthegfras ac Isberyr Ewingath a Gallgoid Gofyniad a Duach a Brathach a Nerthach, meibion Gwawrddydd Cyrfach (o wrthdir uffern yr hanai'r gwŷr), a Chilydd Canhastyr a Chanhastyr Canllaw a Chors Cantewin ac Esgair Gulhwch Gofyncawn a Drwstwrn Haearn a Glewlwyd Gafaelfawr a Lloch Llaw-wyniog ac Anwas Edeiniog a Sinnoch fab Seithfed a Wadu fab Seithfed a Naw fab Seithfed a Gwenwynwyn fab Naw fab Seithfed a Bedyw fab Seithfed a Gobrwy fab Echel Forddwyd Twll ac Echel Forddwyd Twll ei hun a Mael fab Roycol a Dadwair Dallben a Garwyli fab Gwythawg Gwyr a Gwythawg Gwyr ei hun a Gormant fab Rica a Menw fab Teirgwaedd a Digon fab Alar a Selyf fab Sinoid a Gusg fab Achen a Nerth fab Cadarn a Drudwas fab Tryffin a Thwrch fab Perif a Thwrch fab Anwas ac Iona frenin Ffrainc a Sel fab Selgi a Theregud fab Iaen a Sulien fab Iaen a Bradwen fab Iaen a Moren fab Iaen a Siawn fab Iaen a Chradawg fab Iaen, gwŷr Caer Dathl oeddynt, teulu Arthur ar ochr ei dad. Dirmyg fab Caw ac Iustig fab Caw ac Edmyg fab Caw ac Angawdd fab Caw a Gofan fab Caw a Chelyn fab Caw a Chonyn fab Caw a Mabsant fab Caw a Gwyngad fab Caw a Llwybyr fab Caw a Choch fab Caw a Meilyg fab Caw a Chynwal fab Caw ac Ardwyad fab Caw ac Ergyriad fab Caw a Neb fab Caw a Gildas fab Caw a Chalcas fab Caw a Hueil fab Caw (nid ymostyngodd ef erioed dan law arglwydd). A Samson Finsych a Thaliesin Ben Beirdd a Manawydan fab Llŷr a Llary fab Casnar Wledig a Sberin fab Fflergant, brenin Llydaw, a Saranhon fab Glythfyr a Llawr fab Erw ac Anynnawg fab Menw fab Teirgwaedd a Gwyn fab Nwyfre a Fflam fab Nwyfre a Geraint fab Erbin ac Ermid fab Erbin a Dywel fab Erbin a Gwyn fab Ermid a Chyndrwyn fab Ermid a Hyfëidd Unllen ac Eiddon Fawrfrydig a Rheiddwn Arwy a Gormant fab Rica brawd i Arthur ar ochr ei fam, ei dad yn ben henadur Cernyw. A Llawnrodded Farfog a Nodawl Farf Twrch a Berth fab Cado a Rheiddwn fab Beli ac Iscofan Hael ac Ysgawyn fab Banon a Morfran fab Tegid, (ni phlannodd dyn ei arf ynddo yng Nghamlan gan ei hacred. Fe debygai pawb ei fod yn gythraul cynorthwyol. Yr oedd blew arno fel blew hydd). A Sandde Pryd Angel, (ni phlannodd neb ei waywffon ynddo yng Nghamlan gan ei deced. Fe debygai pawb ei fod yn angel cynorthwyol). A Chynwyl Sant, (un o'r tri gŵr a ddihangodd o Gamlan. Ef a wahanodd ddiwethaf oddi wrth Arthur ar Hengroen ei farch). Ac Uchdryd fab Erim ac Eus fab Erim a Henwas Edeiniog fab Erim a Henbeddestyr fab Erim a Sgilti Sgafndroed fab Erim. Yr oedd tri hynodrwydd i'r triwyr hynny. Ni chafodd Henbeddestyr erioed ddyn ar farch nac ar droed a gydredai ag ef. Ni allod anifail pedwar carn erioed gyd-deithio â Henwas Edeiniog am un erw, heb sôn am bellter a fyddai'n bellach na hynny. Sgilti Sgafndroed, pan fyddai hwyl arno fynd ar neges dros ei arglwydd, ni chwiliodd erioed am ffordd os gwyddai pa le yr âi. Ond tra fyddai coed fe gerddai ar frig y coed, a thra fyddai mynydd fe gerddai ar frig y cawn, ac ar hyd ei oes ni phlygodd conyn o dan ei draed, heb sôn am dorri, oherwydd ei ysgafned. Teithi Hen fab Gwynnan y goresgynnodd môr ei deyrnas ac o'r braidd y dihangodd yntau a dod at Arthur. Ac yr oedd hynodrwydd i'w gyllell, er pan ddaeth yma nid arhosodd carn arni fyth, ac oherwydd hynny fe dyfodd haint ynddo a nychdod tra fu byw, ac fe fu farw o hwnnw. A Charnedyr fab Gofynion Hen a Gwenwynwyn fab Naf, prif ymladdwr Arthur, a Llygadrudd Emys a Gwrfoddw Hen, (ewythredd i Arthur oeddynt, brodyr ei fam). Culfanawyd fab Goryon a Llenlleawg Wyddel o bentir Gamon a Dyfnwal Moel a Dunarth brenin y Gogledd, Teyrnon Twrf Liant a Thegfan Gloff a Thegyr Talgellawg. Gwrddywal fab Efrei a

Morgant Hael, Gwystyl fab Nwython a Rhun fab Nwython a
Llwydeu fab Nwython a Gwydre fab Llwydeu o Wenabwy
ferch Caw ei fam ; fe wanodd Hueil ei ewythr ef ac am hynny
fe fu casineb rhwng Arthur a Hueil oherwydd yr archoll. Drem
fab Dremidydd a allai weld o Gelli Wig yng Nghernyw hyd
Ben Blathaon ym Mhrydein pan godai gwybedyn yn y bore
gyda'r haul. Ac Eidoel fab Ner a Glwyddyn Saer a wnaeth
Ehangwen, neuadd Arthur. Cynyr Ceinfarfog, dywedid am
Gai ei fod yn fab iddo. Fe ddywedodd ef wrth ei wraig,
"Os oes rhan ohonof fi yn dy fab di, forwyn, oer fydd ei galon
fyth ac ni bydd gwres yn ei ddwylo. Fe fydd hynodrwydd arall
iddo ; os mab i mi fydd fe fydd yn ystyfnig. Fe fydd hynodrwydd
arall iddo ; pan ddygo farch, boed fawr neu fychan, ni welir ef
fyth nac o'i flaen nac o'i ôl. Fe fydd hynodrwydd arall iddo ;
ni oddef neb ddŵr a thân gystal ag ef. Fe fydd hynodrwydd
arall iddo; ni fydd gwasanaethwr na distain fel ef." Henwas a
Hen Wyneb a Hen Gydymaith, Gallgoig yn un arall ; y dref y
deuai iddi, er y byddai ynddi dri chan tŷ, os byddai eisiau
rhywbeth arno ni adawai ef fyth gwsg ar lygad dyn tra fyddai
ynddi. Berwyn fab Cyrenyr a Fferis brenin Ffrainc, ac am
hynny y gelwir Caer Paris. Osla Gyllellfawr a gludai Bron-
llafn Ferllydan. Pan ddeuai Arthur a'i luoedd i ymyl llifddwr
fe geisid lle cul yn y dŵr ac fe ddodid ei gyllell yn y wain ar
draws yr afon. Byddai hynny'n ddigon o bont i lu tair ynys
Prydain a'i thair rhagynys a'u hanrheithiau. Gwyddawg fab
Menestyr a laddodd Cai, ac Arthur a'i lladdodd yntau a'i
frodyr i ddial Cai ; Garanwyn fab Cai ac Amren fab Bedwyr ac
Eli a Myr a Rheu Rhwyddyrys a Rhun Rhuddwern ac Eli a
Thrachmyr, prif helwyr Arthur. A Llwyddeu fab Cilcoed a
Huabwy fab Gwryon a Gwyn Godyfron a Gweir Dathar Wein-
idog a Gweir fab Cadellin Tal Arian a Gweir Gwrhyd Enwir a
Gweir Gwyn Baladr, ewythredd i Arthur, brodyr ei fam ;
meibion Llwch Llaw-wyniawg o'r tu draw i fôr Terwyn, Llen-
lleawg Wyddel ac Arddyrchawg Prydain, Cas fab Saidi, Gwr-
fan Gwallt Afwyn, Gwilenhen brenin Ffrainc, Gwitardd fab
Aedd, brenin Iwerddon, Garselit Wyddel, Panawr Penbagad,
Atlendor fab Naf, Gwyn Hyfar rheolwr Cernyw a Dyfnaint, un
o'r naw a gynllwyniodd frwydr Camlan. Celli a Chuel a Gilla
Goeshydd, fe lamai dri chan erw mewn un llam ; ef oedd prif

lamwr Iwerddon. Sol a Gwaddyn Osol a Gwaddyn Oddeith.
Gallai Sol sefyll ar un droed am un diwrnod. Gwaddyn Osol, pe
safai ar ben y mynydd mwyaf yn y byd, fe fyddai'n dir gwastad
dan ei droed. Gwaddyn Oddeith, pan gyfarfyddai ag ef beth
caled yr oedd tân llachar ei wadnau fel telpyn o fetel poeth pan
y'i tynnid o'r efail. Fe baratôi ef ffordd i Arthur gyda'i fyddin-
oedd. Hirerwm a Hiratrwm, y dydd y deuent i aros fe gip-
ient dri chantref yn eu rhaid ; bwyta hyd brynhawn a diota
hyd nos. Pan aent i gysgu fe fwytaent ben y pryfed oherwydd
newyn fel pe na byddent wedi bwyta bwyd erioed. Pan aent i
wledd ni adawent hwy na thew na thenau, na thwym nac oer, na
sur na chroyw, nac ir na hallt. Huarwar fab Halwn a ofynnodd
gan Arthur ei ddigonedd yn rhodd. Yr oedd yn un o dri phla
enfawr Cernyw a Dyfnaint pan ganiatawyd iddo ei ddigonedd.
Ni chaed awgrym o wên ganddo fyth ond tra fyddai'n llawn.
Gwarae Gwallt Euryn, dan genau gast Rhymhi, Gwyddrud a
Gwydden Astrus. Sugn fab Sugnedydd a sugnai'r darn môr y
byddai tri chant o longau arno hyd na fyddai ond traeth sych.
Yr oedd ynddo dwymyn goch yn ei fron. Cacamwri gwas
Arthur, dangosed iddo ysgubor, er bod ynddi gynnyrch cwysi
deg aradr ar hugain, fe'i tarawai â ffust haearn hyd na fyddai'n
well i'r ystyllod a'r trawstiau a'r tulathau na'r ceirch mân ar
waelod yr ysgubor. Llwng a Dygyflwng ac Annoeth Feiddawg ;
a Hir Eiddyl a Hir Amren, dau was i Arthur oeddynt. A
Gwefyl fab Gwastad, y dydd y byddai drist fe ollyngai'r naill
wefus iddo i lawr hyd ei fogail ac fe fyddai'r llall yn gwfl ar ei
ben. Uchdryd Farf Draws a daflai'r farf goch bigog a oedd iddo
dros y deg trawst a deugain a oedd yn neuadd Arthur. Elidir
Gyfarwydd ; Ysgyrdaf ac Ysgudydd, dau was oeddynt i Wen-
hwyfar. Ar neges, yr oedd eu traed gyflymed â'u meddwl.
Brys fab Brysethach o ben y Rhydynawg Ddu o Brydain a
Gruddlwyn Gorr ; Bwlch a Chyfwlch a Sefwlch, meibion
Cleddyf Cyfwlch, wyrion Cleddyf Difwlch. Tri golau llachar
oedd eu tair tarian, tri gwanwr blaenllym eu tair gwaywffon,
tri naddwr llym eu tri chleddyf. Glas, Glesig a Gleisiad eu tri
chi. Call, Cuall, a Chafall eu tri march. Hwyr Ddyddwg,
Drwg Ddyddwg a Llwyr Ddyddwg, eu tair gwraig. Och a
Garym a Diasbad, eu tri ŵyr. Lluchedd a Neuedd ac Eisywedd,
eu tair merch. Drwg, Gwaeth a Gwaethaf Oll, eu tair morwyn.

Eheubryd fab Cyfwlch, Gorasgwrn fab Neith, Gwaeddan fab
Cynfelyn, pwyll hanner dyn, Dwn Diesig Unben, Eiladar fab
Pen Llarcan, Cynedyr Wyllt fab Hetwn Tal Arian. Sawyl Pen
Uchel, Gwalchmai fab Gwyar, Gwalhafed fab Gwyar ; Gwrhyr
Gwalstawd Ieithoedd, fe wyddai'r holl ieithoedd, a Chethdrwn
Offeiriad. Clust fab Clustfeiniad, pe'i cleddid saith gwryd yn
y ddaear fe glywai forgrugyn ddeng milltir a deugain i ffwrdd
pan godai oddi ar ei lwth yn y bore. Medyr fab Methredydd a
darawai ddryw yn Esgair Oerfel yn Iwerddon yn union drwy ei
ddwy goes o Gelli Wig. Gwiawn Llygad Cath a dorrai bilen
yn llygad gwybedyn heb niweidio'r llygad. Ôl fab Olwydd, fe
ddygwyd moch ei dad saith mlynedd cyn ei eni a phan dyfodd
yntau'n ŵr fe olrheiniodd y moch ac fe ddaeth â hwy adref yn
saith cenfaint. Biddwini esgob a fendithiai fwyd a diod Arthur.
Mwyn ferched eurdorchog yr ynys hon yn ogystal â Gwen-
hwyfar, prif riain yr ynys hon, a Gwenhwyach ei chwaer a
Rhathtien unig ferch Clememyl : Celemon ferch Cai a Thang-
wen ferch Gweir Dathar Wenidawg, Gwenalarch ferch Cynwal
Canhwch, Eurneid ferch Clydno Eidin, Eneuawg ferch Bedwyr,
Enrhydreg ferch Tuduathar, Gwenwledyr ferch Gwaredur
Cyrfach, Erdudfyl ferch Tryffin, Eurolwyn ferch Gwdolyn Gorr.
Teleri ferch Peul, Indeg ferch Arwy Hir, Morfudd ferch Urien
Rheged, Gwenllian deg, y forwyn fawrfrydig. Creiddylad
ferch Lludd Llaw Ereint, y forwyn fwyaf ei mawrhydi a fu yn
nhair ynys Prydain a'i thair rhagynys, ac am honno y mae
Gwythyr fab Greidawl a Gwyn fab Nudd yn ymladd bob dydd
Calan Mai fyth hyd Ddydd Barn. Ellylw ferch Neol Cŷn Crog,
ac fe fu honno byw am dair oes gŵr. Esyllt Fynwen ac Esyllt
Fyngul. Yn eu henw hwy oll yr archodd Culhwch fab Cilydd
ei anrheg.

Fe ddywedodd Arthur, "Unben, ni chlywais i erioed am y
forwyn y sonni di amdani na'i rhieni. Fe anfonaf negeswyr i'w
cheisio'n llawen, a rho amser imi i'w cheisio."

Dywedodd y llanc, "Rhoddaf yn llawen."

O'r nos honno hyd yr un noson ymhen y flwyddyn fe fu'r
negeswyr yn crwydro. Ac yna fe yrrodd Arthur y negeswyr i
bob gwlad hyd ei therfyn i geisio'r forwyn honno. Ymhen y
flwyddyn fe ddaeth negeswyr Arthur yn ôl heb gael na chwedl
na hanes am Olwen mwy na'r dydd cyntaf.

Dywedodd yr unben, "Fe gafodd pawb ei rodd ac yr wyf i
eto mewn angen. Fe af i, a dygaf dy anrhydedd gyda mi."
Dywedodd Cai, "Unben, fe waradwyddi Arthur yn ormodol.
Tyrd di gyda ni hyd oni ddywedi di nad yw hi yn y byd neu fe'i
cawn ni hi. Ni'n gwahenir oddi wrthyt ti."
Yna cododd Cai. Yr oedd i Gai hynodrwydd. O dan y dŵr,
byddai ei anadl yn para am naw nos a naw niwrnod. Byddai am
naw nos a naw niwrnod o hyd heb gysgu. Ni allai meddyg
wella ergyd cleddyf Cai. Yr oedd gan Gai gynneddf. Byddai
cyhyd â'r goeden uchaf pan fyddai hynny'n dda ganddo. Yr
oedd iddo hynodrwydd arall. Pan fyddai'r glaw drymaf fe
fyddai'r hyn a fyddai yn ei law, fesur dwrn uwch ei law ac o dan
ei law, yn sych, gymaint oedd ei wres. A phan fyddai annwyd
drymaf ar ei gyfeillion fe fyddai ei wres yn danwydd iddynt i
gynnau tân.
Galwodd Arthur ar Fedwyr ; nid arswydai Bedwyr rhag y
neges yr âi Cai arni. Hyn a oedd i Fedwyr. Nid oedd neb mor
brydweddol ag ef yn yr ynys hon heblaw am Arthur a Drych
fab Cibddar, a hyn hefyd, er mai un llaw a oedd ganddo nid
oedd yr un tri milwr yn anafu ynghynt nag ef ar yr un maes ag
ef. Yr oedd iddo hynodrwydd arall. Un archoll a naw gwrth-
ergyd a fyddai yn ei waywffon.
Galwodd Arthur ar Gynddylig Gyfarwydd, "Dos di ar y
neges hon drosof gyda'r unben." Nid oedd yn arweinydd
gwaeth yn y wlad nas gwelsai erioed nag yn ei wlad ei hun.
Galwodd ar Wrhyr Gwalstawd Ieithoedd. Fe wyddai'r holl
ieithoedd. Galwodd ar Walchmai fab Gwyar gan na ddaeth
adref erioed heb y neges yr âi arni i'w cheisio. Ef oedd
cerddwr gorau a'r marchog gorau. Yr oedd yn nai i Arthur,
mab ei chwaer, ac yn gefnder iddo.
Galwodd Arthur ar Fenw fab Teirgwaedd oherwydd pe
deuent i wlad baganaidd fe allai anfon lledrith drostynt hyd na
welai neb hwy ac fe welent hwy bawb.
Aethant ymlaen hyd oni ddaethant i faestir mawr. Fe
welsant y gaer fwyaf o gaerau'r byd. Teithiasant y diwrnod
hwnnw hyd yr hwyr. Pan dybient hwy eu bod yn agos i'r gaer
nid oeddynt yn nes na chynt. A theithiasant yr ail ddydd a'r
trydydd dydd ac o'r braidd y daethant yno. Er hynny, fel y
deuent i'r un maes â hi fe welent braidd mawr o ddefaid heb

ymyl a heb eithaf iddo a bugail yn cadw'r defaid ar ben bryncyn a siaced o groen amdano a, gafaelgi blewog gerllaw iddo yn fwy na cheffyl nawmlwydd. Yr oedd yn arfer ganddo na chollwyd oen ganddo erioed heb sôn am anifail mawr. Nid aethai mintai erioed heibio iddo na wnâi iddi naill ai anaf neu glwyf. Unrhyw bren marw a llwyn a fyddai ar y maes, fe losgai ei anadl ef hyd y pridd ei hun.

Dywedodd Cai, "Gwrhyr Gwalstawd Ieithoedd, dos i siarad â'r dyn acw."

"Cai, nid addewais i fynd ond hyd yr aet tithau. Awn yno gyda'n gilydd."

Dywedodd Menw fab Teirgwaedd, "Na foed pryder arnoch dros fynd yno. Fe hudaf y ci fel na wnaiff niwed i neb."

Daethant i'r lle yr oedd y bugail. Dywedasant, "Fugail yr wyt yn oludog."

"Na fydded fyth yn fwy goludog arnoch chwi na minnau. Myn Duw (gan dy fod yn Ben), nid oes niwed i'm llygru ond fy mhriod."

"Pwy biau'r defaid a gedwi di neu pwy biau'r gaer ?"

"Fe wyddys drwy'r byd mai Ysbaddaden Bencawr biau'r gaer."

"A thithau, pwy wyt ti ?"

"Cystennin fab Mynwyedig wyf i, ac oherwydd fy ngwraig y dinistriodd Ysbaddaden Bencawr fi. A chwithau, pwy ydych chwi ?"

"Negeswyr Arthur sydd yma yn erchi Olwen."

"O ! wŷr ! Nawdd Duw drosoch, er mwyn y byd na wnewch hynny. Ni ddaeth neb i erchi'r cais hwnnw a âi drachefn â'i fywyd ganddo."

Cododd y bugail. Fel y cododd, rhoddodd Culhwch fodrwy aur iddo. Ceisiodd wisgo'r fodrwy ond nid âi amdano, a rhoddodd yntau hi ym mys ei faneg a cherddodd adref a rhoi'r faneg i'w gymar. A chymerodd hithau'r fodrwy o'r faneg.

"O ble y daeth y fodrwy hon iti, ŵr ? Nid yn aml y cei di drysor."

"Fe euthum i'r môr i chwilio am fwyd môr. Wele, gwelwn gorff yn dod i mewn gyda'r llanw. Ni welais i erioed gorff mor hardd ag ef ac am ei fys ef y cefais y fodrwy hon."

"Och ! ŵr, gan na edy môr ynddo dlws dyn marw, dangos imi'r corff hwnnw."

"Wraig, fe gei weld y sawl piau'r corff, yma, yn y man."

"Pwy yw hwnnw ?" ebe'r wraig.

"Fe ddaeth Culhwch fab Cilydd fab Cilyddon Wledig o Oleuddydd ferch Anlawdd Wledig ei fam, i erchi Olwen."

Daeth iddi ddau deimlad. Yr oedd yn llawen am i'w nai, fab ei chwaer, ddod ati ; yr oedd yn drist gan na welsai erioed y sawl a ddeuai i erchi'r neges honno yn mynd drachefn a'i fywyd ganddo.

Cyrchasant hwy borth llys Cystennin Fugail. Clywodd hithau eu sŵn yn dod. Gan ei llawenydd, rhedodd i'w cyfarfod. Gafaelodd Cai mewn pren o'r pentwr coed a daeth hithau i'w cyfarfod i geisio eu cofleidio. Gosododd Cai bolyn rhwng ei dwy law. Gwasgodd hithau'r polyn nes ei fod yn frigyn cordeddog.

Dywedodd Cai, "Wraig, petaet wedi fy ngwasgu i felly, fe fuasai'n ddi-fudd i neb arall fyth roi serch arnaf. Serch drwg yw hwnnw !"

Daethant hwy i'r tŷ a gwasanaethwyd arnynt. Ymhen ysbaid, pan âi pawb i gerdded, agorodd y wraig gist gerllaw'r pentan a chodi ohoni lanc â gwallt cyrliog, melyn.

Dywedodd Gwrhyr, "Gresyn oedd cuddio'r fath lanc â hwn. Gwn nad ei gamwedd ei hun a ddielir arno."

Dywedodd y wraig, "Gweddill yw hwn. Fe laddodd Ysbaddaden Bencawr dri mab ar hugain imi. Nid oes obaith imi am hwn mwy nag am y rhai eraill."

Dywedodd Cai, "Doed i ddal cymdeithas â mi, ac ni'n lleddir ond ynghyd." Bwytasant hwy.

Dywedodd y wraig, "Ar ba neges y daethoch chwi yma ?"

"Fe ddaethom i erchi Olwen i'r llanc hwn."

"Dychwelwch, yn enw Duw, gan na welodd neb chwi eto o'r gaer," ebe'r wraig yna.

"Duw a ŵyr na ddychwelwn nes y gwelwn y forwyn," ebe Cai. "A ddaw hithau i'r fan y gellir ei gweld ?"

"Fe ddaw hithau yma bob dydd Sadwrn i olchi ei phen, ac yn y llestr yr ymolcha y gedy ei modrwyau i gyd. Ni ddaw hi na'i negesydd fyth i'w cyrchu."

"A ddaw hi yma os anfonir neges ati ?"

"Duw a ŵyr na laddaf i fy mywyd. Ni thwyllaf fi'r un sydd yn ymddiried ynof. Ond os rhoddwch eich llw na wnewch gam â hi, fe anfonaf amdani."

"Fe'i rhoddwn."

Anfonwyd amdani. A daeth hithau a mantell sidan fflamgoch amdani a thorch drwchus, ruddaur am wddf y forwyn, a pherlau gwerthfawr ynddi a gemau coch. Melynach oedd ei gwallt na blodau'r banadl. Gwynnach oedd ei chnawd nag ewyn y don. Gwynnach oedd ei dwylo a'i bysedd nag egin ffa'r gors ynghanol graean mân ffynnon fyrlymus. Nid oedd llygad hebog wedi bwrw ei blu na llygad gwalch wedi bwrw ei blu deirgwaith yn decach na'r llygad a oedd yn eiddo iddi hi. Yr oedd ei dwyfron yn wynnach na bron alarch gwyn. Cochach oedd ei dwy rudd na'r ffion. Fe fyddai'r sawl a'i gwelai yn gyflawn o serch tuag ati. Tyfai pedair meillionen wen o'i hôl lle'r âi, ac oherwydd hynny y gelwid hi Olwen.

Cyrchodd y tŷ ac eistedd rhwng Culhwch a'r fainc uchel, ac fel y'i gwelodd, fe'i hadnabu. Dywedodd Culhwch wrthi, "Forwyn, ti a gerais, tyrd gyda mi."

"Rhag dy gyhuddo di a minnau o bechod ni allaf i wneud dim o hynny. Fe archodd fy nhad gennyf lw nad af heb ei gyngor gan nad oes iddo fywyd ond hyd onid af fi gyda gŵr. Er hynny, y mae cyngor a roddaf iti os y'i derbynni. Dos i'm herchi gan fy nhad a pha faint bynnag a ofynno ef gennyt ti, addo dithau ei gael ac fe'm cei innau. Ond os amau ef rywbeth, ni chei di fi ac mae'n dda arnat os dihengi gyda'th fywyd."

"Fe addawaf i hynny oll ac fe'i cyflawnaf."

Cerddodd hithau i'w hystafell. Codasant hwythau ar ei hôl hi i'r gaer a lladd naw porthor a oedd ar naw porth heb i un gŵr sgrechian, a naw gafaelgi heb i un wichian. Ac fe gerddasant yn eu blaenau i'r neuadd. Dywedasant, "Henffych well Ysbaddaden Bencawr, o Dduw ac o ddyn."

"Ac i ble'r ewch chwithau ?"

"Fe ddown i erchi Olwen dy ferch i Gulhwch fab Cilydd."

"Pa le mae fy ngweision drwg a'm dihirod ?" ebe yntau. "Codwch y ffyrch o dan fy nau amrant hyd oni welaf fy narpar fab-yng-nghyfraith." Gwnaed hynny. "Dowch yma yfory ac fe ddywedaf rywbeth yn ateb ichwi." Codasant hwy a gafaelodd Ysbaddaden Bencawr yn un o'r tair gwaywffon wenwynig a oedd ger ei law a'i thaflu ar eu hôl. A'i dderbyn a wnaeth Bedwyr, a thaflodd yntau hi a gwanu Ysbaddaden Bencawr yn union drwy badell ei ben-glin. Dywedodd yntau, "Felltigedig fab-yng-nghyfraith anwar. Byddaf yn cerdded llechwedd yn waeth. Fe boenodd yr haearn gwenwynig fi fel pigiad pry llwyd. Melltigedig fyddo'r gof a'i gwnaeth a'r eingion y'i gwnaed arni gan mor dost yw."

Arosasant hwy y nos honno yn nhŷ Cystennin. A'r ail ddydd, gyda mawredd ac wedi gyrru crib hardd i'w gwalltiau, fe ddaethant i'r neuadd.

Dywedasant, "Ysbaddaden Bencawr, dyro inni dy ferch yn gyfnewid am ei chyfran a'i gwaddol iti a'i dwy gares. Ac os na roi di hi, angau fydd iti o'i phlegid."

"Y mae hi'n fyw eto a'i phedair hen nain a'i phedwar hen daid. Y mae'n rhaid i mi ymgynghori â hwy."

"Bydded iti wneud hynny," ebe hwy. "Awn i'n bwyd." Fel y codasant, cymerodd yntau'r ail waywffon garreg a oedd gerllaw iddo a'i thaflu ar eu hôl. Fe dderbyniodd Menw fab Teirgwaedd hi a lluchiodd yntau hi a'i daro yng nghanol ei ddwyfron hyd oni ddaeth allan yn ei feingefn.

"Felltigedig fab-yng-nghyfraith anwar. Fe'm brifaist â'r haearn caled cymaint â phigiad gelen benfawr. Bydded yr eingion y poethwyd hi arni yn felltigedig, a'r gof a'i gwnaeth, gan mor boenus yw. Pan af i fyny rhiw fe fydd fy mrest yn gaeth a phoen yn fy nghylla a mynych chwydu."

Aethant hwy at eu bwyd. A'r trydydd dydd daethant i'r llys. Dywedasant, "Ysbaddaden Bencawr, na saetha atom ni bellach. Na fynn i ti dy hun niwed a chlwyf a'th farwolaeth."

"Ble mae fy ngweision ? Codwch y ffyrch,—fe syrthiodd fy amrannau dros gannwyll fy llygaid,—fel y caf edrych ar fy narpar fab-yng-nghyfraith."

Codasant hwy ac fel yr oeddynt yn codi gafaelodd yn y drydedd waywffon garreg wenwynig a'i thaflu ar eu hôl. A'i derbyn a wnaeth Culhwch a thaflodd yntau hi fel y dymunodd a'i wanu yng nghannwyll ei lygad hyd onid aeth allan drwy'r gwegil.

"Felltigedig fab-yng-nghyfraith anwar. Tra y'm gadawer yn fyw fe fydd golwg fy llygaid yn waeth. Pan af i erbyn gwynt, llanw a wnânt, a bydd cur pen a phendro arnaf gyda phob lleuad newydd. Melltigedig fyddo'r tân y'i poethid ynddo. Y mae'r modd y gwanodd yr haearn gwenwynig fi fel brath ci cynddeiriog gennyf."

Aethant at eu bwyd. Drannoeth fe ddaethant i'r llys. Dywedasant, "Na saetha atom ni. Na fynn anaf a chlwyf a'r merthyrdod sydd iti, a rhywbeth fyddo'n fwy, os mynni. Dyro inni dy ferch, ac oni roddi di hi fe gei dy ladd o'i herwydd."

"Pa le y mae'r sawl y dywedir amdano ei fod yn erchi fy merch ?"

"Fi sy'n ei herchi, Culhwch fab Cilydd."

"Tyrd yma lle y gallaf fi a thi weld ein gilydd."

Rhoddwyd cadair oddi tano wyneb yn wyneb ag ef. Dywedodd Ysbaddaden Bencawr, "Ai ti sy'n erchi fy merch?"

"Fi sy'n ei herchi."

"Fe fynnaf lw gennyt na wnei imi lai na chyfiawnder."

"Fe'i cei."

"Pan gaf innau'r hyn a nodaf gennyt ti fe gei dithau fy merch."

"Noda'r hyn a fynni."

"Nodaf. A weli di'r llwyn mawr draw ?"

"Gwelaf."

"Fe fynnaf ei ddiwreiddio o'r ddaear a'i losgi ar wyneb y tir hyd oni fyddo golosg hwnnw a'i ludw yn dail iddo, a'i aredig a'i hau nes y byddo'n aeddfed yn y bore erbyn amser codiad gwlith fel y'i gwneler yn fwyd a diod i'th westeion priodas di a'm merch. Ac fe fynnaf i wneud hynny oll mewn un diwrnod."

"Y mae hynny'n hawdd imi, er y tebygi di nad yw."

"Er iti gael hynny, y mae rhywbeth na chei. Nid oes amaethwr a amaetho'r tir hwnnw a'i baratoi ar wahân i Amaethon fab Dôn, gan mor arw yw. Ni ddaw ef gyda thi o'i fodd, ni elli dithau ei orfodi ef."

"Y mae hynny'n hawdd imi, er y tebygi di nad yw."

"Er iti gael hynny, y mae rhywbeth na chei. Cael Gofannon fab Dôn i ddod i'r pentir i osod yr heyrn. Ni wna ef waith, o'i fodd, ond i frenin â hawliau priod, ni elli dithau ei orfodi ef."

"Y mae hynny'n hawdd imi, er y tebygi di nad yw."

"Er iti gael hynny, y mae rhywbeth na chei. Dau ych Gwlwlydd Winau wedi'u cydieuo i aredig y tir dyrys draw yn wych. Nis rhydd ef o'i fodd, ni elli dithau eu gorfodi ganddo."

"Y mae hynny'n hawdd imi, er y tebygi di nad yw."

"Er iti gael hynny, y mae rhywbeth na chei. Fe fynnaf y Melyn Gwanwyn a'r Ych Brych wedi'u cydieuo."

"Y mae hynny'n hawdd imi, er y tebygi di nad yw."

"Er iti gael hynny, y mae rhywbeth na chei. Dau ych corniog, y naill sydd o'r tu hwnt i'r Mynydd Banawg a'r llall o'r tu hwn, a'u dwyn hwy ynghyd o dan yr un aradr. Y rhai hynny yw Nynniaw a Pheibiaw a rithiodd Duw yn ychen oherwydd eu pechod."

"Y mae hynny'n hawdd imi, er y tebygi di nad yw."

"Er iti gael hynny, y mae rhywbeth na chei. A weli di'r tir coch wedi'i geibio draw ?"

"Gwelaf."

"Pan gyfarfûm â mam y forwyn honno yr oedd naw mesur o had llin wedi'i hau ynddo. Ni ddaeth ohono eto na du na gwyn, a'r mesur hwnnw sydd gennyf eto. Fe fynnaf innau gael hwnnw yn y tir newydd ei aredig draw fel mai hwnnw a fydd yn benlliain gwyn am ben fy merch yn dy neithior."

"Y mae hynny'n hawdd imi, er y tebygi di nad yw."

"Er iti gael hynny, y mae rhywbeth na chei. Mêl a fyddo'n felysach naw gwaith na mêl yr haid gyntaf heb wenyn meirch a heb wenyn i baratoi bragod i'r wledd."

"Y mae hynny'n hawdd imi, er y tebygi di nad yw."

"Er iti gael hynny, y mae rhywbeth na chei,—cwpan Llwyr fab Llwyrion sydd â'r ddiod orau ynddi, gan nad oes lestr yn y byd a ddalio'r ddiod gadarn honno ond hi. Ni chei di hi o'i fodd ef, ni elli dithau ei orfodi."

"Y mae hynny'n hawdd imi, er y tebygi di nad yw."

"Er iti gael hynny, y mae rhywbeth na chei—basged Gwyddnau Garan Hir. Pe dôi'r byd o'i chwmpas bob yn dri naw-wr, fe gaiff pawb y bwyd a fynno yn ôl ei awydd. Fe fynnaf i fwyta o honno y nos y cysga fy merch gyda thi. Ni rydd ef hi o'i fodd i neb, ni elli dithau ei orfodi ef."

"Y mae hynny'n hawdd imi, er y tebygi di nad yw."

"Er iti gael hynny, y mae rhywbeth na chei,—corn Gwlgawd Gododdin i arllwys inni'r nos honno. Nis rhydd ef o'i fodd, ni elli dithau ei orfodi ef."

"Y mae hynny'n hawdd imi, er y tebygi di nad yw."

"Er iti gael hynny, y mae rhywbeth na chei—telyn Teirtu i'm

diddanu'r nos honno: pan fyddo'n dda gan ddyn, canu a wna ei hunan, pan fynner iddi, tewi a wna. Ni rydd ef hi o'i fodd, ni elli dithau ei orfodi."

"Y mae hynny'n hawdd imi, er y tebygi di nad yw."

"Er iti gael hynny, y mae rhywbeth na chei. Fe fynnaf adar Rhiannon i'm diddanu'r nos honno, y rhai a ddihuna'r marw ac a huna'r byw."

"Y mae hynny'n hawdd imi, er y tebygi di nad yw."

"Er iti gael hynny, y mae rhywbeth na chei,—pair Diwrnach Wyddel, goruchwyliwr Odgar fab Aedd, brenin Iwerddon, i ferwi bwyd gwesteion dy neithior."

"Y mae hynny'n hawdd imi, er y tebygi di nad yw."

"Er iti gael hynny, y mae rhywbeth na chei. Y mae'n rhaid imi olchi fy mhen ac eillio fy marf. Fe fynnaf Ysgithrddant Ysgithrwyn Ben Baedd i'm heillio. Ni fyddaf yn well o'i gael os nad yn fyw y'i tynnir o'i ben."

"Y mae hynny'n hawdd imi, er y tebygi di nad yw."

"Er iti gael hynny, y mae rhywbeth na chei. Nid oes neb yn y byd a'i tynno o'i ben ond Odgar fab Aedd, brenin Iwerddon."

"Y mae hynny'n hawdd imi, er y tebygi di nad yw."

"Er iti gael hynny, y mae rhywbeth na chei. Nid ymddiriedaf i neb i gadw'r ysgithrddant ond i Gadw o Brydain. Y mae trigain cantref Prydain o dan ei awdurdod ef. Ni ddaw ef o'i deyrnas o'i fodd, ni ellir ei orfodi yntau."

"Y mae hynny'n hawdd imi, er y tebygi di nad yw."

"Er iti gael hynny, y mae rhywbeth na chei. Rhaid imi feddalu fy mlew wrth fy eillio. Ni feddelir hwy fyth oni cheir gwaed y Wyddon Orddu, merch y Wyddon Orwen o Bennant Gofid yng ngwrthdir uffern."

"Y mae hynny'n hawdd imi, er y tebygi di nad yw."

"Er iti gael hynny, y mae rhywbeth na chei. Ni fydd y gwaed o ddim gwerth oni cheir ef yn boeth. Nid oes lestr yn y byd a gadwo wres yr hylif a roir ynddo ond ffiolau Gwyddolwyn Gorr, a geidw wres ynddynt pan roir yr hylif ynddynt yn y dwyrain hyd pan ddeler i'r gorllewin. Ni rydd ef hwy o'i fodd, ni elli dithau ei orfodi."

"Y mae hynny'n hawdd imi, er y tebygi di nad yw."

"Er iti gael hynny, y mae rhywbeth na chei. Fe chwennych rai lefrith. Nid yw'n fwriad cael llefrith i bawb nes cael ffiolau

Rhynnon Ryn Barfog. Ni sura hylif ynddynt fyth. Ni rydd ef hwy o'i fodd i neb, ni ellir ei orfodi yntau."

"Y mae hynny'n hawdd imi, er y tebygi di nad yw."

"Er iti gael hynny, y mae rhywbeth na chei. Oherwydd ei wytnwch, nid oes grib a gwellau yn y byd y gellir trin fy ngwallt â hwy ond y grib a'r gwellau sydd rhwng dwy glust Twrch Trwyth fab Taredd Wledig. Nis rhydd ef o'i fodd, ni elli dithau eu gorfodi oddi wrtho."

"Y mae hynny'n hawdd imi, er y tebygi di nad yw."

"Er iti gael hynny, y mae rhywbeth na chei. Ni helir Twrch Trwyth hyd oni cheir Drudwyn, mab Greid fab Eri."

"Y mae hynny'n hawdd imi, er y tebygi di nad yw."

"Er iti gael hynny, y mae rhywbeth na chei. Nid oes dennyn yn y byd a ddalio arno ond tennyn Cwrs Cant Ewin."

"Y mae hynny'n hawdd imi, er y tebygi di nad yw."

"Er iti gael hynny, y mae rhywbeth na chei. Nid oes coler yn y byd a ddalio'r tennyn ond coler Canastr Can Llaw."

"Y mae hynny'n hawdd imi, er y tebygi di nad yw."

"Er iti gael hynny, y mae rhywbeth na chei. Cadwyn Cilydd Canhastr i ddal y goler gyda'r tennyn."

"Y mae hynny'n hawdd imi, er y tebygi di nad yw."

"Er iti gael hynny, y mae rhywbeth na chei. Nid oes yn y byd heliwr cŵn a gyflawna helwriaeth ar y ci hwnnw ond Mabon fab Modron a ddygwyd yn dair noson oed oddi wrth ei fam. Ni wyddys pa le y mae, na pha beth yw ei gyflwr, ai byw ai marw."

"Y mae hynny'n hawdd imi, er y tebygi di nad yw."

"Er iti gael hynny, y mae rhywbeth na chei, Gwyn Myngddwn, march Gweddw—y mae cyn gyflymed â thon,—o dan Fabon i hela'r Twrch Trwyth. Ni rydd ef o'i fodd, ni elli dithau ei orfodi ganddo."

"Y mae hynny'n hawdd imi, er y tebygi di nad yw."

"Er iti gael hynny, y mae rhywbeth na chei. Ni cheir Mabon fyth. Ni wyddys pa le y mae nes cael yn gyntaf Eidoel fab Aer ei gâr oherwydd fe fydd yn ei geisio yn ddiflino ; ei gefnder yw."

"Y mae hynny'n hawdd imi, er y tebygi di nad yw."

"Er iti gael hynny, y mae rhywbeth na chei. Garselyd Wyddel, prif heliwr cŵn Iwerddon ydyw. Ni helir Twrch Trwyth fyth hebddo."

"Y mae hynny'n hawdd imi, er y tebygi di nad yw."

"Er iti gael hynny, y mae rhywbeth na chei,—tennyn o farf Dillus Farchog, gan nad oes dim a ddalio'r ddau genau hynny ond ef, ac ni ellir gwneud dim o werth ag ef oni thynnir ef o'i farf ac ef yn fyw a'i dynnu â gefel bren. Ni âd neb gyda'i fywyd wedi gwneud hynny iddo. Ni fydd yntau o werth ag ef yn farw oherwydd fe fydd yn frau."

"Y mae hynny'n hawdd imi, er y tebygi di nad yw."

"Er iti gael hynny, y mae rhywbeth na chei. Nid oes heliwr cŵn yn y byd a ddalio'r ddau genau hynny ond Cynedyr Wyllt fab Hetwn Glafyriog. Y mae hwnnw'n wylltach naw gwaith na'r anifail gwyllt gwylltaf ar y mynydd. Ni chei di ef fyth, a'm merch innau nis cei."

"Y mae hynny'n hawdd imi, er y tebygi di nad yw."

"Er iti gael hynny, y mae rhywbeth na chei. Ni helir Twrch Trwyth nes cael Gwyn fab Nudd yr hwn y rhoddodd Duw ynddo natur demoniaid Annwfn rhag gwneud y byd presennol yn adfeilion. Ni hepgorir ef oddi yno."

"Y mae hynny'n hawdd imi, er y tebygi di nad yw."

"Er iti gael hynny, y mae rhywbeth na chei. Nid oes farch a dycia i Wyn i hela'r Twrch Trwyth ond Du, march Moro Oerfeddawg.

"Y mae hynny'n hawdd imi, er y tebygi di nad yw."

"Er iti gael hynny, y mae rhywbeth na chei. Nes y daw Gwilennin brenin Ffrainc, ni helir Twrch Trwyth fyth hebddo. Y mae'n anweddus iddo adael ei deyrnas ac ni ddaw yma fyth."

"Y mae hynny'n hawdd imi, er y tebygi di nad yw."

"Er iti gael hynny, y mae rhywbeth na chei. Ni helir Twrch Trwyth fyth heb gael mab Alun Dyfed. Y mae'n ollyngwr da."

"Y mae hynny'n hawdd imi, er y tebygi di nad yw."

"Er iti gael hynny, y mae rhywbeth na chei. Ni helir Twrch Trwyth fyth nes cael Aned ac Aethlem, yr oeddynt cyn gyflymed â'r gwynt. Ni ollyngwyd hwy erioed ar anifail heb iddynt ei ladd."

"Y mae hynny'n hawdd imi, er y tebygi di nad yw."

"Er iti gael hynny, y mae rhywbeth na chei,—Arthur a gofalwyr ei gŵn i hela'r Twrch Trwyth. Y mae'n ŵr â thir

ganddo ac ni ddaw gyda thi. Dyma'r rheswm—y mae o dan fy
awdurdod i."

"Y mae hynny'n hawdd imi, er y tebygi di nad yw."

"Er iti gael hynny, y mae rhywbeth na chei. Ni ellir fyth
hela'r Twrch Trwyth nes cael Bwlch a Chyfwlch a Syfwlch,
meibion Cilydd Cyfwlch, wyrion Cleddyf Difwlch. Tri golau
llachar eu tair tarian ; tri phigyn blaenllym eu tair gwaywffon ;
tri naddwr llym eu tri chleddyf ; Glas, Glesig a Gleisiad eu tri
chi ; Call, Cuall a Chafall eu tri march ; Hwyr Ddyddwg a
Drwg Ddyddwg a Llwyr Ddyddwg eu tair gwraig ; Och a
Garym a Diasbad eu tair gwrach ; Lluchedd a Neuedd ac
Eisywedd eu tair merch ; Drwg a Gwaeth a Gwaethaf Oll eu
tair morwyn ; y triwyr a ganant eu cyrn, a'r rhai eraill oll a
ddônt i weiddi hyd nad ymboenai neb pe syrthiai'r nef ar y
ddaear."

"Y mae hynny'n hawdd imi, er y tebygi di nad yw."

"Er iti gael hynny, y mae rhywbeth na chei,—cleddyf
Wrnach Gawr. Ni leddir ef fyth ond ag ef. Nis rhydd ef i neb
nac am bris nac am ddim ; ni elli dithau ei orfodi."

"Y mae hynny'n hawdd imi, er y tebygi di nad yw."

"Er iti gael hynny, y mae rhywbeth na chei. Anhunedd a gei
heb gysgu'r nos yn ceisio hynny, ac nis cei, a'm merch innau
nis cei."

"Fe gaf innau feirch a marchogion a'm harglwydd gâr
Arthur a gaiff hynny oll imi, a'th ferch dithau a gaf fi, ac fe
golli di dy fywyd."

"Dos yn dy flaen yn awr. Ni fydd yn rheidrwydd arnat gael
i'm merch i na bwyd na dillad. Cais hynny, a phan geir hynny
fy merch innau a gei."

Teithiasant hwy y dydd hwnnw hyd yr hwyr hyd oni welwyd
caer o feini a phriddfeini, y fwyaf o gaerau'r byd. Wele, fe
welsant yn dod o'r gaer ŵr du mwy na thri gŵr y byd hwn.
Dywedasant wrtho, "O ba le y doi di, ŵr ?"

"O'r gaer a welwch chwi yna."

"Pwy biau'r gaer ?"

"Gwŷr ynfyd ydych chwi ! Nid oes neb yn y byd na ŵyr pwy
biau'r gaer hon. Wrnach Gawr a'i piau."

"Pa arfer sydd i westai a theithiwr i aros yn y gaer hon ?"

"Unben, Duw a'th noddo. Ni ddaeth un gwestai erioed ohoni a'i fywyd ganddo. Ni adewir neb iddi ond y sawl a ddygo ei grefft."

Cyrchasant y porth. Dywedodd Gwrhyr Gwalstawd Ieithoedd, "A oes porthor?"

"Oes, ac na fydded dy ben yn eiddot ti oherwydd dy fod yn gofyn."

"Agor y porth."

"Nid agoraf."

"Pam nad agori di ef?"

"Cyllell a aeth i fwyd a diod i gorn yfed a mynd a dod yn neuadd Wrnach, nid agorir ef ond i grefftwr a ddygo'i grefft."

Dywedodd Cai, "Borthor, y mae gennyf fi grefft."

"Pa grefft sydd gennyt ti?"

"Fi ydyw'r llathrwr cleddyfau gorau yn y byd."

"Fe af i ddweud hynny wrth Wrnach Gawr ac fe ddygaf ateb iti."

Daeth y porthor i mewn. Dywedodd Wrnach Gawr, "A oes gennyt newyddion o'r porth?"

"Y mae gennyf. Y mae cwmni o flaen y porth ac fe fynnant ddod i mewn."

"A ofynnaist ti a oes ganddynt grefft?"

"Fe ofynnais ac fe ddywedodd un ohonynt y gallai loywi cleddyfau."

"Y mae'n rhaid imi wrth hwnnw. Yr wyf yn ceisio un a hogai fy nghleddyf ers amser. Ni chefais ef. Gad hwnnw i mewn gan fod crefft ganddo."

Daeth y porthor ac agor y porth, a daeth Cai i mewn ar ei ben ei hun. A chyfarchodd ef well i Wrnach Gawr a rhoddwyd cadair oddi tano gerbron Wrnach. Dywedodd Wrnach Gawr, "A ddywedir y gwir amdanat dy fod yn gallu gloywi cleddyfau?"

"Fe wnaf hynny'n dda," ebe Cai.

Dygwyd y cleddyf ato. Cymerodd Cai garreg hogi lasddu o dan ei gesail.

"Pa un fyddai'n well gennyt arno, naill ai garn gwyn neu garn glas tywyll?"

"Yr un a fyddo orau gennyt ti; gwna iddo fel petai'n eiddo i ti."

Glanhaodd y naill hanner i'r gyllell iddo a rhoddodd ef yn ei law.

" A yw hynny'n rhyngu dy fodd ?"

"Fe fyddai'n well gennyf na'r hyn oll sydd yn fy ngwlad pe byddai i gyd fel hyn. Gresyn o beth fod gŵr cystal â thi heb gydymaith."

"O wrda, y mae gennyf gydymaith er nad ymarfer y grefft hon."

"Pwy yw hwnnw ?"

"Aed y porthor allan ac fe ddywedaf wrtho am ei arwyddion ; fe ddaw pen ei waywffon oddi ar ei choes ac fe gyrcha'r gwaed oddi ar y gwynt ac fe syrthia ar ei choes."

Agorwyd y porth a daeth Bedwyr i mewn. Dywedodd Cai, "Y mae gan Fedwyr gynneddf er nad ymarfer y grefft hon."

A bu dadlau mawr o'r tu allan gan y gwŷr hynny am i Gai a Bedwyr ddod i mewn. A daeth gwas ieuanc i mewn gyda hwy— unig fab Custennin fugail. Dyma a wnaeth ef a'i gyfeillion, glynu wrtho fel pe nad oedd yn ddim ganddynt fynd dros y tair cadlys hyd oni ddaethant i mewn i'r gaer. Dywedodd ei gyfeillion wrth fab Custennin, "Y dyn gorau yw." O hynny allan fe'i gelwid Gorau fab Custennin.

Gwasgarasant hwy i'w lletyau fel y caent ladd eu lletywyr heb yn wybod i'r cawr.

Fe orffennwyd gloywi'r cleddyf a rhoddodd Cai ef yn llaw Wrnach Gawr fel pe bai i edrych arno i weld a oedd ei waith yn rhyngu ei fodd. Dywedodd y cawr, "Y mae'r gwaith yn dda ac yn fy modloni."

Dywedodd Cai, "Dy wain a ddifethodd dy gleddyf. Dyro di hi i mi i ddiosg yr efel bren ohoni a gad i minnau wneud rhai newydd iddi."

Cymerodd y wain oddi wrtho a'r cleddyf yn ei law arall. Daeth dros y cawr fel pe bai am osod y cleddyf yn y wain. Trywanodd ef ym mhen y cawr a thorri ei ben gydag ergyd iddo. Diffeithiasant y gaer a dwyn yr hyn a fynasant o dlysau. Ymhen y flwyddyn yn union i'r dydd hwnnw, fe ddaethant i lys Arthur a chleddyf Wrnach Gawr gyda hwy.

Dywedasant wrth Arthur yr hyn a ddigwyddodd iddynt. Dywedodd Arthur, "Pa un o'r rhyfeddodau hynny sydd orau ei geisio gyntaf ?"

"Gorau," ebe hwythau, "yw ceisio Mabon fab Modron, ac ni cheir ef nes cael Eidoel fab Aer, ei gâr, yn gyntaf."

Cododd Arthur a milwyr ynys Prydain gydag ef i geisio Eidoel. A daethant i gaer allanol Glini lle yr oedd Eidel yng ngharchar. Safodd Glini ym mhen uchaf y gaer ac fe ddywedodd, "Arthur, beth a ofynni di gennyf, gan na wnei di fy ngadael ar y graig hon ? Nid oes imi dda ynddi na phleser, na gwenith na cheirch imi, er y ceisi dithau wneud cam â mi."

Dywedodd Arthur, "Ni ddeuthum i yma er drwg iti ond i geisio'r carcharor sydd gennyt."

"Fe roddaf y carcharor iti, er na fwriadaswn ei roi i neb, a chyda hynny fe gei di fy nerth a'm cymorth."

Dywedodd y gwŷr wrth Arthur, "Arglwydd, dos di adref. Ni elli di fynd â'th lu i geisio peth mor fychan â'r rhai hyn."

Dywedodd Arthur, "Gwrhyr Gwalstawd Ieithoedd, ti a ddylai fynd ar y neges hon. Fe wyddost yr holl ieithoedd ac yr wyt o'r un iaith â rhai o'r adar a'r anifeiliaid. Eidoel, ti a ddylai fynd i'w geisio gyda'm gwŷr i, dy gefnder yw. Cai a Bedwyr, fe obeithiaf y cewch y neges yr ewch arni. Ewch drosof ar y neges hon."

Teithiasant yn eu blaenau hyd at Fwyalch Cilgwri. Gofynnodd Gwrhyr iddi, "Er mwyn Duw, a wyddost ti rywbeth am Fabon fab Modron a ddygwyd yn dair noswaith oed cydrhwng ei fam a'r pared ?"

Dywedodd y Fwyalch, "Pan ddeuthum i yma gyntaf yr oedd yma eingion gof, ac yr oeddwn innau'n aderyn ieuanc. Ni wnaed gwaith arni ond tra bu fy ngylfin arni bob hwyrnos. Heddiw, nid oes cymaint â chneuen ohoni heb dreulio. Dial Duw arnaf os clywais i ddim am y gŵr y gofynnwch chwi amdano. Er hynny, y peth sy'n iawn a dyledus imi ei wneud i negeswyr Arthur, fe'i gwnaf. Y mae cenhedlaeth o anifeiliaid a greodd Duw yn gynt na mi. Fe af yno o'ch blaen yn arweinydd."

Daethant i'r lle yr oedd Carw Rhedynfre.

"Garw Rhedynfre, fe ddaethom ni, negeswyr Arthur, yma atat gan na wyddom am anifail hŷn na thi. Dywed a ·wyddost ti rywbeth am Fabon fab Modron a ddygwyd yn dair noswaith oed oddi wrth ei fam ?"

Dywedodd y carw, "Pan ddeuthum i yma gyntaf nid oedd

ond un tyfiant corn o bob ochr i'm pen, ac nid oedd yma goed
ond un dderwen ifanc ac fe dyfodd honno'n dderwen can cainc.
Ac fe syrthiodd y dderwen wedi hynny, a heddiw nid oes ohoni
ond ceubren coch. O hynny hyd heddiw y bûm i yma. Ni
chlywais i ddim am y sawl y gofynnwch chwi amdano. Er
hynny, fe fyddaf i'n arweinydd ichwi i'r lle y mae anifail a
greodd Duw yn gynt na mi, gan mai negeswyr Arthur ydych."
Daethant i'r lle yr oedd Tylluan Cwm Cawlwyd.
"Dylluan Cwm Cawlwyd, y mae negeswyr Arthur yma. A
wyddost ti rywbeth am Fabon fab Modron a ddygwyd yn dair
noswaith oed cyd-rhwng ei fam a'r pared ?"
"Pe gwyddwn hynny, fe'i dywedwn. Pan ddeuthum i yma
gyntaf yr oedd y cwm mawr a welwch yn ddyffryn coed. Ac fe
ddaeth cenhedlaeth o ddynion iddo ac fe'i difawyd. Ac fe
dyfodd ynddo ail dyfiant coed, a hwn yw'r trydydd tyfiant. A
minnau, y mae bonion fy adenydd yn bwt. O hynny hyd
heddiw ni chlywais i ddim am y gŵr y gofynnwch chwi amdano.
Er hynny, fe fyddaf i'n arweinydd i negeswyr Arthur hyd oni
ddewch i'r lle y mae'r anifail hynaf sydd yn y byd hwn a'r un a
deithiodd fwyaf—Eryr Gwernabwy."
Dywedodd Gwrhyr, "Eryr Gwernabwy, fe ddaethom ni,
negeswyr Arthur, atat i ofyn iti a wyddost ti rywbeth am Fabon
fab Modron a ddygwyd yn dair noswaith oed cyd-rhwng ei fam
a'r pared ?"
Dywedodd yr Eryr, "Fe ddeuthum i yma ers llawer o amser,
a phan ddeuthum i yma gyntaf yr oedd yma garreg, ac fe
bigwn y sêr bob hwyrnos oddi ar ei phen hi. Yn awr, nid oes
mesur dwrn yn ei huchder. O hynny hyd heddiw yr wyf fi yma
ac ni chlywais i ddim am y gŵr y gofynnwch chwi amdano.
Ond un tro, fe ddeuthum i geisio fy mwyd at Lyn Llyw, a phan
ddeuthum i yno y trewais fy nghrafangau mewn eog gan
dybio bod bwyd imi ynddo am ysbaid hir ac fe dynnodd yntau
fi hyd y dyfnder nes mai o'r braidd y bu imi ddianc oddi wrtho.
Dyma a wneuthum innau, fi a'm holl geraint, ymosod arno i
geisio ei ddifetha. Anfonodd yntau negeswyr i gymodi â mi a
daeth yntau ataf fi i dynnu deg tryfer a deugain o'i gefn. Oni
ŵyr ef rywbeth am yr hyn a geisiwch chwi ni wn i am neb a
ŵyr. Er hynny, fe fyddaf i'n arweinydd ichwi i'r lle y mae."
Daethant i'r lle yr oedd. Dywedodd yr Eryr,

"Eog Llyn Llyw, fe ddeuthum i atat gyda negeswyr Arthur i ofyn a wyddost ti rywbeth am Fabon fab Modron a ddygwyd yn dair noswaith oed oddi wrth ei fam."

"Fe ddywedaf i gymaint ag a wn i. Fe af i gyda phob llanw i fyny ar hyd yr afon hyd oni ddof at dro mur Caer Loyw. Ac fe gefais i yno ddrwg na chefais erioed ei gymaint, ac fel y credoch, doed un ohonoch yma ar fy nwy ysgwydd." A'r sawl a aeth ar ddwy ysgwydd yr Eog oedd Cai a Gwrhyr Gwalstawd Ieithoedd. Ac fe deithiasant hyd oni ddaethant am y mur â'r carcharor, hyd oni chlywent am y mur â hwy gwynfan a griddfan.

Dywedodd Gwrhyr, "Pa ddyn sy'n cwyno yn y tŷ cerrig hwn?"

"O ŵr, y mae gan y sawl sydd yma le i gwyno. Mabon fab Modron sydd yma yng ngharchar, ac ni charcharwyd neb mewn modd mor boenus mewn carchar â mi, na charchariad Lludd Llaw Ereint na charchariad Greid fab Eri."

"Oes gobaith gennyt ti gael dy ryddhau naill ai er aur neu er arian, neu er golud y byd presennol neu er brwydr ac ymladd?"

"Cymaint ohonof i ag a geir, a geir drwy ymladd."

Dychwelasant hwy oddi yno a dod i'r lle yr oedd Arthur. Fe ddywedasant ymhle yr oedd Mabon fab Modron yng ngharchar. Gwysiodd Arthur filwyr yr ynys hon a mynd i Gaer Loyw, y lle yr oedd Mabon yng ngharchar. Aeth Cai a Bedwyr ar ddwy ysgwydd y pysgodyn. Tra oedd milwyr Arthur yn ymladd â gwŷr y gaer, rhwygodd Cai drwy'r mur a chario'r carcharor ar ei gefn ac ymladd â'r gwŷr er hynny. Daeth Arthur adref, a Mabon gydag ef yn rhydd.

Dywedodd Arthur, "Beth o'r rhyfeddodau sydd orau inni ei geisio gyntaf yn awr?"

"Gorau yw inni geisio dau genau gast Rhymhi."

Ebe Arthur, "A wyddys pa le y mae hi?"

"Y mae," ebe un, "yn Aber Daugleddyf."

Daeth Arthur i dŷ Tringad yn Aber Cleddyf a gofynnodd iddo, "A glywaist ti amdani hi yma? Ar ba ffurf y mae hi?"

"Yn rhith bleiddast," ebe yntau. "Fe aiff â'i dau genau gyda hi. Fe laddodd hi fy mhraidd yn aml ac y mae hi isod mewn ogof yn Aber Cleddyf."

Dyma a wnaeth Arthur, hwylio ym Mhrydwen ei long, gydag eraill ar y tir, i hela'r ast a'i chylchynnu felly, hi a'i dau genau. Ac fe ddadrithiodd Duw hwy i'w ffurf eu hunain i Arthur. Gwasgarodd llu Arthur bob yn un ac un, bob yn ddau a dau.

Ac un tro, fel yr oedd Gwythyr fab Greidawl yn cerdded dros fynydd fe glywai lefain a griddfan galarus, ac yr oedd eu clywed yn arswyd. Aeth yntau tuag yno, ac fel y daeth yno tynnodd gleddyf a tharo'r twmpath morgrug yn agos i'r ddaear, ac yn y modd hwnnw eu hamddiffyn rhag y tân.

Ac fe ddywedasant hwythau wrtho, "Dwg gyda thi fendith Duw a'r eiddom ni, a'r hyn na all dyn fyth ei wared, fe ddown ni i'w wared iti."

Hwynt-hwy, wedi hynny, a ddaethant â'r naw mesur o had llin a nododd Ysbaddaden Bencawr wrth Culhwch yn ei lawn fesur heb ddim ohonynt yn eisiau heblaw am un hedyn llin. A daeth y morgrugyn cloff â hwnnw cyn nos.

Pan oedd Cai a Bedwyr yn eistedd ar ben Pumlumon ar Garn Gwylathr, yn y gwynt mwyaf yn y byd, edrychasant o'u cwmpas ac fe welent fwg mawr tua'r de ymhell oddi wrthynt heb symud dim gyda'r gwynt. Ac yna, fe ddywedodd Cai, "Myn llaw fy nghyfaill, gwêl di acw dân rhyfelwr."

Brysio tua'r mwg a wnaethant a dynesu tuag yno gan edrych o bell. Wele Ddillus Farfog yn deifio baedd coed. Hwn, yn wir, oedd y rhyfelwr mwyaf a ochelodd rhag Arthur erioed.

Yna ebe Bedwyr wrth Gai, "A adwaenost ti ef?"

"Yr wyf yn ei adnabod," ebe Cai. "Dyna Ddillus Farfog. Nid oes dennyn yn y byd a ddalio Ddrudwyn, cenau Greid fab Eri, ond tennyn o farf y gŵr a weli di acw. Ac ni fydd yn fuddiol chwaith os nad yn fyw y'i tynnir o'i farf â gefel bren, oherwydd ag ef yn farw fe fydd yn frau."

"Beth yw ein penderfyniad ninnau ynghylch hynny?" ebe Bedwyr.

"Gadawn ef," ebe Cai, "i fwyta ei wala o'r cig ac wedi hynny cysgu a wna."

Tra oedd ef yn gwneud hynny fe fuont hwythau'n gwneud gefel bren. Pan wyddai Cai yn sicr ei fod yn cysgu, gwnaeth y pwll mwyaf yn y byd o dan ei draed. A tharodd ddyrnod anfeidrol ei maint arno a'i wasgu yn y pwll hyd oni fu iddynt blicio ei farf yn llwyr â'r efel bren, ac wedi hynny ei ladd yn gyfan gwbl.

Ac oddi yno fe aethant ill dau i Gelli Wig yng Nghernyw a thennyn o farf Dillus Farfog gyda hwy. A rhoddodd Cai ef yn llaw Arthur, ac yna, canai Arthur yr englyn hwn,

> Tennyn a wnaeth Cai
> O farf Dillus fab Efrai
> Pe bai'n iach, dy angau fyddai.

Ac am hynny fe sorrodd Cai, fel mai o'r braidd y bu i filwyr yr ynys hon wneud heddwch rhwng Cai ac Arthur. Ac er hynny, nid ymyrrodd Cai ag ef yn ei angen o hynny allan, nac er bod Arthur yn ddinerth nac er lladd ei wŷr.

Ac yna fe ddywedodd Arthur, "Beth sydd orau yn awr ei geisio o'r rhyfeddodau?"

"Gorau yw inni geisio Drudwyn, cenau Greid fab Eri."

Ychydig cyn hynny fe aeth Creiddylad ferch Lludd Llaw Ereint gyda Gwythyr fab Greidawl, a chyn cysgu gyda hi daeth Gwyn fab Nudd a'i dwyn trwy drais. Cynullodd Gwythyr fab Greidawl lu a dod i ymladd â Gwyn fab Nudd, a Gwyn a orfu a dal Greid fab Eri a Glinneu fab Taran a Gwrgwst Ledlwm a Dyfnarth ei fab, a dal Pen fab Nethawg a Nwython a Chyledyr Wyllt ei fab. A lladdodd Nwython a thynnu allan ei galon a gorfodi Cyledyr i fwyta calon ei dad. Ac oherwydd hynny yr aeth Cyledyr yn orffwyll.

Clywodd Arthur hynny a dod i'r gogledd a galwodd ato Wyn fab Nudd, a rhyddhau ei uchelwyr o'i garchar a gwneud heddwch rhwng Gwyn fab Nudd a Gwythyr fab Greidawl. Dyma'r heddwch a wnaed, gadael y forwyn yn nhŷ ei thad heb ei blino gan y naill ochr na'r llall. Ac o'r dydd hwnnw allan, fod ymladd rhwng Gwyn a Gwythyr bob dydd calan Mai fyth hyd Ddydd Barn, a'r sawl ohonynt a fyddo'n trechu Ddydd Barn, cymered y forwyn.

Ac wedi cymodi'r uchelwyr hynny yn y modd hwnnw fe gafodd Arthur Fyngddwn, march Gweddw, a thennyn Cwrs Cant Ewin.

Wedi hynny fe aeth Arthur i Lydaw, a Mabon fab Mellt gydag ef a Gware Gwallt Euryn, i geisio dau gi Glythfyr Ledewig. Ac wedi eu cael fe aeth Arthur i orllewin Iwerddon i geisio Gwrgi Seferi ac Odgar fab Aedd, brenin Iwerddon, gydag ef. Ac oddi yna fe aeth Arthur i'r gogledd ac fe ddaliodd Gyledyr Wyllt. Ac fe aeth ar ôl Ysgithrwyn Ben Baedd. A daeth Mabon fab Mellt a dau gi Glythfyr Ledewig yn ei law a Drudwyn, cenau Greid fab Eri. Ac fe aeth Arthur ei hun i'r helfa a Chafall, ci Arthur yn ei law. Ac fe esgynnodd Caw o Brydain ar Lamrei, caseg Arthur, a chornelu'r baedd. Ac yna cymerodd Caw o Brydain nerth bwyell a daeth ef at y baedd yn wych a dewr ac fe holltodd ei ben yn ddau hanner. A chymerodd Caw yr ysgithrddant. Nid y cŵn a ddywedasai Ysbaddaden wrth Gulhwch a laddodd y baedd ond Cafall, ci Arthur ei hun.

Ac wedi lladd Ysgithrwyn Ben Baedd fe aeth Arthur a'i osgordd i Gelli Wig yng Nghernyw. Ac oddi yno fe anfonodd Menw fab Teirgwaedd i edrych a oedd y tlysau rhwng dwy glust Twrch Trwyth gan mor ddi-fudd fyddai mynd i ymryson ag ef oni bai fod y tlysau ganddo. Er hynny, yr oedd yn sicr ei fod ef yno. Yr oedd wedi diffeithio traean o Iwerddon. Aeth Menw i chwilio amdanynt. Dyma fel y gwelodd ef hwy yn Esgair Oerfel yn Iwerddon. Rhithiodd Menw ei hun yn ffurf aderyn a disgynnodd uwchben ei wâl a cheisio cipio un o'r tlysau oddi wrtho. Er hynny, ni chafodd ddim ond un o'i wrych. Cododd yntau'n nerthol ac ysgwyd ei hun hyd nes i beth o'r gwenwyn gyffwrdd ag ef. O hynny, ni bu Menw fyth yn ddianaf.

Wedi hynny, anfonodd Arthur negesydd at Odgar fab Aedd, brenin Iwerddon i erchi pair Diwrnach Wyddel, goruchwyliwr iddo. Archodd Odgar iddo ei roi.

Dywedodd Diwrnach, "Duw a ŵyr, pe byddai'n well o gael un golwg arno ni châi ef."

Daeth negesydd Arthur o Iwerddon gyda nacâd. Cychwynn-odd Arthur gyda gosgordd fechan a mynd yn ei long Prydwen a dod i Iwerddon. A chyrchu tŷ Diwrnach Wyddel a wnaeth-ant. Gwelodd gosgordd Odgar eu maint ac wedi iddynt fwyta ac yfed eu rhan archodd Arthur y pair. Dywedodd yntau pe rhoddai ef i neb fe'i rhoddai wrth air Odgar brenin Iwerddon. Wedi dweud ' na ' wrthynt, cododd Bedwyr ac ymaflyd yn y pair a'i roi ar gefn Hygwydd gwas Arthur, yr oedd hwnnw'n frawd o'r un fam i Gacamwri, gwas Arthur. Dyma oedd ei swydd ef yn barhaus,—cario pair Arthur a rhoi tân oddi tano. Cipiodd Llenlleawg Wyddel yng Nghaledfwlch a'i droi o gwmpas a lladd Diwrnach Wyddel a'i osgordd i gyd.

Daeth lluoedd Iwerddon i ymladd â hwy ac wedi i'r lluoedd i gyd ffoi aeth Arthur a'i wŷr i'r llong yn eu gŵydd, a'r pair gyda hwy yn llawn o drysor Iwerddon, a daethant i dir yn nhŷ Llwydeu fab Cel Coed ym Mhorth Cerddin yn Nyfed ac yno y mae Mesur y Pair.

Ac yna fe gynullodd Arthur yr holl ryfelwyr yn nhair ynys Prydain a'i thair rhagynys, a'r rhai a oedd yn Ffrainc a Llydaw, a Normandi a Gwlad yr Haf, a phob ci hela arbennig a march dethol, ac fe aeth â'r lluoedd hynny i gyd i Iwerddon. Ac yn Iwerddon fe fu ofn mawr a chrynu rhagddo. Ac wedi i Arthur ddod i dir daeth saint Iwerddon ato i erchi nawdd ganddo. Ac fe roddodd yntau nawdd iddynt hwy ac fe roddasant hwythau eu bendith arno ef. Daeth gwŷr Iwerddon at Arthur a rhoi tâl o fwyd iddo. Daeth Arthur i Esgair Oerfel yn Iwerddon lle yr oedd Twrch Trwyth a'i saith mochyn ieuanc gydag ef. Goll-yngodd gŵn arno o bob ochr. Fe ymladdodd y Gwyddelod ag ef y dydd hwnnw hyd yr hwyr. Er hynny, fe wnaed y bumed rhan o Iwerddon yn ddiffaith. A thrannoeth, fe ymladdodd gosgordd Arthur ag ef. Ar wahân i'r drwg a gawsant ganddo, ni chawsant ddim da. Y trydydd dydd fe ymladdodd Arthur ei hun ag ef am naw noson a naw niwrnod. Ni laddodd ond un porchell o'i foch. Gofynnodd y gwŷr i Arthur beth oedd hanes y mochyn hwnnw. Dywedodd yntau, "Bu'n frenin, ac fe rithiodd Duw ef yn fochyn am ei bechod."

Gyrrodd Arthur Wrhyr Gwalstawd Ieithoedd i geisio siarad ag ef. Aeth Gwrhyr yn ffurf aderyn a disgynnodd uwchben ei

wâl ef a'i saith mochyn ieuanc a gofynnodd Gwrhyr Gwalstawd
Ieithoedd iddo, "Er mwyn y gŵr a'th wnaeth yn y ffurf hon, os
gelli siarad, archaf i un ohonoch ddod i siarad ag Arthur."
Atebodd Grugyn Gwrych Ereint. Yr oedd ei wrych i gyd fel
adenydd arian. Fe welid fel y disgleiriai ei wrych y ffordd y
cerddai drwy goed a thros faes. Dyma'r ateb a roddodd Grugyn,
"Myn y gŵr a'n gwnaeth ni yn y ffurf hon, ni wnawn ac ni
ddywedwn ddim er gwaethaf Arthur. Fe wnaeth Duw ddigon
o ddrwg inni drwy ein gwneud yn y ffurf hon heb i chwithau
ddod i ymladd â ni."

"Fe ddywedaf wrthych yr ymladda Arthur am y grib a'r
ellyn a'r gwellau sydd rhwng dwy glust Twrch Trwyth."

Ebe Grugyn, "Ni cheir y tlysau hynny nes y ceir ei fywyd ef
yn gyntaf. A bore yfory fe gychwynnwn ni oddi yma ac fe
ddown i wlad Arthur, ac yno fe wnawn y maint mwyaf ag a
allom ni o ddrwg."

Cychwynasant hwy ar y môr tua Chymru, ac fe aeth Arthur
a'i luoedd a'i feirch a'i gŵn ym Mhrydwen, a chael cip arnynt.
Daeth Twrch Trwyth i dir ym Mhorth Clais yn Nyfed. Y nos
honno daeth Arthur i Fynyw. Drannoeth, dywedwyd wrth
Arthur eu bod wedi mynd heibio a goddiweddodd ef yn lladd
gwartheg Cynwas Cwryfagl, wedi lladd pob dyn ac anifail a
oedd yn Naugleddyf cyn i Arthur ddod.

O'r amser pan ddaeth Arthur fe gychwynnodd Twrch
Trwyth oddi yno hyd y Preselau. Daeth Arthur a lluoedd y byd
yno. Anfonodd Arthur ei wŷr i'r helfa, Eli a Thrachmyr a
Drudwyn, cenau Greid fab Eri yn ei law ei hun; a Gwarthegydd
fab Caw mewn cornel arall a dau gi Glythfyr Ledewig yn ei
law yntau ; a Bedwyr, a Chafall ci Arthur yn ei law yntau. A
threfnodd y milwyr i gyd ar ddwy ochr Nyfer. Daeth tri
mab Cleddyf Difwlch, gwŷr a gafodd glod mawr wrth ladd
Ysgithrwyn Ben Baedd. Ac yna fe gychwynnodd yntau o
Ddyffryn Nyfer ac fe ddaeth i Gwm Cerwyn, ac yno fe safodd
i'w hwynebu. Ac yna, fe laddodd ef bedwar rhyfelwr i Arthur,
Gwarthegydd fab Caw a Tharawg Allt Clwyd a Rheiddwn fab
Eli Adfer ac Isgofan Hael. Ac wedi lladd y gwŷr hynny fe'u
hwynebodd hwy eilwaith yn y lle. Ac fe laddodd Gwydre fab
Arthur a Garselid Wyddel a Glew fab Yscawd ac Isgawyn fab
Banon. Ac yna, fe'i dolurwyd yntau.

A'r bore trannoeth, ar flaen y dydd, goddiweddodd rhai o'r gwŷr ef. Ac yna, fe laddodd Huandaw a Gogigwr a Phenping-ion, tri gwas Glewlwyd Gafaelfawr, fel na wyddai Duw am was yn y byd ar ei helw yntau heblaw am Laesgenym ei hunan, gŵr nad oedd neb elwach o'i blegid. Ac yn ogystal â hynny fe laddodd lawer o wŷr y wlad a Gwlyddyn Saer, prif adeiladwr Arthur. Ac yna fe oddiweddodd Arthur ef ym Mheluniawg, ac yna fe laddodd yntau Fadawg fab Teithion a Gwyn fab Tringad fab Neued ac Eiriawn Penlloran. Ac oddi yna fe aeth ef i Aber Tywi ac yno fe'u hwynebodd. Ac yna fe laddodd ef Gynlas fab Cynan a Gwylenhin brenin Ffrainc. Oddi yna fe aeth i Ddyffryn Ystun, ac yna fe gollodd y gwŷr a'r cŵn ef.

Galwodd Arthur Wyn ap Nudd ato a gofyn iddo a wyddai ef ddim am Twrch Trwyth. Fe ddywedodd yntau na wyddai.

Yna, fe aeth yr holl helwyr cŵn i hela'r moch i Ddyffryn Llychwr. Ac fe ruthrodd Grugyn Gwallt Ereint a Llwydawg Gofyniad arnynt a lladd yr helwyr cŵn fel na ddihangodd dyn ohonynt yn fyw ond am un gŵr. Dyma a wnaeth Arthur, dod â'i luoedd i'r lle yr oedd Grugyn a Llwydawg ac yna gollwng arnynt bob ci a nodesid. Ac oherwydd y trwst a wnaed yna a'r cyfarth, fe ddaeth Twrch Trwyth a'u hamddiffyn hwy. Ac er pan ddaethent dros fôr Iwerddon ni welsai ef hwy hyd hynny. Yna, disgynnodd gwŷr a chŵn arno. Ymdrechodd yntau i deithio i Fynydd Amanw ac yna y lladdwyd banw o'i foch ef. Ac yna fe ymladdwyd fywyd am fywyd gydag ef ac yna fe laddwyd Twrch Llawin. Ac yna fe laddwyd un arall o'i foch— Gwys oedd ei enw. Ac oddi yna fe aeth i Ddyffryn Amanw ac yna fe laddwyd Banw a Benwig. Nid aeth yr un o'i foch oddi yno gydag ef yn fyw ond Grugyn Gwallt Ereint a Llwydawg Gofyniad.

O'r lle hwnnw fe aethant i Lwch Ewin, ac fe oddiweddodd Arthur ef yno. Safodd ei dir yno. Ac yna lladdodd ef Echel Forddwyd Twll ac Arwyli fab Gwyddawg Gwyr a llawer o wŷr a chŵn hefyd.

Ac oddi yna fe aethant i Lwch Tawy. Ymadawodd Grugyn Gwrych Ereint â hwy yna ac fe aeth Grugyn oddi yna i Ddin Tywi. Ac oddi yna fe aeth i Geredigion, ac Eil a Thrachmyr gydag ef, a lliaws gyda hwy hefyd. Ac fe ddaeth i Garth Gregyn ac yno y lladdwyd Grugyn yn eu plith, ac fe laddodd Ryddfyw

Rhys a llawer gydag ef. Ac yna fe aeth Llwydawg i Ystrad Yw. Ac yno fe gyfarfu ag ef wŷr Llydaw. Ac yna fe laddodd ef Hir Peisawg brenin Llydaw, a Llygadrudd Emys a Gwrfoddw, ewythredd Arthur, brodyr ei fam. Ac yna, fe'i lladdwyd yntau. Yna aeth Twrch Trwyth rhwng Tawy ac Ewias. Gwysiodd Arthur Gernyw a Dyfnaint i'w gyfarfod yn Aber Hafren. A dywedodd Arthur wrth filwyr yr ynys hon, "Fe laddodd Twrch Trwyth lawer o'm gwŷr. Myn gwrhydri gwŷr, nid aiff ef i Gernyw a mi yn fyw. Ni erlidiaf fi ef bellach ond ymladdaf ag ef, bywyd am fywyd. Gwnewch chwi yr hyn a fynnoch."

Dyma a wnaed ar ei gyngor ef : gollwng byddin o farchogion a chŵn yr ynys gyda hwy i Ewias a dychwelyd oddi yno i Hafren ac ymguddio i ymosod arno yno gan holl filwyr profedig yr ynys hon a'i yrru am ei fywyd i Hafren.

Ac aeth Mabon fab Modron gydag ef ar Wyn Myngddwn march Gweddw i Hafren, a Gorau fab Custennin a Menw fab Teirgwaedd rhwng Llyn Lliwan ac Aber Gwy. Ac ymosododd Arthur arno a rhyfelwyr Prydain gydag ef.

Dynesodd Osla Gyllellfawr a Manawydan fab Llŷr a Chacamwri gwas Arthur a Gwyngelli, a chau arno, a gafael yn ei draed yn gyntaf a'i wlychu yn Hafren nes bod y dŵr yn llifo drosto. Ysbardunodd Mabon fab Modron ei geffyl ar un ochr a chael yr ellyn oddi wrtho. Ac ar yr ochr arall fe ruthrodd Cyledyr Wyllt i Hafren ar geffyl arall ac fe ddygodd y gwellau oddi wrtho. Cyn cael cipio'r grib fe gafodd yntau ddaear o dan ei draed, ac o'r amser y cafodd y ddaear ni allodd na chi na dyn na march cyd-deithio ag ef hyd onid aeth i Gernyw. Yr hyn a gafwyd o ddrwg yn ceisio'r tlysau hynny oddi wrtho, fe gafwyd gwaeth yn ceisio amddiffyn y ddau ŵr rhag eu boddi. Fel y tynnid Cacamwri i fyny fe dynnai dau faen melin yntau i'r dyfnder. Wrth i Osla Gyllellfawr redeg ar ôl y Twrch fe syriodd ei gyllell o'i gwain ac fe'i collodd, ac wedi hynny ei wain yntau'n llawn dŵr. Fel y tynnid ef i fyny y tynnai hithau ef i'r dyfnder.

Oddi yna, fe aeth Arthur a'i fyddinoedd nes y'i goddiweddodd yng Nghernyw. Yr oedd y drwg a gafodd cyn hynny fel chwarae plant o'i gymharu â'r hyn a gafodd ganddo yna'n ceisio'r grib. O ddrwg i ddrwg y cafwyd y grib ganddo. Ac oddi yna y'i herlidiwyd yntau o Gernyw ac fe'i gyrrwyd ar ei union i'r môr. Ni wybuwyd fyth o hynny allan i ba le yr aeth, ac Aned ac Aethlem gydag ef. Ac oddi yno fe aeth Arthur i ymolchi ac i fwrw ei flinder oddi arno i Gelli Wig yng Nghernyw.

Dywedodd Arthur, "A oes rhai o'r rhyfeddodau heb eu cael yn awr ?"

Dywedodd un o'r gwŷr, "Oes, gwaed y Widdon Orddu, merch y Widdon Orwen o Bennant Gofid yng ngwrthdir uffern."

Cychwynnodd Arthur tua'r gogledd a dod i'r lle yr oedd ogof y wrach. A chynghorodd Gwyn fab Nudd a Gwythyr fab Greidawl anfon Cacamwri a Hygwydd ei frawd i ymladd â'r wrach. Ac fel y daethant i mewn i'r ogof fe gipiodd y wrach hwy a gafael yn Hygwydd gerfydd gwallt ei ben a'i daro yn y llawr oddi tani. A gafaelodd Cacamwri ynddi hithau gerfydd gwallt ei phen a'i thynnu oddi ar Hygwydd i'r llawr. A throi ar Gacamwri a wnaeth hithau a rhoi cosfa iddynt ill dau a'u diarfogi a'u gyrru allan gyda'u gwich a'u gwaedd.

A llidiodd Arthur o weld y ddau lanc ymron â'u lladd, a cheisio cipio'r ogof. Ac yna fe ddywedodd Gwyn a Gwythyr wrtho,

"Nid yw'n deg nac yn bleserus gennym dy weld yn ymgiprys â gwrach. Anfon Hir Amren a Hir Eiddil i'r ogof."

Fe aethant. Ac os bu trafferth y ddau o'r blaen yn ddrwg, bu trafferth y ddau hynny'n waeth, fel na wyddai Duw i un ohonynt ill pedwar allu mynd o'r lle ond fel y'u rhoddwyd ill pedwar ar Lamrei, caseg Arthur. Ac yna cipiodd Arthur fynediad yr ogof, ac o'r drws fe anelodd at y wrach gyda Charnwennan, ei gyllell, a'i tharo yn ei chanol hyd onid oedd hi'n ddau gelwrn. A chymerodd Caw o Brydain waed y Widdon, a'i gadw gydag ef.

Ac yna fe gychwynnodd Culhwch a Gorau fab Custennin gydag ef, a'r sawl a ddymunai ddrwg i Ysbaddaden Bencawr, i'r llys a'r rhyfeddodau ganddynt. A daeth Caw o Brydain i eillio ei farf, cig a chroen hyd ei asgwrn, a'i ddwy glust yn llwyr. Ac fe ddywedodd Culhwch,

"A eilliwyd di, ŵr ?"

"Eilliwyd fi," ebe yntau.

"Ai eiddo i minnau dy ferch di'n awr ?"

"Eiddot ti," ebe yntau. "Ac nid oes raid iti ddiolch i mi am hynny ond diolch i Arthur, y gŵr a'i henillodd hi iti. Ni chaet ti hi fyth o'm gwirfodd i. Ac y mae'n hen bryd i derfynu fy mywyd innau."

Ac yna fe afaelodd Gorau fab Custennin ynddo gerfydd gwallt ei ben a'i lusgo ar ei ôl i'r crug a thorri ei ben a'i roi ar bolyn y gadlys. A goresgynnodd y gaer a'i deyrnas. A'r nos honno fe gysgodd Culhwch gydag Olwen ac fe fu hi'n unig wraig iddo tra fu byw. A gwasgarodd lluoedd Arthur, bawb i'w wlad. Ac felly y cafodd Culhwch Olwen ferch Ysbaddaden Bencawr.

BREUDDWYD RHONABWY

Yʀ oedd Madog fab Maredudd yn llywodraethu Powys yn llwyr o ffin i ffin, hynny yw, o Borffordd hyd Wafan yn ucheldir Arwystli. Ac yn yr amser hwnnw yr oedd iddo frawd ; nid oedd yn ŵr cyfuwch ei safle ag ef. Iorwerth fab Maredudd oedd hwnnw. A chymerodd hwnnw ofid mawr a thristwch iddo'i hun o weld yr anrhydedd a'r gallu a oedd i'w frawd, ac yntau heb ddim. A chwiliodd am ei gyfeillion a'i frodyr maeth ac ymgynghori â hwy beth a wnâi ynghylch hynny. Dyma a benderfynasant, anfon rhai ohonynt i geisio cynhaliaeth ganddo. Cynigiodd Madog iddo swydd penteulu a gallu cystal ag a oedd iddo ef ei hun, a meirch ac arfau ac anrhydedd. A gwrthododd Iorwerth hynny a mynd ar herw i Loegr, a chreu celanedd a llosgi tai a dal carcharorion a wnaeth Iorwerth. A chymerodd Madog gyngor, a gwŷr Powys gydag ef. Dyma a benderfynasant, gosod can gŵr ymhob tri chwmwd ym Mhowys i'w geisio. Fe gyfrifent fod tir âr Powys, o Aber Ceiriog yn Halictwn hyd Ryd Wilfre ar Efyrnwy, gystal â'r tri chwmwd gorau a oedd ym Mhowys. A'r hwn na fyddai dda arno gyda mintai yn y tir âr hwnnw, ni fyddai dda arno yn unman ym Mhowys. A hyd yn Nidlystwn, trefgordd yn y tir âr hwnnw, yr ymrannodd y gwŷr hynny.

Ac yr oedd gŵr ar yr ymgyrch hwnnw, dyma oedd ei enw, Rhonabwy. Ac fe ddaeth Rhonabwy a Chynwrig Frychgoch, gŵr o Fawddwy, a Chadwgan Fras, gŵr o Foelfre yng Nghynllaith, i dŷ Heilyn Goch fab Cadwgan fab Iddon i gyrchu llety. A phan ddaethant tua'r tŷ dyma a welent, hen annedd burddu, unionsyth ei thalcen, a digonedd o fwg yn dod ohoni. A phan ddaethant i mewn fe welent lawr pyllog, anwastad ; yn y man y byddai twmpath ynddo, o'r braidd y safai dyn arno gan mor llithrig oedd y llawr gan fiswail a thail gwartheg. Yn y man y byddai pwll, âi'r dyn dros figwrn ei droed gan gymysgedd o ddŵr a thail y gwartheg, a bonion celyn yn niferus ar y llawr wedi i'r gwartheg bori'r brig. A phan ddaethant i gyntedd y tŷ fe welent esgynloriau llychlyd, noeth, a gwrach yn cadw tân ynghŷn ar y naill esgynlawr. A phan ddelai oerni arni fe fwriai arffedaid o'r us am ben y tân hyd nad oedd hawdd i ddyn yn y byd ddioddef y mwg hwnnw'n mynd i mewn i'w ddwy ffroen. Ac ar yr esgynlawr arall fe welent groen anner melyn ar yr esgynlawr. A braint fawr gan bob un ohonynt fyddai cael mynd ar y croen hwnnw.

Ac wedi iddynt eistedd, gofynasant i'r wrach pa le yr oedd dynion y tŷ ac ni ddywedai'r wrach wrthynt ddim ond anfoesgarwch. Ac ar hynny, wele'r dynion yn dod, gŵr gwalltgoch, hanner moel, crychlyd ei wedd a baich o briciau tân ar ei gefn, a gwraig fain, lwydaidd, fechan a baich dan ei chesail hithau. A chroeso oeraidd a roesant i'r gwŷr. A chyneuodd y wraig dân brigau iddynt a mynd i bobi a dwyn y bwyd iddynt, bara haidd a chaws a llefrith glastwr. Ac ar hynny, wele, cododd gwynt a glaw hyd nad oedd yn hawdd i neb fynd allan onid o raid. A chan mor anesmwyth ganddynt fuasai eu taith diffygiasant a mynd i gysgu. A phan edrychwyd ar yr orweddfan nid oedd arni ddim ond gwellt byr, llychlyd, chweinllyd a bonion brigau'n niferus ynddi wedi i'r ychen bori hynny o wellt a oedd arni uwch eu pennau ac oddi tan eu traed. Carthen lwytgoch, un lom, galed a thyllog a daenwyd arni, a chwrlid bras, tyllog, carpiog ar ben y garthen a gobennydd hanner gwag a chas gobennydd budr iawn iddo ar ben y cwrlid. Ac aethant i gysgu. A disgynnodd cwsg yn drwm ar ddau gydymaith Rhonabwy wedi i'r chwain a'r anesmwythder eu blino. A meddyliodd Rhonabwy, gan na allai na chysgu na gorffwys, ei bod yn llai poenus iddo fynd i'r esgynlawr i gysgu ar groen melyn yr anner. Ac yno y cysgodd.

A chyn gynted ag y daeth cwsg i'w lygaid fe roddwyd gweledigaeth iddo ei fod ef a'i gymdeithion yn teithio ar draws Maes Argyngroeg, a'i fryd a'i fwriad, fel y tebygai ef, oedd tua Rhyd y Groes ar Hafren. Ac fel yr oedd yn teithio fe glywai dwrw, a thwrw tebyg i hwnnw ni chlywsai erioed. Ac edrychodd yn ei ôl. Dyma a welai, gŵr ieuanc gwallt melyn cyrliog a'i farf newydd ei heillio, ar farch melyn. Ac o ben ei ddwy goes ôl a phen ei goesau blaen i lawr yr oedd yn las. A phais sidanwe felen am y marchog wedi ei gwnïo ag edafedd glas, a chleddyf â dwrn aur ar ei glun a gwain o ledr Cordofa newydd amdano, a charrai o ledr ewig a bwcwl aur arni. Ac ar ben hynny, mantell sidanwe felen wedi ei gwnïo â sidan glas, a godreon y fantell yn las, ac yr oedd y cyfan o wisg y marchog a'i farch a oedd yn las cyn lased â dail ffynidwydd, a'r hyn a oedd yn felyn ohoni yr oedd cyn felyned â blodau'r banadl. Ac mor ffyrnig y gwelent y marchog fel y cawsant ofn a dechrau ffoi. A'u hymlid a wnaeth y marchog. A phan anadlai'r march allan fe bellhâi'r gwŷr oddi wrtho. A phan dynnai ei anadl i mewn nesaent hwythau ato hyd at fron y march. A phan oddiweddodd hwy, gofynasant nawdd ganddo.

"Fe'i cewch yn llawen ac na fydded ofn arnoch."

"Unben, gan iti roi nawdd inni, a ddywedi di wrthym pwy wyt ti ?" ebe Rhonabwy.

"Ni chelaf fy ngharennydd rhagot : Iddawg fab Mynio. Ond gan mwyaf nid wrth fy enw y'm gelwir ond wrth fy llysenw."

"A ddywedi di wrthym beth yw dy lysenw ?"

"Dywedaf. Iddawg Cordd Prydain y'm gelwir."

"Unben," ebe Rhonabwy, "pa reswm y'th elwir dithau felly ?"

"Fe ddywedaf y rheswm wrthyt."

"Un o'r negeswyr oeddwn ym mrwydr Camlan rhwng Arthur a Medrawd ei nai. A gŵr ieuanc nwyfus oeddwn i'r pryd hwnnw, a chan mor chwannog oeddwn i frwydr fe godais derfysg rhyngddynt. Dyma'r fath derfysg a wneuthum : pan yrrai'r ymherodr Arthur fi i fynegi i Fedrawd ei fod yn dadmaeth ac yn ewythr iddo ac i erchi tangnefedd rhag lladd meibion brenhinoedd ynys Prydain a'u huchelwyr a phan ddywedai Arthur yr ymadrodd mwynaf a allai wrthyf, fe ddywedwn innau'r ymadrodd hwnnw cyn hacred ag y gallwn wrth Fedrawd. Ac am hynny y'm henwyd innau Iddawg Cordd Brydain. Ac felly y gwewyd brwydr Camlan. Ac er hynny, dair noson cyn gorffen brwydr Camlan yr ymadewais â hwy ac yr euthum hyd at Y Llech Las ym Mhrydain i wneud penyd. Ac yno y bûm am saith mlynedd yn gwneud penyd. A chefais drugaredd."

Ar hynny, wele, fe glywent dwrw a oedd yn fwy o lawer na'r twrw gynt. A phan edrychasant tua'r twrw, wele, was melyngoch ieuanc heb farf a heb fwstas ganddo a golwg arglwydd arno, ar farch mawr. Ac yr oedd y march yn felyn o ben ei ddwy goes ôl ac o ben ei goesau blaen i lawr. Ac yr oedd gwisg sidanwe goch am y gŵr wedi ei gwnïo â sidan melyn, a godreon

y fantell yn felyn. Ac yr oedd yr hyn a oedd yn felyn o'i wisg
ef a'i farch cyn felyned â blodau'r banadl, a'r hyn a oedd yn
goch ohonynt cyn goched â'r gwaed cochaf yn y byd. Ac yna,
wele'r marchog yn eu goddiweddyd ac yn gofyn i Iddawg a
gâi ef ran o'r dynion bychain hynny ganddo.

"Y rhan sy'n gweddu imi ei rhoi, fe'i rhoddaf ; bod yn gyd-
ymaith iddynt fel y bûm innau." A hynny a wnaeth y marchog
a mynd ymaith.

"Iddawg," ebe Rhonabwy, "pwy oedd y marchog hwn ?"

"Rhwawn Bebyr fab Deorthach Wledig."

Ac yna fe deithiasant ar draws maes mawr Argyngroeg i Ryd
y Groes ar Hafren. A milltir oddi wrth y rhyd o boptu'r ffordd
fe welent y lluestai a'r pebyll a chynulliad llu mawr. A daethant
i lan y rhyd. Dyna lle y gwelent Arthur yn eistedd mewn dôl
wastad islaw'r rhyd, Bedwin Esgob o'r naill ochr iddo a
Gwarthegydd fab Caw o'r ochr arall, a llanc gwinau mawr
yn sefyll ger eu bron a'i gleddyf yn y wain yn ei law, a phais a
mantell sidanwe burddu amdano, a'i wyneb cyn wynned ag
asgwrn yr eliffant a chyn dduded ei aeliau â'r muchudd. A lle y
gwelai dyn ddim o'i arddwrn rhwng ei fenyg a'i lewys, gwynn-
ach oedd na'r lili a thewach oedd na chroth coes milwr. Ac
yna daeth Iddawg a hwythau gydag ef gerbron Arthur a
chyfarch gwell iddo.

"Duw fyddo'n dda wrthyt," ebe Arthur. "Pa le, Iddawg, y
cefaist ti'r dynion bychain hynny ?"

"Fe'u cefais, arglwydd, yn uwch i fyny ar y ffordd."

Dyna a wnaeth yr ymherodr, cilwenu.

"Arglwydd," ebe Iddawg, "am beth y chwerddi di ?"

"Iddawg," ebe Arthur, "nid chwerthin a wnaf, yn hytrach
mor flin yw gennyf fod dynion cyn saled â'r rheini'n gwarchod
yr ynys hon ar ôl gwŷr cystal â'i gwarchododd gynt."

Ac yna fe ddywedodd Iddawg,

"Rhonabwy, a weli di'r fodrwy a'r garreg ynddi ar law yr
ymherodr ?"

"Gwelaf," ebe ef.

"Un o rinweddau'r garreg yw dy atgoffa am yr hyn a welaist
ti yma heno ; a phe na welsit ti'r garreg ni ddôi cof iti am ddim
o hyn o dro."

Ac wedi hynny fe welai fyddin yn dod tua'r rhyd.

"Iddawg," ebe Rhonabwy, "pwy biau'r fyddin acw ?"

"Cymdeithion Rhwawn Bebyr fab Deorthach Wledig. A'r gwŷr acw a gânt fedd a bragod yn anrhydeddus, ac a gânt ymgaru â merched brenhinoedd ynys Prydain yn ddiwarafun, ac y mae ganddynt hawl i hynny canys ymhob brwydr fe ddônt yn ei flaen ac yn ei ôl."

Ac ni welai liw gwahanol nac ar farch nac ar ŵr o'r fyddin honno ond eu bod cyn goched â'r gwaed. Ac os gwahanai un o'r marchogion oddi wrth y fyddin honno byddai'n debyg i golofn dân yn codi i'r awyr. A phebyllai'r fyddin honno uwch y rhyd.

Ac ar hynny fe welent fyddin arall yn dod tua'r rhyd. Ac o fwâu blaen cyfrwyau'r meirch i fyny yr oeddynt cyn wynned â'r lili, ac o hynny i lawr cyn dued â'r muchudd. Fe welent farchog yn rhagflaenu ac yn ysbarduno ei farch yn y rhyd hyd oni thasgodd y dŵr dros Arthur a'r esgob a'r rhai a oedd yn y cyngor gyda hwy hyd onid oeddent cyn wlyped â phe'u tynnid hwy o'r afon. Ac fel yr oedd yn troi pen ei farch, fe drawodd y llanc a oedd yn sefyll o flaen Arthur y march ar ei ddwyffroen gyda'r cleddyf yn y wain hyd onid oedd yn rhyfeddod na bai'n torri pe'i trewid ar ddur, heb sôn am gig neu asgwrn. A thynnodd y marchog ei gleddyf hyd at hanner ei wain a gofyn iddo,

"Pam y trewaist ti fy march i, ai er amarch imi ai er cyngor imi ?"

"Yr oedd yn rhaid iti wrth gyngor. Pa ynfydrwydd a wnâi iti farchogaeth mor fyrbwyll fel y tasgai'r dŵr o'r rhyd dros Arthur a'r esgob cysegredig a'u cynghorwyr hyd onid oeddent cyn wlyped â phe'u tynnid hwy o'r afon ?"

"Fe'i cymeraf innau fel cyngor."

A throdd ben ei farch drachefn tua'i fyddin.

"Iddawg," ebe Rhonabwy, "pwy oedd y marchog yna gynnau ?"

"Y llanc ieuanc a ystyrir y mwyaf medrus a doeth yn y deyrnas hon, Addaon fab Taliesin."

"Pwy oedd y gŵr a drawodd ei farch yntau ?"

"Llanc ystyfnig, ffyrnig, Elffin fab Gwyddno."

Ac yna fe ddywedodd gŵr balch, golygus a chanddo ymadrodd huawdl, eofn ei bod yn rhyfeddod cynnwys llu cymaint â hwn mewn lle mor gyfyng â hwnnw, a rhyfeddach oedd ganddo fod yma'r awron rai a addawsai fod ym Mrwydr Baddon erbyn hanner dydd yn ymladd ag Osla Gyllellfawr.

"A dewis di pa un a ei di ai peidio."

"Fe af i."

"Gwir a ddywedi," ebe Arthur, "ac awn ninnau gyda'n gilydd."

"Iddawg," ebe Rhonabwy, "pwy yw'r gŵr a siaradodd mor hy wrth Arthur ag y siaradodd y gŵr gynnau ?"

"Gŵr yr oedd ganddo hawl i siarad gyn eofned ag y mynnai wrtho, Caradog Freichfras fab Llŷr Marini, pen cynghorwr a'i gefnder."

Ac wedi hynny fe gymerodd Iddawg Ronabwy o'r tu ôl iddo a chychwynnodd y llu mawr hwnnw, pob byddin yn ei phriod le, tua Chefn Digoll. Ac wedi iddynt ddod i ganol y rhyd ar Hafren, trodd Iddawg ben ei farch yn wysg ei gefn ac edrych-odd Rhonabwy ar ddyffryn Hafren. Dyma a welai, dwy fyddin fwyaf hywedd yn dod tua'r rhyd ar Hafren, a byddin wen, eglur yn dod a mantell sidanwe wen am bob un ohonynt a godreon pob un yn burddu, a phen coesau blaen a phennau coesau ôl y meirch yn burddu, a'r meirch yn gwbl welw-wyn heblaw am hynny a'u baneri yn burwyn a blaen pob un ohonynt yn burddu.

"Iddawg," ebe Rhonabwy, "pwy yw'r fyddin burwen acw ?"

"Gwŷr Llychlyn yw'r rhai hynny a March fab Meirchawn yn arweinydd arnynt. Y mae hwnnw'n gefnder i Arthur."

Ac wedi hynny fe welai fyddin a gwisg burddu am bob un ohonynt a godreon pob mantell yn burwyn, ac o ben eu dwy goes ôl a phen dwy goes flaen y meirch yn burwyn a'u baneri yn burddu a blaen pob un ohonynt yn burwyn.

"Iddawg," ebe Rhonabwy, "pwy yw'r fyddin burddu acw ?"

"Gwŷr Denmarc ac Edern fab Nudd yn arweinydd arnynt."

A phan oddiweddasant y llu yr oedd Arthur a'i lu o'r Cedyrn wedi disgyn islaw Caer Faddon. Fe welai yntau ei fod ef ac Iddawg yn teithio y ffordd y teithiai Arthur. Ac wedi iddynt ddisgyn fe glywai dwrw mawr, ofnadwy ymhlith y llu. A'r gŵr a fyddai ar ymyl y llu yr awron a fyddai'r eildro yn eu canol. A'r hwn a fyddai yn eu canol a fyddai ar yr ymyl. Ac wele, ar hynny, fe welai farchog yn dod ac arfwisg amdano ef a'i farch yr oedd ei modrwyau cyn wynned â'r lili wynnaf a hemau cyn goched â'r gwaed cochaf, a hwnnw'n marchogaeth ymhlith y llu.

"Iddawg," ebe Rhonabwy, "ai ffoi rhagof fi a wna'r llu ?"

"Ni ffodd yr ymherodr Arthur erioed a phe clywid gennyt yr ymadrodd hwn fe fyddit yn ŵr marw. Ond y marchog a weli di acw, Cai yw hwnnw; Cai yw'r gŵr tecaf sy'n marchogaeth yn llys Arthur. A'r gŵr ar ymyl y llu sy'n brysio'n ôl i'r canol i edrych ar Gai yn marchogaeth, a'r gŵr yn y canol sy'n ffoi i'r ymyl rhag ei friwio gan y march. A hynny yw ystyr cynnwrf y llu."

Ar hynny fe glywent alw am Gadwr, Iarll Cernyw. Wele yntau'n codi a chleddyf Arthur yn ei law a llun dwy sarff aur ar y cleddyf. A phan dynnid y cleddyf o'r wain fe welid megis dwy fflam dân o eneuau'r seirff. Ac nid oedd yn hawdd i neb edrych ar hwnnw gan ei aruthred. Ar hynny, wele'r llu yn ymdawelu a'r cynnwrf yn peidio. A dychwelodd yr Iarll i'r pebyll.

"Iddawg," ebe Rhonabwy, "pwy oedd y gŵr a ddygodd y cleddyf i Arthur ?"

"Cadwr, Iarll Cernyw, gŵr y mae ganddo'r hawl i wisgo ei arfau am y brenin yn nydd brwydr ac ymladd."

Ac ar hynny fe glywent alw am Eiryn Wych Amheibyn, gwas Arthur, gŵr garw, cochlyd, hyll a mwstas coch ganddo a blew syth ynddo. Wele yntau'n dod ar farch coch, mawr a'i fwng wedi ei rannu o boptu i'w war, a phwn mawr, hardd ganddo. A disgynnodd y gwas coch, mawr gerbron Arthur a thynnu cadair aur o'r pwn a mantell sidanwe eurfrodiog. A thaenodd y fantell gyda chnepyn rhuddaur ar bob cornel iddi gerbron Arthur a gosod y gadair ar y fantell, a chymaint oedd y gadair fel y gallai tri milwr arfog eistedd arni. Gwen oedd enw'r fantell ac un o gyneddfau'r fantell oedd na welai neb y dyn y rhoddid hi o'i amgylch ond fe welai ef bawb, ac nid arhosai unrhyw liw arni fyth heblaw ei lliw ei hun. Ac eisteddodd Arthur ar y fantell ac Owain fab Urien yn sefyll ger ei fron.

"Owain," ebe Arthur, "a chwaraei di wyddbwyll ?"

"Fe chwaraeaf, arglwydd," ebe Owain.

A daeth y llanc coch â'r wyddbwyll i Arthur ac Owain, darnau aur a bwrdd arian, a dechrau chwarae a wnaethant.

A phan oeddynt felly'n fwyaf difyr ganddynt eu chwarae

uwch y wyddbwyll, wele, fe welent sgwier ieuanc pengyrliog,
gwallt melyn, llygatlas, a'i farf yn dechrau tyfu, a gwisg a
swrcot sidanwe felen amdano a dwy hosan o frethyn gwyrdd-
felyn tenau am ei draed, yn dod o babell wen, goch ei brig a
ffurf sarff burddu ar ben y babell a llygaid rhuddgoch, gwen-
wynig ym mhen y sarff a'i thafod yn fflamgoch. A dwy esgid
uchel o ledr Cordofa brith dros yr hosanau a byclau aur am
figyrnau ei draed yn eu cau ; a chleddyf eurddwrn, trwm â
thair rhigol ar hyd-ddo a gwain o ledr Cordofa du amdano a
swch o ruddaur coeth ar flaen y wain, ac yntau'n dod tua'r lle
yr oedd yr ymherodr ac Owain yn chwarae gwyddbwyll. A
chyfarch gwell a wnaeth y sgwier i Owain, a rhyfeddodd Owain
i'r sgwier gyfarch gwell iddo ef ac na fu iddo gyfarch yr
ymherodr Arthur. A gwyddai Arthur mai am hynny y medd-
yliai Owain a dywedodd wrth Owain,
    "Paid â rhyfeddu i'r sgwier gyfarch gwell iti'r awron. Fe'm
cyfarchodd innau gynnau. Ac atat tithau y mae ei neges ef."
Ac yna fe ddywedodd y sgwier wrth Owain,
    "Arglwydd, ai gyda'th ganiatâd di y mae gweision ieuainc
yr ymherodr a'i sgwieriaid yn ymgiprys ac yn aflonyddu ac
yn blino dy frain? Ac os nad gyda'th ganiatâd, pâr i'r ymher-
odr eu gwahardd."
    "Arglwydd," ebe Owain, "fe glywi di beth a ddywed y
sgwier. Os yw'n dda gennyt ti gwahardd hwy rhag fy mrain
bychain."
    "Chwarae dy chwarae," ebe ef.
Ac yna fe ddychwelodd y sgwier tua'i babell.
    Terfynu'r chwarae hwnnw a wnaethant a dechrau un arall.
A phan oeddent ar ganol y chwarae dyma lanc ieuanc, coch ei
bryd, crychlyd iawn ei wallt gwinau, llygadog, cydnerth, wedi
eillio ei farf, yn dod o babell burfelen a ffurf llew purgoch ar
frig y babell. A gwisg sidanwe felen amdano cyfuwch â main
ei goes, wedi ei gwnïo ag edafedd sidan coch. A dwy hosan am
ei draed o fwcran gwyn, tenau ac ar ben ei hosanau ddwy
esgid uchel o ledr Cordofa du am ei draed a byclau euraid
arnynt. A chleddyf mawr, trwm â thair rhigol ar hyd-ddo yn
ei law a gwain o groen hydd coch iddo a swch euraid ar y wain,
a'r llanc yn dod tua'r lle yr oedd Arthur ac Owain yn chwarae
gwyddbwyll, a chyfarch gwell iddo. A bu'n ddrwg gan Owain

gyfarch gwell iddo ond ni fu'n waeth gan Arthur na'r tro cynt. Dywedodd y sgwier wrth Owain,

"Ai o'th anfodd di y mae sgwieriaid yr ymherodr yn clwyfo dy frain ac yn lladd eraill ac yn poeni eraill ? Ac os o'th anfodd di y mae hyn, pâr iddo eu gwahardd."

"Arglwydd," ebe Owain, "gwahardd dy wŷr os yw'n dda gennyt ti."

"Chwarae dy chwarae," ebe'r ymherodr. Ac yna fe ddychwelodd y sgwier tua'i babell.

Terfynwyd y chwarae hwnnw a dechrau un arall. Ac fel yr oeddent yn dechrau'r symudiad cyntaf o'r chwarae, dyna a welent ychydig oddi wrthynt, y babell felen fraith fwyaf a welodd neb a ffurf eryr o aur arni a charreg werthfawr ym mhen yr eryr. Yn dod o'r babell, fe welent sgwier â gwallt melyn, crych ar ei ben yn deg, osgeiddig, a mantell sidanwe las amdano. A thlws aur yn ei fantell ar yr ysgwydd dde iddo cyn dewed â thrydydd bys milwr. A dwy hosan am ei draed o frethyn Totnes tenau a dwy esgid o ledr Cordofa brith am ei draed a byclau aur arnynt. Yr oedd y llanc yn foneddigaidd ei olwg a chanddo wyneb gwyn, bochgoch a llygaid mawr, hebogaidd. Yn llaw'r sgwier yr oedd picell lydan, fraith, felen a phen newydd ei hogi arni ac ar y bicell faner amlwg. Daeth y sgwier yn llidiog, angerddol ar duth cyflym tua'r lle yr oedd Arthur yn chwarae ag Owain uwchben y wyddbwyll. A sylweddoli a wnaethant ei fod yn llidiog. Ac er hynny, cyfarchodd well i Owain a dweud wrtho ddarfod lladd y mwyaf arbennig o'r brain, "a'r rheini ohonynt na laddwyd a glwyfwyd ac a niweidiwyd gymaint fel na ddichon yr un ohonynt godi eu hadenydd chwe troedfedd oddi wrth y ddaear."

"Arglwydd," ebe Owain, "gwahardd dy wŷr."

"Chwarae," ebe ef, "os mynni di."

Ac yna fe ddywedodd Owain wrth y sgwier,

"Dos yn dy flaen, a chwyd y faner yn y lle y gweli di'r frwydr galetaf. A'r hyn a fynno Duw, bydded."

Ac yna fe gerddodd y sgwier yn ei flaen i'r lle yr oedd y frwydr galetaf ar y brain, a chodi'r faner. Ac fel y'i dyrchafai fe gyfodent hwythau i'r awyr yn llidiog, angerddol, orfoleddus i ollwng gwynt i'w hadenydd ac i fwrw eu lludded oddi arnynt. Ac wedi iddynt gael eu nerth atynt a'u gallu arbennig, yn

llidiog, orfoleddus y gostyngasant ar unwaith gyda'i gilydd i'r
llawr ar ben y gwŷr a barasai lid a phryder a cholled iddynt cyn
hynny. Dygent bennau rhai, llygaid eraill, clustiau eraill, a
breichiau eraill. A'u codi i'r awyr a wnaent. A bu cynnwrf
mawr yn yr awyr gan guriad adenydd y brain gorfoleddus a'u
crawc, a chynnwrf mawr arall gan sgrechian y gwŷr yn cael eu
clwyfo a'u hanafu ac eraill yn cael eu lladd. Ac mor frawychus
fu gan Arthur â chan Owain, uwchben y wyddbwyll, glywed y
cynnwrf.

A phan edrychasant fe glywent farchog ar farch brychlas yn
dod atynt. Lliw rhyfedd iawn a oedd ar ei farch, yn frychlas a'i
goes flaen dde iddo'n burgoch, ac o ben ei goesau hyd at y
chwydd yn union uwchben ei garn yn burfelyn ganddo ; y
marchog a'i farch yn gyflawn o arfau trymion, estronol. Yr
oedd mantell ei farch o fwa blaen ei gyfrwy i fyny yn syndal
purgoch ac o'r bwa i lawr yn syndal purfelyn. Cleddyf mawr
un min â dwrn aur ar glun y llanc a gwain burlas newydd iddo,
a swch ar y wain o fetel melyn Sbaen. Gwregys y cleddyf oedd
o ledr blewog du ac addurn traws wedi ei oreuro arno, bwcl o
asgwrn eliffant arno a thafod purddu ar y bwcl. Helm euraid
a oedd ar ben y marchog a cherrig gwerthfawr, mawr eu
rhinwedd ynddi. Ac ar ben yr helm ffurf llewpard melyn-
goch a dwy garreg ruddgoch yn ei ben, fel yr oedd yn fraw-
ychus i filwr, er mor eofn fyddai ei galon, edrych yn wyneb y
llewpard heb sôn am edrych yn wyneb y milwr. Gwaywffon â
choes las hirdrwm yn ei law ac o'i dwrn i fyny yr oedd blaen
y waywffon yn rhuddgoch gan waed y brain a'u plu. Daeth
y marchog tua'r lle yr oedd Arthur ac Owain uwchben y
wyddbwyll. A sylweddoli a wnaethant ei fod yn lluddedig ac
yn llidiog flin yn dod atynt. Cyfarchodd y sgwier well i Arthur
ac fe ddywedodd fod brain Owain yn lladd ei weision ieuainc
a'i sgwieriaid. Ac edrychodd Arthur ar Owain a dweud,
    "Gwahardd dy frain."
    "Arglwydd,," ebe Owain, "chwarae dy chwarae."
A chwarae a wnaethant. Dychwelodd y marchog drachefn
tua'r frwydr ac ni waharddwyd y brain fwy na chynt.

A phan oeddynt wedi chwarae am beth amser fe glywent
gynnwrf mawr a sgrechian gwŷr a chrawcian brain yn dwyn y
gwŷr yn eu nerth i'r awyr ac yn eu hysglyfaethu rhyngddynt ac

yn eu gollwng yn ddarnau i'r llawr. Ac o'r cynnwrf fe welent
farchog yn dod ar farch gwelw, gwyn a choes chwith y march
yn burddu hyd at y chwydd uwch ei garn ; y marchog a'i
farch yn gyflawn o arfau gleision mawr a thrwm. Mantell
sidanwe rychiog, felen amdano a godreon ei fantell yn las.
Mantell ei farch yn burddu a'i godreon yn burfelyn. Ar glun
y sgwier yr oedd cleddyf hirdrwm â thair rhigol ar hyd-ddo ac
iddo wain o ledr coch wedi ei ysgythru, a'r gwregys o groen hydd
coch, newydd a llawer o addurniadau traws aur arno. A bwcl
o asgwrn morfil arno a thafod burddu iddo. Helm euraid ar
ben y marchog a cherrig saffir rhiniol ynddi. Ac ar ben yr helm,
ffurf llew melyngoch a'i dafod yn fflamgoch droedfedd allan
o'i ben a llygaid rhuddgoch, gwenwynig yn ei ben. Deuai'r
marchog â gwaywffon onnen fras yn ei law a phen newydd,
gwaedlyd arni ac ynddo hemau arian. A chyfarch gwell i'r
ymherodr a wnaeth y sgwier.

"Arglwydd," ebe ef, "fe ddarfu lladd dy sgwieriaid a'th
weision ieuainc a meibion uchelwyr ynys Prydain fel na fydd
hi'n hawdd cynnal yr ynys hon fyth o heddiw allan."

"Owain," ebe Arthur, "gwahardd dy frain."

"Chwarae, arglwydd," ebe Owain, "y chwarae hwn."

Darfu'r chwarae hwnnw a dechrau un arall. A phan oedd-
ynt ar ddiwedd y chwarae hwnnw, wele, fe glywent gynnwrf
mawr a sgrechian gwŷr arfog a chrawcian brain a churiad eu
hadenydd yn yr awyr, yn gollwng yr arfau yn gyfain i'r llawr
ac yn gollwng y gwŷr a'r meirch yn ddarnau i'r llawr. Ac yna
fe welent farchog ar farch carnddu, penuchel a phen coes
chwith i'r march yn burgoch a'r goes dde iddo hyd at y chwydd
uwch eu garn yn burwyn. Yr oedd y marchog a'i farch yn
arfog o arfau melyn, ysmotiog wedi eu brithio â metel melyn
Sbaen. A mantell amdano ef ac am ei farch yn ddau hanner,
gwyn a phurddu a godreon ei fantell o borffor euraid a
chleddyf â dwrn aur gloyw â thair rhigol ar hyd-ddo ar ben ei
fantell. Gwregys y cleddyf a oedd o liain eurfelyn a bwcl arno
o amrant morfil purddu a thafod o aur melyn ar y bwcl. Helm
loyw a oedd am ben y marchog o fetel melyn a cherrig crisial,
gloyw ynddi. Ac ar ben yr helm yr oedd llun aderyn griffwnt a
charreg riniol yn y pen. Roedd gwaywffon onnen â choes gron
yn ei law wedi ei lliwio ag asur glas. Pen newydd, gwaedlyd

a oedd ar y goes wedi ei hemio ag arian coeth. A daeth y marchog yn llidiog i'r lle yr oedd Arthur a dweud ddarfod i'r brain ladd ei osgordd a meibion uchelwyr yr ynys hon ac erchi iddo beri i Owain wahardd ei frain. Yna fe archodd Arthur Owain wahardd ei frain. Ac yna fe wasgodd Arthur y darnau a oedd ar y bwrdd hyd onid oeddynt i gyd yn llwch, ac fe archodd Owain i Wres fab Rheged ostwng ei faner. Ac yna y'i gostyngwyd ac y tangnefeddwyd popeth.

Yna, fe ofynnodd Rhonabwy i Iddawg pwy oedd y tri gŵr cyntaf a ddaeth at Owain i ddweud wrtho fod ei frain yn cael eu lladd. Ac fe ddywedodd Iddawg,

"Gwŷr yr oedd yn ddrwg ganddynt weld colled yn dod i Owain, cydarweinwyr iddo a chymdeithion, Selyf fab Cynan Garwyn o Bowys a Gwgan Gleddyfrudd a Gwres fab Rheged, y gŵr sy'n dwyn ei faner yn nydd brwydr ac ymladd."

"Pwy," ebe Rhonabwy, "oedd y tri gŵr diwethaf a ddaeth at Arthur i ddweud wrtho fod y brain yn lladd ei wŷr ?"

"Y gwŷr gorau," ebe Iddawg, "a'r dewraf a'r rhai yr oedd yn fwyaf cas ganddynt weld colledu Arthur o ddim, Blathaon fab Mwrheth a Rhwawn Bybyr fab Deorthach Wledig a Hyfeidd Unllen."

Ac ar hynny, wele, bedwar marchog ar hugain yn dod oddi wrth Osla Gyllellfawr i geisio heddwch gan Arthur hyd ymhen pythefnos a mis. Dyma a wnaeth Arthur, codi a mynd i ymgynghori. Ac fe aeth tua'r lle yr oedd gŵr mawr, pen cyrliog, gwinau bellter oddi wrtho. Ac yno fe ddygwyd ei gynghorwyr ato : Bedwin esgob a Gwarthegydd fab Caw a March fab Meirchawn a Chradog Freichfras a Gwalchmai fab Gwyar ac Edyrn fab Nudd a Rhwawn Bybyr fab Deorthach Wledig a Rhiogan fab brenin Iwerddon a Gwenwynnwyn fab Naf, Hywel fab Emyr Llydaw, Gwilym fab brenin Ffrainc a Daned fab Oth a Gorau fab Custennin a Mabon fab Modron a Pheredur Paladr Hir a Hyfeidd Unllen a Thwrch fab Perif, Nerth fab Cadarn a Gobrw fab Echel Forddwyd Twll, Gweir fab Gwestel ac Adwy fab Geraint, Dyrstan fab Tallwch, Morien Manawg, Granwen fab Llŷr a Llacheu fab Arthur a Llawfrodedd Farfog a Chadwr Iarll Cernyw, Morfran Eil Tegid a Rhyawdd Eli Morgant a Dyfyr fab Alun Dyfed, Gwryr Gwalstod Ieithoedd, Addaon fab Taliesin a Llara fab Casnar

Wledig a Ffleudur Fflam a Greidiawl Gallddofydd, Gilbert fab Cadgyffro, Menw fab Teirgwaedd, Gyrthmwl Wledig, Cawrdaf fab Caradog Freichfras, Gildas fab Caw, Cadyriaith fab Saidi a llawer o wŷr Llychlyn a Denmarc a llawer o wŷr Groeg gyda hwy. A daeth digon o lu i'r cyngor hwnnw.

"Iddawg," ebe Rhonabwy. "Pwy yw'r gŵr gwinau y daethpwyd ato gynnau ?"

"Rhun fab Maelgwn Gwynedd, gŵr y mae iddo gymaint o awdurdod fel y daw pawb i ymgynghori ag ef."

"Pam y daethpwyd â llanc mor ieuanc â Chadyriaith fab Saidi i gyngor gwŷr cyfuwch â'r rhai acw ?"

"Oherwydd nad oedd ym Mhrydain ŵr cadarnach ei gyngor nag ef."

Ac ar hynny, wele, feirdd yn dod i ddatgan cerdd i Arthur. Ac nid oedd dyn a adwaenai'r gerdd honno ond Cadyriaith ei hun, heblaw ei bod yn foliant i Arthur. Ac ar hynny, wele, bedwar asyn ar hugain a'u pynnau o aur ac arian yn dod a gŵr lluddedig, blinderog gyda phob un ohonynt, yn dwyn teyrnged i Arthur o ynysoedd Groeg. Yna fe archodd Cadyriaith fab Saidi roi heddwch i Osla Gyllellfawr hyd ymhen pythefnos a mis, a rhoi'r asynnod a ddaethai â'r deyrnged i'r beirdd, a'r hyn a oedd arnynt, yn wobr ymaros, ac yn ystod yr heddwch, dalu iddynt am eu canu. A chytunwyd ar hynny.

"Rhonabwy," ebe Iddawg, "onid cam oedd gwarafun i'r llanc ieuanc a roddai gyngor cyn helaethed â hwn rhag mynd i gyngor ei arglwydd ?"

Ac yna y cododd Cai ac y dywedodd,

"Pwy bynnag a fynno ganlyn Arthur, bydded heno yng Nghernyw gydag ef ; a bydded i'r hwn na fynno fod yn erbyn Arthur hyd ddiwedd amser yr heddwch."

A chan faint y cynnwrf hwnnw, deffrôdd Rhonabwy. A phan ddeffrôdd yr oedd ar groen melyn yr anner ac yntau wedi cysgu tair noson a thri diwrnod.

A gelwir y stori hon Breuddwyd Rhonabwy. (A dyma'r achos na ŵyr neb y freuddwyd, na bardd na chyfarwydd, heb lyfr oherwydd cynifer y lliwiau a oedd ar y meirch a'r amryfal liwiau prin ar yr arfau a'u harneisiau ac ar y mentyll gwerthfawr a'r cerrig rhiniol.)

CHWEDL IARLLES Y FFYNNON

Yr oedd yr ymherodr Arthur yng Nghaerllion ar Wysg. Dyna lle'r oedd yn eistedd ryw ddiwrnod yn ei ystafell a chydag ef Owain fab Urien a Chynon fab Clydno a Chai fab Cynyr, a Gwenhwyfar a'i llawforynion yn gwnïo wrth ffenestr Ac er y dywedid bod porthor ar lys Arthur, nid oedd yr un. Er hynny, yr oedd Glewlwyd Gafaelfawr yno fel porthor i dderbyn gwesteion a dieithriaid ac i ddechrau eu hanrhydeddu, ac i fynegi iddynt arfer y llys a'i ddefod ; i'r sawl a haeddai fynd i'r neuadd neu i'r ystafell, i'w fynegi iddo ; i'r sawl a haeddai lety, i'w fynegi iddo. Ac ar ganol llawr yr ystafell yr oedd yr ymherodr Arthur yn eistedd ar dwmpath o irfrwyn a llen sidanwe felengoch oddi tano, a gobennydd a'i orchudd o sidanwe coch dan ei benelin.

Ar hynny fe ddywedodd Arthur, "Wŷr, pe na buasech yn fy ngoganu," ebe ef, "fe gysgwn i tra bawn yn aros fy mwyd ; a gellwch chwithau ymddiddan a chymryd ystenaid o fedd a seigiau cig gan Gai." A chysgodd yr ymherodr.

A gofynnodd Cynon fab Clydno i Gai am yr hyn a addawsai Arthur iddynt.

"Fe fynnaf innau'r ymddiddan da a addawyd i mi," ebe Cai.

"Wr," ebe Cynon, "tecaf yw iti wneud addewid Arthur yn gyntaf, ac wedyn, yr ymddiddan gorau a wyddom ninnau, fe'i dywedwn wrthyt."

Aeth Cai i'r gegin ac i'r feddgell a dod ag ystenaid o fedd gydag ef, ac â chwpan aur ac â llond ei ddwrn o ferau a seigiau cig arnynt. Cymerasant y seigiau cig a dechrau yfed y medd.

"Yn awr," ebe Cai, "dylech chwithau dalu i minnau fy ymddiddan."

"Cynon," ebe Owain, "tâl ei ymddiddan i Gai."

"Duw a ŵyr," ebe Cynon, "yr wyt ti'n ŵr hŷn ac yn well ymddiddanwr na mi, a gwelaist ti fwy o bethau rhyfeddol ; tâl di ei ymddiddan i Gai !"

"Dechrau di," ebe Owain, "gyda'r peth mwyaf rhyfeddol a wyddost."

"Fe wnaf i," ebe Cynon.

"Unig fab mam a thad oeddwn i, ac yr oeddwn yn llawn bywyd a mawr oedd fy rhyfyg. Ac ni thebygwn fod neb yn y byd a'm trechai ar unrhyw orchest. Ac wedi darfod imi gael meistrolaeth ar bob gorchest a oedd i'w chael yn yr un wlad â mi, ymarfogais a theithio eithafoedd byd a diffeithwch ; ac yn y diwedd trewais ar y glyn tecaf yn y byd, a choed gogyfuwch ynddo, ac yr oedd afon redegog ar hyd y glyn a ffordd gydag ymyl yr afon. A theithiais y ffordd hyd hanner dydd, a theithiais y lan arall hyd brynhawn. Ac yna fe ddeuthum i faes mawr ac ym mhen y maes fe welwn gaer fawr, ddisglair a gweilgi'n gyfagos i'r gaer. A deuthum tua'r gaer ac wele, ddau lanc pengyrliog melyn ac addurn talcen aur o amgylch pen pob un ohonynt, a gwisg sidanwe felen am bob un ohonynt, a dwy esgid o ledr Cordofa newydd am draed pob un a byclau aur ar figyrnau eu traed yn eu cau ; a bwa o asgwrn eliffant yn llaw pob un ohonynt a llinynnau o ïau hydd arnynt, a saethau â'u pelydr o asgwrn morfil wedi eu hasgellu ag adenydd paun, a phennau aur ar y pelydr ; a chyllyll a llafnau euraid iddynt a'u carnau o asgwrn morfil ymhob un o'r ddau nod, a hwythau'n saethu at eu cyllyll.

"Nid nepell oddi wrthynt fe welwn ŵr pengyrliog melyn yn ei anterth, a'i farf newydd ei heillio, a gwisg a mantell sidanwe felen amdano, a ruban o edau aur yn ei fantell, a dwy esgid o ledr Cordofa brith am ei draed a dau gnepyn aur yn eu cau. A phan welais i ef, dynesais ato a chyfarch gwell iddo ; ac oherwydd bod ei gwrteisi mor rhagorol, cynt y cyfarchodd ef well i mi na myfi iddo ef. A daeth gyda mi tua'r gaer. Ac nid oedd arwydd o fywyd yn y gaer ond yr hyn a oedd yn y neuadd. Ac yno yr oedd pedair morwyn ar hugain yn gwnïo sidanwe wrth ffenestr. A dywedaf hyn iti, Gai, fy mod yn tybio bod y fwyaf hagr ohonynt hwy yn decach na'r forwyn decaf a welaist erioed yn ynys Prydain ; yr oedd y lleiaf hardd ohonynt yn harddach na Gwenhwyfar gwraig Arthur pan fu hi harddaf erioed ar ddydd Nadolig neu ddydd Pasg yn yr offeren. A chodasant o'm blaen a chymerodd chwech ohonynt fy march a thynasant fy arfwisg innau ; a chymerodd chwech arall ohonynt fy arfau ac fe'u golchasant mewn llestr olew sgleinio hyd onid oeddynt cyn wynned â'r peth gwynnaf ; a'r trydydd chwech ohonynt a roddasant liain ar y byrddau ac a arlwyasant fwyd ;

a'r pedwerydd chwech a dynasant fy ngwisg deithio a rhoi gwisg arall amdanaf, sef crys a llodrau o liain main, a gwisg a swrcot a mantell sidanwe felen ac ymyl llydan i'r fantell, a thynnu llawer o obenyddiau a gorchuddion o liain main coch iddynt oddi tanaf ac o'm hamgylch, ac eistedd a wneuthum yna. A chyweiriodd y chwech ohonynt a oedd wedi cymryd fy march ei holl harnais yn ddi-fai, cystal â'r ysweiniaid gorau yn ynys Prydain.

"Ac ar hynny, wele, gawgiau arian a dŵr i ymolchi ynddynt a thywelion o liain main gwyn a rhai gwyrdd ; ac ymolchi a wnaethom, ac aeth y gŵr y soniwyd amdano gynnau i eistedd wrth y bwrdd, a minnau'n nesaf ato a'r gwragedd oll is fy llaw innau ar wahân i'r rhai a oedd yn gwasanaethu. Ac arian oedd y bwrdd a lliain main oedd llieiniau'r bwrdd, ac nid oedd un llestr yn gwasanaethu wrth y bwrdd ond rhai aur neu arian neu gorn buwch. Daeth ein bwyd inni, a sicr oedd iti, Gai, na welais i erioed ac na fu imi glywed am fwyd na diod na welwn ei gyfryw yno, ond bod y bwyd a'r ddiod a welais i yno wedi ei baratoi'n well nag yn unlle arall erioed.

"A bwytasom hyd at hanner y wledd ac ni ddywedodd na'r gŵr nac un o'r morynion un gair wrthyf i hyd hynny. A phan debygodd y gŵr fod yn well gennyf i ymddiddan na bwyta, holodd imi pa fath daith yr oeddwn arni a pha fath ŵr oeddwn. A dywedais innau ei bod yn hen bryd imi gael rhywun a ymddiddanai â mi ac nad oedd yn y llys fai cymaint â'u bod yn ymddiddanwyr mor sâl.

' Unben, ' ebe'r gŵr, ' fe fuasem ni wedi ymddiddan â thi ers meitin oni bai'n rhwystr ar dy fwyta ; ac yn awr fe ymddi-ddanwn ni â thi.' Ac yna y mynegais i i'r gŵr pwy oeddwn a'r daith yr oeddwn arni ; a dweud fy mod yn ceisio un a'm trechai neu y gallwn i ei drechu yntau.

"Ac yna edrychodd y gŵr arnaf i a chilwenu a dweud wrthyf, ' Pe na thebygwn y dôi iti ormod o ofid o'i fynegi fe fynegwn iti'r hyn a geisi.' A chymerais dristwch a gofid ynof am hynny ; a sylweddolodd y gŵr hynny a dweud wrthyf,

' Gan ei bod yn well gennyt ti,' ebe ef, ' imi fynegi iti dy afles na'th les, fe'i mynegaf. Cwsg yma heno,' ebe ef, ' a chwyd yn fore a chymer y ffordd y daethost ar hyd y dyffryn uchod hyd onid ei i'r coed y daethost drwyddynt. Ac ychydig bellter

yn y coed ar yr ochr dde iti y cyferfydd gwahanffordd â thi. A
cherdda ar hyd honno hyd oni ddoi i lannerch fawr o faes a
bryncyn yng nghanol y llannerch. Ac fe weli ar ben y bryncyn
ŵr mawr, du nad yw'n llai na dau o wŷr y byd hwn ; ac un
droed sydd iddo ac un llygad yng nghanol ei dalcen ; a ffon o
haearn sydd iddo, a sicr yw iti nad oes dau ŵr yn y byd na
chânt eu llwyth yn y ffon. Ac nid yw ef yn ŵr anhawddgar ;
gŵr hagr yw yntau. Ac y mae'n goediwr ar y coed hynny. Ac
fe weli di fil o anifeiliaid gwyllt yn pori o'i amgylch. A gofyn
iddo ef am ffordd i fynd o'r llannerch. Ac fe fydd yntau'n
sarrug wrthyt ond er hynny fe fynega iti ffordd fel y cei yr hyn
a geisi.

"A bu'r nos honno yn hir gennyf. A'r bore trannoeth,
codais a gwisgo amdanaf ac esgyn ar fy march a theithio yn fy
mlaen ar hyd y dyffryn o'r coed ac i'r wahanffordd a fynegodd
y gŵr y deuthum hyd y llannerch. A phan ddeuthum yno yr
oedd yn fwy rhyfeddol gennyf y nifer o anifeiliaid gwyllt a
welwn yno,—mwy na thair gwaith cymaint ag a ddywedodd
y gŵr. Ac yr oedd y gŵr du yno'n eistedd ar ben y bryncyn.
Dywedodd y gŵr wrthyf ei fod ef yn fawr : yr oedd ef yn fwy o
lawer na hynny. Ac am y ffon haearn y dywedasai'r gŵr
fod llwyth deuwr ynddi, hysbys oedd gennyf i, Gai, fod ynddi
lwyth pedwar milwr. Yr oedd honno yn llaw y gŵr du.

"A chyferchais i well i'r gŵr du ac ni ddywedai yntau ddim
wrthyf heblaw anfoesgarwch. A gofynnais iddo pa awdurdod
a oedd ganddo ef ar yr anifeiliaid hynny.

' Fe ddangosaf iti, ddyn bychan,' ebe ef. A chymryd y ffon
yn ei law a tharo carw â hi gydag ergyd fawr hyd oni roddodd
yntau frefiad mawr. Ac wrth ei frefiad ef y daeth anifeiliaid
gwyllt hyd onid oeddynt amled â'r sêr yn yr awyr, a hyd onid
oedd yn gyfyng arnaf sefyll yn y llannerch gyda hwy gan yr
holl seirff a llewod a gwiberod ac amryfal anifeiliaid. Ac
edrychodd yntau arnynt hwy ac erchi iddynt fynd i bori. Ac
ymostwng eu pennau a wnaethant hwythau a phlygu iddo ef
fel y gwnâi gwŷr ufudd i'w harglwydd. A dweud wrthyf i, ' A
weli di yna, ddyn bychan, yr awdurdod sydd gennyf i ar yr
anifeiliaid hyn ? '

"Ac yna gofynnais iddo ef y ffordd. A bu yntau'n arw
wrthyf i, ac er hynny gofynnodd imi pa le y mynnwn fynd. A

dywedais wrtho pa fath ŵr oeddwn a pha beth a geisiwn. A mynegodd yntau i mi :

' Cymer,' ebe ef, ' y ffordd i ddiwedd y llannerch, a cherdda yn erbyn y goedwig uchod hyd oni ddoi di i'w phen. Ac oddi yno fe weli di ystrad megis dyffryn mawr, ac yng nghanol yr ystrad fe weli bren mawr a'i frig yn lasach na'r ffynidwydd glasaf. A than y pren hwnnw y mae ffynnon, ac yn ymyl y ffynnon y mae llech farmor, ac ar y llech y mae cawg arian wrth gadwyn arian fel na ellir eu gwahanu. A chymer y cawg a thafl lond cawg o'r dŵr am ben y llech. Ac yna fe glywi di dwrw mawr ac fe debygi di i'r nef a'r ddaear ergrynu gan y twrw. Ac ar ôl y twrw fe ddaw cawod oer iawn ac o'r braidd y bydd iti ei dioddef hi'n fyw, a chawod genllysg fydd hi. Ac ar ôl y gawod bydd hinon. Ac ni fydd un ddeilen ar y pren na dderfydd i'r gawod ei dwyn. Ac ar hynny y daw cawod o adar a disgyn ar y pren ac ni chlywaist erioed yn dy wlad dy hun gerdd gystal ag a ganant hwy. A phan fo hyfrytaf gennyt y gerdd fe glywi duchan a chwynfan mawr yn dod ar hyd y dyffryn tuag atat. Ac ar hynny fe weli di farchog ar farch purddu a gwisg sidanwe burddu amdano a baner o liain main purddu ar ei wayw. Ac fe'th gyrcha di cyn gynted ag y gall. Os ffoi di rhagddo fe'th oddiwedda, os arhosi dithau amdano a thi yn marchogaeth, fe'th edy di ar dy draed. Ac oni chei di ofid yno, ni fydd raid iti ymofyn am ofid tra byddi fyw. '

"A chymerais y ffordd hyd oni ddeuthum i ben y goedwig ; ac oddi yno y gwelwn fel y mynegasai'r gŵr du imi. A deuthum i ymyl y pren, a gwelwn y ffynnon o dan y pren a'r llech farmor yn ei hymyl a'r cawg arian wrth y gadwyn. A chymerais y cawg a thaflu llond cawg o'r dŵr am ben y llech. Ac ar hynny, wele'r twrw'n dod yn fwy o lawer nag y dywedasai'r gŵr du, ac ar ôl y twrw, y gawod. Ac yr oedd yn sicr gennyf i, Gai, na ddihangai na dyn nac anifail o'r rhai a oddiweddai'r gawod yn fyw, gan na rwystrai na'r croen na'r cig un cenllysgyn ohoni hyd onid ataliai'r asgwrn ef. A throi crwper fy march ar y gawod a wneuthum a rhoi pigyn fy nharian ar ben fy march a'i fwng a rhoi mwgwd yr helm ar fy mhen fy hun, ac felly ymgadw rhag y gawod.

"Ac fel yr oedd fy enaid ar fin ymadael â'r corff y peidiodd y gawod. Ac wrth imi edrych ar y pren nid oedd un ddeilen arno. Ac yna fe ddaeth yn hindda. Ac yna, wele'r adar yn disgyn ar y pren ac yn dechrau canu. A hysbys yw gennyf i, Gai, na chlywais na chynt na chwedyn gerdd gystal â honno erioed. A phan oedd fwyaf difyr gennyf wrando ar yr adar yn canu, wele, duchan yn dod ar hyd y dyffryn tuag ataf a dweud wrthyf,

' Farchog,' ebe ef, ' beth a ofynnit ti gennyf? Pa ddrwg a wneuthum i iti dy fod tithau'n gwneuthur i mi ac i'm teyrnas yr hyn a wnaethost heddiw ? Oni wyddit ti nad adawodd y gawod heddiw na dyn nac anifail yn fyw yn fy nheyrnas o'r rhai a gafodd allan ?'

"Ac ar hynny, wele farchog ar farch purddu a gwisg burddu sidanwe amdano a baner o liain main purddu ar ei wayw. Ac ymosodasom ar ein gilydd, ac er mai ffyrnig oedd hynny, ni bu'n hir hyd nes y'm bwriwyd i i'r llawr. Ac yna rhoddodd y marchog gynffon ei wayw trwy awenau ffrwyn fy march i ac i ffwrdd yr aeth ef a'r ddau farch gydag ef a'm gadael innau yno. Ni syniodd y gŵr du yn ddigon uchel amdanaf hyd yn oed i'm carcharu innau ; nid ysbeiliodd yntau fi.

"A deuthum innau drachefn i'r ffordd y deuthum gynt. A phan ddeuthum i'r llannerch yr oedd y gŵr du ynddi ; a dygaf fy nghyffes iti, Gai, mai rhyfedd na thoddais yn llyn tawdd o gywilydd gan y gwatwar a gefais gan y gŵr du. A deuthum y nos honno i'r gaer lle y buaswn y noson flaenorol. A chefais fwy o groeso y nos honno na'r noson flaenorol ac fe'm bwydwyd yn well, a chawn yr ymddiddan a fynnwn gan wŷr a chan wragedd. Ac ni chawn i neb a grybwyllai wrthyf i ddim am fy nghyrch i'r ffynnon. Ni chrybwyllais innau hynny wrth neb. Ac yno y bûm y nos honno.

"A phan godais y bore trannoeth yr oedd march melynddu a mwng purgoch iddo, cyn goched â'r cen, yn barod wedi ei harneisio'n gyflawn. Ac wedyn gwisgo fy arfau a gadael fy mendith yno, a dod at fy llys fy hun. Ac y mae'r march hwnnw gennyf i o hyd yn yr ystafell acw, a rhyngof a Duw, Gai, ni roddwn i ef eto am y march gorau yn ynys Prydain. A Duw a ŵyr, Gai , nad addefodd dyn erioed yn ei erbyn ei hun chwedl am gymaint methiant â hon ; ac er hynny, mor rhyfedd yw gennyf i na chlywais erioed na chynt na chwedyn am neb a wyddai ddim am y chwedl hon ond hynny a ddywedais, a bod defnydd y chwedl hon yn nheyrnas yr ymherodr Arthur heb i neb daro arno."

"Wŷr," ebe Owain, "oni fuasai'n dda mynd i geisio taro ar y lle hwnnw ?"

"Myn llaw fy nghyfaill," ebe Cai, "mynych y dywedit ar dy dafod y peth nas gwnelit ar dy weithred."

"Duw a ŵyr," ebe Gwenhwyfar, "byddai'n well dy grogi di, Gai, na dweud ymadrodd mor enllibus â hwnnw wrth ŵr fel Owain."

"Myn llaw fy nghyfaill, wreigdda," ebe Cai, "ni ddywedaist ti fwy o foliant i Owain na minnau."

Ac ar hynny deffrôdd Arthur a gofyn a gysgasai ychydig.

"Do, arglwydd," ebe Owain, "am dipyn."

"A yw hi'n amser inni fynd at y byrddau ?"

"Y mae'n amser, arglwydd," ebe Owain. Ac yna canwyd corn ymolchi ac aeth yr ymherodr a'i osgordd oll i fwyta. Ac wedi darfod bwyta diflannodd Owain ymaith, a daeth i'w lety a pharatôdd ei farch a'i arfau.

A phan welodd ef y dydd drannoeth, gwisgodd ei arfau ac esgyn ar ei farch a theithiodd rhagddo i eithafoedd byd a mynyddoedd diffaith. Ac yn y diwedd tarodd ar y glyn a fynegasai Cynon iddo fel y gwyddai'n eglur mai hwnnw ydoedd. A theithiodd ar hyd y glyn gydag ymyl yr afon, a'r ochr arall i'r afon y teithiodd hyd oni ddaeth i'r dyffryn. A theithiodd y dyffryn hyd oni welai'r gaer a thua'r gaer y daeth. Dyna a welai, y gweision yn saethu at eu cyllyll yn y lle y gwelsai Cynon hwy, a'r gŵr gwalltfelyn a oedd biau'r gaer yn sefyll ger llaw iddynt. A phan oedd Owain ar fin cyfarch gwell i'r gŵr gwallt-felyn, cyfarchodd y gŵr well i Owain a dod yn ei flaen tua'r gaer. Ac fe welai ystafell yn y gaer, a phan ddaeth i'r ystafell fe welai'r morynion yn gwnïo sidanwe mewn cadeiriau euraid. A mwy rhyfeddol o lawer oedd gan Owain eu tegwch a'u harddwch nag a ddywedodd Cynon wrtho. A chodasant i wasanaethu Owain fel y gwasanaethasant Gynon. A mwy rhyfeddol fu gan Owain ei borthiant na chan Gynon ac ar hanner y wledd fe ymofynnodd y gŵr gwalltfelyn ag Owain ar ba daith yr oedd. A dywedodd Owain wrtho'r cyfan am ei daith—"ac fe fynnwn i fod yn ceisio'r marchog sydd yn gwarchod y ffynnon." A chilwenodd y gŵr gwalltfelyn a'i chael hi'n anodd ganddo fynegi i Owain y daith honno, fel y bu'n anodd ganddo ei mynegi i Gynon. Ond er hynny, mynegodd i Owain y cyfan ynghylch hynny. Ac aethant i gysgu.

A'r bore drannoeth paratowyd march Owain gan y morynion a theithiodd Owain yn ei flaen hyd oni ddaeth i'r llannerch yr oedd y gŵr du ynddi. A synnodd Owain yn fwy at faint y gŵr du na Chynon. A gofynnodd Owain y ffordd i'r gŵr du ac fe'i mynegodd yntau. A theithiodd Owain y ffordd fel Cynon hyd oni ddaeth at y pren glas. Ac fe welai ef y ffynnon a'r llech yn ymyl y ffynnon a'r cawg arni. A chymerodd Owain y cawg a thaflu llond cawg o'r dŵr ar y llech. Ac ar hynny wele'r twrw, ac ar ôl y twrw y gawod. Yr oeddynt yn fwy o lawer nag a ddywedasai Cynon. Ac wedi'r gawod goleuodd yr awyr a phan edrychodd Owain ar y pren nid oedd un ddeilen arno. Ac ar hynny, wele'r adar yn disgyn ar y pren ac yn canu. A phan oedd fwyaf difyr gan Owain gerdd yr adar fe welai farchog yn dod ar hyd y dyffryn. Ac Owain a'i derbyniodd ac ymlafniodd ag ef yn galed a thorasant eu dwy waywffon a noethi dau gleddyf a wnaethant a'u taro yn ei gilydd. Ac ar hynny, trawodd Owain ddyrnod i'r marchog trwy ei helm a'r capan dur a'r gorchudd pen o Fwrgwin a thrwy'r croen a'r cig a'r asgwrn hyd oni chlwyfodd yr ymennydd. Ac yna sylweddolodd y marchog du iddo gael dyrnod angheuol a throdd ben ei farch a ffoi. A'i ymlid a wnaeth Owain ond ni lwyddai Owain i'w daro â'r cleddyf ; nid oedd yntau'n bell oddi wrtho.

Ac ar hynny fe welai Owain gaer fawr, lachar. Ac i borth y gaer y daethant a gollyngwyd y marchog du i mewn a gollyngwyd y porthcwlis ar Owain. A thrawodd hwnnw ef islaw bwa ôl y cyfrwy hyd oni thorrodd y march yn ddau hanner trwyddo a throellau'r ysbardunau yn agos i sodlau Owain a hyd oni ddisgynnodd y porthcwlis hyd y llawr, a throellau'r ysbardunau a darn o'r march y tu allan ac Owain rhwng y ddwy ddôr gyda darn arall y march. A chaewyd y ddôr fewnol fel na allai Owain fynd oddi yno.

Ac yr oedd Owain mewn cyfyng gyngor. Ac fel yr oedd Owain felly, dyma a welai trwy gilfach y ddôr, heol gyferbyn ag ef a rhes o dai o bob ochr i'r heol. Ac fe welai ef forwyn gyda gwallt crychlyd melyn ac addurn talcen aur am ei phen a

gwisg sidanwe felen amdani a dwy esgid o ledr Cordofa brith
am ei thraed, a hithau'n dod i'r porth. Ac archodd agor.

"Duw a ŵyr, unbennes," ebe Owain, "na ellir agor iti oddi
yma mwy nag y gelli dithau fy ngwared innau oddi yna."

"Duw a ŵyr," ebe'r forwyn, "trueni mawr ydoedd na ellid
dy wared di ; ac fe fuasai'n iawn i wraig wneuthur daioni iti.
Duw a ŵyr na welais i erioed lanc gwell na thydi wrth wraig.
Pe bai'n gyfeilles iti, gorau cariad gwraig fyddit ; pe bai'n
ordderch iti, gorau gordderch fuaset. Ac wrth hynny," ebe hi,
"y gwaredu a allaf iti, fe'i gwnaf. Cymer di'r fodrwy hon a rho
hi am dy fys, a rho'r garreg yn dy law a chau dy ddwrn am y
garreg a thra y cuddi di hi fe'th guddia dithau. A phan drônt
eu sylw i'r lle hwn fe ddônt i'th gyrchu di i'th ddienyddio
oherwydd y gŵr. A phan na welant hwy dydi, bydd yn ddrwg
ganddynt. A byddaf innau ar yr esgynfaen acw yn dy aros di ;
ac fe'm gweli i er na'th welaf di. A thyrd dithau a rho dy law ar
fy ysgwydd i ac yna y gwybyddaf i i tithau ddod ataf i. A
thyrd dithau gyda mi y ffordd yr af i oddi yno." Ac ar hynny
aeth oddi yno oddi wrth Owain.

A gwnaeth Owain yr hyn oll a archodd y forwyn iddo. Ac ar
hynny y daeth y gwŷr o'r llys i geisio Owain i'w ddienyddio. A
phan ddaethant i'w geisio ni welsant ddim ond hanner y march
a drwg fu hynny ganddynt. A diflannodd Owain o'u plith a
daeth at y forwyn a rhoi ei law ar ei hysgwydd; a chychwynnodd
hithau yn ei blaen, ac Owain gyda hi, hyd oni ddaethant i
ddrws llofft fawr hardd. Ac agorodd y forwyn y llofft a dod i
mewn, a chaeasant y llofft.

Ac edrychodd Owain ar hyd y llofft ; ac nid oedd yn y llofft
un hoel heb ei lliwio â lliw gwerthfawr, ac nid oedd un estyllen
heb batrwm euraid gwahanol arni. A chyneuodd y forwyn dân
golosg, a chymerodd hi gawg arian a dŵr ynddo a thywel o
liain main gwyn ar ei hysgwydd a rhoddodd ddŵr ymolchi i
Owain. A rhoddodd fwrdd arian goreuraid o'i flaen a lliain
main melyn yn lliain arno, a dod â'i ginio iddo. A sicr oedd gan
Owain na welsai erioed unrhyw fath o fwyd na welai yno
ddigon ohono, ond bod yno well arlwy i'r bwyd a welai yno
nag yn unman arall erioed. Ac ni welodd erioed le cyn amled
ei brydau rhyfeddol o fwyd a diod ag yno ac nid oedd un llestr

yn gwasanaethu arno ond llestri arian neu aur. A bwyta ac yfed a wnaeth Owain hyd onid oedd yn brynhawn hwyr.

Ac ar hynny, wele, fe glywent ddadwrdd yn y gaer a gofynnodd Owain i'r forwyn,

"Pa weiddi yw hwn ?"

"Rhoi olew ar y gwrda biau'r gaer," ebe'r forwyn. Ac aeth Owain i gysgu, a gwiw fyddai i Arthur, cystal oedd y gwely a wnaeth y forwyn iddo o ysgarlad a ffŵr a sidanwe a syndal a lliain main. Ac am hanner nos fe glywent ddadwrdd ofnadwy.

"Pa ddadwrdd yw hwn yn awr ?" ebe Owain.

"Y gwrda biau'r gaer sydd farw'r awr hon," ebe'r forwyn.

Ac yn gynnar ar y dydd fe glywent ddadwrdd a gweiddi anfeidrol eu maint, a gofynnodd Owain i'r forwyn.

"Pa ystyr sydd i'r gweiddi hwn ?"

"Mynd â chorff y gwrda biau'r gaer i'r llan." A chododd Owain a gwisgo amdano ac agor ffenestr ar y llofft ac edrych tua'r gaer. Ac ni welai nac ymyl na therfyn i'r lluoedd yn llenwi'r heolydd, a'r rheini'n gwbl arfog a gwragedd lawer gyda hwy ar feirch ac ar draed a chrefyddwyr y ddinas oll yn canu. Ac fe debygai Owain fod yr awyr yn crynu gan faint y gweiddi a'r utgyrn a'r crefyddwyr yn canu.

Ac yng nghanol y llu hwnnw fe welai'r elor, a llen o liain main gwyn arni a chanhwyllau niferus yn llosgi o'i chylch. Ac nid oedd undyn dan yr elor yn llai na barwn tiriog. Ac yr oedd yn sicr gan Owain na welsai erioed osgordd gyn hardded â honno mewn sidanwe a serig a syndal. Ac yn dilyn y llu hwnnw fe welai ef wraig olau a'i gwallt dros ei dwy ysgwydd, ac â gwaed briwiau niferus ym môn ei gwallt, a gwisg sidanwe felen amdani wedi ei rhwygo a dwy esgid o ledr Cordofa brith am ei thraed. Ac yr oedd yn rhyfedd na fuasai pennau ei bysedd yn friwedig gan mor ddygn y rhwbiai ei dwylo ynghyd. Ac yr oedd yn amlwg gan Owain na welsai ef erioed wraig mor brydferth â hi petai ar ei ffurf iawn. Ac uwch oedd ei llefain na'r holl bobl a chyrn yn y llu. A phan welodd ef y wraig fe'i taniwyd o gariad ati hyd onid oedd pob rhan ohono'n llawn.

A gofynnodd Owain i'r forwyn pwy oedd y wraig.

"Duw a ŵyr," ebe'r forwyn, "gwraig y gellir dweud amdani ei bod yn decaf o'r gwragedd a'r fwyaf diwair a'r haelaf a'r

ddoethaf a'r fwyaf bonheddig. Fy arglwyddes i yw hon acw a
Iarlles y Ffynnon y'i gelwir, gwraig y gŵr a leddaist ti ddoe."

"Duw a ŵyr amdanaf," ebe Owain, "mai hi yw'r wraig a
garaf i fwyaf."

"Duw a ŵyr," ebe'r forwyn, "na châr hi mohonot nac
ychydig na dim !"

Ac ar hynny cododd y forwyn a chynnau tân golosg a llanw
crochan o ddŵr a'i roi i dwymo, a chymryd tywel o liain main
gwyn a'i roi am war Owain, a chymryd dysgl o asgwrn eliffant
a chawg arian a'i lanw â'r dŵr twym a golchi pen Owain. Ac
yna agor cist a thynnu allan ellyn a'i garn o asgwrn eliffant a
dau rigol euraid ar yr ellyn, ac eilliodd ei farf a sychu ei ben a'i
war â'r tywel. Ac yna gosododd y forwyn fwrdd ger bron
Owain a daeth â'i ginio iddo. Ac yr oedd yn sicr gan Owain na
chafodd erioed ginio cystal â hwnnw na gwasanaeth mwy
cyflawn. Ac wedi iddo ddarfod ei ginio, cyweiriodd y forwyn y
gwely.

"Tyrd i gysgu yma," ebe hi, "ac fe af innau i garu drosot."
Ac aeth Owain i gysgu. A chaeodd y forwyn ddrws y llofft
ac aeth tua'r gaer.

A phan ddaeth yno nid oedd yno ond tristwch a gofid a'r
iarlles ei hun yn yr ystafell heb fedru dioddef gweld neb
oherwydd ei thristwch. A daeth Luned ati a chyfarch gwell
iddi ac nid atebodd yr iarlles hi. A digiodd y forwyn a
dweud wrthi,

"Beth ddigwyddodd iti gan nad atebi di neb heddiw ?"

"Luned," ebe'r iarlles, "pa wyneb sydd gennyt ti pryd na
ddaethost i edrych amdanaf yn fy ngofid ? Ac fe wneuthum i
dydi yn gyfoethog. A cham oedd hynny ar dy ran."

"Duw a ŵyr," ebe Luned, "fe debygwn i fod dy synnwyr
di'n well nac ydyw. Fe fuasai'n well iti geisio gofidio am wneud
iawn am y gwrda hwnnw nag am beth arall na elli fyth ei
gael."

"Rhyngof a Duw," ebe'r iarlles, "ni allwn i fyth gyflawni
colled fy arglwydd i trwy unrhyw ddyn arall yn y byd."

"Gellit gael gŵr," ebe Luned, "a fyddai gystal ag ef neu well
nag ef."

"Rhyngof a Duw," ebe'r iarlles, "pe na bai'n wrthun
gennyf beri dienyddio rhywun a fagwyd gennyf fe barwn dy

ddienyddio am awgrymu wrthyf beth mor anghywir â hynny. Ac fe baraf fi dy alltudio di !"

"Mae'n dda gennyf," ebe Luned, "nad oes achos iti wneud hynny ond am i mi fynegi iti dy les lle ni fedrit hynny dy hun. A chywilydd ar y gyntaf ohonom a yrro at y llall, ai myfi i geisio dy wahodd di ai tithau i'm gwahodd innau." Ac ar hynny aeth Luned ymaith.

A chododd yr iarlles hyd at ddrws yr ystafell ar ôl Luned a phesychu'n uchel. Ac edrychodd Luned yn wysg ei chefn ac amneidiodd yr iarlles ar Luned. A daeth Luned drachefn at yr iarlles.

"Rhyngof a Duw," ebe'r iarlles wrth Luned, "drwg yw dy natur. Ond gan mai fy lles i yr oeddit ti'n ei fynegi imi, mynega pa ffordd y byddai hynny."

"Fe'i mynegaf," ebe hi. "Fe wyddost ti na ellir diogelu dy deyrnas di ond trwy nerth ac arfau ; ac am hynny cais yn ebrwydd un a'i diogela."

"Pa ffordd y gallaf i wneud hynny ?" ebe'r iarlles.

"Mynegaf i ti," ebe Luned ; "os na elli di ddiogelu'r ffynnon ni elli ddiogelu dy deyrnas. Ni all neb ddiogelu'r ffynnon ond un o osgordd Arthur ac fe af innau," ebe Luned, "i lys Arthur, a chywilydd arnaf," ebe hi, "os dof oddi yno heb filwr a geidw'r ffynnon gystal neu'n well na'r gŵr a'i cadwodd gynt."

"Anodd fydd hynny," ebe'r iarlles ; "ond er hynny, dos i brofi'r hyn a ddywedi."

Cychwynnodd Luned ar esgus mynd i lys Arthur a daeth i'r llofft at Owain. Ac yno y bu hi gydag Owain hyd onid oedd yn amser iddi ddod o lys Arthur.

Ac yna gwisgodd hi amdani a dod i ymweld â'r iarlles. A bu'r iarlles yn groesawus wrthi.

"A oes gennyt newyddion o lys Arthur ?" ebe'r iarlles.

"Y newydd gorau sydd gennyf, arglwyddes," ebe hi, "yw imi gael fy neges. A phryd y mynni di imi ddangos iti'r unben a ddaeth gyda mi ?"

"Tyrd di ag ef am hanner dydd yfory i ymweld â mi," ebe'r iarlles, "ac fe baraf innau wacáu'r dref erbyn hynny." Ac aeth hi adref.

Ac am hanner dydd trannoeth y gwisgodd Owain amdano wisg a swrcot a mantell sidanwe felen, ac ymyl llydan ar ei fantell o edau aur, a dwy esgid o ledr Cordofa brith am ei draed a llun llew mewn aur ar eu byclau. A daethant i ystafell yr iarlles a bu'r iarlles yn groesawus wrthynt. Ac edrychodd yr iarlles yn graff ar Owain.

"Luned," ebe hi, "nid oes golwg teithiwr ar yr unben hwn."

"Pa ddrwg yw hynny, arglwyddes ?" ebe Luned.

"Rhyngof a Duw," ebe'r iarlles, "ni ddygodd un dyn fywyd fy arglwydd i o'i gorff heblaw am y gŵr hwn."

"Onid gwell iti arglwyddes ; pe na bai drech nag ef ni fuasai yntau wedi dwyn ei fywyd ef. Ni ellir gwneud dim am hynny," ebe hi, "canys darfu."

"Ewch chwi adref drachefn," ebe'r iarlles, "a chymeraf innau gyngor."

A thrannoeth, parodd yr iarlles wysio ei holl deyrnas i un lle a mynegi iddynt fod ei hiarllaeth yn wag ac na ellid ei diogelu ond gyda march ac arfau a nerth : "ac fe roddaf innau'r dewis hwn ger eich bron, ai un ohonoch chwi a'm cymer i, neu ganiatáu imi gymryd gŵr a'i diogela o le arall." Dyma'r cyngor a gawsant ; caniatáu iddi gymryd gŵr o le arall. Ac yna y dygodd hithau esgobion ac archesgobion i'w llys i weinyddu ei phriodas hi ac Owain. A thalodd gwŷr yr iarlles wrogaeth i Owain ac Owain a gadwodd y ffynnon gyda gwayw a chleddyf. Dyma'r modd y cadwodd hi : pa farchog bynnag a ddelai yno, Owain a'i gorchfygai ac a'i gwerthai am ei lawn werth. A'r da hwnnw a rannai Owain i'w farwniaid a'i farchogion hyd nad oedd mwy o gariad gan ei deyrnas at unrhyw ddyn o'r byd oll nag ato ef. A bu ef felly am dair blynedd.

Ac fel yr oedd Gwalchmai un diwrnod yn cerdded gyda'r ymherodr Arthur edrychodd ar Arthur a'i weld yn drist a chystuddiol, a gofidiodd Gwalchmai yn fawr o weld Arthur yn y wedd honno a gofynnodd iddo :

"Arglwydd," ebe ef, "pa beth a ddigwyddodd iti ?"

"Rhyngof a Duw, Walchmai," ebe Arthur, "hiraeth sydd arnaf am Owain a aeth ar goll oddi wrthyf ers tair blynedd. Ac os byddaf y bedwaredd flwyddyn heb ei weld ni fydd bywyd yn fy nghorff. Ac fe wn yn sicr mai oherwydd sgwrs Cynon fab Clydno yr aeth Owain ar goll oddi wrthym."

"Nid oes raid iti grynhoi llu dy deyrnas er hynny ; ond fe elli di a gwŷr dy dŷ ddial Owain os lladdwyd ef neu ei ryddhau os ydyw yng ngharchar, ac os byw, ei ddwyn gyda thi." Ac fe gytunwyd ar yr hyn a ddywedodd Gwalchmai.

Ac Arthur a gwŷr ei dŷ gydag ef a baratoesant i geisio Owain. Dyma oedd maint y llu, tair mil heb ddilynwyr y gwersyll a Chynon fab Clydno yn arweinydd iddynt. A daeth Arthur hyd at y gaer y buasai Cynon ynddi, a phan ddaethant yno yr oedd y gweision yn saethu yn yr un lle a'r gŵr gwalltfelyn yn sefyll gerllaw iddynt. A phan welodd y gŵr gwalltfelyn Arthur cyfarchodd well iddo a'i wahodd ; a derbyniodd Arthur y gwahoddiad ac aethant i'r gaer. Ac er bod eu llu yn fawr nid oedd hanes amdanynt yn y gaer. A chododd y morynion i'w gwasanaethu ; a gwelsant fai ar bob gwasanaeth a gawsent erioed heblaw am wasanaeth y gwragedd. Ac nid oedd gwasanaeth gweision y meirch y nos honno yn waeth nag a fyddai ar gyfer Arthur yn ei lys ei hun.

A'r bore trannoeth fe gychwynnodd Arthur oddi yno a Chynon yn arweinydd iddo, a daethant hwy i'r lle yr oedd y gŵr du. Ac yr oedd yn fwy rhyfeddol o lawer gan Arthur faint y gŵr du nag y dywedasid wrtho. A daethant i ben y goedwig ac i'r dyffryn hyd at y pren glas a hyd oni welsant y ffynnon a'r cawg a'r llech. Ac yna fe ddaeth Cai at Arthur a dweud :

"Arglwydd," ebe ef, "fe wn i achos y daith hon yn llwyr a'm deisyfiad yw iti adael imi daflu'r dŵr ar y llech a derbyn y pryder cyntaf a ddaw." Ac fe ganiataodd Arthur iddo.

A thaflodd Cai lond cawg o ddŵr ar y llech. Ac yn union ar ôl hynny fe ddaeth y twrw ac ar ôl y twrw y gawod. Ac ni chlywsent erioed dwrw a chawod gyffelyb i'r rhai hynny, a lladdodd y gawod lawer o ddilynwyr y gwersyll a oedd yng nghwmni Arthur. Ac wedi i'r gawod beidio y goleuodd yr awyr, a phan edrychasant ar y pren nid oedd un ddeilen arno. A disgynnodd yr adar ar y pren, a sicr oedd ganddynt na chlywsent erioed gerdd gystal â'r adar yn canu. Ac ar hynny fe welent farchog ar farch purddu a gwisg sidanwe burddu amdano a cherddediad cadarn ganddo. A gwrthwynebodd Cai ef ac ymladd ag ef. Ac ni bu'r ymladd yn hir ; fe daflwyd Cai. Ac yna gwersyllodd y marchog a gwersyllodd Arthur a'i lu y nos honno.

A phan godasant y bore trannoeth yr oedd arwydd ymladd ar wayw'r marchog. A daeth Cai at Arthur a dweud wrtho :

"Arglwydd," ebe ef, "ar gam y'm taflwyd i ddoe ac a adewi di heddiw imi fynd i ymladd â'r marchog ?"

"Caniatâf," ebe Arthur. Ac aeth Cai at y marchog ; ac yn y fan fe fwriodd ef Gai, ac edrych arno a'i wanu yn ei dalcen â chynffon ei wayw hyd oni thorrodd ei helm a'r capan dur a'r croen a'r cig hyd yr asgwrn cyfled â phen ei baladr. A dychwel-odd Cai at ei gymdeithion drachefn. Ac o hynny allan fe aeth gosgordd Arthur bob yn ail i ymladd â'r marchog hyd nad oedd un heb ei fwrw gan y marchog ond Arthur a Gwalchmai.

Ac Arthur a wisgodd amdano i fynd i ymladd â'r marchog.

"Och, arglwydd," ebe Gwalchmai, "gad i mi fynd i ymladd â'r marchog yn gyntaf." A gadawodd Arthur iddo. Ac aeth yntau i ymladd â'r marchog a chlogyn sidanwe amdano ac am ei farch a anfonasai merch Iarll Angyw ; oherwydd hynny nid adwaenai neb o'r llu ef. Ac ymgyrchu a wnaethant ac ymladd y dydd hwnnw hyd yr hwyr ac ni bu'r un ohonynt yn agos i fwrw ei gilydd i'r llawr. A thrannoeth fe aethant i ymladd â phelydr llym ganddynt. Ac ni orfu'r un ohonynt ar ei gilydd. A'r trydydd dydd fe aethant i ymladd â phelydr cadarn, praff, llym gan bob un ohonynt. A thaniwyd hwy gan lid, ac am hanner dydd yn union yr ymgyrchasant a rhoddodd pob un ohonynt drawiad i'w gilydd hyd oni thorrodd holl genglau eu meirch a hyd onid oedd pob un ohonynt dros grwper ei farch i'r llawr. A chodasant yn gyflym a thynnu cleddyfau ac ymdaro. A sicr oedd gan y llu a'u gwelai hwy felly na welsant erioed ddau ŵr cyn wyched na chyn gryfed â'r rhai hynny. A phe bai hi'n nos dywyll buasai'n olau gan y tân o'u harfau. Ac ar hynny rhoddodd y marchog ddyrnod i Walchmai hyd oni throdd yr helm oddi ar ei wyneb fel yr adnabu'r marchog mai Gwalchmai oedd. Ac yna fe ddywedodd Owain,

"Arglwydd Walchmai, nid adwaenwn i dydi oherwydd dy glogyn, a'm cefnder wyt ti. Cymer di fy nghleddyf i a'm harfau."

"Tydi Owain sydd yn arglwydd," ebe Gwalchmai, "a thi a orfu, a chymer di fy nghleddyf i."

Ac ar hynny fe ddarganfu Arthur hwy a daeth atynt.

"Arglwydd," ebe Gwalchmai, "dyma Owain wedi fy nhrechu i ac ni fynn fy arfau oddi wrthyf."

"Arglwydd," ebe Owain, "efe a'm trechodd i ac ni fynn fy nghleddyf."

"Rhowch eich cleddyfau i mi," ebe Arthur, "ac ni threchodd yr un ohonoch ar ei gilydd felly." A thaflu ei freichiau am wddf yr ymherodr Arthur a wnaeth Owain a chofleidio ei gilydd a wnaethant. Ac yna daeth ei lu atynt gan ymwasgu a brysio i geisio gweld Owain i'w gofleidio ; ac fe fu'n agos iddynt gael celanedd yn y wasgfa honno. A'r nos honno fe aeth pawb i'w pebyll.

A thrannoeth, gofyn caniatâd i fynd ymaith a wnaeth yr ymherodr Arthur.

"Arglwydd," ebe Owain, "nid yw'n iawn iti felly. Tair blynedd i'r amser hwn y deuthum i oddi wrthyt ti, arglwydd, ac y mae'r lle hwn yn eiddo i mi. Ac o hynny hyd heddiw yr wyf i'n darparu gwledd iti gan y gwyddwn i y doit ti i'm ceisio i. Ac fe ddoi di gyda mi i wared dy flinder, ti a'th wŷr, a chewch ymolchi." A daethant oll gyda'i gilydd i gaer Iarlles y Ffynnon. A bwytawyd y wledd y buwyd dair blynedd yn ei pharatoi mewn ysbaid o dri mis ac ni bu iddynt hyfrytach na gwell gwledd erioed na honno.

Ac yna gofyn caniatâd i fynd ymaith a wnaeth Arthur ac anfonodd Arthur negeswyr at yr iarlles i ofyn iddi ollwng Owain gydag ef i'w ddangos i wyrda ynys Prydain a'u gwragedd da am ysbaid o dri mis. A chaniataodd yr iarlles hynny a bu hynny'n anodd iddi. A daeth Owain gydag Arthur i ynys Prydain. Ac wedi iddo ddod i blith ei ddylwyth a'i gyd-gyfeddachwyr fe arhosodd dair blynedd yn lle'r tri mis.

Ac fel yr oedd Owain, un diwrnod, yn bwyta wrth y bwrdd yn llys yr ymherodr Arthur yng Nghaerllion ar Wysg, wele, forwyn yn dod ar farch gwinau, crych ei fwng, a'i fwng yn cyffwrdd â'r ddaear, a gwisg sidanwe felen amdani, ac yr oedd y ffrwyn a'r hyn a welid o'r cyfrwy yn aur i gyd. A daeth at Owain a chymryd y fodrwy a oedd ar ei law.

"Fel hyn," ebe hi, "y gweneir i dwyllwr anwir a bradwr er mwyn dwyn gwarth ar dy farf !", a throi pen y march ac i ffwrdd â hi.

Ac yna fe ddaeth i gof Owain ei deithio a thristaodd. A phan ddarfu'r bwyta daeth i'w lety a gofidiodd yn fawr y nos honno. A thrannoeth y bore cododd, ac nid i lys Arthur y cyrchodd ond

i eithafoedd byd a mynyddoedd diffaith. A bu ef felly'n crwy-
dro hyd oni ddarfu ei ddillad yn llwyr a hyd onid oedd ei gorff
ymron â darfod a hyd oni thyfodd blew hir drosto i gyd ; a
chydgerddai â bwystfilod gwyllt a chydfwyta â hwy hyd onid
oeddent yn gyfarwydd ag ef. Ac wedi hynny gwanhaodd ef hyd
na allai gyd-deithio â hwy.   A disgynnodd o'r mynydd i'r
dyffryn a chyrchu'r parc tecaf yn y byd. Ac iarlles weddw a
oedd biau'r parc.

Ac un diwrnod aeth yr iarlles a'i llawforynion i gerdded
gydag ymyl llyn a oedd yn y parc hyd nes eu bod gyferbyn â'i
ganol. A gwelent hwy un ar ffurf a gwedd dyn yn y parc a
daeth ei ofn, fel petai, arnynt. Ac er hynny nesasant ato a'i
deimlo ac edrych arno'n graff. Dyma a welent, gwythiennau'n
curo arno ac yntau'n cwyno wrth yr haul. A daeth yr iarlles
drachefn i'r castell a chymryd llond dysgl o iraid gwerthfawr
a'i roi yn llaw ei morwyn.

"Dos â hwn gyda thi," ebe hi, "a dwg y march acw a'r dillad
gyda thi a gosod hwy gerllaw'r dyn a welsom gynnau. Ac ira
ef â'r iraid hwn o gwmpas ei galon, ac os bydd bywyd ynddo
fe gyfyd ef gan effaith yr iraid hwn ; a gwylia dithau beth a
wna." A daeth y forwyn yn ei blaen a rhoddodd y cwbl o'r
iraid arno a gadael y march a'r dillad gerllaw a chilio, a mynd
oddi wrtho ychydig bach ac ymguddio ac ysbïo arno.

Ac ymhen ychydig amser gwelai hi ef yn cosi ei freichiau ac
yn codi ac yn edrych ar ei gnawd, ac ymgywilyddiodd gan
mor hagr y gwelai'r olwg a oedd arno. A darganfu'r march
a'r dillad ychydig oddi wrtho, a llusgodd ei hun hyd oni
chafodd y dillad a'u tynnu ato o'r cyfrwy, a gwisgodd hwy
amdano ac esgyn ar y march gydag anhawster. Ac yna ym-
ddangosodd y forwyn iddo a chyfarchodd well iddo. A bu
yntau'n groesawus wrth y forwyn a gofynnodd ef i'r forwyn pa
dir oedd hwnnw a pha le.

"Duw a ŵyr," ebe'r forwyn, "iarlles weddw biau'r castell
acw a phan fu farw ei harglwydd priod fe adawodd iddi ddwy
iarllaeth a heno nid oes yn ei meddiant ond yr un tŷ acw sydd
heb ei ddwyn gan yr iarll ieuanc sydd yn gymydog iddi am
nad âi yn wraig iddo."

"Y mae hynny'n drueni," ebe Owain.

A cherddodd Owain a'r forwyn i'r castell a disgynnodd

Owain o fewn y castell a dug y forwyn ef i ystafell esmwyth a chynnau tân iddo a'i adael yno. A daeth y forwyn at yr iarlles a rhoi'r ddysgl yn ei llaw.

"Forwyn," ebe'r iarlles, "ble mae'r iraid oll ?"

"Mae wedi ei golli, arglwyddes," ebe hi.

"Forwyn," ebe'r iarlles, "nid yw'n hawdd gennyf i dy ddwrdio di ; er hynny, yr oedd yn anffodus i minnau wario gwerth saith ugain punt o iraid gwerthfawr ar ddyn heb wybod pwy yw. Ond er hynny, forwyn, gwasanaetha di efe hyd oni fyddo wedi ei ddiwallu'n llwyr."

A gwnaeth y forwyn hynny, ei wasanaethu â bwyd a diod a thân a gwely ac ymolchfa hyd oni fu iach. Ac aeth y blew oddi ar Owain yn gudynnau o gen. A bu ef felly am dri mis ac yna yr oedd ei gnawd yn wynnach na chynt.

Ac ar hynny, un diwrnod fe glywai Owain gynnwrf yn y castell a pharatoi mawr a chludo arfau i mewn. A gofynnodd Owain i'r forwyn :

"Beth yw'r cynnwrf hwn ?" ebe ef.

"Yr iarll y dywedais wrthyt amdano a llu mawr gydag ef," ebe hi, "sydd yn dod at y castell i geisio difa'r wraig hon."

Ac yna gofynnodd Owain i'r forwyn :

"A oes march ac arfau gan yr iarlles ?"

"Oes," ebe'r forwyn, " y rhai gorau yn y byd."

"A ei di at yr iarlles i ofyn benthyg march ac arfau imi," ebe Owain, "fel y gallwn fynd yn edrychydd ar y llu ?"

"Af yn llawen," ebe'r forwyn. A daeth y forwyn at yr iarlles a dweud wrthi'r cwbwl o'i eiriau. Dyma a wnaeth yr iarlles yna, chwerthin.

"Rhyngof a Duw," ebe hi, "fe roddaf i iddo farch ac arfau am byth ac ni bu yn ei feddiant ef erioed farch ac arfau gwell na hwy. Ac y mae'n dda gennyf i ei fod ef yn eu cymryd rhag i'm gelynion eu cael yfory o'm hanfodd. Ond ni wn beth a fynn â hwy." A daethpwyd â march du hardd a chyfrwy ffawydd arno, ac â nifer o arfau gŵr a march. A gwisgodd amdano ac esgyn ar y march a mynd i ffwrdd a dau was ieuanc gydag ef yn gyflawn o feirch ac arfau.

A phan ddaethant tua llu'r iarll ni welent nac ymyl na therfyn iddo. A gofynnodd Owain i'r gweision ieuainc pa gatrawd yr oedd yr iarll ynddi.

"Yn y gatrawd," ebe hwy, "y mae'r pedair baner felen acw ynddi. Y mae dwy o'i flaen a dwy o'i ôl."

"Ie," ebe Owain, "ewch chwi yn eich ôl ac arhoswch amdanaf i ym mhorth y castell."

A dychwelasant hwy. A cherddodd Owain yn ei flaen trwy'r ddwy gatrawd flaenaf hyd oni chyfarfu â'r iarll. A thynnodd Owain ef o'i gyfrwy hyd onid oedd rhyngddo a bwa blaen y cyfrwy, a throdd ben ei farch tua'r castell. A pha drafferth bynnag a gafodd fe ddaeth â'r iarll gydag ef hyd oni ddaeth i borth y castell lle'r oedd y gweision ieuainc yn ei aros. A daethant i mewn a rhoddodd Owain yr iarll yn anrheg i'r iarlles a dweud wrthi fel hyn :

"Gwel di yma dâl iti am yr iraid bendigedig a gefais i gennyt ti."

A gwersyllodd y llu o gwmpas y castell, ac er mwyn iddynt arbed bywyd yr iarll rhoddodd ef y ddwy iarllaeth iddi drachefn. Ac er mwyn ei ryddid fe roddodd yntau hanner ei deyrnas ei hun, a'r cwbl o'i haur a'i harian a'i thlysau, a gwystlon ar gyfer hynny. Ac fe aeth Owain i ffwrdd, a gwahoddodd yr iarlles ef a'i deyrnas oll ond ni fynnodd Owain ddim ond teithio yn ei flaen hyd eithafoedd y byd a'i ddiffeithwch.

Ac fel yr oedd ef yn teithio felly fe glywai sgrech fawr o fewn coed, ac ail, a thrydedd. A daeth yno. A phan ddaeth fe welai glogwyn mawr yng nghanol y coed a charreg lwyd yn ystlys y bryn. Ac yr oedd hollt yn y garreg ac yr oedd sarff yn yr hollt ac yr oedd llew purwyn yn ymyl y sarff. A phan geisiai'r llew fynd oddi yno fe neidiai'r sarff ato ac yna y rhoddai yntau sgrech. A dyma a wnaeth Owain yna, tynnu ei gleddyf a nesáu at y garreg. Ac fel yr oedd y sarff yn dod o'r garreg trawodd Owain hi â chleddyf hyd onid oedd yn ddau hanner i'r llawr, a sychu ei gleddyf a mynd ar ei ffordd fel cynt. Dyma a welai, y llew yn ei ganlyn ac yn chwarae o'i gwmpas fel milgi a fagasai ei hun. A theithiasant ar hyd y dydd hyd yr hwyrnos.

A phan oedd yn amser i Owain orffwys, disgynnodd a gollwng ei farch i bori mewn dôl wastad goediog. A chyneuodd Owain dân, a phan oedd y tân yn barod gan Owain yr oedd gan y llew ddogn o goed-tân i bara tair noson. A diflannodd y llew oddi wrtho ac yn y fan wele'r llew yn dod ato â charw mawr, hardd ganddo a'i daflu ger bron Owain a mynd i orwedd yr ochr draw i'r tân oddi wrtho. A chymerodd Owain y carw a'i flingo a rhoi seigiau cig ar ferau o gylch y tân a rhoi'r carw i gyd heblaw am hynny i'r llew i'w fwyta. Ac fel yr oedd Owain felly, fe glywai ochenaid fawr, ac ail, a thrydedd, a hynny'n agos ato. A gofynnodd Owain ai dyn meidrol a'i gwnâi.

"Ie, y mae'n wir," ebe'r creadur.

"Pwy wyt tithau ?" ebe Owain.

"Duw a ŵyr," ebe hi, "Luned wyf i, llawforwyn Iarlles y Ffynnon."

"Beth a wnei di yna ?" ebe Owain.

"Fe'm carcharwyd," ebe hi, "o achos gŵr ieuanc a ddaeth o lys yr ymherodr i fynnu'r iarlles yn briod, ac a fu gyda hi am amser byr. Ac fe aeth i ymweld â llys Arthur ac ni ddaeth fyth yn ei ôl. Ac ef oedd y cydymaith a garwn fwyaf o'r holl fyd. Dyma a wnaeth dau o weision ystafell yr iarlles, ei wawdio ef yn fy ngŵydd i a'i alw'n dwyllwr a bradwr. Dyma a ddywedais innau, na allai eu dau gorff hwy ymryson â'i un corff ef. Ac am hynny, fy ngharcharu yn y llestr carreg hwn a wnaethant a dweud nad arhosai bywyd yn fy nghorff oni ddôi ef i'm hamddiffyn i ar y dydd penodedig. Ac nid cynt yr oed na thrennydd ac nid oes imi neb a'i cais ef. Dyna pwy oedd yntau, Owain fab Urien."

" A oedd yn sicr gennyt tithau," ebe yntau, "pe gwyddai'r gŵr ieuanc hwnnw hynny y dôi ef i'th amddiffyn di ?"

"Sicr, rhyngof a Duw," ebe hi.

A phan fu'r seigiau cig yn ddigon poeth, rhannodd Owain hwy'n ddau hanner rhyngddo a'r forwyn a bwytasant. Ac wedi hynny ymddiddan hyd y bu'n ddydd trannoeth.

A thrannoeth gofynnodd Owain i'r forwyn a oedd lle y gallai ef gael bwyd a chroeso'r nos honno.

"Oes, arglwydd," ebe hi ; "dos drosodd yna," ebe hi, "i'r rhyd a theithia'r ffordd gyda glan yr afon, ac ymhen ychydig fe weli di gaer fawr a thyrau niferus arni. A'r iarll biau'r gaer honno yw'r gŵr gorau am fwyd ac yno y gelli aros heno."

Ac ni wyliodd gwyliwr ei arglwydd erioed gystal ag y gwyliodd y llew Owain y noson gynt.

Ac yna cyweiriodd Owain ei farch a theithio yn ei flaen trwy'r rhyd hyd oni welodd y gaer. A daeth Owain i'r gaer a derbyniwyd ef yn anrhydeddus yno, a gofalwyd am ei farch yn ddi-fai, a rhoi dogn o fwyd ger ei fron. Ac aeth y llew i orwedd i breseb y march fel na feiddiai neb o'r gaer fynd ar gyfyl y march o'i herwydd. A sicr oedd gan Owain na welodd erioed le cystal ei wasanaeth â hwnnw. Ac yr oedd pob dyn yno cyn dristed â phe bai angau ar bob dyn ohonynt. Ac aethant i fwyta, ac eisteddodd yr iarll ar y naill law i Owain a'r unig ferch a oedd iddo ar yr ochr arall i Owain ; ac yr oedd yn sicr gan Owain na welodd erioed un forwyn harddach na honno. A daeth y llew rhwng deudroed Owain dan y bwrdd a phorthodd Owain ef â phob bwyd a oedd iddo yntau. Ac ni welodd Owain fai cymaint yno â thristwch y dynion.

Ac ar hanner bwyta croesawodd yr iarll Owain.

"Yr oedd yn hen bryd iti fod yn llawen," ebe Owain.

"Duw a ŵyr amdanom nad wrthyt ti yr ydym ni'n drist, ond daeth inni achos tristwch a phryder."

"Beth yw hynny ?" ebe Owain.

"Dau fab a oedd imi ac aeth fy nau fab i'r mynydd ddoe i hela. Ac y mae bwystfil yno, a lladd dynion a wna a'u bwyta. A daliodd fy meibion, ac yfory y mae dydd cyfarfod rhyngof i ac ef i roi'r forwyn honno iddo neu fe ladd yntau fy meibion yn fy ngŵydd. A ffurf dyn sydd iddo, ond nid yw ef lai na chawr."

"Duw a ŵyr," ebe Owain, "y mae hynny'n drueni. A pha un o'r rheini a wnei dithau ?"

"Duw a ŵyr amdanaf," ebe'r iarll, "fod yn fwy teilwng gennyf iddo ddifetha fy meibion a gafodd o'm hanfodd na rhoi fy merch iddo o'm bodd i'w llygru a'i difetha."

Ac ymddiddanasant am bethau eraill. Ac yno y bu Owain y nos honno.

A'r bore trannoeth fe glywent hwy dwrw anfeidrol ei faint. Dyma oedd hynny, y gŵr mawr yn dod â'r ddau fab gydag ef. A mynnodd yr iarll amddiffyn y gaer rhagddo ac ymadu â'i ddau fab. Gwisgodd Owain ei arfau amdano a mynd allan i ymgiprys â'r gŵr, a'r llew ar ei ôl. A phan welodd y gŵr Owain yn arfog fe ymosododd arno ac ymladd ag ef. Ac fe ymladdai'r llew â'r gŵr mawr yn llawer gwell nag Owain.

"Rhyngof a Duw," ebe'r gŵr wrth Owain, "ni byddai'n gyfyng arnaf ymladd â thydi pe na bai'r anifail gyda thi."

Ac yna fe fwriodd Owain y llew i'r gaer a chau'r porth arno, a dod i ymladd â'r gŵr mawr fel cynt. A rhuodd y llew o glywed trafferth Owain, a dringo hyd onid oedd ar neuadd yr iarll ac oddi ar y neuadd hyd onid oedd ar y gaer ac oddi ar y gaer fe neidiodd hyd onid oedd gydag Owain. A thrawodd y llew ergyd â'i bawen ar ben ysgwydd y gŵr mawr hyd onid oedd ei bawen trwy fforch ei gluniau fel y gwelid ei holl ymysgaroedd yn llithro ohono. Ac yna fe syrthiodd y gŵr mawr yn farw. Ac yna fe roddodd Owain ei ddau fab i'r iarll ; a rhoddodd yr iarll wahoddiad i Owain ond ni fynnodd Owain ef, ond dod yn ei flaen i'r ddôl yr oedd Luned ynddi.

Ac fe welai yno danllwyth mawr o dân a dau lanc golygus gyda gwallt gwinau, cyrliog yn mynd â'r forwyn i'w thaflu yn y tân. A gofynnodd Owain pa beth a hawlient gan y forwyn. A datganasant eu chwedl wrtho fel y datganasai'r forwyn y noson gynt ;

" . . . ac Owain a'i methodd hi, ac am hynny y llosgwn ninnau hi."

"Duw a ŵyr," ebe Owain, "marchog da oedd hwnnw ac yr oedd yn rhyfedd gennyf i, pe gwyddai ef fod ar y forwyn honno ei angen, na ddelai i'w hamddiffyn. A phe mynnech chwi fyfi yn ei le ef fe awn i ichwi."

"Mynnwn," ebe'r gweision, "myn y Gŵr a'n gwnaeth."
Ac aethant i ymryson ag Owain. A chafodd Owain niwed gan y ddau lanc, ac ar hynny y llew a gynorthwyodd Owain a threchasant y gwŷr ieuainc. Ac yna fe ddywedasant hwythau,

"Unben, nid oedd cytundeb inni ymladd ond â thi dy hun ac y mae'n anos inni ymladd â'r anifail acw na chyda thi."

Ac yna fe roddodd Owain y llew yn y lle y buasai'r forwyn yng ngharchar a gweithio mur carreg ar y drws a mynd i ymladd â'r gwŷr fel cynt. Ac ni ddaethai Owain i'w nerth eto, a chryf oedd y ddau lanc yn ei erbyn. A'r llew oedd yn rhuo o hyd am fod Owain mewn trafferth. A rhwygodd y llew y mur hyd oni chafodd ffordd allan, ac yn gyflym fe laddodd y naill lanc ac yn y fan fe laddodd y llall. Ac felly yr amddiffynasant hwy Luned rhag ei llosgi. Ac yna fe aeth Owain a Luned gydag ef i deyrnas Iarlles y Ffynnon. A phan ddaeth oddi yno fe ddygodd yr iarlles gydag ef i lys Arthur ac fe fu hi'n wraig iddo tra bu hi byw.

Ac yna fe ddaeth i ffordd llys y Du Traws ac ymladdodd ag ef, ac nid ymadawodd y llew ag Owain hyd oni orfu ar y Du Traws. A phan ddaeth ef i ffordd llys y Du Traws fe gyrchodd y neuadd, ac yno fe welodd ef bedair ar hugain o wragedd, yr harddaf a welodd neb erioed, ond nid oedd dillad amdanynt a oedd yn werth pedair ar hugain o arian. Ac yr oeddynt cyn drised ag angau.

A gofynnodd Owain iddynt ystyr eu tristwch. Dywedasant hwythau mai merched ieirll oeddynt ac na ddaethent yno ond a'r gŵr a garai pob un ohonynt fwyaf gyda hi.

"A phan ddaethom ni yma fe gawsom ni groeso a pharch, a'n gwneud yn feddw. Ac wedi inni fod yn feddw y dôi'r cythraul biau'r llys hwn ac fe laddai ein gwŷr oll ac fe ddygai ein meirch ninnau a'n dillad a'n haur a'n harian, a chyrff y gwŷr sydd yn yr un tŷ â ni a llawer o gyrff ynghyd â hwy. A dyna iti, unben, hanes ein tristwch ni. Ac y mae'n ddrwg gennym ni, unben, i tithau ddod yma rhag iti gael drwg."

A bu hynny'n drist gan Owain, ac aeth allan i gerdded. Ac fe welai farchog yn dod ato ac yn ei dderbyn trwy groeso a chariad fel petai'n frawd iddo. Dyma oedd hwnnw, y Du Traws.

"Duw a ŵyr," ebe Owain, "nad i geisio dy groeso y deuthum i yma."

"Duw a ŵyr," ebe yntau, "na chei dithau hynny." Ac yn y fan ymosodasant a brwydro'n galed ac ymladdodd Owain yn ffyrnig ag ef a'i rwymo â'i ddwylo ar ei gefn. A gofynnodd y Du Traws i Owain am nawdd a dweud wrtho,

"Arglwydd Owain," ebe ef, "yr oedd darogan am dy ddyfod di yma i'm darostwng i ac fe ddaethost tithau ac fe wnaethost hynny. A bûm i yma'n ysbeiliwr ac ysbeildy fu fy nhŷ. Ond rho imi fy mywyd ac fe af i'n ysbytywr, a fe gadwaf y tŷ hwn yn westy i wan ac i gadarn tra fwyf byw, er mwyn dy enaid di."
A derbyniodd Owain hynny ganddo ac yno y bu Owain y nos honno.

A thrannoeth fe gymerodd y pedair gwraig ar hugain a'u meirch a'u dillad a'r hyn a ddaethai gyda hwy o gyfoeth a thlysau, a theithiodd, a hwy gydag ef, hyd lys Arthur. A buasai Arthur yn groesawus wrtho gynt pan y'i collasai ond mwy croesawus yna. A'r gwragedd hynny, yr hon a fynnai drigo yn llys Arthur, fe gâi hi hynny, a'r hon a fynnai fynd ymaith, fe âi. A thrigodd Owain yn llys Arthur o hynny allan yn benteulu ac yn annwyl ganddo hyd onid aeth i'w deyrnas ei hun. Dyna oedd hynny, tri chan cleddyf Cenferchyn a'r haid o gigfrain. Ac i'r lle yr elai Owain a hwythau gydag ef, trechu a wnâi.

A'r chwedl hon a elwir Chwedl Iarlles y Ffynnon.

HANES PEREDUR FAB EFROG

Yr oedd piau Iarll Efrog iarllaeth yn y Gogledd ac yr oedd iddo saith mab. Ond nid o'i deyrnas y'i cynhaliai Efrog ei hunan yn bennaf ond o dwrnameintiau ac ymladdau a rhyfeloedd. Ac fel y digwydd yn aml i'r sawl sy'n dilyn rhyfel, fe'i lladdwyd, ef a'i chwe mab. A'r seithfed mab iddo a elwid Peredur, a hwnnw oedd yr ieuengaf o'i saith mab. Nid oedd mewn oed mynd i ryfel nac ymladd. Pe byddai o oed, fe'i lleddid fel y lladdwyd ei dad a'i frodyr.

Gwraig fedrus, ddoeth oedd yn fam iddo. Meddyliodd am ei mab a'i deyrnas. Dyma a benderfynodd, ffoi gyda'r mab i anialwch a diffeithwch ac ymadael â chyfannedd. Ni ddug neb yn ei chymdeithas ond gwragedd a meibion a dynion didrais, bodlon na allent ymladd ac na weddai ymladdau a rhyfeloedd iddynt. Ni feiddiai neb lle y clywai'r mab grybwyll na meirch nac arfau rhag iddo roi ei fryd arnynt. A phob dydd fe âi'r mab i'r goedwig dal i chwarae ac i daflu picellau celyn.

Un diwrnod, fe welai braidd o eifr a oedd i'w fam a dwy ewig yn agos i'r geifr. Safodd y mab a rhyfeddu o weld y ddwy hynny heb gyrn a chyrn i bob un o'r rhai eraill, a thybio eu bod ar goll ers amser ac oherwydd hynny iddynt golli eu cyrn. A thrwy nerth a chyflymdra ei droed fe yrrodd yr ewigod gyda'r geifr i mewn i dŷ a oedd i'r geifr ym mhen y goedwig.

Fe ddaeth adref drachefn.

"Fy mam," ebe ef, "fe welais i beth rhyfedd gerllaw ; dwy o'th eifr wedi mynd yn wyllt a cholli eu cyrn gan gyhyd y buont yn wyllt o dan y coed. Ac ni chafodd dyn fwy o drafferth nag a gefais i yn eu gyrru i mewn."

Ar hynny, cododd pawb a dod i edrych. A phan welsant yr ewigod, rhyfeddasant yn fawr fod gan neb nerth na chyflymdra troed fel y gallai eu goddiweddyd.

Ac un diwrnod, fe welent hwy dri marchog yn dod ar hyd llwybr meirch gydag ymyl y goedwig. Dyma pwy oeddynt : Gwalchmai fab Gwyar a Gweir fab Gwestl ac Owain fab Urien ac Owain yn cadw yr ôl, yn ymlid y marchog a ranasai'r afalau yn llys Arthur.

"Fy mam," ebe ef, "beth yw'r rhai acw?"

"Angylion, fy mab," ebe hi.

"Fe af i'n angel gyda hwy," ebe Peredur.

A daeth i'r llwybr i gyfarfod â'r marchogion.

"Dywed, gyfaill," ebe Owain, "a welaist ti farchog yn mynd heibio yma naill ai heddiw neu ddoe ?"

"Ni wn," ebe yntau, "beth yw marchog."

"Yr un peth â minnau," ebe Owain.

"Petaet ti'n dweud wrthyf fi yr hyn a ofynnwn iti, fe ddywedwn innau wrthyt ti yr hyn a ofynni dithau."

"Dywedaf yn llawen," ebe Owain.

"Beth yw hwn ?" ebe ef am y cyfrwy.

"Cyfrwy," ebe Owain.

Gofynnodd Peredur beth oedd pob peth a beth a fynnid ac a ellid ei wneud â hwy. A mynegodd Owain iddo yntau'n llwyr beth oedd pob peth a'r hyn a ellid ei wneud gydag ef.

"Dos yn dy flaen," ebe Peredur, "fe welais y cyfryw a ofynni di ac fe af innau'n farchog ar dy ôl di yr awr hon."

Yna fe ddychwelodd Peredur i'r lle yr oedd ei fam a'r osgordd.

"Mam," ebe ef, "nid angylion yw'r rhai acw ond marchogion."

Yna fe syrthiodd hi i lewyg llwyr. Ac fe aeth Peredur yntau yn ei flaen i'r lle yr oedd y ceffylau a gludai goed tân iddynt ac a ddygai fwyd a diod o'r lle cyfannedd i'r anialwch. A chymerodd geffyl brithlwyd, esgyrniog,—y cryfaf, fe dybiai. A gwasgodd fasged arno'n gyfrwy. A bu iddo ddynwared mewn gwiail bob peth a welsai o'r harnais. A daeth drachefn i'r lle yr oedd ei fam. Ar hynny, dyma hithau'r iarlles yn deffro o'i llewyg.

"Ie," ebe hi, "ai cychwyn a fynni di ?"

"Ie," ebe ef.

"Aros am gynghorion gennyf fi cyn iti gychwyn."

"Dywed ar frys," ebe ef. "Arhosaf amdanynt."

"Dos yn dy flaen," ebe hi, "i lys Arthur, lle mae'r gwŷr gorau a'r haelaf a'r dewraf. Lle gweli di eglwys, llafargana dy bader wrthi. Os gweli fwyd a diod, os bydd raid iti wrtho ac na fo neb o gwrteisi a daioni i'w roi iti, cymer ef dy hun. Os clywi sgrech dos tuag ati, a sgrech gwraig yn anad un sgrech yn y byd. Os gweli dlws teg, cymer di ef a dyro dithau ef i arall, ac oherwydd hynny fe gei glod. Os gweli wraig deg, gorddercha hi er na'th fynno. Fe'th wna'n ŵr gwell a grymusach na chynt."

A chychwynnodd ymaith yn ei flaen a dyrnaid o bicellau blaenllym yn ei law. Ac am ddwy noson a deuddydd y bu'n cerdded anialwch a diffeithwch heb fwyd a heb ddiod. Ac yna fe ddaeth i goedwig fawr, anial, ac ymhell yn y coed fe welai ef lannerch o faes ac yn y llannerch fe welai babell, a chan dybio mai eglwys ydoedd fe lafarganodd ei bader wrth y babell. A daeth tua'r babell. Ac yr oedd drws y babell yn agored a chadair aur yn agos i'r drws, a morwyn hardd, felyngoch ei gwallt yn eistedd yn y gadair ac addurn euraid am ei thalcen, a cherrig disglair yn yr addurn a modrwy aur lydan ar ei llaw.

A disgynnodd Peredur a dod i mewn. Croesawodd y forwyn ef a chyfarchodd well iddo. Ac ym mhen y babell fe welai fwrdd a dwy gostrel yn llawn o win a dwy dorth o fara gwyn a seigiau o gig moch ifanc.

"Fe archodd fy mam imi," ebe Peredur, "lle y gwelwn fwyd a diod, ei gymryd."

"Dos dithau, unben, at y bwrdd," ebe hi, "a chroeso Duw iti."

Fe aeth Peredur at y bwrdd a chymerodd Peredur y naill hanner o'r bwyd a'r ddiod iddo ei hun a'r llall a adawodd ar gyfer y forwyn. Ac wedi iddo orffen bwyta cododd a dod i'r lle yr oedd y forwyn.

"Fe archodd fy mam imi," ebe ef, "gymryd tlws teg yn y lle y'i gwelwn."

"Cymer dithau, gyfaill," ebe hi. "Nid myfi a fydd yn ei warafun iti."

Cymerodd Peredur y fodrwy a gostwng ar ei ben-glin a rhoi cusan i'r forwyn, a chymryd ei farch a chychwyn i ffwrdd.

Ar ôl hynny, dyma'r marchog a oedd piau'r babell yn dod ; dyma oedd hwnnw, Syberw Llannerch. Ac fe welai ôl y march.

"Dywed," ebe ef wrth y forwyn, "pwy a fu yma ar fy ôl i ?"

"Dyn rhyfedd ei ymddangosiad, arglwydd," ebe hi. A mynegodd iddo ymddangosiad Peredur a'i osgo.

"Dywed," ebe ef, "a fu ef gyda thi ?"

"Naddo, ar fy llw," ebe hi.

"Ar fy llw, ni'th gredaf, a hyd oni chaf innau gyfarfod ag ef i ddial fy llid a'm cywilydd ni chei dithau fod ddwy noson yn yr un lle."

A chododd y marchog i fynd ymlaen i chwilio am Beredur. Yntau Beredur a deithiodd yn ei flaen tua llys Arthur. A chyn iddo ef ddod i lys Arthur fe ddaeth marchog arall i'r llys ac fe roddodd fodrwy aur lydan i ddyn yn y porth am ddal ei farch. Ac fe ddaeth yntau yn ei flaen i'r neuadd lle'r oedd Arthur a'i osgordd, a Gwenhwyfar a'i merched, a gwas ystafell yn gwasanaethu ar Wenhwyfar o ffiol. A chymerodd y marchog y ffiol o law Gwenhwyfar ac fe arllwysodd y ddiod a oedd ynddo dros ei hwyneb a'i mynwes a rhoi bonclust fawr i Wenhwyfar.

"Os oes un a fynno ymladd â mi am y ffiol hon," ebe ef, "a dial y sarhad hwn ar Wenhwyfar, doed ar fy ôl i i'r weirglodd ac fe'i harhosaf yno." A chymerodd y marchog ei farch a chyrchodd y weirglodd.

Dyna a wnaeth pawb yna, gostwng ei lygaid rhag gofyn iddo fynd i ddial sarhad Gwenhwyfar, a thebygent na wnâi neb y fath weithred ysgeler â honno ond am fod iddo ddawn ymladd a nerth, neu hud a lledrith fel na allai neb ymddial ag ef.

Ar hynny, dyma Peredur yn dod i mewn i'r neuadd ar geffyl brithlwyd, esgyrniog a harnais drwsgl, annhrefnus arno. Ac yr oedd Cai yn sefyll ar ganol llawr y neuadd.

"Dywed," ebe Peredur, "ŵr tal acw, ble mae Arthur ?"

"Beth a fynni di," ebe Cai, "gydag Arthur ?"

"Fe archodd fy mam imi ddod at Arthur i'm hurddo'n farchog urddol."

"Ar fy llw," ebe Cai, "fe ddaethost yn rhy annhrefnus dy farch a'th arfau."

Ac ar hynny, ei ddarganfod gan yr osgordd a dechrau ei wawdio a bwrw brigau ato ac yr oedd yn dda ganddynt i'r fath un â hwnnw ddod er mwyn i'r digwyddiad arall fynd dros gof. Ac ar hynny, dyma gorrach yn dod i mewn, hwnnw a oedd wedi dod i lys Arthur flwyddyn cyn hynny, ef a'i

goraches, i erchi lletygarwch gan Arthur, a chawsant hynny
gan Arthur. Ar wahân i hynny, ni ddywedasant un gair wrth
neb yn ystod y flwyddyn. Pan ddarganfu'r corrach Beredur,
    "Haha," ebe ef, "croeso Duw iti, Beredur deg fab Efrog,
pennaeth milwyr a blodau marchogion."
    "Duw a ŵyr, was," ebe Cai, "y mae'n taro'n ddrwg iti fod
flwyddyn yn fud yn llys Arthur yn cael dewis dy gydymddi-
ddanwr a dewis dy gydyfwr a galw'r fath ddyn â hwn, yng
ngŵydd yr ymherodr a'i osgordd, yn bennaeth milwyr a blodau
marchogion."
    A rhoi bonclust iddo hyd onid aeth ar ei ben i'r llawr mewn
llewyg llwyr. Ar hynny, dyma'r goraches yn dod.
    "Haha," ebe hi, "croeso Duw iti, Beredur deg fab Efrog,
blodau'r milwyr a channwyll y marchogion."
    "Ie, forwyn," ebe Cai, "y mae'n taro'n ddrwg bod flwyddyn
yn fud yn llys Arthur heb ddweud un gair wrth neb a galw'r
fath ddyn â hwn, heddiw yng ngŵydd Arthur a'i filwyr, yn
flodau milwyr ac yn gannwyll marchogion."
    A rhoi ergyd iddi â'i droed hyd onid oedd mewn llewyg
llwyr.
    "Y gŵr tal," ebe Peredur yna, "mynega imi ble mae Arthur."
    "Taw â'th siarad," ebe Cai. "Dos ar ôl y marchog a aeth
oddi yma i'r weirglodd a dwg y ffiol oddi wrtho, a tharo ef a
chymer ei farch a'i arfau. Ac wedi hynny fe gei di dy urddo'n
farchog urddol."
    "Y gŵr tal," ebe ef, "fe wnaf innau hynny."
    A throi pen ei farch a mynd allan ac i'r weirglodd. A phan
ddaeth yr oedd y marchog yn marchogaeth ei farch yn y weir-
glodd yn fawr ei ryfyg am ei allu a'i ddewrder.
    "Dywed," ebe'r marchog, "a welaist ti rywun o'r llys yn
dod ar fy ôl i ?"
    "Y gŵr tal a oedd yno," ebe ef, " a archodd imi dy daro di
a chymryd y ffiol a'r march a'r arfau i mi fy hun."
    "Taw," ebe'r marchog. "Dos yn dy ôl i'r llys ac arch oddi
wrthyf fi i Arthur ddod, naill ai ef neu un arall, i ymladd â mi.
Ac oni ddaw yn gyflym nid arhosaf i amdano."
    "Ar fy llw," ebe Peredur, "dewis di. Fe fynnaf fi'r march a'r
arfau a'r ffiol naill ai o'th fodd neu o'th anfodd."

Ac yna fe gyrchodd y marchog ef yn llidiog a tharo dyrnod fawr ddolurus arno â bôn ei waywffon rhwng ysgwydd a gwar.

"Was," ebe Peredur, "ni chwaraeai gweision fy mam â mi felly. Fe chwaraeaf innau â thydi fel hyn." Ac anelu ato â phicell flaenllym a'i daro yn ei lygad hyd onid aeth allan drwy ei wegil ac yntau i'r llawr yn hollol farw.

"Duw a ŵyr," ebe Owain fab Urien wrth Gai, "fe wnest dro gwael â'r gŵr ffôl a yrraist ar ôl y marchog. Fe ddigwyddodd un o ddau beth, naill ai ei daro neu ei ladd. Os ei daro a ddarfu fe fydd y marchog yn ei gyfrif yn ŵr bonheddig ac fe fydd anghlod tragwyddol i Arthur a'i filwyr. Os ei ladd a fu, yr anghlod a gerdda fel cynt, ac yn ogystal, ei bechod arnat tithau. Ac na foed imi gadw fy anrhydedd onid af fi i wybod pa helynt a ddigwyddodd iddo."

Ac yna fe ddaeth Owain yn ei flaen tua'r weirglodd, a phan ddaeth yno yr oedd Peredur yn llusgo'r gŵr ar ei ôl ar hyd y weirglodd.

"Unben," ebe Owain, "aros. Fe ddiosgaf fi'r arfau."

"Ni ddaw'r bais-haearn hon," ebe Peredur, "fyth oddi amdano. Y mae'n hanfod ohono ei hun."

Yna fe ddiosgodd Owain yr arfau a'r dillad.

"Dyma iti'n awr, gyfaill," ebe ef, "farch ac arfau gwell na'r rhai eraill. A chymer hwy'n llawen, a thyrd gyda mi at Arthur a chei dy urddo'n farchog urddol."

"Na foed imi gadw fy anrhydedd," ebe Peredur, "os af. Ond dwg y ffiol oddi wrthyf i at Wenhwyfar, a dywed wrth Arthur, pa le bynnag y byddwyf, fe fyddaf yn ddeiliad iddo. Ac os gallaf wneud lles iddo a'i wasanaethu fe'i gwnaf. A dywed wrtho nad af fyth i'w lys hyd onid ymgyfarfyddaf â'r gŵr tal sydd yno i ddial sarhad y corrach a'r goraches."

Yna, fe ddaeth Owain yn ei flaen i'r llys ac fe fynegodd yr hanes i Arthur a Gwenhwyfar ac i bawb o'r osgordd, a'r bygythiad ar Gai.

Ac yntau Peredur a aeth ymaith yn ei flaen. Ac fel yr oedd yn teithio, dyma farchog yn cyfarfod ag ef.

"O ba le y doi di ?" ebe'r marchog.

"Fe ddof o lys Arthur," ebe ef.

"Ai deiliad i Arthur wyt ti ?"

"Ie, ar fy llw," ebe ef.

"Dyma le da iti arddel Arthur."

"Pam ?" ebe Peredur.

"Fe ddywedaf i hynny wrthyt," ebe ef. "Lleidr a chamataliwr ar Arthur fûm i erioed, a chynifer o'i ŵyr sydd wedi cyfarfod â mi, fe'u lleddais."

Ni bu ysbaid hwy na hynny, ymladd a wnaethant a chyn pen fawr o amser trawodd Peredur ef hyd onid aeth dros grwper y march i'r llawr. Archodd y marchog nawdd.

"Fe gei di nawdd," ebe Peredur, "gan roi dy lw yr ei i lys Arthur a mynegi i Arthur mai fi a'th drawodd er anrhydedd a gwasanaeth iddo. A mynega iddo na sangaf fyth yn ei lys hyd onid ymgyfarfyddaf â'r gŵr tal sydd yno i ddial sarhad y corrach a'r goraches."

A chychwynnodd y marchog yn ei flaen i lys Arthur gan roi ei lw ar hynny, ac fe fynegodd ei hanes yn llwyr, a'r bygythiad ar Gai. Ac yntau Beredur a aeth yn ei flaen ymaith. Ac yn ystod yr un wythnos fe gyfarfu ag ef un marchog ar bymtheg, ac fe drawodd bob un, ac fe ddaethant yn eu blaenau i lys Arthur a'r un hanes ganddynt â chan y cyntaf a drawodd, a'r un bygythiad ar Gai. A chafodd Cai gerydd gan Arthur a'r osgordd a bu yntau'n bryderus ynghylch hynny.

Yntau Beredur a gychwynnodd ymaith, ac yn y diwedd fe ddaeth ef i goedwig fawr anial ac wrth ochr y goedwig yr oedd llyn, ac o'r tu arall i'r llyn yr oedd llys mawr a chaer hardd o'i amgylch. Ac ar lan y llyn yr oedd gŵr â gwallt brithlwyd yn eistedd ar obennydd sidanwe a gwisg sidanwe amdano, a gweision yn pysgota ar y llyn mewn cwch â gwaelod gwastad iddo. Fel y gwelodd y gŵr â gwallt brithlwyd Beredur yn dod, fe gododd ac fe aeth am y llys, ac yr oedd y gŵr yn gloff.

Yntau Beredur a ddaeth yn ei flaen i'r llys, ac yr oedd y porth yn agored ac fe ddaeth i'r neuadd. A phan ddaeth, yr oedd y gŵr â gwallt brithlwyd yn eistedd ar obennydd sidanwe a thân cryf, mawr yn dechrau llosgi. A chododd llu a gosgordd i gyfarfod â Pheredur, a'i dynnu oddi ar ei farch a thynnu ei arfwisg a wnaethant. A thrawodd y gŵr ei law ar ben ucha'r gobennydd ac erchi i'r llanc ieuanc ddod i eistedd ar y gobennydd. A chydeistedd ac ymddiddan a wnaethant, a phan oedd yn amser, gosod byrddau a mynd i fwyta. Fe'i rhoddwyd i eistedd ac i fwyta ar naill law y gŵr.

Wedi gorffen bwyta, gofynnodd y gŵr i Beredur a fedrai daro'n dda â chleddyf.

"Am a wn i," ebe Peredur, "pe cawn fy nysgu, y byddwn yn medru."

"Y sawl a fedrai chwarae â ffon ac â tharian," ebe yntau, " a fedrai daro â chleddyf."

Yr oedd dau fab i'r gŵr â gwallt brithlwyd, llanc penfelyn a llanc gwinau ei wallt.

"Codwch, lanciau," ebe ef, "i chwarae â'r ffyn ac â'r tarianau."

Aeth y llanciau i chwarae.

"Dywed, gyfaill," ebe'r gŵr, "pa un o'r llanciau a chwaraea orau ?"

"Fy nhyb i yw," ebe Peredur, "y gallai'r llanc penfelyn fod wedi tynnu gwaed y llanc gwinau ei wallt ers tro pe mynnai ef hynny."

"Cymer di, gyfaill, y ffon a'r darian o law y llanc pengwinau a thynna waed y llanc penfelyn, os gelli."

Cododd Peredur a chymerodd y ffon a'r darian a rhoddodd ergyd i'r llanc penfelyn hyd onid oedd yr ael yn cau ar y llygad a'r gwaed yn rhedeg yn ffrydiau.

"Ie, gyfaill," ebe'r gŵr, "dos i eistedd yn awr, a thi fydd y dyn gorau yn yr ynys hon i daro â chleddyf. A'th ewythr dithau wyf i, brawd dy fam, a chyda mi y byddi y tro hwn yn dysgu moes ac arfer. Ymadawa'n awr â chynghorion dy fam ac fe fyddaf i'n athro iti, ac fe'th urddaf yn farchog urddol. O hyn allan, dyma a wnei ; er iti weld rhywbeth a fyddo'n rhyfedd gennyt, paid â gofyn yn ei gylch hyd oni fydd i rywun, o gwrteisi, ei fynegi iti. Nid arnat ti y bydd y cerydd ond arnaf fi gan mai fi sy'n athro arnat."

A derbyniasant amrywiol anrhydedd a gwasanaeth, a phan fu'n amser, aethant i gysgu.

Cyn gynted ag y daeth hi'n ddydd, cododd Peredur a chymryd ei farch, ac â chaniatâd ei ewythr, cychwyn ymaith. Ac fe ddaeth ef i goedwig fawr ac ym mhen draw'r goedwig fe ddaeth i ddôl wastad, a'r tu arall i'r ddôl fe welai gaer fawr a llys hardd. A chyrchodd Peredur y llys, a chafodd y porth yn agored a chyrchodd y neuadd. A phan ddaeth yr oedd gŵr golygus â gwallt brithlwyd yn eistedd ar ochr y neuadd a llanciau ieuainc yn niferus o'i amgylch. A chododd pawb i groesawu'r llanc ieuanc a bod yn dda eu moes a'u gwasanaeth tuag ato. Rhoddwyd ef i eistedd ar naill law'r uchelwr a oedd piau'r llys ac ymddiddanasant. A phan ddaeth yn amser mynd i fwyta, rhoddwyd ef i eistedd ac i fwyta ar naill law'r uchelwr.

Wedi gorffen bwyta ac yfed tra oedd yn ddymunol ganddynt, gofynnodd yr uchelwr iddo a fedrai daro â chleddyf.

"Pe cawn fy nysgu," ebe Peredur, "mae'n debyg gennyf y medrwn."

Yr oedd colofn fawr o haearn yn llawr y neuadd cymaint ei thrwch â gafael milwr.

"Cymer," ebe'r gŵr wrth Beredur, "y cleddyf acw a tharo'r golofn haearn."

Cododd Peredur a thrawodd y golofn hyd onid oedd yn ddeuddarn a'r cleddyf yn ddeuddarn.

"Dyro'r darnau ynghyd a chyfanna hwy."

Rhoddodd Peredur y darnau ynghyd a chyfannu a wnaethant fel cynt. A'r ail waith y'i trawodd hyd oni thorrodd y golofn yn ddeuddarn a'r cleddyf yn ddeuddarn, ac fel cynt, cyfannu a wnaethant. A'r drydedd waith y'i trawodd hyd oni thorrodd y golofn yn ddeuddarn a'r cleddyf yn ddeuddarn.

"Dyro hwy ynghyd eto a chyfanna hwy."

Rhoddodd Peredur hwy ynghyd y drydedd waith ac ni chyfannai na'r golofn na'r cleddyf.

"Ie, was," ebe ef, "dos i eistedd, a bendith Duw arnat. Ti yw'r dyn gorau yn y deyrnas am daro â chleddyf. Yr wyt wedi cael deuparth dy nerth a'r traean olaf sydd heb ei gael, ac wedi iti gael y cwbl ni fyddi'n ddarostyngedig i neb. Ac yr wyf innau'n ewythr iti, brawd dy fam, brawd i'r gŵr y buost yn ei lys neithiwr."

Fe eisteddodd Peredur ar naill law ei ewythr ac ymddiddanasant. Ar hynny, fe welai ddau was yn dod i'r neuadd ac yn mynd o'r neuadd i ystafell a gwaywffon anferthol ei maint ganddynt, a thair ffrwd o waed yn rhedeg ar ei hyd o wddf y waywffon hyd y llawr. A phan welodd pawb y gweision yn dod yn y modd hwnnw dechreuodd pawb lefain ac wylo hyd nad oedd yn hawdd i neb eu goddef. Er hynny, ni thorrodd

y gŵr ar ei ymddiddan â Pheredur. Ni ddywedodd y gŵr wrth
Beredur beth oedd hynny, ni ofynnodd yntau hynny iddo.
Wedi tewi am ysbaid fechan, ar hynny, dyma ddwy forwyn
yn dod i mewn a dysgl fawr rhyngddynt a phen gŵr ar y
ddysgl a llawer o waed o gylch y pen. Ac yna, wylo a llefain
a wnaeth pawb hyd onid oedd yn anodd i neb fod yn yr un tŷ
â hwy. O'r diwedd, peidiasant â hynny ac eistedd tra fu gan-
ddynt awydd, ac yfed. Wedi hynny, paratowyd ystafell i
Beredur ac aethant i gysgu.

Y bore trannoeth, cododd Peredur a chyda chaniatâd ei
ewythr, cychwyn yn ei flaen ymaith. Oddi yna fe ddaeth i
goedwig ac fe glywai sgrech ymhell yn y goedwig. Daeth tua'r
fan lle yr oedd y sgrech, a phan ddaeth fe welai wraig hardd,
wallt gwinau a march a'i gyfrwy arno yn sefyll gerllaw iddi a
chorff gŵr rhwng dwylo'r wraig. Ac fel y ceisiai roi'r corff yn
y cyfrwy fe syrthiai'n gelain i'r llawr ac yna fe roddai hithau
sgrech.

"Dywed, fy chwaer," ebe ef, "paham yr wyt yn llefain ?"
"O ! Beredur felltigedig," ebe hi, "ychydig o symud fy
ngofid a gefais i erioed gennyt ti."
"Pam," ebe ef, "y byddaf i'n felltigedig ?"
"Am dy fod yn achos i ladd dy fam, oherwydd pan gych-
wynnaist ti ymaith o'i hanfodd fe afaelodd poen ynddi hithau,
ac oherwydd hynny fe fu farw. Ac yr wyt yn felltigedig am dy
fod yn achos ei hangau. A'r corrach a'r goraches a welaist ti
yn llys Arthur, corrach dy dad di a'th fam oedd hwnnw, a
chwaer faeth iti wyf innau a'm gŵr priod yw hwn a laddodd
y marchog sydd yn y coed. Paid dithau â mynd ar ei gyfyl
rhag dy ladd."
"Fy chwaer," ebe ef, "yr wyt yn fy ngheryddu ar gam. Ac
am imi fod gyda chwi cyhyd ag y bûm, anodd fydd imi ei
drechu, a phe byddwn yma yn hwy ni fyddwn byth yn ei
drechu. A thithau, taw bellach â'th lefain gan fod gwaredigaeth
yn nes atat na chynt. Fe gladdaf fi'r gŵr ac fe af gyda thi i'r
lle y mae'r marchog, ac os gallaf ddial fe wnaf hynny."
Wedi claddu'r gŵr fe ddaethant hwy i'r lle yr oedd y marchog
yn marchogaeth ei farch yn y llannerch. Ar unwaith, gofyn-
nodd y marchog i Beredur o ble y deuai.
"Fe ddof o lys Arthur."

"Ai deiliad i Arthur wyt ti ?"

"Ie, ar fy llw."

"Dyma le da iti arddel Arthur."

Ni bu ysbaid hwy na hynny, ymgyrchasant ac yn y lle fe
drawodd Peredur y marchog. Archodd y marchog nawdd.

"Fe gei nawdd ar yr amod dy fod yn cymryd y wraig hon
yn briod, a pha ddaioni a wnei i wraig, gwna iddi hi am iti
ladd ei gŵr heb achos ; a mynd yn dy flaen i lys Arthur a
mynegi iddo mai myfi a'th drawodd er anrhydedd a gwasan-
aeth i Arthur, a mynegi iddo nad af i'w lys hyd oni chyfarfyddaf
â'r gŵr tal sydd yno i ddial sarhad y corrach a'r forwyn."

A chymerodd Peredur sicrwydd ar hynny ganddo a gosod
y wraig yn drefnus ar farch gydag ef. A dod yn ei flaen i lys
Arthur a mynegi i Arthur yr hanes a'r bygythiad ar Gai. A
chafodd Cai gerydd gan Arthur a'r osgordd am yrru ymaith
was cystal â Pheredur o lys Arthur.

"Ni ddaw y llanc ieuanc hwnnw fyth i'r llys," ebe Owain.
"Nid â Cai yntau allan o'r llys."

"Ar fy llw," ebe Arthur, "fe chwiliaf i anialwch ynys Prydain
amdano hyd oni chaf ef, ac yna gwnaed pob un ohonynt y
gwaethaf a all i'w gilydd."

Teithiodd yntau, Beredur, yn ei flaen ymaith ac fe ddaeth i
goedwig fawr, anial. Ni welai yn y goedwig olion dynion na
gyrroedd o wartheg ond tyfiant gwyllt a phlanhigion. A phan
ddaeth i ddiwedd y goedwig fe welai ef gaer fawr wedi ei
gorchuddio ag eiddew a thyrau cryf, niferus arni ac yn agos
at y porth yr oedd y planhigion yn hwy nag mewn un lle arall.
Ar hynny, wele was tenau, gwinau ei wallt yn y bwlch uwch
ei ben.

"Dewis, unben," ebe ef, "naill ai fe agoraf i'r porth iti neu
fe fynegaf i'r pennaeth dy fod dithau yn y porth."

"Mynega fy mod yma ac os mynnir imi ddod i mewn, fe
ddof."

Daeth y llanc ieuanc yn ôl yn gyflym ac fe agorodd y porth
i Beredur ac fe ddaeth yn ei flaen i'r neuadd. A phan ddaeth
i'r neuadd fe welai ddeunaw gwas, yn weision tenau, pengoch
o'r un twf ac o'r un pryd ac o'r un oed ac o'r un wisg â'r gwas
a agorodd y porth iddo. A bu eu moes a'u gwasanaeth yn dda.

Ei dynnu oddi ar ei farch a wnaethant a thynnu ei arfau ac eistedd ac ymddiddan.

Ar hynny, dyma bum morwyn yn dod i'r neuadd o ystafell, a'r forwyn bennaf ohonynt, yr oedd yn sicr ganddo na welsai erioed olwg cyn hardded ar arall ag a oedd arni hi. Yr oedd hen wisg sidanwe dyllog amdani, a fuasai'n un dda. Lle gwelid ei chnawd drwyddo yr oedd yn wynnach na blodau'r crisial gwynnaf ; ei gwallt hithau a'i dwyael, duach oeddynt na'r muchudd ; yr oedd y ddau fan bach coch yn ei gruddiau yn gochach na'r peth cochaf. Cyfarch gwell a wnaeth y forwyn i Beredur a'i gofleidio ef ac eistedd ar y naill law iddo. Nid oedd fawr o amser wedi hynny pan welai ef ddwy leian yn dod i mewn a chostrel yn llawn o win gan y naill a chwe thorth o fara gwyn gan y llall.

"Arglwyddes," ebe hwy, "Duw a ŵyr na fu yn y cwfaint draw ond yr un faint o fwyd a diod heno."

Oddi yna fe aethant i fwyta ac fe welai Peredur fod y forwyn yn mynnu rhoi iddo ef fwy o'r bwyd ac o'r ddiod nag i arall.

"Tydi, fy chwaer," ebe ef, "fe rannaf i'r bwyd a'r ddiod."

"Nage, gyfaill," ebe hi.

"Cywilydd arnaf," ebe ef, "onide."

Cymerodd Peredur y bara ato ac fe'i rhoddodd i bawb fel ei gilydd, ac felly hefyd o'r ddiod fesul cwpan.

Wedi gorffen bwyta,

"Fe fyddai'n dda gennyf i," ebe Peredur, "pe cawn le esmwyth i gysgu."

Paratowyd ystafell iddo ac aeth Peredur i gysgu.

"Dyma, chwaer," ebe'r gweision wrth y forwyn, "a gynghorwn iti."

"Beth yw hynny ?" ebe hi.

"Mynd at y llanc ieuanc i'r ystafell gerllaw a chynnig dy hun iddo yn y modd y byddai'n dda ganddo, naill ai'n wraig iddo neu'n ordderch."

"Dyna," ebe hi, "rywbeth nad yw'n weddus. Myfi, heb gyfathrach rhyngof a gŵr erioed, yn fy nghynnig fy hun iddo ef cyn fy ngordderchu ganddo ef. Ni allaf i er mwyn dim."

"Dygwn ein cyffes i Dduw," ebe hwy, "oni wnei di hynny fe'th adawn ni di yma i'th elynion."

Ar hynny, cododd y forwyn dan golli ei dagrau a dod yn ei blaen i'r ystafell.

Ac oherwydd sŵn y drws yn agor, deffrôdd Peredur. Ac yr oedd dagrau'r forwyn yn rhedeg ar hyd ei gruddiau.

"Dywed, fy chwaer," ebe Peredur, "pam yr wyt ti'n wylo ?"

"Dywedaf wrthyt, arglwydd," ebe hi. "Fy nhad i oedd piau'r llys hwn a'r iarllaeth orau yn y byd oddi tani hi. Ond yr oedd mab iarll arall yn fy erchi innau gan fy nhad. Nid awn innau ato o'm bodd, ni roddai fy nhad finnau o'm hanfodd iddo ef nac i neb. Ac nid oedd plant i'm tad ond myfi fy hun. Ac wedi marw fy nhad fe syrthiodd ei deyrnas i'm llaw innau. Yr amser hwnnw, llai fyth y mynnwn ef na chynt.

Dyma a wnaeth yntau, rhyfela yn fy erbyn i a goresgyn fy nheyrnas heblaw am yr un tŷ yma, ac oherwydd bod y gwŷr a welaist ti, brodyr maeth imi, cystal, ac oherwydd cadernid y tŷ, ni threchid arnom fyth tra parhâi bwyd a diod. A hynny a ddaeth i ben ond fel yr oedd y lleianod a welaist ti yn ein porthi gan fod y wlad a'r deyrnas yn rhydd iddynt hwy. Ac yn awr nid oes na bwyd na diod iddynt hwythau ac nid oes oedi ymhellach nag yfory hyd oni ddêl yr iarll a'i holl allu am ben y lle hwn. Ac os caiff ef fi ni fydd fy marwolaeth yn well na'm rhoi i weision ei feirch. A dod i'm cynnig fy hun i tithau, arglwydd, yn y modd a fyddo'n ddymunol gennyt, yn gyfnewid am fod yn nerth i'n dwyn ni oddi yma neu i'n hamddiffyn ninnau yma.'

"Dos i gysgu fy chwaer," ebe ef. "Ac nid af i oddi wrthyt heb un o'r pethau hynny."

Fe ddaeth y forwyn drachefn ac fe aeth i gysgu.

Y bore trannoeth cododd y forwyn a dod i'r lle yr oedd Peredur a chyfarch gwell iddo.

"Duw a fyddo'n dda wrthyt, gyfaill. A oes newyddion gennyt ?"

"Nid oes ond da, arglwydd, tra byddi di'n iach,—a bod yr iarll a'i holl fyddin wedi ymosod ar y tŷ, ac ni welodd neb le mwy lluosog ei bebyll, na marchogion yn galw am rywun i ymladd y naill a'r llall."

"Ie," ebe Peredur, "paratoer fy march i minnau ac fe godaf i."

Paratowyd ei farch iddo a chododd yntau a chyrchodd y

weirglodd. A phan ddaeth yr oedd marchog yn marchogaeth ei farch ac wedi codi arwydd ymladd. Trawodd Peredur ef dros grwper ei farch i'r llawr. Ac fe drawodd lawer y dydd hwnnw. Ac yn y prynhawn, tua diwedd y dydd, fe ddaeth marchog arbennig i ymladd ag ef a thrawodd hwnnw. Archodd hwnnw nawdd.

"Pwy wyt tithau ?" ebe Peredur.

"Duw a ŵyr," ebe ef, "pennaeth gosgordd yr iarll."

"Faint o deyrnas yr iarlles sydd o dan dy lywodraeth di ?"

"Duw a ŵyr," ebe ef, "traean ohoni."

"Ie," ebe ef, "adfer iddi heno yn ei llys draean yn llwyr o'i theyrnas a'r cyfan o elw a gefaist ohoni, a bwyd a diod can gŵr a'u meirch a'u harfau, a thithau yn garcharor iddi, ond na fyddi'n colli dy einioes."

Fe gafodd hynny'n ddi-oed. Yr oedd y forwyn yn hyfryd lawen y noson honno, traean ei theyrnas yn eiddo iddi a llawer o feirch ac arfau a bwyd a diod yn ei llys. Cymerasant esmwyther tra bu'n dda ganddynt, ac aethant i gysgu.

Y bore trannoeth fe gyrchodd Peredur y weirglodd ac fe drawodd ef luoedd y diwrnod hwnnw. Ac ar ddiwedd y dydd fe ddaeth marchog arbennig, balch a thrawodd hwnnw. Archodd hwnnw nawdd.

"Pa un wyt tithau ?" ebe Peredur.

"Distain," ebe ef.

"Faint o deyrnas y forwyn sydd yn dy law dithau ?"

"Ei thraean," ebe ef.

"Traean o'i theyrnas i'r forwyn a'r cwbl o'r elw a gefaist ohoni, a bwyd a diod dau can gŵr a'u meirch a'u harfau, a thithau'n garcharor iddi hi."

Cafodd hynny'n ddi-oed. A'r trydydd dydd fe ddaeth Peredur i'r weirglodd, a'r diwrnod hwnnw fe drawodd fwy na'r un diwrnod arall. Ac yn y diwedd fe ddaeth yr iarll i ymladd ag ef ac fe'i trawodd i'r llawr. Archodd yr iarll nawdd.

"Pwy wyt tithau ?" ebe Peredur.

"Ni chelaf fy hun," ebe ef, "myfi yw'r iarll."

"Ie," ebe ef, "y cyfan o'i hiarllaeth i'r forwyn a'th iarllaeth dithau hefyd yn ychwaneg, a bwyd a diod tri chan gŵr a'u meirch a'u harfau, a thithau o dan ei llywodraeth."

Ac felly y bu Peredur am dair wythnos yn peri talu teyrnged a aarostyngiad i'r forwyn. Ac wedi ei threfnu a'i sefydlu ar ei theyrnas,

"Gyda'th ganiatâd," ebe Peredur, "fe gychwynnaf i ymaith."

"Ai hynny a fynni di, fy mrawd ?"

"Ie, ar fy llw. A phe na byddai oherwydd cariad atat ti, ni fyddwn yma ers tro."

"Gyfaill," ebe hi, "pwy wyt tithau ?"

"Peredur fab Efrog o'r Gogledd. Ac os daw galar iti neu berygl, mynega i mi ac fe'th amddiffynnaf i di, os gallaf."

Cychwynnodd Peredur oddi yna ac ymhell oddi yno fe gyfarfu ag ef farchoges a march tenau, chwyslyd oddi tani. A chyfarchodd well i'r marchog.

"O ba le y doi dithau, fy chwaer ?" ebe Peredur.
Mynegodd iddo'r cyflwr yr oedd ynddo, a'r daith honno. Dyma pwy oedd honno, gwraig Syberw Llannerch.

"Ie," ebe Peredur, "myfi yw'r marchog y cefaist ti'r galar hwnnw o'i achos ac fe fydd yn edifar gan y sawl a ddaeth ag ef iti."

Ac ar hynny, wele farchog yn dod, a gofynnodd i Beredur a welsai'r cyfryw farchog ag yr oedd ef ar ei ôl.

"Taw â'th siarad," ebe Peredur, "fi wyt ti'n ei geisio, ac ar fy llw y mae'r forwyn yn ddieuog o'm plegid i."

Er hynny, ymladdasant a thrawodd Peredur y marchog. Archodd yntau nawdd.

"Fe gei nawdd drwy fynd yn dy ôl ar hyd y ffordd y daethost i fynegi cael y forwyn yn ddieuog a'th daro gennyf yn iawndal iddi hi am ei hanrhydedd."

Rhoddodd y marchog ei lw ar hynny a cherddodd yntau, Beredur, yn ei flaen. Ac ar fynydd ychydig oddi wrtho fe welai gastell, a daeth tua'r castell a thrawodd y porth â'i waywffon. Ar hynny, dyma was golygus, gwinau ei wallt ac o faintioli a chryfder milwr ond ag oedran mab, yn agor y porth. Pan ddaeth Peredur i'r neuadd yr oedd gwraig fawr, hardd yn eistedd mewn cadair a nifer o lawforynion o'i chylch, a chroesawodd y wreigdda ef. A phan fu'n amser mynd i fwyta, fe aethant. Ac wedi bwyta,

"Fe fyddai'n dda iti, unben," ebe'r wraig, "fynd i gysgu i le arall."

"Oni allaf i gysgu yma ?"

"Y mae yma naw gwrach, gyfaill," ebe hi, "a'u tad a'u
mam gyda hwy. Gwrachod Caer Loyw ydynt a phan ddaw'n
ddydd ni fyddwn yn nes at ddianc nag at ein lladd. Ac fe
ddarfu iddynt oresgyn a diffeithio'r deyrnas heblaw am yr un
tŷ hwn."

"Ie," ebe Peredur, "yma y dymunwn fod heno ac os daw
galar, os gallaf ddwyn llwyddiant, fe wnaf hynny. Ni ddygaf
innau aflwydd."

Aethant i gysgu. A chyda'r dydd fe glywai Peredur sgrech,
a chododd Peredur yn gyflym yn ei grys a'i lodrau a'i gleddyf
am ei wddf, a daeth allan. A phan ddaeth yr oedd gwrach yn
goddiweddyd y gwyliwr ac yntau'n sgrechian. Cyrchodd Per-
edur y wrach ac fe'i trawodd ar ei phen â chleddyf hyd oni
ledodd ei helm a'i chap dur fel dysgl ar ei phen.

"Dy nawdd, Beredur deg fab Efrog, a nawdd Duw."

"Sut y gwyddost ti, wrach, mai Peredur wyf i ?"

"Tynged a darogan yw fy mod yn dioddef tristwch oddi
wrthyt ac i tithau gymryd march ac arfau oddi arnaf innau.
Ac fe fyddi gyda mi am ysbaid a minnau'n cael dysgu iti
farchogaeth dy farch a thrin dy arfau."

"Yn y modd hwn y cei nawdd," ebe yntau. "Rhoi dy lw
na wnei fyth gam i deyrnas yr iarlles hon."

Cymerodd Peredur sicrwydd o hynny a chyda chaniatâd yr
iarlles cychwyn gyda'r wrach i lys y gwrachod. Ac yno y bu
dair wythnos yn olynol ac yna dewisodd Peredur ei farch a'i
arfau a chychwyn yn ei flaen ymaith.

Ddiwedd y dydd fe ddaeth ef i ddyffryn, ac ym mhen y
dyffryn fe ddaeth at gell meudwy. A chroesawodd y meudwy
ef ac yno y bu y nos honno. Fore trannoeth, fe gododd, a phan
ddaeth allan yr oedd cawod o eira wedi disgyn y noson gynt
a heboges wyllt wedi lladd hwyaden yn agos i'r gell. Ac
oherwydd sŵn y march cododd yr heboges a disgynnodd cig-
fran ar gig yr aderyn. Dyma a wnaeth Peredur, sefyll a chyffel-
ybu düwch y gigfran a gwynder yr eira a chochni'r gwaed i
wallt y wraig a garai fwyaf, a oedd cyn ddued â'r muchudd,
a'i chnawd i wynder yr eira a chochni'r gwaed yn yr eira gwyn
i'r ddau fan coch yng ngruddiau'r wraig a garai fwyaf.

Ar hynny, yr oedd Arthur a'i osgordd yn chwilio am Beredur yntau.

"A wyddoch chi," ebe Arthur, "pwy yw'r marchog â gwaywffon hir sy'n sefyll yn y cwm uchod ?"

"Arglwydd," ebe un, "fe af i edrych pwy yw."

Yna fe ddaeth y sgwier i'r lle yr oedd Peredur a gofyn iddo beth a wnâi yno a phwy oedd. A chan gymaint meddwl Peredur ar y wraig a garai fwyaf, ni roddodd ateb iddo. Dyma a wnaeth yntau, ymosod ar Beredur â gwaywffon a throdd Peredur yntau ar y llanc ieuanc ac fe'i trawodd dros grwper ei farch i'r llawr.

Ac fe ddaeth pedwar marchog ar hugain, y naill ar ôl y llall, ac nid atebai ef i'r un yn fwy na'i gilydd ond yr un chwarae â phob un, ar yr ymosodiad, ei daro i'r llawr dros grwper ei farch. Yntau, Gai, a ddaeth ato ef a siaradodd â Pheredur yn anghwrtais, sarrug. A chymerodd Peredur ef â gwaywffon o dan ei ên ac fe'i taflodd bellter mawr oddi wrtho hyd oni thorrodd fraich a gwaell ei ysgwydd. A thra oedd ef mewn llewyg llwyr oherwydd maint y boen a gawsai, fe drodd ei farch a thuth gwyllt ganddo. A phan welai pawb o'r osgordd y march yn dod heb y gŵr arno fe ddaethant ar frys tua'r lle y bu'r ymdaro. A phan ddaethant yno fe dybiasant i Gai gael ei ladd. Gwelsant, fodd bynnag, os câi feddyg a gyfannai ei asgwrn ac a rwymai ei gymalau yn dda, na fyddai ddim gwaeth.

Ni symudodd Peredur oddi ar ei fyfyrdod mwy na chynt er gweld y dyrfa o gwmpas Cai. Ac fe ddaethpwyd â Chai i babell Arthur ac fe ddaeth Arthur â meddygon medrus ato. Yr oedd yn ddrwg gan Arthur i Gai gael y gofid hwnnw oherwydd fe'i carai'n fawr. Ac yna fe ddywedodd Gwalchmai,

"Ni ddylai neb, yn anghwrtais, gyffroi marchog urddol oddi ar ei fyfyrdod, oherwydd daethai iddo golled efallai neu ei fod yn meddwl am y wraig a garai fwyaf. A'r anghwrteisi hwnnw, efallai, a ddaeth i'r gŵr a ymwelodd ag ef yn ddiwethaf. Ac os bydd hynny'n dda gennyt ti, arglwydd, fe af fi i edrych a symudodd y marchog oddi ar y myfyrdod hwnnw. Ac os felly y bydd, fe ofynnaf fi iddo'n gyfeillgar i ddod i ymweld â thi."

Ac yna fe sorrodd Cai ac fe ddywedodd eiriau dig, cenfigennus.

"Gwalchmai," ebe ef, "y mae'n amlwg gen i y doi di ag ef gerfydd ei ffrwynau. Ychydig o glod ac anrhydedd, fodd bynnag, yw iti drechu'r marchog lluddedig wedi iddo flino wrth ymladd. Fodd bynnag, felly y trechaist ti lawer ohonynt hwy, a thra parhao dy dafod a'th eiriau teg gennyt ti fe fydd arfbais sidanwe tenau'n ddigon o arfau amdanat. Ac ni bydd raid iti dorri na gwaywffon na chleddyf er ymladd â'r marchog a gei yn y cyflwr hwnnw."

Ac yna fe ddywedodd Gwalchmai wrth Gai,

"Fe allet ti ddweud rhywbeth a fyddai'n fwy cyfeillgar pe mynnit ti hynny. Ac nid arnaf fi y mae'n gweddu iti ddial dy siom a'th ddigofaint. Y mae'n debyg gennyf, fodd bynnag, y dygaf fi'r marchog gyda mi heb imi dorri na braich nac ysgwydd."

Yna, fe ddywedodd Arthur wrth Walchmai,

"Yr wyt yn siarad fel gŵr doeth a chall, a dos dithau yn dy flaen a chymer ddigon o arfau amdanat a dewis dy farch."

Ymarfogodd Gwalchmai a theithio yn ei flaen yn hamddenol gyda chyflymdra naturiol ei farch tua'r lle yr oedd Peredur. Ac yr oedd yntau yn gorffwys wrth goes ei waywffon ac yn myfyrio ar yr un myfyrdod. Daeth Gwalchmai ato heb arwydd o elyniaeth ganddo ac fe ddywedodd wrtho,

"Pe gwyddwn i ei bod yn dda gennyt ti fel y mae'n dda gennyf fi, fe ymddiddanwn i â thi. Er hynny, negeswr wyf fi atat ti oddi wrth Arthur i ofyn iti ddod i ymweld ag ef. Ac fe ddaeth dau ŵr ar y neges honno o'm blaen i."

"Y mae hynny'n wir," ebe Peredur, "ac fe ddaethant yn anghwrtais. Ymladdasant â mi ac nid oedd hynny'n dda gennyf innau, yn gymaint ag nad oedd yn dda gennyf fy symud oddi ar y myfyrdod yr oeddwn arno. Yr oeddwn yn meddwl am y wraig a garwn fwyaf. Dyma'r rheswm y daeth hynny i'm cof : yr oeddwn yn edrych ar yr eira ac ar y gigfran ac ar ddafnau gwaed yr hwyaden a laddasai'r heboges yn yr eira. Ac yr oeddwn yn meddwl debyced oedd gwynder ei chnawd i'r eira, a düwch ei gwallt a'i haeliau i'r gigfran, a'r ddau fan coch a oedd yn ei gruddiau i'r ddau ddafn gwaed."

Ebe Gwalchmai, "Nid oedd y myfyrdod hwnnw'n anfoneddigaidd ac nid rhyfedd nad oedd yn dda gennyt dy symud oddi arno."

Ebe Peredur, "A ddywedi di wrthyf a ydyw Cai yn llys Arthur ?"

"Ydyw," ebe yntau, "ef oedd y marchog olaf a ymladdodd â thi. Ac ni ddaeth daioni iddo o ymladd,—torrodd ei fraich dde a gwaell ei ysgwydd oherwydd y cwymp a gafodd o ergyd dy bicell di."

"Ie," ebe Peredur, "ni waeth gennyf ddechrau dial sarhad y corrach a'r goraches felly."

Dyma a wnaeth Gwalchmai, synnu ei glywed yn sôn am y corrach a'r goraches. A dynesu ato a'i gofleidio a gofyn beth oedd ei enw.

"Peredur fab Efrog y'm gelwir i," ebe ef. "A thithau, pwy wyt ti ?"

"Gwalchmai y'm gelwir i," ebe yntau.

"Y mae'n dda gennyf dy weld," ebe Peredur ; "fe glywais am dy glod ym mhob gwlad y bûm ynddi o ran milwriaeth a ffyddlondeb ac yr wyf yn ceisio dy gyfeillgarwch."

"Cei, ar fy llw, a rho dithau i mi yr eiddot ti."

"Fe'i cei yn llawen," ebe Peredur.

Cychwynasant yn hyfryd gytûn tua'r lle yr oedd Arthur. A phan glywodd Cai eu bod yn dod fe ddywedodd,

"Fe wyddwn i na fyddai raid i Walchmai ymladd â'r marchog. Ac nid yw'n rhyfedd iddo gael clod. Fe wna ef fwy â'i eiriau teg nag a wnawn ni â grym ein harafu."

Ac aeth Peredur a Gwalchmai i babell Gwalchmai i ddiosg eu harfau. A chymerodd Peredur yr un math o wisg ag a oedd gan Walchmai. Ac aethant gyda'i gilydd i'r lle yr oedd Arthur a chyfarch gwell iddo.

"Dyma, arglwydd," ebe Gwalchmai, "y gŵr y buost yn ei geisio ers ysbaid o amser."

"Croeso iti, unben," ebe Arthur, "a chyda mi y byddi'n byw. A phe gwyddwn y byddai dy gynnydd fel y bu nid aethit oddi wrthyf i pan aethost. Hynny, fodd bynnag, a ddaroganodd y corrach a'r goraches iti, y rhai y bu Cai yn ddrwg wrthynt ac y bu i tithau eu dial."

Ac ar hynny, wele'r frenhines a'i llawforynion yn dod, a chyfarch gwell iddynt a wnaeth Peredur. A derbyniasant ef yn gynnes a'i groesawu a wnaethant. Dangosodd Arthur barch ac anrhydedd mawr tuag at Beredur a dychwelasant tua Chaer Llion.

A'r noson gyntaf fe ddaeth Peredur i Gaer Llion i lys Arthur a digwyddodd ei fod yn cerdded yn y gaer wedi bwyd. Wele Angharad Law Eurog yn cyfarfod ag ef.

"Ar fy llw, fy merch," ebe Peredur, "yr wyt yn forwyn serchus, garuaidd. A phe byddai'n dda gennyt fe allwn i dy garu'n fwy na'r holl wragedd."

"Fe roddaf i fy llw fel hyn," ebe hi, "na'th garaf ac na'th fynnaf yn dragwyddol."

"Fe roddaf innau fy llw," ebe Peredur, "na ddywedaf innau fyth air wrth Gristion nes i tithau gyffesu iti fy ngharu'n fwy na'r holl wŷr."

Drannoeth, fe gerddodd Peredur ymaith a dilynodd y brif ffordd ar hyd esgair mynydd mawr. Ac ar derfyn y mynydd fe welai ddyffryn crwn, ac ymylau'r dyffryn yn goediog, garegog ac yr oedd llawr y dyffryn yn weirgloddiau, a thiroedd rhwng y gweirgloddiau a'r coed. Ac yng nghanol y coed fe welai dai mawr duon, garw eu gwneuthuriad. A disgynnodd oddi ar ei geffyl ac arwain ei farch tua'r coed, ac am bellter yn y coed fe welai graig serth, a'r ffordd yn cyrchu ochr y graig a llew yn rhwym wrth gadwyn ac yn cysgu wrth ochr y graig. Ac o dan y llew fe welai bwll dwfn, aruthrol ei faint, a'i lond o esgyrn dynion ac anifeiliaid. A thynnodd Peredur gleddyf a tharo'r llew hyd oni syrthiodd gan hongian wrth ei gadwyn uwch ben y pwll. Ac fe drawodd y gadwyn â'r ail ddyrnod hyd oni thorrodd ac y syrthiodd y llew i'r pwll. Ac arweiniodd Peredur ei farch dros ochr y graig hyd oni ddaeth i'r dyffryn.

Ac fe welai gastell teg yng nghanol y dyffryn, a daeth tua'r castell. Ac ar weirglodd wrth y castell fe welai wr mawr penllwyd yn eistedd ; yr oedd yn fwy na'r un gŵr a welsai erioed, a dau was ieuanc yn saethu at garnau eu cyllyll o asgwrn morfil, y naill ohonynt yn llanc gwallt gwinau a'r llall yn llanc penfelyn. A daeth yn ei flaen i'r lle yr oedd y gŵr penllwyd a chyfarch gwell iddo a wnaeth Peredur. A dywedodd y gŵr penllwyd,

"Cywilydd ar farf fy mhorthor !"

Ac yna fe ddeallodd Peredur mai'r llew oedd y porthor. Ac yna fe aeth y gŵr penllwyd i'r castell a'r llanciau gydag ef, ac fe aeth Peredur gyda hwy, ac fe welai yno le teg, anrhydeddus. Cyrchasant y neuadd ac yr oedd y byrddau wedi eu codi ac arnynt fwyd a diod yn helaeth. Ac ar hynny, fe welai hen wraig a gwraig ieuanc yn dod o'r ystafell a'r gwragedd mwyaf a welsai erioed oeddynt. Ac ymolchasant a mynd i fwyta. Ac aeth y gŵr penllwyd i'r lle uchaf ym mhen y bwrdd a'r hen wraig yn nesaf ato, a rhoddwyd Peredur a'r forwyn ynghyd, a'r ddau lanc ieuanc yn gwasanaethu arnynt.

Ac edrychodd y forwyn ar Beredur a thristáu. A gofynnodd Peredur i'r forwyn paham yr oedd yn drist.

"Gyfaill, er pan y'th welais gyntaf, tydi a gerais yn fwy na'r un gŵr. Ac y mae'n flin gennyf weld y farwolaeth a fydd arnat ti yfory ar lanc mor foneddigaidd â thi. A welaist ti'r tai duon lawer sydd yng nghanol y coed ? Gwŷr yw'r rhai hynny oll i'm tad i, y gŵr penllwyd acw, a chewri ydynt i gyd. Ac yfory fe ymgasglant hwy am dy ben ac fe'th laddant. A gelwir y dyffryn hwn y Dyffryn Crwn."

"O ! forwyn deg, a beri di fod fy march i a'm harfau yn yr un llety â mi heno ?"

"Paraf yn llawen, os gallaf, rhyngof a Duw."

Pan fu'n fwy amserol ganddynt fynd i gysgu na chyfeddach, fe aethant i gysgu. A pharodd y forwyn fod march Peredur a'i arfau yn yr un llety ag ef. A thrannoeth fe glywai Peredur sŵn gwŷr a meirch o gylch y castell, a chododd Peredur ac arfogodd ei hun a'i farch ac fe ddaeth i'r weirglodd. Ac fe ddaeth yr hen wraig a'r forwyn at y gŵr penllwyd ;

"Arglwydd," ebe hwy, "cymer lw'r llanc ieuanc na ddywed ddim o'r hyn a welodd yma, ac fe fyddwn ni'n sicrwydd drosto y ceidw ef y llw."

"Ni chymeraf, ar fy llw," ebe'r gŵr penllwyd.

Ac ymladdodd Peredur â'r llu ac erbyn canol dydd fe ddarfu iddo daro traean y llu heb i neb beri niwed iddo. Ac yna fe ddywedodd yr hen wraig,

"Fe ddarfu i'r llanc ieuanc ladd llawer o'th lu. Dyro nawdd iddo."

"Ni roddaf, ar fy llw," ebe yntau.

Ac yr oedd yr hen wraig a'r forwyn deg yn edrych oddi ar fwlch y gaer. Ac yn y cyfamser ymgyfarfu Peredur â'r llanc penfelyn a'i ladd.

"Arglwydd," ebe'r forwyn, "dyro nawdd i'r llanc ieuanc."
"Ni roddaf, rhyngof a Duw."

Ac ar hynny, ymgyfarfu Peredur â'r llanc gwallt gwinau a'i ladd.

"Buasai'n well iti petaet ti wedi rhoi nawdd i'r llanc ieuanc cyn lladd dy ddau fab, ac fe fydd yn anodd i tithau dy hun os dihengi."

"Dos dithau, forwyn, a gofyn i'r llanc ieuanc roi nawdd inni er na roesom ni hynny iddo ef."

A daeth y forwyn i'r lle yr oedd Peredur ac erchi nawdd i'w thad ac i'r sawl o'i wŷr a ddiangasant yn fyw.

"Cei, dan yr amod fod dy dad a phawb o'r rhai sydd dano yn mynd i dalu gwrogaeth i'r ymherodr Arthur ac i ddweud wrtho mai Peredur, deiliad iddo a wnaeth y gwasanaeth hwn."

"Gwnawn yn llawen, rhyngof a Duw."

"Ac ichwi gymryd eich bedyddio, ac fe anfonaf innau at Arthur i erchi iddo roi'r dyffryn hwn iti ac i'th etifedd byth ar dy ôl."

Ac yna fe ddaethant i mewn, a chyfarch gwell i Beredur a wnaeth y gŵr penllwyd a'r wraig fawr. Ac yna fe ddywedodd y gŵr penllwyd.

"Er pan wyf yn llywodraethu'r dyffryn hwn ni welais i Gristion a âi oddi yma a'i fywyd ganddo ond ti. Ac fe awn ninnau i dalu gwrogaeth i Arthur ac i gymryd cred a bedydd."

Ac yna fe ddywedodd Peredur,

"Diolchaf innau i Dduw na thorrais fy llw i'r wraig a garaf fwyaf, na ddywedwn un gair wrth Gristion."

Aros yno a wnaethant y nos honno. Fore trannoeth fe aeth y gŵr penllwyd a'i lu gydag ef i lys Arthur a thalasant wrogaeth i Arthur, ac fe barodd Arthur eu bedyddio. Ac fe ddywedodd y gŵr penllwyd wrth Arthur mai Peredur a'u trechasai, a rhoddodd Arthur y dyffryn i'r gŵr penllwyd a'i lu i'w ddal oddi tano ef, fel yr archodd Peredur. A chyda chaniatâd Arthur, fe aeth y gŵr penllwyd ymaith tua'r Dyffryn Crwn.

Teithiodd Peredur yntau yn ei flaen y bore trannoeth bellter mawr o ddiffeithwch heb gael cyfannedd ac o'r diwedd fe ddaeth i dŷ bychan tlawd iawn. Ac yno, fe glywai fod sarff yn gorwedd ar fodrwy aur heb adael annedd am saith milltir o bob ochr iddi. Ac fe aeth Peredur i'r lle y clywai fod y sarff ac ymladdodd â'r sarff yn llidiog iawn, yn rymus a balch, ac o'r diwedd fe'i lladdodd ac fe gymerodd y fodrwy iddo'i hun. Ac fe fu ef felly ar y crwydr hwnnw yn hir heb ddweud un gair wrth unrhyw Gristion a hyd onid oedd yn colli ei liw a'i wedd o hiraeth mawr ar ôl llys Arthur a'r wraig a garai fwyaf a'i gyfeillion.

Oddi yno fe deithiodd yn ei flaen i lys Arthur ac ar y ffordd fe gyfarfu ag ef osgordd Arthur, a Chai ar ei blaen, yn mynd ar neges drostynt. Fe adwaenai Peredur bawb ohonynt ond nid adwaenai neb o'r osgordd ef.

"O ba le y doi di, unben ?" ebe Cai, a'r eilwaith, a'r drydedd. Ond nid atebai ef.

Trywanodd Cai ef drwy ei glun â gwaywffon, a rhag ei orfodi i siarad a thorri ei lw aeth heibio heb ddial arno. Ac yna fe ddywedodd Gwalchmai,

"Rhyngof a Duw, Cai, fe wnaethost beth drwg wrth wneud gweithred ysgeler ar lanc ieuanc fel hwn, er na fedrai siarad."

A throdd yn ôl i lys Arthur.

"Arglwyddes," ebe ef wrth Wenhwyfar, "a weli di cynddrwg y weithred ysgeler a wnaeth Cai i'r llanc ieuanc hwn oherwydd na fedrai siarad ? Ac er mwyn Duw ac er fy mwyn i, pâr ei wella erbyn y dof drachefn ac fe ad-dalaf iti'r pris."

A chyn i'r gwŷr ddod o'u neges fe ddaeth marchog i'r weirglodd yn ymyl llys Arthur i erchi gŵr i ymladd ag ef. A hynny a gafodd. A thrawodd hwnnw, a bu am wythnos yn taro marchog bob dydd. Ac un diwrnod yr oedd Arthur a'i osgordd yn dod i'r eglwys ; dyna lle y gwelent y marchog wedi codi arwydd ymladd.

"Wŷr," ebe Arthur, "myn gwrhydri gwŷr, nid af oddi yma hyd oni chaf fy march a'm harfau i daro'r gŵr ieuanc acw."

Yna, fe aeth y gweision i geisio ei farch a'i arfau i Arthur. Ac fe gyfarfu Peredur â'r gweision yn mynd heibio, ac fe gymerodd y march a'r arfau a chyrchodd y weirglodd. Dyma a wnaeth pawb o'i weld ef yn codi ac yn mynd i ymladd â'r marchog, mynd i ben y tai a'r bryniau a lleoedd uchel iawn i edrych ar yr ymladd. Dyna a wnaeth Peredur, amneidio â'i law ar y marchog i erchi iddo ddechrau ymosod arno. Ac ymosododd y marchog arno, ond er hynny ni symudodd ef o'r lle. Ac yntau, Beredur, a ysbardunodd ei farch ac a'i cyrchodd yn llidiog iawn, yn erchyll-chwerw ac yn falch-awyddus, ac fe drawodd ddyrnod lem-wenwynig, galed, filwraidd-gref o dan ei ên ac fe'i cododd o'i gyfrwy ac fe'i taflodd bellter mawr oddi wrtho. Ac fe drodd yn ôl ac fe adawodd y march a'r arfau gyda'r gweision fel cynt. Ac fe gyrchodd yntau'r llys ar ei droed. Yna fe elwid Peredur ' Y Macwy Mud '.

Wele Angharad Law Eurog yn cyfarfod ag ef.

"Rhyngof a Duw, unben, y mae'n resyn na allit siarad. A phe gallit siarad fe'th garwn yn fwy na'r un gŵr. Ac ar fy llw, er na elli hynny, fe'th garaf di'n fwyaf."

"Duw a ad-dalo iti, fy chwaer. Ar fy llw, fe'th garaf innau dithau."

Ac yna fe wybuwyd mai Peredur oedd ef. Ac yna fe barhaodd ef mewn cyfeillgarwch â Gwalchmai ac ag Owain fab Urien, ac â phawb o'r osgordd. A fe fu'n byw yn llys Arthur.

Yr oedd Arthur yng Nghaerllion ar Wysg ac aeth i hela a Pheredur gydag ef. A gollyngodd Peredur ei gi ar hydd, a lladdodd y ci yr hydd mewn diffeithwch. A phellter oddi wrtho fe welai arwydd annedd a daeth tua'r annedd. Ac fe welai neuadd, ac o flaen drws y neuadd fe welai dri gwas moel ac o bryd bygythiol yn chwarae gwyddbwyll. A phan ddaeth i mewn fe welai dair morwyn yn eistedd ar lwth a gwisgoedd aur amdanynt fel y gweddai i forynion bonheddig. Ac fe aeth i eistedd atynt ar y glwth ac fe edrychodd un o'r morynion yn graff ar Beredur ac wylodd. A gofynnodd Peredur iddi pam yr wylai.

"Oherwydd ei bod mor ddrwg gennyf weld lladd llanc cyn deced â thi."

"Pwy fyddai'n fy lladd i ?"

"Pe na byddai'n beryglus iti aros yn y lle hwn fe ddywedwn i hynny wrthyt."

"Er cymaint fyddo'r perygl imi wrth aros, fe'i gwrandawaf."

"Y gŵr sydd yn dad inni biau'r llys hwn ac fe ladd hwnnw bawb a ddêl i'r llys hwn heb ganiatâd."

"Pa fath ŵr yw eich tad chwi, ei fod yn gallu lladd pawb felly ?"

"Gŵr a wna drais a niwed i'w gymdogion ac ni wna iawn amdano i neb."

Ac yna fe welai'r gweision yn codi ac yn clirio'r darnau o'r
bwrdd. Ac fe glywai sŵn mawr, ac ar ôl y sŵn fe welai ŵr
mawr, du, unllygeidiog yn dod i mewn. A chododd y morynion
i'w groesawu, a diosg ei arfwisg oddi amdano a wnaethant,
ac aeth yntau i eistedd. Ac wedi dod ato ei hun ac ymdawelu,
edrychodd ar Beredur a gofyn pwy oedd y marchog.

"Arglwydd," ebe hithau, "y gwas tecaf a mwyaf boneddig-
aidd a welaist erioed, ac er mwyn Duw ac er mwyn dy falchder,
bydd yn dirion tuag ato."

"Fe fyddaf yn dirion er dy fwyn di ac fe roddaf iddo ei
fywyd heno."

Ac yna, fe ddaeth Peredur atynt at y tân ac fe gymerodd
fwyd a diod ac ymddiddanodd â'r rhianedd. Ac yna wedi ei
feddwi fe ddywedodd Peredur,

"Y mae'n rhyfedd gennyf mor gryf y dywedi dy fod. Pwy
a dynnodd ymaith dy lygad ?"

"Un hynodrwydd imi yw, pwy bynnag a ofynnai imi yr
hyn yr wyt ti'n ei ofyn, ni châi ei fywyd gennyf nac yn rhad
nac am bris."

"Arglwydd," ebe'r forwyn, "oherwydd iddo ef siarad oferedd
wrthyt o frwysgedd a meddwdod, bydd yn ffyddlon i'r gair a
ddywedaist ti gynnau ac a addewaist i mi."

"Fe wnaf innau hynny'n llawen er dy fwyn di. Fe adawaf i
iddo ei fywyd heno'n llawen."

Ac fe gytunasant ar hynny y nos honno.

Cododd y gŵr du drannoeth a gwisgo arfau amdano ac
erchi i Beredur,

"Cod i fyny, ddyn, i ddioddef marwolaeth," ebe'r gŵr du.

Dywedodd Peredur wrth y gŵr du,

"Y gŵr du, os mynni ymladd â mi gwna un o ddau beth,
naill ai diosg dy arfau oddi amdanat neu rho dithau arfau
eraill i mi i ymladd â thi."

"O ddyn," ebe ef, "a allit ti ymladd petaet ti'n cael arfau ?
Cymer yr arfau a fynni di."

Ac ar hynny fe ddaeth y forwyn ag arfau a oedd yn dderbyniol
ganddo i Beredur, ac ymladdodd ef â'r gŵr du hyd oni fu raid
i'r gŵr du erchi nawdd i Beredur.

"Y gŵr du, fe gei di nawdd tra dywedi di wrthyf pwy wyt
ti a phwy a dynnodd dy lygad."

"Arglwydd, fe ddywedaf innau hynny, wrth ymladd â'r Pryf Du o'r Garn. Y mae crug a elwir y Crug Galarus, ac y mae carnedd yn y crug ac yn y garnedd y mae sarff ac yng nghynffon y sarff y mae carreg, a'r rhain yw priodoleddau'r garreg : pwy bynnag a afaelai ynddi yn y naill law a gâi yr hyn a fynnai o aur yn y llaw arall. Ac yn ymladd â'r sarff honno y collais i fy llygad. A'm henw innau yw Y Du Gormesol. Dyma'r rheswm y'm gelwid Y Du Gormesol, ni chaniatawn un dyn o'm cwmpas na fyddwn yn ei orthrymu ac ni wnawn iawn i neb."

"Ie," ebe Peredur, "pa mor bell oddi yma yw'r crug y dywedi di amdano ?"

"Fe enwaf iti gamau'r daith hyd yno ac fe ddywedaf wrthyt pa mor bell yw. Y diwrnod y cychwynni oddi yma fe ddoi di i lys Meibion Brenin y Dioddefaint."

"Paham y'u gelwir hwy felly ?"

"Y mae bwystfil llyn yn eu lladd, un bob dydd. Pan ei di oddi yno fe ddoi di i lys Iarlles y Campau."

"Pa gampau sy'n eiddo iddi ?"

"Y mae iddi osgordd yn cynnwys tri chant o wŷr. Fe ddywedir am gampau'r osgordd wrth bob gŵr dieithr a ddêl i'r llys. Y rheswm am hynny yw bod yr osgordd o dri chan gŵr yn eistedd yn nesaf at yr arglwyddes, ac nid o amarch i'r gwesteion ond er mwyn adrodd campau'r osgordd. Y noson y cychwynni oddi yno fe ei di hyd y Crug Galarus ac yno y mae perchenogion y tri chan pabell sydd o gwmpas y crug sydd yn amddiffyn y sarff."

"Gan iti fod yn ormes am gyhyd â hynny fe baraf na byddi fyth eto."

Ac fe laddodd Peredur ef.

Ac yna fe ddywedodd y forwyn a ddechreuasai ymddiddan ag ef,

"Pe baet yn dlawd yn dod yma bellach fe fyddi'n gyfoethog o drysor y gŵr du a leddaist. Ac fe weli di gynifer o forynion dymunol sydd yn y llys hwn,—fe gei di gywely o'r un a fynni."

"Ni ddeuthum i o'm gwlad, arglwyddes, er mwyn gwreica. Ond fe welaf yma weision dymunol, prioded pawb ohonoch â'i gilydd fel y mynno. Ni fynnaf i ddim o'ch meddiannau ac nid yw'n rhaid imi wrthyt."

Oddi yno, fe gychwynnodd Peredur yn ei flaen ac fe ddaeth i

lys Meibion Brenin y Dioddefaint. A phan ddaeth i'r llys ni welai ond gwragedd. Ac fe gododd y gwragedd o'i flaen a'i groesawu ef. Ac ar ddechrau eu hymddiddan fe welai farch yn dod, a chyfrwy arno a chorff yn y cyfrwy. A chododd un o'r gwragedd ac fe gymerodd y corff o'r cyfrwy ac fe'i hymolchodd mewn cerwyn a oedd wrth ymyl y drws gyda dŵr cynnes ynddi ac fe roddodd eli gwerthfawr arno. A chododd y gŵr yn fyw ac fe ddaeth i'r lle yr oedd Peredur a chroesawodd ef a'i dderbyn yn llawen. A daeth dau ŵr arall i mewn yn eu cyfrwyau ac fe roddodd y forwyn yr un driniaeth i'r ddau hynny ag i'r un cynt. Yna, fe ofynnodd Peredur i'r unben paham yr oeddynt felly. Ac fe ddywedasant hwythau fod bwystfil mewn ogof ac fe laddai hwnnw hwy bob dydd. Ac fe'i gadawsant ar hynny y nos honno.

A thrannoeth, fe gododd y llanciau ieuainc yn eu blaenau ac fe archodd Peredur, er mwyn eu gordderchwragedd, iddynt ei adael i fynd gyda hwy. Fe'i rhwystrasant ef.

"Pe caet dy ladd yno ni fyddai neb a'th wnâi'n fyw drachefn."

Ac yna, fe deithiasant hwy yn eu blaenau ac fe deithiodd Peredur ar eu hôl. Ac wedi iddynt ddiflannu fel na welai hwy, yna fe gyfarfu ag ef y wraig decaf a welsai erioed, yn eistedd ar ben crug.

"Fe wn i dy hynt. Yr wyt yn mynd i ymladd â'r bwystfil ac fe'th ladda di, ac nid trwy ei ddewrder ond trwy ystryw. Y mae ogof acw, ac y mae colofn garreg o flaen yr ogof ac fe wêl bawb a ddêl i mewn ac nis gwêl neb ef. Ac o gysgod y golofn fe ladd ef bawb â gwaywffon garreg wenwynig. A phetaet ti'n rhoi dy lw i'm caru i yn fwy na phob gwraig fe roddwn iti garreg fel y gwelit ti ef pan aet i mewn ac ni'th welai ef di."

"Rhoddaf, ar fy llw," ebe Peredur. "Fe'th gerais i di er pan y'th welais gyntaf. Ac ymhle y chwiliwn amdanat ?"

"Pan fyddi'n chwilio amdanaf chwilia tua'r India."

Ac yna fe ddiflannodd y forwyn ymaith ar ôl rhoi'r garreg yn llaw Peredur. A daeth yntau yn ei flaen tua dyffryn afon, ac yr oedd ymylon y dyffryn yn goedwig ac o boptu i'r afon yn weirgloddiau gwastad. Ac ar y naill ochr i'r afon fe welai braidd o ddefaid gwynion ac ar yr ochr arall fe welai braidd o ddefaid duon. Ac fel y brefai un o'r defaid gwynion fe ddeuai un o'r defaid duon drosodd ac fe fyddai'n wen, ac fel y brefai

un o'r defaid duon fe ddeuai un o'r defaid gwynion drosodd
ac fe fyddai'n ddu.

Ac ar lan yr afon fe welai goeden dal, ac yr oedd y naill
hanner ohoni yn llosgi o'r gwraidd hyd ei brig a'r hanner arall
â dail ir arni. Ac uwchben hynny fe welai lanc ieuanc yn eistedd
ar ben crug a dau filgi brych, bronwyn, wrth dennyn yn gorwedd
gerllaw. Ac yr oedd yn sicr ganddo na welsai erioed lanc
ieuanc mor frenhinaidd ag ef. Ac yn y coed gyferbyn ag ef
fe glywai gŵn hela yn codi hyddod. A chyfarchodd well i'r
llanc ieuanc, a'r llanc ieuanc a gyfarchodd well i Beredur. Ac
fe welai Peredur dair ffordd yn mynd oddi wrth y crug, dwy
o'r ffyrdd yn llydan a'r drydedd yn gulach. A gofynnodd
Peredur i ba le yr âi'r tair ffordd.

"Fe â un o'r ffyrdd hyn i'm llys i ac fe gynghoraf un o ddau
beth iti, naill ai mynd yn dy flaen i'r llys at fy ngwraig i sydd
yno neu iti aros yma. Ac fe weli di'r cŵn hela yn gyrru'r hyddod
blinedig allan o'r goedwig i'r maes, ac fe weli di'r milgwn gorau
a welaist erioed, a glewaf wrth ymosod ar hyddod, yn eu lladd
wrth y dŵr gerllaw inni. A phan fydd yn amser inni fynd at
ein bwyd fe ddaw fy ngwas i'm cyfarfod gyda'm march ac fe
gei dithau groeso yno heno."

"Duw a ad-dalo iti ; nid arhosaf i, ond fe af yn fy mlaen."

"Fe â'r ail ffordd i'r ddinas sydd yn agos yna ac yn honno y
ceir bwyd a diod ar werth. Ac y mae'r ffordd sy'n gulach na'r
lleill yn mynd tuag ogof y bwystfil."

"Gyda'th ganiatâd, lanc ieuanc, fe af i tuag yno."

A daeth Peredur tua'r ogof a chymryd y garreg yn ei law
aswy a'i waywffon yn ei law dde. Ac fel y daeth i mewn
darganfu'r bwystfil a'i daro drwyddo â gwaywffon a thorri ei
ben. A phan ddaeth allan o'r ogof, wele, o flaen yr ogof ei dri
chydymaith. A chyfarch gwell a wnaethant i Beredur a dweud
mai amdano ef y proffwydwyd lladd y gormes hwnnw. A
rhoddodd Peredur y pen i'r llanciau ieuainc, a chynigiasant
hwythau iddo yr un a ddewisai o'u tair chwaer yn briod, a
hanner eu brenhiniaeth gyda hi.

"Ni ddeuthum i yma i wreica a phe mynnwn unrhyw wraig
efallai mai eich chwaer chwi a ddewiswn yn gyntaf."

A theithiodd Peredur yn ei flaen. Ac fe glywai sŵn o'i ôl ac
edrychodd ef yn ei ôl ac fe welai ŵr ar gefn march coch ac

arfau cochion amdano. A daeth y gŵr ochr yn ochr ag ef a chyfarchodd well i Beredur o Dduw ac o ddyn. Ac yntau Beredur a gyfarchodd well yn garedig i'r llanc ieuanc.

"Arglwydd, yr wyf fi'n dod i erchi gennyt."

"Beth a erchi di ?" ebe Peredur.

"Fy nghymryd yn ddeiliad iti."

"Pwy a gymerwn innau'n ddeiliad pe cymerwn i di ?"

"Ni chuddiaf fy enw rhagot. Edlym Gleddyf Coch y'm gelwir, iarll o gyfeiriad y dwyrain."

"Y mae'n rhyfedd gennyf i dy fod yn dy gynnig dy hun yn ddeiliad i wr nad yw'n fwy cyfoethog na thi. Nid oes ond iarllaeth arall gennyf innau. Ond gan ei bod yn dda gennyt ddod yn ddeiliad imi fe'th gymeraf di'n llawen."

Ac fe ddaethant tua llys yr iarlles a chroesawyd hwy yn y llys, a dywedwyd wrthynt nad o amarch iddynt y'u rhoddwyd is law yr osgordd ond mai hynodrwydd y llys oedd gwneud felly. Oherwydd fe gâi'r sawl a drawai ei gosgordd hi o dri chan gŵr, fwyta yn nesaf ati ac fe'i carai yn fwy na'r un gŵr. Ac wedi i Beredur daro ei gosgordd o dri chan gŵr i'r llawr ac eistedd ar y naill law iddi,

"Fe ddiolchaf i Dduw am gael gwas cyn deced a dewred â thi gan na chefais y gŵr a garwn fwyaf."

"Pwy oedd y gŵr a garit tithau fwyaf ?"

"Ar fy llw, Edlym Gleddyf Coch oedd y gŵr a garwn i fwyaf ac ni welais ef erioed."

"Duw a ŵyr," ebe ef, "y mae Edlym yn gyfaill imi, a dyma efe. Ac er ei fwyn ef y deuthum i ymladd â'th osgordd ac fe allai ef wneud hynny'n well na mi pe mynnai hynny. Ac fe roddaf innau dithau iddo ef."

"Boed i Dduw ddiolch i tithau, lanc ieuanc teg, ac fe gymeraf innau'r gŵr a garaf fwyaf."

A'r nos honno cysgodd Edlym a'r iarlles ynghyd.

A thrannoeth, cychwynnodd Peredur tua'r Crug Galarus.

"Myn dy law di, arglwydd, fe af i gyda thi," ebe Edlym.

Fe ddaethant hwy yn eu blaenau i'r lle y gwelent y Crug a'r pebyll.

"Dos," ebe Peredur wrth Edlym, "at y gwŷr acw ac arch iddynt ddod i dalu gwrogaeth imi."

Fe ddaeth Edlym atynt ac fe ddywedodd fel hyn :

"Dowch i dalu gwrogaeth i'm harglwydd i."

"Pwy yw dy arglwydd di ?" ebe hwy.

"Peredur Baladr Hir yw fy arglwydd i," ebe Edlym.

"Petai'n gyfreithlon i ladd negesydd nid ait ti'n ôl at dy arglwydd yn fyw am ofyn i frenhinoedd ac ieirll a barwniaid gais mor drahaus â dod i dalu gwrogaeth i'th arglwydd di."

Daeth Edlym yn ôl at Beredur. Archodd Peredur iddo fynd yn ôl atynt i roi dewis iddynt, naill ai dalu gwrogaeth iddo neu ymladd ag ef. Dewisasant hwy ymladd ag ef. A'r diwrnod hwnnw fe drawodd Peredur berchenogion can pabell i'r llawr, a thrannoeth fe drawodd berchenogion cant arall i'r llawr. A phenderfynodd y trydydd cant dalu gwrogaeth i Beredur. A gofynnodd Peredur iddynt beth a wnaent yno. Ac fe ddywed-asant hwy mai gwarchod y sarff hyd oni fyddai farw.

"Ac yna fe ymladdem ninnau am y garreg, a'r sawl ohonom a drechai a gâi'r garreg."

"Arhoswch amdanaf fi yma,—fe af i gyfarfod â'r sarff."

"Nage, arglwydd," ebe hwy, "awn i gyd i ymladd â'r sarff."

"Ie," ebe Peredur, "ni fynnaf i hynny. Pe lleddid y sarff ni chawn i fwy o glod nag un ohonoch chwithau."

Ac aeth i'r lle yr oedd y sarff a'i lladd a dod atynt hwythau.

"Cyfrifwch eich traul er pan ddaethoch yma ac fe'i talaf ichwi mewn aur," ebe Peredur.

Fe dalodd iddynt gymaint ag a ddywedodd pawb ei bod yn ddyledus iddo ac nid archodd ef iddynt ddim ond addef eu bod yn ddeiliaid iddo ac fe ddywedodd wrth Edlym,

"Fe ei di at y wraig a geri fwyaf, ac fe af innau yn fy mlaen ac fe dalaf iti ddod yn ddeiliad imi."

"Duw a ad-dalo iti a rhwyddhaed Duw dy ffordd."

Ac fe aeth Peredur ymaith. Ac fe ddaeth i ddyffryn afon, y tecaf a welsai erioed, ac fe welai yno lawer o bebyll amryliw. Ac yr oedd yn rhyfeddach na hynny ganddo weld y nifer a welai o felinau dŵr a melinau gwynt. Fe gyfarfu ag ef ŵr mawr, gwallt gwinau a golwg crefftwr arno. A gofynnodd Peredur pwy oedd.

"Yr wyf fi'n ben melinydd ar y melinau acw i gyd."

"A gaf i lety gennyt ti ?" ebe Peredur.

"Cei," ebe yntau, "yn llawen."

Fe ddaeth i dŷ'r melinydd ac fe welodd fod gan y melinydd

lety teg, pleserus. Ac archodd Peredur arian yn fenthyg gan y melinydd i brynu bwyd a diod iddo ac i dylwyth y tŷ ac fe dalai yntau iddo cyn ei fyned oddi yno. Gofynnodd i'r melinydd am ba reswm yr oedd yr ymgynnull hwnnw. Fe ddywedodd y melinydd wrth Beredur,

"Naill ai yr wyt ti'n ŵr o bell neu yr wyt yn ynfyd. Y mae ymerodres Caer Gystennin Fawr yna, ac ni fynn honno ond y gŵr dewraf gan nad oes rhaid iddi hi wrth feddiannau. Ac ni ellid cario bwyd i'r miloedd lawer sydd yma, ac oherwydd hynny y mae'r nifer hwn o felinau yma."

A'r nos honno, cymryd gorffwys a wnaethant. A thrannoeth, cododd Peredur a gwisgo arfau amdano ac am ei farch i fynd i'r twrnameint. Ac fe welai babell ymhlith y pebyll eraill, y decaf a welsai erioed, a morwyn deg yn estyn ei phen drwy ffenestr yn y babell. Ac ni welsai erioed forwyn decach, ac eurwisg sidanwe amdani. Ac felly y bu'n edrych ar y forwyn o'r bore hyd hanner dydd ac o hanner dydd hyd onid oedd yn brynhawn. Ac yna fe ddaeth y twrnameint i ben a daeth i'w lety. A thynnodd ei arfau oddi amdano ac erchi arian ar fenthyg gan y melinydd. A bu gwraig y melinydd yn ddig wrth Beredur ond er hynny fe roddodd y melinydd arian ar fenthyg iddo. A thrannoeth fe wnaeth yr un modd ag a wnaeth y diwrnod cynt. A'r nos honno fe ddaeth i'w lety ac fe gymerodd arian gan y melinydd ar fenthyg.

A'r trydydd diwrnod, pan oedd yn yr un lle yn edrych ar y forwyn, fe deimlodd ergyd fawr â choes bwyell rhwng ysgwydd a gwar. A phan edrychodd o'i ôl ar y melinydd fe ddywedodd y melinydd wrtho,

"Gwna'r naill beth neu'r llall," ebe'r melinydd, "naill ai tro di dy ben ymaith neu dos dithau i'r twrnameint."

A gwenodd Peredur ar y melinydd a mynd i'r twrnameint. A'r rhai a gyfarfu ag ef y dydd hwnnw, fe'u trawodd hwy oll i'r llawr. A chynifer ag a drawodd o'r gwŷr, fe'u hanfonodd yn anrheg i'r ymerodres, a'r meirch a'r arfau'n anrheg i wraig y melinydd yn ernes o'i harian benthyg. Dilynodd Peredur y twrnameint hyd oni thrawodd bawb i'r llawr. A'r rhai a drawodd ef i'r llawr, fe anfonodd y gwŷr i garchar yr ymerodres, a'r meirch a'r arfau i wraig y melinydd yn ernes o'r arian benthyg.

Anfonodd yr ymerodres at Farchog y Felin i ofyn iddo ddod
i ymweld â hi. A gwrthododd i'r negesydd cyntaf a ddaeth
ato, a'r ail. A hithau, y drydedd waith, a anfonodd gan
marchog i ofyn iddo ddod i ymweld â hi ac oni ddeuai o'i fodd,
erchi iddynt ei ddwyn o'i anfodd. Ac fe ddaethant hwy ato
ac fe ddywedasant eu neges oddi wrth yr ymerodres. Fe ymladd-
odd yntau â hwy yn fedrus. Fe barodd eu rhwymo â rhwymiad
iwrch a'u taflu i ffos y felin. A gofynnodd yr ymerodres gyngor
i ŵr doeth a oedd yn ei chyngor. A dywedodd hwnnw wrthi,
"Fe af i ato ar dy neges."

A daeth at Beredur a chyfarch gwell iddo ac erchi iddo er
mwyn ei gywely i ddod i ymweld â'r ymerodres. A daeth
yntau, ef a'r melinydd. Ac eisteddodd yn y man cyntaf y
daeth iddo i'r babell a daeth hithau ar ei naill law. Ac ym-
ddiddan byr a fu rhyngddynt. A chymerodd Peredur ganiatâd
i ymadael a mynd i'w lety.

Drannoeth, fe aeth i ymweld â hi, a phan ddaeth i'r babell
nid oedd rhan o'r babell a oedd yn waeth ei threfn na'i gilydd
gan na wyddent hwy pa le yr eisteddai ef. Eisteddodd Peredur
ar naill law'r ymerodres ac ymddiddanodd yn garedig. Pan
oeddynt felly fe welent hwy ŵr du yn dod i mewn a ffiol aur
yn llawn o win yn ei law. A disgynnodd ar ei ben-glin o flaen
yr ymerodres ac erchi iddi nas rhoddai hi ond i'r sawl a ddeuai
i ymladd ag ef amdani. Edrychodd hithau ar Beredur.

"Arglwyddes," ebe ef, "dyro'r ffiol i mi."

Ac yfodd y gwin a rhoi'r ffiol i wraig y melinydd. A phan
oeddynt felly, wele ŵr du a oedd yn fwy na'r llall, ac ewin
anifail gwyllt yn ei law ar ffurf ffiol, a'i lond o win, a'i roi i'r
ymerodres ac erchi iddi nas rhoddai ond i'r sawl a ymladdai
ag ef.

"Arglwyddes," ebe Peredur, "dyro i mi."

A'i roi i Beredur a wnaeth hi. Ac yfodd Peredur y gwin a
rhoi'r ffiol i wraig y melinydd. Pan oeddynt felly, wele ŵr a
oedd yn fwy nag un o'r gwŷr eraill, a gwallt cyrliog coch
ganddo, a ffiol o garreg risial yn ei law a'i llond o win ynddi.
A disgyn ar ei ben-glin a'i rhoi yn llaw'r ymerodres ac erchi
iddi nas rhoddai ond i'r sawl a ymladdai ag ef amdani. A'i
rhoi i Beredur a wnaeth hithau ac fe'i hanfonodd yntau hi i
wraig y melinydd. Y nos honno aeth i'w lety. A thrannoeth,

gwisgodd arfau amdano ac am ei farch a dod i'r weirglodd.
A lladdodd Peredur y tri gŵr ac yna fe ddaeth i'r babell. A
dywedodd hithau wrtho,

"Beredur teg, cofia'r llw a roddaist ti imi pan roddais i'r
garreg iti, pan leddaist ti'r bwystfil."

"Arglwyddes," ebe yntau, "gwir a ddywedi ac fe'i cofiaf
innau."

Ac fe lywodraethodd Peredur gyda'r ymerodres am bedair
blynedd ar ddeg, fel y dywed yr hanes.

Yr oedd Arthur yng Nghaerllion ar Wysg, un o'i brif
lysoedd, ac yng nghanol llawr y neuadd yr oedd pedwar gŵr
yn eistedd ar fantell sidanwe, Owain fab Urien a Gwalchmai
fab Gwyar a Hywel fab Emyr Llydaw a Pheredur Baladr Hir.
Ac ar hynny fe welent hwy forwyn â gwallt cyrliog du yn dod
i mewn ar gefn mul melyn ac afwynau garw yn ei llaw yn
gyrru'r mul, a golwg arw, anghyfeillgar arni. Yr oedd ei
hwyneb a'i dwylo yn dduach na'r haearn duaf a gawsai ei
drochi mewn pyg, ac nid ei lliw oedd hacraf ond ei ffurf.
Gruddiau uchel iawn ac wyneb yn hongian i lawr a thrwyn
byr ffroenlydan a'r naill lygad yn amryliw, dreiddgar iawn,
a'r llall yn ddu fel muchudd yng ngheudod ei phen. Dannedd
hirion melyn, melynach na blodau'r banadl a'i bol yn codi o
asgwrn y ddwyfron yn uwch na'i gên. Yr oedd asgwrn ei
chefn ar ffurf bagl. Yr oedd ei dwy glun yn llydan, esgyrniog
ac o hynny i lawr yn fain i gyd ar wahân i'w thraed a'r gliniau
a oedd yn llydan.

Cyfarchodd well i Arthur a'i osgordd i gyd heblaw am Beredur
ac fe ddywedodd eiriau dig, annymunol wrth Beredur,

"Beredur ni chyfarchaf i well iti gan nad wyt yn ei deilyngu.
Fe fu ffawd yn ddall pan roddodd ddawn a chlod iti. Pan
ddaethost i lys y brenin cloff, a phan welaist y llanc ieuanc yno
yn cario'r waywffon finiog a dafn o waed ar flaen y waywffon
a hwnnw'n rhedeg yn rhaeadr hyd ddwrn y llanc ieuanc, ac
fe welaist ryfeddodau eraill yno hefyd ac ni ofynnaist ti eu
hystyr na'u hachos, a phe byddit wedi gofyn fe gawsai'r brenin
iechyd a'i deyrnas mewn heddwch. A bellach, brwydrau ac
ymladdfeydd a cholli marchogion a gadael gwragedd yn weddw
a rhianedd heb neb i'w cynnal, a hynny i gyd o'th blegid di."

Ac yna fe ddywedodd hi wrth Arthur,

"Gyda'th ganiatâd, arglwydd, y mae fy llety yn bell oddi yma, sef yng Nghastell Syberw. Ni wn a glywaist ti amdano. Ac yn hwnnw y mae chwe marchog a thrigain a phum cant o farchogion urddol a'r wraig a gâr pob un fwyaf gydag ef. A phwy bynnag a fynno ennill clod gydag arfau ac wrth ymosod ac wrth ymladd, fe'i caiff yno os y'i haedda. Er hynny, y sawl a fynnai arbenigrwydd o glod a chanmoliaeth, fe wn i ymhle y caiff hynny. Y mae castell ar fynydd amlwg ac y mae morwyn yn hwnnw ac y maent yn ei warchae, a phwy bynnag a allai ei rhyddhau fe gâi glod mwyaf y byd."

Ac ar hynny, cychwynnodd ymaith. Ebe Gwalchmai,

"Ar fy llw, ni chysgaf gwsg tawel nes gwybod a allaf ryddhau'r forwyn."

A chytunodd llawer o osgordd Arthur ag ef. Er hynny, fe ddywedodd Peredur yn wahanol.

"Ar fy llw, ni chysgaf gwsg tawel nes gwybod hanes ac ystyr y waywffon y soniodd y forwyn ddu amdani."

A phan oedd pawb yn ymbaratoi, wele farchog yn dod i'r porth a maint a nerth milwr iddo yn gyflawn o farch ac arfau, ac fe ddeuai yn ei flaen ac fe gyfarchai well i Arthur a'i osgordd oll heblaw am Walchmai. Ac ar ysgwydd y marchog yr oedd tarian â rhwyllwaith aur a thrawst o liw glas arni ac yr oedd ei arfau i gyd yr un lliw â hynny. Ac fe ddywedodd wrth Walchmai,

"Fe leddaist ti fy arglwydd o'th dwyll a'th frad ac fe brofaf i hynny iti."

Cododd Gwalchmai.

"Dyma," ebe ef, "fy sicrwydd yn dy erbyn, un ai yna neu yn y lle y mynni, nad wyf na thwyllwr na bradwr."

"Fe fynnaf i fod y frwydr hon rhyngof i a thi o flaen y brenin sydd arnaf i."

"Yn llawen," ebe Gwalchmai. "Dos yn dy flaen,—fe ddof ar dy ôl."

Fe aeth y marchog yn ei flaen ac ymbaratôdd Gwalchmai. A chynigiwyd iddo lawer o arfau ond ni fynnodd ond ei rai ei hun. Gwisgodd Gwalchmai a Pheredur arfau amdanynt ac fe deithiasant ar ei ôl oherwydd eu cyfeillgarwch a chymaint

y carent ei gilydd. Ac nid arosasant gyda'i gilydd, ond pob un
i'w gyfeiriad ei hun.

Yn gynnar yn y bore fe ddaeth Gwalchmai i ddyffryn ac yn
y dyffryn fe welai gaer a llys mawr o fewn y gaer a thyrau
balch, goruchel o'i chylch. Ac fe welai farchog yn dod allan
drwy'r porth i hela ar farch gloywddu, ffroen-lydan, â cham
rhwydd, a cherddediad esmwyth a balch, buan a grymus
ganddo. Dyma oedd hwnnw, y gŵr a oedd piau'r llys. Cyfarch
gwell iddo a wnaeth Gwalchmai.

"Duw a fyddo'n dda wrthyt, unben, ac o ble y doi dithau ?"

"Fe ddof," ebe ef, "o lys Arthur."

"Ai deiliad i Arthur wyt ti ?"

"Ie, ar fy llw," ebe Gwalchmai.

"Fe wn i gyngor da iti," ebe'r marchog. "Fe'th welaf yn
lluddedig ac wedi blino. Dos i'r llys ac yno yr arhosi heno, os
yw'n dda gennyt."

"Yn dda, arglwydd, a Duw a ad-dalo iti."

"Dyma fodrwy yn arwydd i'r porthor, a dos yn dy flaen i'r
tŵr acw. Ac yno y mae chwaer i minnau."

Ac fe ddaeth Gwalchmai i'r porth a dangosodd y fodrwy a
chyrchu'r tŵr. A phan ddaeth yr oedd tanllwyth mawr yn
llosgi a fflam olau, uchel, heb fwg ohoni, a morwyn hardd
urddasol yn eistedd mewn cadair wrth y tân. A derbyniodd y
forwyn ef yn llawen a chroesawodd ef a chodi i'w gyfarfod.
Ac fe aeth yntau i eistedd ar naill law y forwyn. Cymerasant
eu cinio ac wedi eu cinio parhasant gydag ymddiddan cyfeillgar.
A phan oeddynt felly, dyma ŵr golygus â gwallt wedi britho
yn dod i mewn atynt.

"O, gardotes butain," ebe ef, "pe baet yn gwybod iawned
yw iti eistedd a chwarae gyda'r gŵr hwn nid eisteddit ac ni
chwaraeit."

A thynnodd ei ben yn ôl ac aeth ymaith.

"Unben," ebe'r forwyn, "petaet ti'n gwneud yn ôl fy
nghyngor i fe gaeit ti'r drws rhag ofn bod gan y gŵr fagl iti,"
ebe hi.

Cododd Gwalchmai, a phan ddaeth tua'r drws yr oedd y
gŵr gyda thrigain yn gyflawn o arfau yn cyrchu i fyny'r tŵr.
Dyma a wnaeth Gwalchmai, amddiffyn ei hun â bwrdd gwydd-

bwyll rhag i neb ddod i fyny hyd oni ddaeth y gŵr o hela. Ar hynny, dyma'r iarll yn dod.

"Beth yw hyn ?" ebe ef.

"Peth annymunol," ebe'r gŵr â'i wallt wedi britho, "yw fod y gardotes acw yn eistedd ac yn yfed hyd yr hwyr â'r gŵr a laddodd eich tad, a Gwalchmai fab Gwyar yw ef."

"Peidiwch bellach," ebe'r iarll, "fe af fi i mewn."

Croesawodd yr iarll Walchmai.

"Unben," ebe ef, "cam oedd iti ddod i'n llys os oeddit yn gwybod iti ladd ein tad. Gan na allwn ni ei ddial, Duw a'i dial arnat."

"Gyfaill," ebe Gwalchmai, "fel hyn y mae ynghylch hynny. Ni ddeuthum i nac i gyfaddef lladd eich tad chwi nac i'w wadu. Yr wyf fi yn mynd ar neges dros Arthur ac i mi fy hun. Er hynny, gofynnaf fi flwyddyn o amser hyd oni ddof o'm neges ac yna, ar fy llw, ddod i'r llys hwn i wneud un o'r ddau, ei gyfaddef neu ei wadu."

Fe gafodd yr amser yn llawen ac yno y bu'r nos honno. Drannoeth, cychwynnodd ymaith ac ni ddywed yr hanes fwy na hynny am Walchmai i'r cyfeiriad hwnnw.

A theithiodd Peredur yn ei flaen. Crwydrodd Peredur yr ynys i geisio newyddion am y forwyn ddu ac ni chafodd hynny. Ac fe ddaeth i dir nad adwaenai mewn dyffryn afon. Ac fel yr oedd yn teithio'r dyffryn fe welai farchog yn dod i'w gyfarfod ac arwydd offeiriad arno, ac archodd ei fendith.

"Och ! druan," ebe ef, "ni ddylit gael bendith ac ni thycia iti am wisgo arfau ar ddiwrnod mor ddyrchafedig â'r dydd heddiw."

"A pha ddiwrnod yw heddiw ?" ebe Peredur.

"Dydd Gwener y Groglith yw heddiw."

"Na cherydda fi, ni wyddwn hynny. Flwyddyn i heddiw y cychwynnais o'm gwlad."

Ac yna disgynnodd i'r llawr ac arwain ei farch wrth ei law. A cherddodd bellter o'r briffordd hyd oni ddaeth at gilffordd ac fe gymerodd y gilffordd drwy'r coed. A'r ochr arall i'r coed fe welai gaer heb dyrau, a gwelai arwyddion annedd o gwmpas y gaer a daeth tua'r gaer. Ac wrth borth y gaer fe gyfarfu ag ef yr offeiriad a gyfarfuasai ag ef cyn hynny, ac archodd ei fendith.

"Bendith Duw arnat," ebe ef, "ac y mae'n well cerdded felly. A heno fe fyddi gyda mi."

Ac arhosodd Peredur y nos honno. Drannoeth, gofynnodd Peredur ganiatâd i fynd ymaith.

"Nid yw heddiw'n ddydd i neb i deithio. Fe fyddi di gyda mi heddiw ac yfory a thrennydd, ac fe ddywedaf i wrthyt y cyfarwyddyd gorau a allaf am yr hyn yr wyt yn ei geisio."

A'r pedwerydd diwrnod, gofynnodd Peredur ganiatâd i fynd ymaith, a gofyn i'r offeiriad ddweud cyfarwyddyd am Gaer y Rhyfeddodau.

"Fe ddywedaf fi wrthyt y cwbl a wn i. Dos dros y mynydd acw, ac y mae afon y tu hwnt i'r mynydd ac yn nyffryn yr afon y mae llys brenin ac yno y bu'r brenin y Pasg. Ac os cei yn un man newydd am Gaer y Rhyfeddodau fe'i cei yno."

Ac yna fe deithiodd yn ei flaen ac fe ddaeth i ddyffryn yr afon. Ac fe gyfarfu ag ef nifer o wŷr yn mynd i hela, ac fe welai ŵr bonheddig ymhlith y nifer. A chyfarch gwell iddo a wnaeth Peredur.

"Dewis di, unben, naill ai fe ei di i'r llys neu i tithau ddod gyda mi i hela. Ac fe anfonaf innau un o'r osgordd i'th gyflwyno i ferch sydd gennyf yno, i gymryd bwyd a diod hyd oni ddof o hela. Ac os bydd dy negesau gyfryw ag y gallaf i eu cael, fe'u cei yn llawen."

Ac anfonodd y brenin was â gwallt melyn, byr gydag ef. A phan ddaethant i'r llys yr oedd yr unbennes wedi codi ac yn mynd i ymolchi. Ac fe ddaeth Peredur yn ei flaen ac fe groesawodd hi Beredur yn llawen a gwneud lle iddo ar ei naill law. A chymryd eu cinio a wnaethant. A beth bynnag a ddywedai Peredur wrthi fe chwarddai hithau'n uchel fel y clywai pawb o'r llys. Ac yna fe ddywedodd y gwas â gwallt melyn byr wrth yr unbennes,

"Ar fy llw," ebe ef, "os bu iti ŵr erioed fe fu'r llanc ieuanc hwn, ac os na fu iti ŵr mae dy fryd a'th feddwl arno."

Ac fe aeth y gwas â'r gwallt melyn, byr tua'r brenin a dywedodd yntau ei bod yn debyg ganddo fod y llanc ieuanc a gyfarfu ag ef yn ŵr i'w ferch.

"Ac onid yw'n ŵr fe debygaf i y bydd gŵr iddi'n fuan iawn oni ofeli di rhag hynny."

"Beth yw dy gyngor di, was?"

"Fy nghyngor i yw anfon gwŷr dewr am ei ben a'i ddal nes iti wybod sicrwydd o hynny."

Ac anfonodd yntau wŷr am ben Peredur i'w ddal a'i roi mewn carchar. A daeth y forwyn i gyfarfod â'i thad ac fe ofynnodd iddo am ba reswm y parasai garcharu'r llanc ieuanc o lys Arthur.

"Duw a ŵyr," ebe yntau, "ni fydd yn rhydd heno nac yfory na thrennydd ac ni ddaw o'r lle y mae."

Ni wrthwynebodd hi'r brenin yn yr hyn a ddywedodd a dod at y llanc ieuanc.

"A yw'n ddiflas gennyt ti dy fod yma ?"

"Ni waeth gennyf pe na byddwn."

"Ni fydd dy wely a'th gyflwr yn waeth nag un y brenin ac fe gei'r cerddi gorau yn y llys ar dy orchymyn. A phe byddai'n fwy pleserus na chynt gennyt tithau fod fy ngwely i yma er mwyn ymddiddan â thi, fe gaet ti hynny'n llawen."

"Ni wrthwynebaf i hynny."

Fe fu ef yng ngharchar y nos honno a chyflawnodd y forwyn yr hyn a addawsai iddo. A thrannoeth, fe glywai Peredur gynnwrf yn y ddinas.

"O ! forwyn deg, pa gynnwrf yw hwn ?"

"Y mae llu'r brenin a'i nerth yn dod i'r ddinas hon heddiw."

"Beth a fynnant hwy felly ?"

"Y mae iarll yn agos yma a chanddo ddwy iarllaeth ac y mae mor nerthol â brenin. Ac fe fydd brwydr rhyngddynt heddiw."

"Y mae'n ddeisyfiad gennyf i," ebe Peredur, "iti beri imi gael march ac arfau i fynd i edrych ar y frwydr, ac ar fy llw innau, ddod yn ôl i'm carchar."

"Yn llawen," ebe hithau, "fe baraf iti gael march ac arfau."

A rhoddodd hi iddo farch ac arfau a mantell burgoch ar ben ei arfau a tharian felen ar ei ysgwydd. A daeth i'r frwydr. A'r rhai o wŷr yr iarll a gyfarfu ag ef y diwrnod hwnnw, fe'u trawodd oll i'r llawr. Ac fe ddaeth yn ei ôl i'w garchar. Gofyn am newyddion a wnaeth hi i Beredur ac ni ddywedodd ef un gair wrthi. Ac fe aeth hithau i ofyn i'w thad am newyddion a gofynnodd pwy o'i osgordd a fuasai orau. Fe ddywedodd yntau nas adwaenai ef.

"Gŵr ydoedd â mantell goch ar ben ei arfau a tharian felen ar ei ysgwydd."

A gwenodd hithau a dod i'r lle yr oedd Peredur. A bu'n uchel ei barch y nos honno.

Ac fe laddodd Peredur wŷr yr iarll dri diwrnod yn olynol ac fe ddeuai yn ôl i'w garchar cyn i neb gael gwybod pwy oedd. A'r pedwerydd diwrnod fe laddodd Peredur yr iarll ei hun. A daeth y forwyn i gyfarfod ei thad a gofyn iddo am newyddion. "Newyddion da," ebe'r brenin. "Lladd yr iarll," ebe ef, "a minnau biau'r ddwy iarllaeth."

"A wyddost ti, arglwydd, pwy a'i lladdodd ?"

"Gwn," ebe'r brenin, "marchog y fantell goch a'r darian felen a'i lladdodd."

"Arglwydd," ebe hi, " fe wn i pwy yw hwnnw."

"Er mwyn Duw," ebe ef, "pwy yw ef ?"

"Arglwydd, y marchog sydd gennyt yng ngharchar yw hwnnw."

Daeth yntau i'r lle yr oedd Peredur a chyfarchodd well iddo, a dweud wrtho y talai iddo am y gwasanaeth a wnaethai fel y mynnai ef ei hun. A phan aed i fwyta rhoddwyd Peredur ar y naill law i'r brenin a'r forwyn yr ochr arall i Beredur. Ac wedi bwyta fe ddywedodd y brenin wrth Beredur,

"Fe roddaf fy merch iti'n briod a hanner fy mrenhiniaeth gyda hi, ac fe roddaf iti'r ddwy iarllaeth yn rhodd."

"Arglwydd, Duw a ad-dalo iti. Ni ddeuthum i yma i wreica."

"Beth a geisi dithau, unben ?"

"Yr wyf i'n chwilio am newyddion am Gaer y Rhyfeddodau."

"Uwch yw meddwl yr unben nag yr ydym ni'n ei ddisgwyl," ebe'r forwyn. "Fe gei di newyddion am y gaer a chyfarwydd-wyr iti drwy deyrnas fy nhad a digon o fwyd a diod. A thydi, unben, yw'r gŵr a garaf fi fwyaf."

Ac yna fe ddywedodd wrtho,

"Dos dros y mynydd acw ac fe weli di lyn a chaer o fewn y llyn, a gelwir honno Gaer y Rhyfeddodau. Ac ni wyddom ni ddim o'i rhyfeddodau hi ond ei galw felly."

A daeth Peredur tua'r gaer ac yr oedd porth y gaer yn agored. A phan ddaeth tua'r neuadd yr oedd y drws yn agored. Ac fel y daeth i mewn fe welai wyddbwyll yn y neuadd a phob un o'r ddwy ochr yn chwarae yn erbyn ei gilydd. A'r un y byddai ef yn gefn iddi a gollai'r chwarae, a rhoddai'r llall lef yn union fel pe byddent yn wŷr. Dyma a wnaeth yntau, ffyrnigo a chymryd y darnau yn ei arffed a thaflu'r bwrdd i'r llyn. A phan oedd felly, wele'r forwyn ddu yn dod i mewn.

"Na fydded iti groeso Duw. Y mae'n amlach gennyt ti wneud drwg na da."

"O beth y cyhuddi di fi, y forwyn ddu ?"

"Am iti golledu'r ymerodres o'i bwrdd ac ni fynnai hynny er ei hymerodraeth."

"A fyddai modd cael y bwrdd ?"

"Byddai, petaet ti'n mynd i Gaer Ysbidinongl. Mae yno wr du yn diffeithio llawer o deyrnas yr ymerodres ; lladd hwnnw ac fe gaet ti'r bwrdd. Ac os ei di yno, ni ddoi yn ôl yn fyw."

"A fyddi di'n arweinydd imi yno ?"

"Fe fynegaf iti ffordd yno."

Fe ddaeth i Gaer Ysbidinongl ac fe ymladdodd â'r gwr du. Ac fe ofynnodd y gwr du nawdd gan Beredur.

"Fe roddaf fi nawdd iti. Pâr i'r bwrdd fod yn y lle yr oedd pan ddeuthum i'r neuadd."

Ac yna fe ddaeth y forwyn ddu.

"Melltith Duw arnat am dy lafur, yn gadael yn fyw y gormes sydd yn diffeithio teyrnas yr ymerodres."

"Fe adewais i," ebe Peredur, "iddo ei fywyd er mwyn cael y bwrdd."

"Nid yw'r bwrdd yn y lle y'i cefaist ef gyntaf. Dos drachefn a lladd ef."

Aeth Peredur a lladd y gwr. A phan ddaeth i'r llys yr oedd y forwyn ddu yn y llys.

"Forwyn," ebe Peredur, "ble mae'r ymerodres ?"

"Rhyngof a Duw, ni weli di hi'n awr oni bai iti ladd gormes sydd yn y goedwig acw."

"Pa fath o ormes yw ?"

"Y mae carw yno, a chyn gyflymed yw â'r aderyn cyflymaf, ac un corn sydd yn ei dalcen cyhyd â choes gwaywffon ac y mae mor flaenllym â'r peth mwyaf blaenllym. Ac fe bawr gopa'r coed a hynny o laswellt a fo yn y goedwig. Ac fe ladd bob anifail a gaiff ynddi a bydd y rhai hynny nad yw'n eu lladd yn marw o newyn. Ac yn waeth na hynny fe ddaw bob dydd ac yfed y pysgodlyn yn ddiod iddo a gadael y pysgod yn ddiorchudd a chan mwyaf fe fyddant feirw cyn i ddŵr ddod iddo drachefn.''

"Forwyn,'' ebe Peredur, "a ddoi di i ddangos yr anifail hwnnw imi ?''

"Nac af. Ni feiddiodd dyn fynd i'r goedwig er blwyddyn. Mae ci anwes yr arglwyddes yna, ac fe gyfyd hwnnw'r carw ac fe ddaw ag ef atat. Ac fe wnaiff y carw ymosod arnat.''

Aeth y ci anwes yn arweinydd i Beredur ac fe gododd y carw ac fe ddaeth ag ef tua'r lle yr oedd Peredur. Ac ymosododd y carw ar Beredur ac fe adawodd yntau i'w ruthr fynd heibio ac fe drawodd ei ben oddi arno â chleddyf. A phan oedd yn edrych ar ben y carw fe welai farchoges yn dod ato ac yn cymryd y ci anwes yn llawes ei mantell, a'r pen rhyngddi â bwa blaen y cyfrwy a'r goler ruddaur a oedd am ei wddf.

"Unben,'' ebe hi, "fe wnaethost anghwrteisi, lladd y tlws tecaf a oedd yn fy nheyrnas.''

"Fe fu cais imi wneud hynny. Ac a oes modd y gallwn i gael dy gyfeillgarwch di ?''

"Oes. Dos i fron y mynydd ac yno fe weli lwyn. Ac ym môn y llwyn y mae carreg ; fe gaet ti fy nghyfeillgarwch os erchi ŵr i ymladd deirgwaith.''

Teithiodd Peredur yn ei flaen ac fe ddaeth i ymyl y llwyn ac fe archodd ŵr i ymladd. Ac fe gododd gŵr du oddi tan y garreg a march esgyrniog oddi tano ac arfwisg fawr rydlyd amdano ac am ei farch. Ac ymladd a wnaethant. Ac fel y trawai Peredur y gŵr du i'r llawr fe neidiai yntau i'w gyfrwy drachefn. A disgynnodd Peredur oddi ar ei farch a thynnu cleddyf, ac ar hynny diflannodd y gŵr du a march Peredur a'i farch ef ei hun gydag ef fel na welodd ail olwg ohonynt.

A cherddodd Peredur ar hyd y mynydd, a'r ochr arall i'r mynydd fe welai gaer yn nyffryn afon a daeth tua'r gaer. Ac fel y deuai i'r gaer fe welai neuadd a drws y neuadd yn agored, a daeth i mewn. Ac fe welai ŵr cloff â gwallt brith yn eistedd ym mhen y neuadd a Gwalchmai yn eistedd ar y naill law iddo, ac fe welai farch Peredur yn yr un côr â march Gwalchmai. Ac estynasant groeso i Beredur ac aeth i eistedd yr ochr arall i'r gŵr â gwallt brith. Ac fe ddaeth gwas penfelyn ar ei benglin o flaen Peredur ac erchi cyfeillgarwch gan Beredur.

"Arglwydd," ebe'r gwas, "fe ddeuthum i i lys Arthur yn ffurf y forwyn ddu, a phan drewaist y bwrdd a phan leddaist y gŵr du o Yspidinongl a phan leddaist y carw a phan fuost yn ymladd â'r gŵr du o'r garreg. Ac fe ddeuthum i â'r pen ar y ddysgl yn waedlyd, ac â'r waywffon yr oedd ffrwd o waed ar hyd y waywffon o'r pen hyd y dwrn. A'th gefnder a oedd piau'r pen, a gwrachod Caer Loyw a'i lladdasai, a hwy a wnaethant dy ewythr yn gloff. A'th gefnder wyf innau ac y mae proffwydoliaeth y bydd iti ddial hynny."

A phenderfynodd Peredur a Gwalchmai anfon at Arthur a'i osgordd i erchi iddo ymosod ar y gwrachod. A dechreuasant ymladd â'r gwrachod, a lladdodd un o'r gwrachod un o wŷr Arthur o flaen Peredur ac fe waharddodd Peredur hi. A lladdodd y wrach ŵr yr ail waith o flaen Peredur a gwaharddodd Peredur hi'r ail waith. A'r drydedd waith fe laddodd y wrach ŵr o flaen Peredur, a thynnodd Peredur ei gleddyf a tharo'r wrach ar ben yr helm hyd oni holltodd yr helm a'r arfau i gyd a'r pen yn ddau hanner. A rhoddodd lef a gorchymyn i'r gwrachod eraill ffoi a dweud mai Peredur oedd y gŵr a fuasai'n dysgu marchogaeth gyda hwy ac a dynghedwyd i'w lladd.

Ac yna fe ymosododd Arthur a'i osgordd ar y gwrachod ac fe laddwyd gwrachod Caer Loyw i gyd.

Ac felly y dywedir am Gaer y Rhyfeddodau.

GERAINT FAB ERBIN

DYMA fel y traethir am hanes Geraint fab Erbin.
Arferai Arthur gynnal llys yng Nghaerllion ar Wysg ac fe'i
cynhaliodd yno ar saith Pasg a phum Nadolig yn olynol. Ac
unwaith fe gynhaliodd lys yno y Sulgwyn oherwydd Caerllion
oedd y lle mwyaf hygyrch yn ei deyrnas oddi ar fôr ac oddi ar
dir. A chynullodd ato i'r lle hwnnw naw brenin coronog a
oedd yn ddeiliaid iddo ac ieirll a barwniaid yn ychwanegol at
hynny, oherwydd byddai'r rhai hynny yn westeion iddo ymhob
gŵyl arbennig oni bai bod achosion pwysig yn eu rhwystro.
A phan fyddai ef yn cynnal llys yng Nghaerllion llenwid tair
eglwys ar ddeg gyda'i offerennau. Dyma fel y'u llenwid :
eglwys i Arthur a'i frenhinoedd a'i westeion, a'r ail i Wenhwyfar
a'i rhianedd, a'r drydedd a fyddai i'r distain a'r eirchiaid, a'r
bedwaredd i Odiar Ffranc a'r swyddogion eraill ; byddai naw
eglwys arall rhwng naw penteulu ac i Walchmai yn bennaf
oherwydd ef oedd yn bennaf ar naw penteulu oherwydd
ardderchowgrwydd clod milwriaeth ac urddas bonedd. Ac ni
chynhwysid mwy nag y dywedasom ni uchod yn un o'r
eglwysi.

Yr oedd Glewlwyd Gafaelfawr yn ben porthor iddo ond nid
ymyrrai ef yn y swydd ond ar un o'r tair gŵyl arbennig, seith-
wyr yn unig a oedd oddi tano yn gwasanaethu a rhannent y
flwyddyn rhyngddynt, hynny yw Gryn a Phenpingion a Llaes-
gymyn a Gogyfwlch a Gwrddnei Lygaid-cath, a welai liw nos
gystal â liw dydd, a Drem fab Dremhidydd a Chlust fab Clust-
feinydd a oedd yn filwyr i Arthur.

A dydd Mawrth Sulgwyn, fel yr oedd yr ymherodr yn eis-
tedd yn y gyfeddach, wele lanc tal, gwallt gwinau yn dod i
mewn, a gwisg a swrcot sidanwe rhychiog amdano a chleddyf
eurddwrn am ei war a dwy esgid isel o ledr Cordofa am ei
draed. A daeth gerbron Arthur.

"Henffych well, arglwydd," ebe ef.

"Duw a fyddo'n dda wrthyt," ebe yntau, "a chroeso Duw
iti. Ac a oes gennyt ti hanesion newydd ?"

"Oes, arglwydd," ebe yntau.

"Nid adwaen i di," ebe Arthur.

"Mae'n rhyfedd gennyf i nad adwaenost fi. Coedwigwr iti wyf i, arglwydd, yn Fforest y Ddena. A Madog fab Twrgadarn yw fy enw."

"Dywed di dy newyddion," ebe Arthur.

"Fe ddywedaf, arglwydd," ebe ef. "Fe welais garw yn y goedwig ac ni welais erioed ei debyg."

"Beth sy'n bod arno ef," ebe Arthur, "gan na welaist ei debyg erioed ?"

"Y mae'n burwyn, arglwydd, ac ni cherdda gydag un anifail oherwydd rhyfyg a balchder gan mor frenhinaidd ydyw. Ac i ofyn cyngor iti, arglwydd, y deuthum i. Beth yw dy gyngor yn ei gylch ?"

"Fe wnaf yr hyn sydd fwyaf priodol," ebe Arthur, "mynd i'w hela yfory yn ieuenctid y dydd a rhoi gwybod am hynny heno i bawb yn y lletyau ac i Ryferys (a oedd yn ben heliwr i Arthur) ac i Elifri (a oedd yn brif was ieuanc) ac i bawb heblaw hynny." A phenderfynasant ar hynny ac anfonodd y llanc ieuanc ymlaen.

Ac yna fe ddywedodd Gwenhwyfar wrth Arthur :

"Arglwydd," ebe hi, "a ganiatei di imi fynd yfory i edrych ac i wrando ar hela'r carw y dywedodd y llanc ieuanc amdano ?"

"Caniatâf yn llawen," ebe Arthur.

"Fe af innau," ebe hi.

Ac yna fe ddywedodd Gwalchmai wrth Arthur :

"Arglwydd," ebe ef, "oni fyddai'n iawn i tithau ganiatáu i'r sawl y dôi hwnnw ato yn yr helfa dorri ei ben a'i roi i'r sawl a fynnai, naill ai i'w ordderch ei hun neu i ordderch cydymaith iddo, pa un ai a ddêl at farchog neu at ŵr ar droed ?"

"Caniatâf yn llawen," ebe Arthur, "a boed y gosb ar y distain oni fydd pawb yn barod yn y bore i fynd i hela."

A threuliasant y nos mewn cymedroldeb o gerddi a diddanwch ac ymddiddanion a gwasanaeth dibrin. A phan fu'n amser gan bawb ohonynt fynd i gysgu, fe aethant hwy.

A phan ddaeth y dydd drannoeth deffroesant, a galwodd Arthur ar y gweision a ofalai am ei wely, nid llai na phedwar gwas ieuanc. Dyma oedd y rheini : Cadyriaith fab porthor Gandwy ac Amhren fab Bedwyr ac Amhar fab Arthur a Gorau fab Custennin. A daeth y gwŷr hynny at Arthur a chyfarch-

asant well iddo ac a'i gwisgasant ef ag arfau. A rhyfeddodd
Arthur na ddeffrôdd Gwenhwyfar ac na fu iddi ymdroi yn ei
gwely. A mynnai'r gwŷr ei deffro.

"Peidiwch â'i deffro," ebe Arthur, "oherwydd gwell ganddi
gysgu na mynd i edrych ar yr helfa."

Ac yna fe gerddodd Arthur yn ei flaen ac fe glywai ddau gorn
yn canu : un yn ymyl llety'r pen heliwr a'r llall yn ymyl llety'r
prif was ieuanc. Ac ymgasglodd yr holl luoedd yn llwyr a
daethant at Arthur. A theithiasant tua'r goedwig. A daethant
i'r goedwig drwy Wysg a gadael y briffordd a theithio tir
dyrchafedig, aruchel hyd oni ddaethant i'r goedwig.

Ac wedi i Arthur ymadael â'r llys fe ddeffrôdd Gwenhwyfar
a galwodd ar ei morynion a gwisgo amdani.

"Forynion," ebe hi, "fe gefais ganiatâd neithiwr i fynd i
edrych ar yr hela. Ac aed un ohonoch i'r ystabl a pheri dod â
march o blith y rhai a fo'n gweddu i wragedd eu marchogaeth."

Ac fe aeth un ohonynt ac ni chaed ond dau farch yn yr ystabl.
Ac aeth Gwenhwyfar ac un o'r morynion ar y ddau farch. A
daethant hwy drwy Wysg a chanlynasant lwybr y gwŷr a'r
meirch ac ôl eu troed. Ac fel yr oeddynt yn teithio felly fe
glywent hwy dwrw mawr angerddol. Ac edrych o'u hôl a
wnaethant a gwelent hwy farchog ar farch ieuanc, aruthrol ei
faint o liw llwyd pren helyg, a llanc ieuanc gwallt gwinau,
coesnoeth â golwg urddasol arno a chleddyf eurddwrn ar ei
glun a gwisg a swrcot sidanwe amdano a dwy esgid isel o ledr
Cordofa am ei draed a mantell o borffor glas ar ben hynny a
chnepyn aur ar bob cornel iddi. A cherdded yn ffroen-falch,
yn fyw a buan, yn fyr a chyson ei gam a wnâi'r march. A goddi-
weddodd Wenhwyfar a chyfarchodd well iddi.

"Duw a fyddo'n dda wrthyt, Geraint," ebe hithau. "Ac
fe'th adnabûm pan welais di gyntaf gynnau, a chroeso Duw
iti. A pham nad aethost ti gyda'th arglwydd i hela ?"

"Am na wyddwn pan aeth," ebe ef.

"Rhyfeddais innau," ebe hi, "iddo ef allu mynd heb yn
wybod i mi."

"Ie, arglwyddes," ebe ef, "cysgais innau fel na wyddwn i pan
aeth ef."

"A'r cydymaith gorau un gennyf i o bob llanc ieuanc yn y
deyrnas oll i'w gael yn fy nghwmni," ebe hi, "wyt ti. Ac fe

allai'r hela fod mor bleserus i ni ag iddynt hwythau oherwydd
fe glywn ni'r cyrn pan genir hwy, ac fe glywn y cŵn pan ollyngir
hwy a phan ddechreuant gyfarth."

A daethant hwy i gwr y goedwig ac arosasant yno.

"Fe glywn ni oddi yma," ebe hi, "pan ollyngir y cŵn."
Ac ar hynny fe glywent dwrw ac edrychasant yn ôl i gyfeiriad
y twrw. A gwelent gorrach yn marchogaeth march tal a phraff,
yn llydan ei ffroen, yn dihysbyddu'r maes, yn gadarn a dewr,
ac yr oedd ffrewyll yn llaw'r corrach. Ac yn agos at y corrach
fe welent wraig ar farch llwydwyn hardd, a cherddediad balch
a chyson ganddo, ac eurwisg sidanwe amdani. A marchog yn
agos ati hithau ar farch rhyfel mawr, tomlyd ac arfau trwm,
gloyw amdano ac am ei farch. Ac yr oeddynt yn sicr na welsent
erioed ŵr a march ac arfau y parai eu maint fwy o syndod na
hwy ; a phob un ohonynt yn gyfagos i'w gilydd.

"Geraint," ebe Gwenhwyfar, "a adwaenost ti'r marchog
mawr acw ?"

"Nid adwaen ef," ebe yntau. "Ni chaniatâ'r arfau mawr,
estronol acw weld na'i wyneb ef na'i bryd."

"Dos forwyn," ebe Gwenhwyfar, "a gofyn i'r corrach pwy
yw'r marchog."

Aeth y forwyn i gyfarfod â'r corrach. Dyma a wnaeth y corrach,
aros am y forwyn pan welodd hi'n dod ato. A gofynnodd y
forwyn i'r corrach,

"Pwy yw'r marchog ?" ebe hi.

"Ni ddywedaf hynny wrthyt," ebe ef.

"Oherwydd bod dy foes gynddrwg fel na ddywedi hynny
wrthyf fi," ebe hi, "fe ofynnaf iddo'i hun."

"Ni ofynni di, ar fy llw," ebe yntau.

"Pam ?" ebe hi.

"Am nad wyt yn berson cyfuwch ei anrhydedd ag a weddo
iddo ymddiddan â'm harglwydd i."

Dyma a wnaeth y forwyn yna, troi pen y march tua'r marchog.
Dyma a wnaeth y corrach yna, ei tharo ar draws ei hwyneb
a'i llygaid â'r ffrewyll a oedd yn ei law hyd onid oedd y gwaed
yn llif. Dyma a wnaeth y forwyn gan ddolur y ddyrnod,
dychwelyd at Wenhwyfar dan gwyno am ei dolur.

"Fe fu ymwneud y corrach â thi yn gas iawn," ebe Geraint.

"Fe af i," ebe Geraint, "i gael gwybod pwy yw'r marchog."

"Dos," ebe Gwenhwyfar.

Daeth Geraint at y corrach. Ebe ef,

"Pwy yw'r marchog ?"

"Ni ddywedaf hynny wrthyt ti," ebe'r corrach.

"Fe ofynnaf i hynny i'r marchog ei hun," ebe yntau.

"Ni ofynni di, ar fy llw," ebe'r corrach. "Nid wyt o'r fath anrhydedd fel y bo gennyt hawl i ymddiddan â'm harglwydd i."

"Fe ymddiddenais i," ebe Geraint, "â gŵr sydd gystal â'th arglwydd di." A throdd ben ei farch tua'r marchog. Dyma a wnaeth y corrach, ei oddiweddyd ef a'i daro yn y man y trawsai'r forwyn hyd onid oedd y gwaed yn lliwio'r fantell a oedd am Geraint. Dyma a wnaeth Geraint, rhoi ei law ar ddwrn ei gleddyf ac ystyried yn ei feddwl a phenderfynodd nad oedd dial iddo o ladd y corrach, ac i'r marchog arfog ei gael yn rhad a heb arfau. A dychwelodd i'r lle yr oedd Gwenhwyfar.

"Fe wnaethost yn ddoeth a phwyllog," ebe hi.

"Arglwyddes," ebe ef, "fe af fi ar ei ôl eto, gyda'th ganiatâd di, ac fe ddaw yn y diwedd i le cyfannedd lle y caf i arfau, naill ai eu benthyg neu ar wystl, fel y caf fy mhrofi fy hun yn erbyn y marchog."

"Dos dithau," ebe hi, "ac na nesâ ato hyd oni chei arfau da. A bydd gennyf i bryder mawr amdanat," ebe hi, "hyd oni chaf newyddion amdanat."

"Os byddaf i byw," ebe ef, "erbyn yn hwyr brynhawn yfory, fe glywi di newyddion os dihangaf."

Ac ar hynny aeth ymaith.

Dyma'r ffordd y teithiasant, is law'r llys yng Nghaerllion a mynd drwy'r rhyd ar Wysg. A theithiasant ar hyd wastatir teg, aruchel a dyrchafedig hyd oni ddaethant i dref gaerog. Ac ymhen y dref fe welent gaer a chastell. A daethant i ben y dref ac fel y cerddai'r marchog trwy'r dref fe godai tylwyth pob tŷ i gyfarch gwell iddo ac i'w groesawu. A phan ddaeth Geraint i'r dref, edrychai ymhob tŷ i geisio adnabod rhywun a welai. Ac nid adwaenai ef neb, na neb yntau, fel y gallai ef gael cymwynas o arfau naill ai ar fenthyg neu ar wystl, a gwelai bob tŷ yn llawn o wŷr ac arfau a meirch ac yn llathru tarianau ac yn gloywi cleddyfau ac yn caboli arfau ac yn pedoli meirch. Ac fe gyrchodd y marchog a'r farchoges a'r corrach y castell a oedd yn y dref. Croesawyd hwy gan bawb o'r castell ac ar y

muriau ac ar y pyrth, ac ym mhob cyfeiriad fe dorrent eu
gyddfau i gyfarch gwell ac i'w croesawu. Safodd Geraint ac
edrych a fyddai'n oedi rywfaint yn y castell.

A phan wyddai i sicrwydd ei fod yn aros, edrychodd o'i
amgylch ac fe welai hen lys adfeiliedig ychydig bellter o'r dref
ac ynddo neuadd ddrylliedig. A chan nad adwaenai neb yn y
dref aeth tua'r hen lys, ac wedi iddo ddod tua'r llys ni welai
ddim o'r braidd ond fe welai lofft a phont o garreg farmor yn
dod i lawr o'r llofft. Ac ar y bont fe welai ŵr a'i wallt wedi
britho yn eistedd a hen ddillad carpiog amdano. Dyma a
wnaeth Geraint, edrych arno'n graff am ysbaid hir. Dyma a
ddywedodd y gŵr a'i wallt wedi britho wrtho :

"Lanc ieuanc," ebe ef, "pa beth yw dy feddwl di ?"

"Meddwl," ebe yntau, "am na wn i ba le yr af heno."

"A ddoi di yn dy flaen yma, unben," ebe ef, "ac fe gei di'r
gorau a geir iti ?"

"Fe ddof," ebe yntau, "a Duw a ad-dalo iti."

A daeth yn ei flaen a chyrchodd y gŵr a'i wallt wedi britho i'r
neuadd o'i flaen. A disgynnodd yn y neuadd a gadael ei farch
yno a dod yn ei flaen tua'r llofft, ef a'r gŵr a'i wallt wedi
britho. Ac yn y llofft fe welai wraig hen iawn yn eistedd ar
obennydd a hen ddillad carpiog, sidanwe amdani. A phan
fuasai'n ifanc iawn, tebygai ef na welsai neb wraig decach na
hi. Ac yr oedd morwyn gerllaw iddi a chrys a hugan hen iawn
amdani yn dechrau treulio. Ac yr oedd yn sicr ganddo na
welsai erioed un forwyn fwy cyflawn o degwch pryd a harddach
a mwy gosgeiddig na hi. A dywedodd y gŵr a'i wallt wedi
britho wrth y forwyn :

"Nid oes osler i farch y llanc ieuanc hwn heno ond ti."

"Fe gyflawnaf fi'r gwasanaeth gorau a allaf i," ebe hi, "iddo
ef a'i farch."

A thynnodd y forwyn esgidiau'r llanc ieuanc ac yna bwydo'r
march â gwellt ac ŷd, a chyrchu'r neuadd fel cynt a dod i'r
llofft drachefn. Ac yna fe ddywedodd y gŵr a'i wallt wedi
britho wrth y forwyn,

"Dos i'r dref," ebe ef, "a phâr ddod yma â'r ddarpariaeth
orau a elli o fwyd a diod."

"Fe wnaf yn llawen, arglwydd," ebe hi.

A daeth y forwyn i'r dref ac ymddiddanasant hwythau tra

bu'r forwyn yn y dref. Ac yn y man, wele'r forwyn yn dod a
gwas gyda hi a chostrel ar ei gefn yn llawn o fedd drud, a
chwarter eidion ieuanc. A rhwng dwylo'r forwyn yr oedd
tafell o fara gwyn ac un dorth o fara can yn ei hugan, a daeth
i'r llofft.

"Ni ellais i," ebe hi, "gael darpariaeth well na hon ac nid
ymddiriedid gwell na hyn imi."

"Digon da," ebe Geraint.

A pharasant ferwi'r cig. A phan oedd eu bwyd yn barod
aethant hwy i eistedd, hynny yw, fe eisteddodd Geraint rhwng
y gŵr a'i wallt wedi britho a'i wraig. A gwasanaethodd y
forwyn arnynt a bwyta ac yfed a wnaethant. Ac wedi iddynt
orffen bwyta ymddiddanodd Geraint â'r gŵr a'i wallt wedi
britho a gofyn iddo ai ef oedd perchennog cyntaf y llys yr oedd
ynddo.

"Myfi, yn wir," ebe ef, "a'i hadeiladodd, a fi piau'r ddinas
a'r castell a welaist ti."

"Och ! ŵr," ebe Geraint, "pam y collaist tithau hwnnw ?"

"Fe gollais iarllaeth fawr ynghyd â hynny," ebe yntau, "a
dyma pam y'u collais. Yr oedd imi nai, mab fy mrawd, a chym-
erais ataf deyrnas hwnnw a'r eiddof fy hun. A phan ddaeth
iddo nerth gŵr, hawliodd ei deyrnas. A chedwais innau ei
deyrnas rhagddo ef. Dyma a wnaeth yntau, rhyfela arnaf i
a gorchfygu'r cwbl o'r hyn a oedd yn fy ngafael."

"Wrda," ebe Geraint, "a fynegi di imi pa ddyfodiad fu un y
marchog a ddaeth i'r ddinas gynnau a'r farchoges a'r corrach,
a pham y mae'r ddarpariaeth a welais i ar baratoi arfau ?"

"Fe ddywedaf," ebe ef, "y mae'n ddarpariaeth at yfory ar
gyfer y chwarae sydd gan yr iarll ieuanc, sef rhoi dwy fforch
mewn gweirglodd sydd yno, ac ar y fforch ffon arian a rhoddir
hebog ar y ffon. Fe fydd twrnameint am yr hebog. Ac fe ddaw
i'r twrnameint y llu oll a welaist ti yn y dref o wŷr a meirch ac
arfau. A'r wraig a gâr fwyaf a ddaw gyda phob gŵr. Ac ni
chaiff y gŵr na byddo gydag ef y wraig a garo fwyaf ymryson
am yr hebog. A'r marchog a welaist ti a gafodd yr hebog
ddwy flynedd, ac os caiff y drydedd, ei anfon a wneir ato bob
blwyddyn wedi hynny ac ni ddaw yno ei hun ; marchog yr
hebog y gelwir y marchog o hyn allan."

"Wrda," ebe Geraint, "beth yw dy gyngor di i mi ynghylch

y marchog hwnnw am y sarhad a gefais gan y corrach, ac
a gafodd morwyn i Wenhwyfar gwraig Arthur ?"
A dywedodd Geraint hanes y sarhad wrth y gŵr a'i wallt wedi
britho.

"Nid yw'n hawdd imi allu rhoi cyngor iti gan nad oes na
gwraig na morwyn a arddelir gennyt fel yr aet i ymryson ag
ef. Yr arfau yna a oedd i mi, fe gaet y rhai hynny, a phe
byddai'n well gennyt, fy march i yn lle'r eiddot dy hun."
"Wrda," ebe yntau, "Duw a ad-dalo iti. Y mae fy march
fy hun yn ddigon da gennyf i, yr wyf yn gynefin ag ef, a'th
arfau dithau. Ac oni adewi dithau, wrda, imi arddel y forwyn
acw, sy'n ferch i tithau, yng nghyfarfyddiad y dydd yfory ?
Ac os dihangaf i o'r twrnameint fe fydd fy ffyddlondeb a'm
cariad ar y forwyn tra fyddwyf byw. Oni ddihangaf innau fe
fydd y forwyn mor ddiwair â chynt."
"Fe wnaf i hynny'n llawen," ebe'r gŵr a'i wallt wedi britho.
"A chan dy fod dithau wedi penderfynu ar y bwriad hwnnw,
pan fo'n ddydd yfory, rhaid fydd i'th farch a'th arfau fod yn
barod. Oherwydd yna y cyhoedda Marchog yr Hebog osteg,
hynny yw, erchi i'r wraig a gâr fwyaf gymryd yr hebog. ' Gan
y gwedda iti orau ac fe'i cefaist,' medd ef, ' er y llynedd ac er
dwy flynedd. Ac os bydd i neb warafun hynny iti heddiw
trwy rym, fe'i hamddiffynnaf iti.' Ac am hynny," ebe'r gŵr
a'i wallt wedi britho, "y mae'n rhaid i tithau fod yno pan fo'n
ddydd. Ac fe fyddwn ninnau'n tri gyda thi." A phenderfyn-
asant ar hynny ac ar yr awr honno o'r nos fe aethant i gysgu.

A chodasant cyn dydd a gwisgo amdanynt. A phan oedd yn
ddydd yr oeddynt ill pedwar yn sefyll ar glawdd y weirglodd.
Ac yna yr oedd Marchog yr Hebog yn galw gosteg ac yn erchi
i'w ordderch gyrchu'r hebog.

"Paid â'i gyrchu," ebe Geraint. "Mae yma forwyn sydd
decach a harddach ac o well tras na thi ac sydd â gwell hawl
iddo."

"Os hawli di fod yr hebog iddi hi, tyrd ymlaen i ymryson
â mi."
Daeth Geraint ymlaen i ben y weirglodd yn gyflawn o farch
ac arfau trwm, rhydlyd, diwerth, estronol amdano ac am ei
farch. Ac ymgyrchu a wnaethant, a thorri cyfres o waywffyn
a thorri'r ail a thorri'r drydedd gyfres, a hynny bob yn eildro.

A thorrent hwy fel y dygid hwy atynt. A phan welai'r iarll a'i lu Farchog yr Hebog yn gadarn byddai bloedd a gorfoledd a a llawenydd ganddo ef a'i lu ; a thristáu a wnâi'r gŵr a'i wallt wedi britho a'i wraig a'i ferch. A'r gŵr a'i wallt wedi britho a wasanaethai Geraint â gwaywffyn fel y'u torrai a'r corrach a wasanaethai Farchog yr Hebog. Ac yna y daeth y gŵr a'i wallt wedi britho at Geraint.

"Unben," ebe ef, "gwêl di yma'r waywffon a oedd yn fy llaw i y dydd y'm hurddwyd yn farchog urddol, ac o hynny hyd heddiw nis torrais ac y mae blaen da iawn arni, gan na thycia un waywffon gennyt ti."

Cymerodd Geraint y wayw gan ddiolch i'r gŵr a'i wallt wedi britho. Ar hynny, wele'r corrach yn dod â gwayw ganddo yntau at ei arglwydd.

"Gwêl dithau yma wayw nad yw'n waeth," ebe'r corrach, "a chofia na safodd marchog erioed yn dy erbyn gyhyd ag y mae hwn yn sefyll."

"Rhyngof a Duw," ebe Geraint, "oni fydd i angau sydyn fy nwyn i, ni fydd ef well o gael dy gymorth di."

Ac ysbardunodd Geraint ei farch bellter oddi wrtho a'i gyrchu ef gan ei rybuddio a'i daro ag ergyd llymdost, galed a chreulon ar fan cadarnaf ei darian hyd oni holltodd ei darian a hyd oni thorrodd yr arfau gyferbyn â'r ymosodiad a hyd oni thorrodd y cenglau a hyd onid aeth yntau, ef a'i gyfrwy, dros grwper ei farch i'r llawr. A disgynnodd Geraint yn gyflym a llidio a thynnu cleddyf a'i gyrchu'n llym a ffyrnig. Fe gododd y marchog yntau a thynnu cleddyf arall yn crbyn Geraint. Ac ymladd ar droed â chleddyfau hyd onid oedd arfau'r naill a'r llall yn friw, ddryłliedig y naill gan y llall a hyd onid oedd y chwys a'r gwaed yn dwyn goleuni eu llygaid oddi arnynt. A phan fyddai Geraint gryfaf fe lawenhâi'r gŵr a'i wallt wedi britho a'i wraig a'i ferch ; a phan fyddai'r marchog gryfaf fe lawenhâi'r iarll a'i blaid. A phan welodd y gŵr a'i wallt wedi britho fod Geraint wedi cael dyrnod fawr, boenus nesaodd ato'n gyflym a dweud wrtho :

"Unben," ebe ef, "cofia'r sarhad a gefaist gan y corrach. Ac onid i geisio dial dy sarhad y daethost yma, a sarhad Gwenhwyfar gwraig Arthur ?"

Cofiodd Geraint ymadrodd y corrach wrtho a galw ato ei

nerthoedd a chodi ei gleddyf ac ymosod ar y marchog ar gorun ei ben hyd oni thorrodd holl arfau ei ben a hyd oni thorrodd y cig i gyd a'r croen, ac i'w iad, a hyd oni chlwyfodd yr asgwrn a hyd oni syrthiodd y marchog ar ei ddeulin, a thaflodd ei gleddyf o'i law ac erchi trugaredd gan Geraint.

"Fe adawodd fy rhyfyg twyllodrus a'm balchder," ebe ef, "imi erchi nawdd yn rhy hwyr. Ac oni chaf ysbaid i ymwneud â Duw am fy mhechod ac i ymddiddan ag offeiriad, ni fyddaf well o gael nawdd."

"Fe roddaf nawdd iti," ebe ef, "ar yr amod hwn dy fod yn mynd at Wenhwyfar, gwraig Arthur, i wneud iawn iddi am sarhad ei morwyn gan dy gorrach. Y mae'n ddigon gennyf innau yr hyn a wneuthum i iti am y sarhad a gefais i gennyt ti a'th gorrach. A phaid â disgyn oddi ar dy geffyl o'r pryd yr ei oddi yma hyd y doi ger bron Gwenhwyfar i wneud iawn iddi fel y bernir yn llys Arthur."

"Fe wnaf innau hynny'n llawen. A phwy wyt tithau ?" ebe ef.

"Geraint fab Erbin wyf i. A mynega dithau pwy wyt ti."

"Edern fab Nudd wyf i."

Ac yna y taflwyd ef ar ei farch ac fe ddaeth yn ei flaen i lys Arthur, a'r wraig a garai fwyaf o'i flaen, a'i gorrach, a hwythau'n galaru'n uchel.

Ei hanes ef hyd yna.

Ac yna fe ddaeth yr Iarll Ieuanc a'i lu i'r lle yr oedd Geraint a chyfarch gwell iddo a'i wahodd gydag ef i'r castell.

"Ni fynnaf," ebe Geraint. "Fe af heno i'r lle y bûm neithiwr."

"Gan na fynni dy wahodd, ynteu, fe gei di dy ddiwallu o'r hyn a allaf i ei gael iti yn y lle y buost ti neithiwr. Ac fe drefnaf ymolchfa iti, a bwrw dy flinder a'th ludded oddi arnat."

"Duw a ad-dalo iti," ebe Geraint, "ac fe af innau i'm llety."

Ac felly fe ddaeth Geraint ac Ynywl Iarll a'i wraig a'i ferch. A phan ddaethant i'r llofft yr oedd gweision ystafell yr Iarll Ieuanc a'u gwasanaeth wedi dod i'r llys ac yn cyweirio'r tai i gyd ac yn eu diwallu â gwellt a thân, ac ar fyr o dro yr oedd yr ymolchfa'n barod. Ac aeth Geraint iddo a golchwyd ei ben. Ac ar hynny fe ddaeth yr Iarll Ieuanc gyda deugain marchog urddol rhwng ei wŷr ei hun a gwahoddedigion o'r twrnameint.

Ac yna fe ddaeth ef o'r ymolchfa ac archodd yr Iarll iddo fynd i'r neuadd i fwyta.

"Ble mae Ynywl Iarll," ebe yntau, "a'i wraig a'i ferch?"

"Maent yn y llofft acw," ebe gwas ystafell yr Iarll, "yn gwisgo amdanynt y gwisgoedd a barodd yr Iarll eu dwyn atynt."

"Na foed i'r forwyn wisgo dim amdani," ebe yntau, "heblaw am ei chrys a'i hugan hyd oni ddêl i lys Arthur i Wenhwyfar wisgo amdani'r wisg a fynno."

Ac ni wisgodd y forwyn. Ac yna fe ddaeth pawb ohonynt i'r neuadd, ac ymolchi a wnaethant a mynd i eistedd ac i fwyta. Dyma fel yr eisteddasant : o'r naill ochr i Geraint fe eisteddodd yr Iarll Ieuanc ac wedyn Ynywl Iarll ; o'r ochr arall i Geraint yr oedd y forwyn a'i mam, ac wedi hynny, bawb yn ôl blaenoriaeth ei anrhydedd.

A bwytasant a chawsant wasanaeth cyflawn a helaethrwydd o amryfal seigiau. Ac ymddiddan a wnaethant, hynny yw, fe wahoddodd yr Iárll Ieuanc Geraint drannoeth.

"Ni fynnaf, rhyngof a Duw," ebe Geraint. "Yr wyf fi a'r forwyn hon yn mynd i lys Arthur yfory. A bu Ynywl Iarll mewn tlodi a phoen yn ddigon hir yn fy marn i, ac fe af i'n bennaf er mwyn ceisio ychwanegu at ei gynhaliaeth."

"Unben," ebe'r Iarll Ieuanc, "nid trwy fy ngham i y mae Ynywl heb deyrnas."

"Ar fy llw," ebe Geraint, "ni fydd ef heb ei deyrnas oni fydd i angau sydyn fy nwyn i."

"Unben," ebe ef, "fe gymeraf dy gyngor di'n llawen ynglŷn â'r anghydweld a fu rhyngof i ac Ynywl, gan dy fod yn ddiduedd ynghylch y cyfiawnder rhyngom."

"Nid archaf i," ebe Geraint, "roi iddo ddim ond yr hyn sy'n ddyledus iddo a'i amryw golledion er pan gollodd ei deyrnas hyd heddiw."

"Ac fe wnaf i hynny'n llawen er dy fwyn di," ebe ef.

"Ie," ebe Geraint, "bydded i bawb sydd yma o'r rhai a ddylai fod yn ddeiliaid i Ynywl dalu gwrogaeth iddo yn y fan a'r lle."

A gwnaeth y gwŷr oll hynny. A phenderfynwyd ar y cytundeb hwnnw a gadawyd ei gastell a'i dref a'i deyrnas i Ynywl a'r cyfan a gollasai, hyd yn oed y tlws lleiaf a gollodd. Ac yna fe ddywedodd Ynywl wrth Geraint,

"Unben," ebe ef, "y mae'r forwyn a arddeliaist ti ar y dydd y bu'r twrnameint yn barod i wneud dy ewyllys : a dyma hi dan dy awdurdod."

"Ni fynnaf fi," ebe yntau, "ond i'r forwyn fod fel y mae hyd oni ddêl i lys Arthur. Ac fe ddymunaf i Arthur a Gwenhwyfar fod yn rhoddwyr y forwyn."

A thrannoeth fe gychwynasant yn eu blaenau i lys Arthur. Chwedl Geraint hyd yma.

Dyma'n awr fel yr heliodd Arthur y carw. Rhannu'r safleoedd hela rhwng y gwŷr a'r cŵn, a gollyngasant y cŵn arno : a'r ci diwethaf a ollyngwyd arno oedd hoff gi Arthur,— Cafall oedd ei enw. A gadawodd yr holl gŵn a rhoi tro ar y carw. Ac ar yr ail dro fe ddaeth y carw i safle hela Arthur. Ymafaelodd Arthur ag ef a chyn i neb ei ladd darfu i Arthur dorri ei ben. Ac yna fe ganwyd y corn lladd ac yna daeth pawb ynghyd. A daeth Cadyriaith at Arthur a dweud wrtho,

"Arglwydd," ebe ef, "mae Gwenhwyfar acw heb neb ond un forwyn gyda hi."

"Arch dithau," ebe Arthur, "i Gildas fab Caw a holl glerigwyr y llys deithio gyda Gwenhwyfar tua'r llys."

A gwnaethant hwy hynny.

Ac yna y teithiodd pawb ohonynt a dal i ymddiddan a wnaethant am ben y carw, i bwy y'i rhoddid : un yn mynnu ei roi i'r wraig a garai ef fwyaf, un arall i'r wraig a garai yntau fwyaf, a phawb o'r osgordd a'r marchogion yn ymryson yn chwerw am y pen. Ac ar hynny fe ddaethant i'r llys. A chlywodd Arthur a Gwenhwyfar yr ymryson am y pen ac fe ddywedodd Gwenhwyfar wrth Arthur,

"Arglwydd," ebe hi, "dyma fy nghyngor i ynghylch pen y carw : peidio â'i roi hyd oni ddaw Geraint fab Erbin o'r neges yr aeth arni."

A dywedodd Gwenhwyfar fwriad y neges wrth Arthur.

"Gwneler hynny'n llawen," ebe Arthur.

A phenderfynwyd ar hynny.

A thrannoeth parodd Gwenhwyfar fod gwylwyr ar y gaer erbyn dyfodiad Geraint. Ac wedi hanner dydd fe welent ddyn bychan gwargrwm ar farch, ac o'i ôl yntau wraig neu forwyn, debygent hwy, ar farch, ac o'i hôl hithau farchog mawr, crwm

iawn yn benisel ac athrist ac arfau toredig, diwerth amdano.
A chyn iddo ddod ar gyfyl y porth fe ddaeth un o'r gwylwyr
i'r lle yr oedd Gwenhwyfar a dweud wrthi'r fath ddynion a
welsent a'r fath olwg a oedd arnynt.

"Ni wn i pwy ydynt hwy," ebe ef.

"Fe wn i," ebe Gwenhwyfar, "dyna'r marchog yr aeth
Geraint ar ei ôl. Ac y mae'n debyg gennyf i nad o'i fodd y
mae'n dod. Ac os goddiweddodd Geraint ef fe ddialodd sarhad
y forwyn yn llawn."

Ac ar hynny, wele'r porthor yn dod i'r lle yr oedd Gwenhwyfar.

"Arglwyddes," ebe ef, "mae marchog yn y porth ac ni
welodd dyn erioed olwg mor druenus i edrych arno ag ef :
y mae arfau toredig, diwerth amdano a lliw ei waed arnynt yn
amlycach na'u lliw eu hunain."

"A wyddost ti pwy yw ef ?" ebe hi.

"Gwn," ebe yntau. "Edern fab Nudd ydyw," meddai ef.
"Nid wyf innau'n ei adnabod ef."

Ac yna fe ddaeth Gwenhwyfar i'r porth i'w gyfarfod, a daeth
i mewn. A bu'n boen ar Wenhwyfar weld yr olwg a welai
arno pe nad adawai ef i'r corrach, a oedd gynddrwg ei foesau
ag yr oedd, i fod gydag ef. Ar hynny cyfarchodd Edern well i
Wenhwyfar.

"Duw a fyddo'n dda wrthyt," ebe hi.

"Arglwyddes," ebe ef, "cyfarchion oddi wrth Geraint fab
Erbin, y gwas gorau a dewraf."

"A ymwelodd ef â thi ?" ebe hi.

"Do," ebe ef, "ac nid er lles i mi. Ac nid arno ef yr oedd y
bai am hynny ond arnaf i, arglwyddes. A chyfarchion oddi
wrth Geraint, a chan dy gyfarch fe'm gyrrodd i yma i wneud dy
ewyllys di am y niwed i'th forwyn gan y corrach. Maddeuodd
yntau ei niwed ef trwy yr hyn a wnaeth i mi, gan y tybiai fy
mod mewn perygl am fy einioes, a gorfododd ef fi'n nerthol
iawn, gwrol a milwraidd, i wneud iawn iti yma, arglwyddes."

"O ŵr, pa le y goddiweddodd ef â thi ?"

"Yn y lle yr oedd chwarae ac ymryson am hebog, yn y dref
a elwir yn awr Caerdydd. Ac nid oedd gydag ef o lu ond tri
pherson di-raen a thlawd iawn eu hymddangosiad, sef gŵr hen
iawn a'i wallt wedi britho a gwraig oedrannus a morwyn

ieuanc hardd, a hen ddillad treuliedig amdanynt. Ac am i
Geraint arddel caru'r forwyn fe ymyrrodd yn y twrnameint
am yr hebog a dweud yr haeddai'r forwyn honno yr hebog yn
well na'r forwyn yma a oedd gyda mi, ac am hynny ymdaro a
wnaethom. Ac fel y gweli di, arglwyddes, fe'm gadawodd i."
"Ŵr," ebe hi, "pa bryd y tebygi di y daw Geraint yma ?"
"Yfory, arglwyddes, y tebygaf i y daw ef a'r forwyn."
Ac yna fe ddaeth Arthur ato a chyfarchodd ef well i Arthur.
"Duw a fyddo'n dda wrthyt," ebe Arthur.
Ac edrychodd Arthur arno am ysbaid hir ac yr oedd yn drist
ganddo ei weld felly. A thybiodd ei fod yn ei adnabod a
gofynnodd iddo,
"Ai Edern fab Nudd wyt ti ?"
"Ie, arglwydd," ebe yntau, "a chyfarfu â mi ofid dirfawr
ac archollion annioddefol."
A mynegodd i Arthur ei holl drafferthion.
"Ie," ebe Arthur, "y mae'n iawn i Wenhwyfar fod yn dru-
garog wrthyt, yn ôl yr hyn a glywaf i."
"Fe wnaf iddo ef," ebe hi, "y drugaredd a fynni di, arglwydd,
gan ei bod yn gymaint cywilydd iti, arglwydd, ddwyn gwarth
arnaf i ac arnat ti dy hun."
"Dyma sy'n fwyaf priodol i'w wneud ynghylch hynny," ebe
Arthur, "parhau i roi meddyginiaeth i'r gŵr hyd oni wyddys a
fydd byw. Ac os bydd byw, gwnaed iawn fel y barno uchelwyr
y llys a chymer feichiau ynghylch hynny. Os bydd yntau farw
bydd angau llanc cystal ag Edern yn ormod am sarhad
morwyn."
"Y mae hynny'n dda gennyf i," ebe Gwenhwyfar.
Ac yna fe aeth Arthur yn feichiau drosto, a Chradog fab Llŷr
a Gwallog fab Llennawg ac Owain fab Nudd a Gwalchmai, a
llawer heblaw am hynny. Ac fe barodd Arthur alw Morgan
Tud ato : y pennaf o'r meddygon oedd hwnnw.
"Cymer atat Edern fab Nudd a phâr drefnu ystafell iddo.
A phâr feddyginiaeth gystal iddo ag y perit i mi pe bawn yn
glwyfedig. A phaid â gadael neb i'w ystafell i aflonyddu arno,
ar wahân i ti a'th ddisgyblion a fydd yn meddyginiaethu iddo."
"Fe wnaf i hynny'n llawen, arglwydd," ebe Morgan Tud.
Ac yna fe ddywedodd y distain,

"I ba le y mae'n iawn gorchymyn y forwyn, arglwydd ?"
"At Wenhwyfar a'i llawforynion," ebe yntau.
A gorchmynnodd y distain hynny.
Eu hanes hwy hyd yma.

Drannoeth, fe ddaeth Geraint tua'r llys ac yr oedd gwylwyr
ar y gaer gan Wenhwyfar rhag iddo ddod yn ddirybudd. A
daeth y gwyliwr i'r lle yr oedd Gwenhwyfar.

"Arglwyddes," ebe ef, "fe dybiaf i fy mod yn gweld Geraint
a'r forwyn gydag ef. Ac y mae ar farch a gwisg cerddwr
amdano ; fe welaf y forwyn, fodd bynnag, yn wyn iawn, a
gwelaf beth tebyg i lieinwisg amdani."

"Paratowch, fy holl wragedd, a dowch i gyfarfod â Geraint
i'w groesawu a rhoi derbyniad iddo."

A daeth Gwenhwyfar i gyfarfod â Geraint a'r forwyn. A phan
ddaeth Geraint i'r lle yr oedd Gwenhwyfar, cyfarchodd well
iddi.

"Duw a fyddo'n dda wrthyt," ebe hi, "a chroeso iti. A buost
ar hynt ffrwythlon, fendithiol, hwylus a chlodfawr. A Duw a
ad-dalo iti," ebe hi, "am beri iawn mor wych imi ag y peraist
ti."

"Arglwyddes," ebe ef, "fe ddymunwn i wneud iawn â thi
yn ôl dy ewyllys. A dyma'r forwyn y cefaist ti dy sarhau o'i
hachos."

"Ie," ebe Gwenhwyfar, "croeso Duw iddi, ac nid cam yw
ei chroesawu."

Daethant i mewn, a disgyn, ac aeth Geraint i'r lle yr oedd
Arthur a chyfarch gwell iddo.

"Duw a fyddo'n dda wrthyt," ebe Arthur, "a chroeso Duw
iti. Ac er i Edern fab Nudd gael adfyd a chlwyfau gennyt ti,
buost ar hynt lwyddiannus."

"Nid o'm herwydd i y bu hynny," ebe Geraint, "ond
oherwydd rhyfyg Edern fab Nudd ei hun am na ddatgelai ei
dras. Nid ymadawn innau ag ef hyd oni wyddwn pwy oedd,
neu hyd oni orchfygai y naill ar y llall."

"Ŵr," ebe Arthur, "ble mae'r forwyn y clywaf ei bod yn dy
arddel di ?"

"Y mae wedi mynd gyda Gwenhwyfar i'w hystafell."

Ac yna fe ddaeth Arthur i weld y forwyn, a rhoddodd Arthur

a'i gyfeillion a phawb o'r llys cyfan groeso i'r forwyn. Ac yr oedd yn hysbys gan bawb ohonynt pe byddai gwasanaeth y forwyn gystal â'i gwedd, na welsent erioed un harddach na hi. Ac Arthur a gyflwynodd y forwyn i Geraint. A'r rhwymiad a wneid y pryd hwnnw rhwng deuddyn a wnaed rhwng Geraint a'r forwyn, a rhoed y dewis o holl wisgoedd Gwenhwyfar i'r forwyn. A'r sawl a welai'r forwyn yn y wisg honno, fe welai arni olwg teg, gweddaidd, hardd. A threuliasant y dydd hwnnw a'r nos honno gyda dogn o gerddi ac amlder o seigiau ac amryfal a lluosowgrwydd o chwaraeon. A phan fu'n amser iddynt fynd i gysgu fe aethant hwy. Ac yn yr ystafell lle'r oedd gwely Arthur a Gwenhwyfar y gwnaed gwely i Geraint ac Enid. A'r nos honno y cysgasant ynghyd gyntaf.

A thrannoeth y bodlonodd Arthur y ceiswyr dros Geraint gydag anrhegion hael. A chynefinodd y forwyn â'r llys a dygwyd iddi gyfeillion o wŷr a gwragedd hyd na ddywedid mwy am un forwyn yn ynys Prydain nag amdani hi.

Ac yna y dywedodd Gwenhwyfar,

"Fe ddywedais i'n iawn," ebe hi, "ynglŷn â phen y carw, na ddylid ei roi i neb hyd oni ddelai Geraint. A dyma achlysur teilwng i'w roi ef i Enid ferch Ynywl, y forwyn fwyaf ei chlod. Ac ni thybiaf i y bydd i neb ei warafun iddi gan nad oes rhyngddi a neb ond cariad a chymdeithas."

Cymeradwywyd hynny gan bawb, a chan Arthur hefyd, a rhoddwyd pen y carw i Enid. Ac o hynny allan cynyddodd ei chlod a'i chyfeillion yn fwy na chyn hynny. Dyma a wnaeth Geraint o hynny allan, ymroi i dwrnameint ac ymrysonau caled, a deuai ef yn fuddugol o bob un. A bu ef am flwyddyn a dwy a thair fel hynny hyd onid oedd ei glod wedi ehedeg dros wyneb y deyrnas.

Ac un diwrnod yr oedd Arthur yn cynnal llys yng Nghaerllion ar Wysg ar y Sulgwyn ; wele'n dod ato negeswyr doeth eu meddwl, dysgedig a threiddgar eu hymadrodd, ac yn cyfarch gwell i Arthur.

"Duw a fyddo'n dda wrthyt," ebe Arthur, "a chroeso Duw ichwi. Ac o ble yr ydych yn dod ?"

"Fe ddown o Gernyw, arglwydd," ebe hwy, "a negeswyr ydym oddi wrth Erbin fab Custennin, dy ewythr. Ac i ti y

mae'n neges, a chyfarchion iti oddi wrtho fel y dylai ewythr
annerch ei nai ac fel y dylai gŵr annerch ei arglwydd, ac i
fynegi iti ei fod ef yn mynd yn drwm ac yn llesgáu ac yn dynesu
at henaint, a'r gwŷr y ffiniai ei dir ef â hwy, o wybod hynny, yn
ffinio arno ar gam ac yn chwenychu ei dir a'i deyrnas. Ac y
mae yn gofyn iti, arglwydd, ryddhau Geraint ei fab ato i
ddiogelu ei deyrnas ac i ymgydnabod â'i derfynau a mynegi ei
bod yn well iddo dreulio blodau ei ieuenctid a'i ddewrder yn
cynnal ei derfynau ei hun nag mewn twrnameint diwerth, er
iddo gael clod ynddynt."

"Ie," ebe Arthur, "ewch i ddiosg eich arfau a chymerwch
eich bwyd a bwriwch eich blinder oddi arnoch. A chyn ichwi
fynd ymaith fe gewch ateb."

Aethant i fwyta.

Ac yna meddyliodd Arthur na fyddai'n hawdd ganddo rydd-
hau Geraint oddi wrtho, nac o'r un llys ag ef. Nid oedd yn
hawdd nac yn ddymunol ganddo yntau rwystro ei gefnder
rhag gwarchod ei deyrnas a'i derfynau gan na allai ei dad eu
cynnal. Nid oedd gofid Gwenhwyfar a'r holl wragedd a'r holl
forynion a'i hiraeth hi ddim llai, rhag ofn i'r forwyn fynd oddi
wrthynt. Treuliasant y dydd hwnnw a'r nos honno mewn
digonedd o bob peth. A mynegodd Arthur i Geraint ystyr y
genadwri a dyfodiad y negeswyr o Gernyw ato yno.

"Ie," ebe Geraint, "dy ddymuniad di, arglwydd, a wnaf i
ynghylch y genadwri honno, er yr hyn a ddêl imi o lwyddiant
neu o aflwyddiant o hynny."

"Dyma gyngor iti ynghylch hynny," ebe Arthur, "er mai
trist gennyf i dy ymadawiad di, dos di i drigo yn dy deyrnas
ac i ddiogelu dy derfynau. A chymer y llu a fynni di gyda thi,
a'r rhai a hoffi di fwyaf o'm ffyddloniaid i'n hebryngwyr iti,
a rhai o'th geraint dithau a'th gydfarchogion."

"Duw a ad-dalo iti ac fe wnaf innau hynny," ebe Geraint.

"Pa sŵn," ebe Gwenhwyfar, "a glywaf i gennych chi ? Ai
am hebryngwyr i Geraint tua'i wlad ?"

"Ie," ebe Arthur.

"Mae'n rhaid i minnau feddwl," ebe hi, "am hebryngiaid a
lluniaeth i'r unbennes sydd gyda minnau."

"Fe wnei'n iawn," ebe Arthur.

Ac aethant i gysgu'r nos honno.

A thrannoeth fe anfonwyd y negeswyr ymaith a dweud wrth-ynt y deuai Geraint ar eu hôl. Fe gychwynnodd Geraint y tyrdydd dydd wedi hynny. Dyma'r osgordd a aeth gydag ef ; Gwalchmai fab Gwyar a Rhiogonedd fab brenin Iwerddon ac Ondiaw fab Dug Bwrgwyn, Gwilym fab brenin Ffrainc, Hywel fab Emyr Llydaw, Elifri Anaw Cyrdd, Gwyn fab Tringad, Gorau fab Custennin, Gweir Gwrhyd Fawr, Garannaw fab Golithmer, Peredur fab Efrog, Gwyn Llogell Gwŷr, ynad llys Arthur, Dyfyr fab Alun Dyfed, Gwrei Gwalstawd Ieithoedd, Bedwyr fab Bedrawd, Cadwri fab Gwrion, Cai fab Cynyw, Odiar Ffranc, stiward llys Arthur.

"Ac Edern fab Nudd," ebe Geraint, "y clywaf i y dichon farchogaeth, a fynnaf i gyda mi."

"Ie," ebe Arthur, "nid yw'n gweddu iti ddwyn y gŵr hwnnw gyda thi, er ei fod yn iach, hyd oni wneir heddwch rhyngddo a Gwenhwyfar."

"Fe allai Gwenhwyfar ganiatáu iddo ddod gyda mi ar feich-iau."

"Os caniatâ, caniataed ef yn rhydd heb feichiau oherwydd y mae digon o adfyd a gofidiau gan y gŵr oherwydd sarhau'r forwyn gan y corrach."

"Ie," ebe Gwenhwyfar, "fe wnaf i'n llawen yr hyn a weli di ei fod yn iawn ynghylch hynny, arglwydd, ti a Geraint." Ac yna y caniataodd hi Edern i fynd yn rhydd. Ac aeth digon heblaw hynny yn hebryngwyr i Geraint.

A chychwynasant a theithio tua Hafren yn gwmni hawdd-garaf a welodd neb erioed. Ac ar yr ochr draw i Hafren yr oedd uchelwyr Erbin fab Custennin a'i dad-maeth o'u blaenau yn derbyn Geraint yn llawen, a llawer o wragedd y llys gyda'i fam yntau yn derbyn Enid ferch Ynywl, ei wraig yntau. A bu pawb o'r llys ac o'r holl deyrnas yn orfoleddus a llawen iawn wrth dderbyn Geraint gan gymaint y carent ef, ac oherwydd maint y clod a gasglasai yntau er pan aethai oddi wrthynt hwy, ac am fod ei fryd yntau ar ddod i oresgyn ei deyrnas ei hun ac i ddiogelu ei therfynau.

A daethant i'r llys. Ac yr oedd digonedd helaethwych o wahanol seigiau ac amlder o ddiodydd a gwasanaeth dibrin ac amryfal gerddi a chwaraeon iddynt yn y llys. Ac er an-rhydedd Geraint fe wahoddwyd holl uchelwyr y deyrnas y

nos honno i ymweld â Geraint. A threuliasant y dydd
hwnnw a'r nos honno mewn cymedroldeb o esmwythder. A
thrannoeth, yn ieuenctid y dydd, cododd Erbin a galw Geraint
ato a'r uchelwyr a ddaeth i'w hebrwng, a dweud wrth
Geraint,

"Gŵr trwm oedrannus wyf i," ebe ef, "a thra gellais i gynnal
y deyrnas iti ac i mi fy hun, fe'i cynheliais. Ac yr wyt tithau'n
llanc ieuanc ac yr wyt yn anterth dy wrhydri a'th ieuenctid :
cynnal dy deyrnas yn awr."

"Ie," ebe Geraint, "o'm dewis i, ni fuaset ti'n rhoi llywod-
raeth dy deyrnas yn fy llaw i yr awron ac ni fuaset wedi fy
nwyn i eto o lys Arthur."

"Fe'i rhoddaf hi yn awr yn dy law di. A chymer wrogaeth
dy wŷr heddiw hefyd."

Ac yna y dywedodd Gwalchmai,

"Y mae'n fwyaf priodol iti fodloni'r ceiswyr heddiw ac
yfory derbyn wrogaeth dy deyrnas."

Ac yna y galwyd ynghyd y ceiswyr i un lle. Ac yna fe ddaeth
Cadyriaith atynt i weld eu bwriad ac i ofyn i bawb ohonynt
beth a fynnent. A dechreuodd gosgordd Arthur roi. Ac yn y
fan fe ddaeth gwŷr Cernyw ac fe roddasant hwythau. Ac ni
fuont yn hir yn rhoi gan gymaint brys pawb ohonynt i roi.
Ac o'r rhai a ddaeth i erchi da yno nid aeth neb ymaith oddi
yno ond wrth ei fodd. Ac fe dreuliasant y dydd hwnnw a'r nos
honno mewn cymedroldeb o esmwythder.

A thrannoeth, yn ieuenctid y dydd, fe ofynnodd Erbin i
Geraint anfon negeswyr at ei wŷr i ofyn iddynt a oedd yn gyfleus
ganddynt iddo ddod i gymryd eu gwrogaeth, ac a oedd gandd-
ynt naill ai lid neu ddicter oherwydd dim a ddodent yn ei
erbyn. Yna fe yrrodd Geraint negeswyr at wŷr Cernyw i ofyn
hynny iddynt. Fe ddywedasant hwythau nad oedd ganddynt
ddim ond cyflawnder o lawenydd a gorfoledd gan bawb ohonynt
am i Geraint ddod i gymryd eu gwrogaeth. Ac yna fe gymer-
odd yntau wrogaeth y rhai ohonynt a oedd yno. A buont yno
i gyd y drydedd noson. A thrannoeth fe ofynnodd gosgordd
Arthur ganiatâd i fynd ymaith.

"Y mae'n rhy fuan ichwi fynd ymaith eto. Arhoswch gyda
mi hyd oni fydd imi gymryd gwrogaeth fy uchelwyr o'r rhai
sy'n bwriadu dod ataf."

Geraint Fab Erbin

213

Ac fe arosasant hwy hyd oni ddarfu iddo ef wneud hynny. A chychwynasant hwy tua llys Arthur. Ac yna fe aeth Geraint i'w hebrwng, ef ac Enid, i Ddynganwyr, ac yna fe wahanasant. Ac yna fe ddywedodd Ondiaw fab Dug Bwrgwyn wrth Geraint,

"Teithia eithafoedd dy deyrnas yn gyntaf," ebe ef, "ac edrych yn llwyr a chraff ar derfynau dy deyrnas. Ac os bydd gofid yn pwyso arnat, mynega i'th gymdeithion."

"Duw a ad-dalo iti," ebe ef, "ac fe wnaf innau hynny."

Ac yna fe gyrchodd Geraint eithafoedd ei deyrnas a chyfarwyddyd hysbys gydag ef gan uchelwyr ei deyrnas. A chadwodd yntau yn ei gof y cyfeiriad pellaf a ddangoswyd iddo.

Ac yn unol â'i arfer tra fu yn llys Arthur, cyrchai dwrnameint ac ymryson â'r gwŷr dewraf a chadarnaf hyd onid oedd yn uchel ei glod yn y rhanbarth hwnnw fel y lle y buasai gynt, a hyd oni chyfoethogodd ei lys a'i gyfeillion a'i wyrda â'r meirch gorau a'r arfau gorau ac â'r tlysau aur mwyaf arbennig a gorau. Ac ni orffwysodd ef o hynny hyd onid ehedodd ei glod dros wyneb y deyrnas.

A phan wybu ef hynny, dechreuodd yntau garu esmwythder ac ysgafnder gan nad oedd neb gwerth ymladd yn ei erbyn. A charu ei wraig, a heddwch yn ei lys a cherddi a diddanwch, a chartrefodd felly am gyfnod. Ac wedi hynny, caru neilltuaeth ei ystafell gyda'i wraig hyd nad oedd dim yn ddymunol ganddo ar wahân i hynny, hyd onid oedd yn colli calon ei wyrda a'u hela a'u digrifwch a chalon holl osgordd y llys, a hyd onid oedd murmur a gogan dirgel arno gan dylwyth y llys am ei fod yn ymwadu â'u cymdeithas hwy cyn lwyred, o gariad gwraig. Ac aeth y geiriau hynny at Erbin : ac wedi i Erbin glywed hynny dywedodd yntau hynny wrth Enid a gofynnodd iddi ai hi a oedd yn peri hynny i Geraint ac yn ei gymell i ymado â'i dylwyth ac â'i lu.

"Nid myfi, myn fy nghyffes i Dduw," ebe hi, "ac nid oes dim yn gasach gennyf na hynny."

Ac ni wyddai hi beth a wnâi gan nad oedd yn hawdd ganddi gyfaddef hynny wrth Geraint : nid oedd yn haws ganddi hithau wrando ar yr hyn a glywai heb rybuddio Geraint amdano. A theimlodd hi ofid mawr ynddi oherwydd hynny.

Ac un bore yn yr haf yr oeddent yn y gwely ac yntau wrth
yr erchwyn. Ac yr oedd Enid mewn ystafell wydr a heb gysgu
a'r haul yn tywynnu ar y gwely, a'r dillad wedi llithro oddi ar
ei ddwyfron ef a'i ddwyfraich ac yntau'n cysgu. Dyma a wnaeth
hithau, syllu ar deced ac aruthred yr olwg a welai arno, a
dweud :

"Gwae fi," ebe hi, "os o'm hachos i y mae'r breichiau hyn
a'r ddwyfron yn colli cymaint clod a milwriaeth ag a oedd
iddynt." Ac ar hynny colli ei dagrau yn hidl hyd oni syrth-
iasant ar ei ddwyfron ef. A hynny oedd un o'r pethau a'i
deffrôdd ef, ynghyd â'r ymadrodd a ddywedodd hi cyn hynny.
A chyffrôdd meddwl arall yntau, nad o ofal amdano ef y
dywedasai hi hynny ond o ystyried cariad at ŵr arall yn hytrach
nag ef a dymuno ysgafnder hebddo ef. Ac ar hynny dyma a
wnaeth Geraint, cynhyrfu yn ei feddwl a galw ar ysgwier, a
hwnnw'n dod ato.

"Pâr gyweirio fy march a'm harfau yn gyflym," ebe yntau,
"a'u cael hwy'n barod. A chod dithau," ebe ef wrth Enid, "a
gwisg amdanat. A phâr gyweirio dy farch, a gwisg amdanat y
wisg waethaf sydd yn eiddo iti i farchogaeth. A gwarth arnaf,"
ebe ef, "os doi di yma hyd oni wyddost ti a gollais i fy nerthoedd
mor gyfan gwbl ag y dywedi di, ac yn ogystal â hynny, os
bydd hi cyn ysgafned iti ag oedd dy ddymuniad i geisio ysgafn-
der gyda'r sawl y meddylit amdano."

A chododd hithau a gwisgo gwisg seml amdani.

"Ni wn i," ebe hi, "dim o'th feddyliau di, arglwydd."

"Ni chei di eu gwybod yr awron," ebe ef.

Ac yna fe aeth Geraint i ymweld ag Erbin.

"Wrda," ebe ef, "yr wyf yn mynd ar anturiaeth, ac nid yw'n
hysbys gennyf pa bryd y dychwelaf. A gofala di, wrda," ebe
ef, "am dy deyrnas hyd oni ddychwelaf i."

"Fe wnaf i," ebe ef, "ond y mae'n rhyfedd gennyf dy fod
yn mynd mor ddisyfyd. A phwy a â gyda thi, gan nad wyt yn
ŵr i deithio tir Lloegr ar dy ben dy hun ?"

"Ni ddaw ond un dyn arall gyda mi."

"Duw a'th gynghoro yn awr, fab," ebe Erbin, "a llawer
dyn a'i hawl arnat yn Lloegr."

A daeth Geraint i'r lle yr oedd ei farch ac yr oedd ei farch yn
gyflawn o arfau estronol, gloyw, trwm. Ac archodd yntau

Enid i esgyn ar y march a theithio ymlaen a gadael bwlch mawr.

"Ac er a weli ac er a glywi amdanaf fi," ebe ef, "paid â throi yn dy ôl. A phaid â dweud un gair ychwaith oni ddywedaf i wrthyt ti."

A theithiasant yn eu blaenau.

Ond nid y ffordd fwyaf dymunol a mwyaf poblog a barodd ef ei cherdded ond y ffordd fwyaf diffaith a sicraf fod lladron a herwyr arni, a bwystfilod gwenwynig. A daethant i'r briffordd a'i dilyn, a gwelent goed mawr o'u blaenau a daethant tua'r coed. Ac fe welent bedwar marchog arfog yn dod allan o'r coed ac edrychasant arnynt. A dywedodd un ohonynt.

"Dyma le da inni," ebe ef, "i gymryd y ddau farch acw a'r arfau, a'r wraig hefyd : a chawn hynny'n rhwydd er yr un marchog pendrwm, digalon, eiddil acw."

A chlywodd Enid yr ymddiddan hwnnw ac ni wyddai hithau beth a wnâi gan ofn Geraint, ai dweud hynny ai tewi.

"Dial Duw arnaf," ebe hi, "os nad gwell gennyf fy marwolaeth drwy ei law ef na thrwy law neb arall. Ac er y dichon fy lladd fe ddywedaf i hynny wrtho rhag iddo gael ei ladd yn waradwyddus."

Ac arhosodd am Geraint hyd onid oedd yn agos ati.

"Arglwydd," ebe hi, "a glywi di eiriau'r gwŷr amdanat ?"

Cododd yntau ei wyneb ac edrych arni'n llidiog.

"Nid oedd raid i ti ond cadw'r gair a orchmynnwyd iti : dyna oedd hwnnw, tewi. Nid yw dy ymgeledd yn ddim i mi ac nid yw'n rhybudd. Ac er y mynni di weld fy angau i a'm difetha gan y gwŷr acw, nid oes arnaf i un dychryn. Ac ar hynny cododd y blaenaf ohonynt wayw ac ymosod ar Geraint. A derbyniodd yntau ef, ac nid fel gŵr llesg, a gollyngodd heibio'r ymosodiad. Ac ymosododd yntau ar y marchog ar ganol ei darian hyd oni holltodd y darian a hyd oni thorrodd yr arfau a hyd onid oedd ynddo ddarn o'r wayw cyhyd â braich dyn a hyd onid oedd wedi ei daflu hyd gwayw Geraint dros grwper ei farch i'r llawr. A chyrchodd yr ail farchog ef yn llidiog am iddo ladd ei gyfaill. A bwriodd hwnnw ar un ymosodiad ac fe'i lladdodd fel y llall. A chyrchodd y trydydd ef, ac felly y lladdodd ef. Ac felly hefyd y lladdodd y pedwerydd. Yr oedd y forwyn yn drist ac aflawen wrth edrych ar hynny. Disgynnodd Geraint a diosg arfau'r gwŷr lladdedig a'u rhoi yn eu cyfrwyau, a chlymodd ffrwynau'r meirch ac esgyn ar ei farch.

"Weli di'r hyn a wnei di ?" ebe ef, "cymer y pedwar march a gyrr yn dy flaen, a theithia ymlaen fel y gorchmynnais iti gynnau ac na ddywed di'r un gair wrthyf i hyd oni ddywedaf i wrthyt ti. Fy nghyffes i Dduw," ebe ef, "os na wnei hynny ni fyddi di'n ddi-gosb."

"Fe wnaf i hyd fy ngallu ynghylch hynny, arglwydd," ebe hi, "yn ôl dy orchymyn di."

Teithiasant hwy yn eu blaenau i goedwig, a gadawsant y goedwig a dod i wastatir mawr. Ac yng nghanol y gwastatir yr oedd byrgoed trwchus, dyrys. A gwelent dri marchog yn dod atynt ohono yn gyflawn o feirch ac arfau amdanynt hyd y llawr ac am eu meirch. Dyma a wnaeth y forwyn, edrych yn graff arnynt ; a phan ddaethant yn agos, dyma'r ymddiddan a glywai ganddynt :

"Dyma dro da inni," ebe hwy, "pedwar march a phedair arfwisg yn ddiymdrech ac er gwaetha'r marchog llipa acw fe gawn hwy'n rhad. A bydd y forwyn hefyd yn ein meddiant."

"Y mae hynny'n wir," ebe hi, "y mae'r gŵr yn lluddedig wedi ymryson â'r marchogion gynnau. Dial Duw arnaf oni rybuddiaf ef," ebe hi.

Ac arhosodd y forwyn am Geraint hyd onid oedd yn agos ati.

"Arglwydd," ebe hi, "oni chlywi di ymddiddan y gwŷr acw amdanat ?"

"Beth yw hynny ?" ebe ef.

"Y maent yn dweud ymhlith ei gilydd y cânt hyn o ysbail yn rhad."

"Rhyngof a Duw," ebe ef, "mwy o boen imi na'r hyn a ddywed y gwŷr yw na thewi di imi ac na chedwi fy ngorchymyn."

"Arglwydd," ebe hi, "y mae gennyf i ofal rhag dy gael yn ddiarwybod."

"Taw bellach am hynny, nid yw dy ymgeledd yn ddim gennyf."

Ac ar hynny gostyngodd un o'r marchogion wayw a chyrchu Geraint ac ymosod arno'n llwyddiannus, debygai ef. Cymerodd Geraint yr ymosodiad yn esgeulus a'i daro heibio a wnaeth ; a'i gyrchu yntau ac ymosod arno'n union yn ei berfedd, a chan ergyd y gŵr a'r march, ni thyciodd amlder ei arfau hyd onid oedd pen y wayw allan a darn o'r waywffon drwyddo a hyd onid oedd yntau hyd ei fraich a'i waywffon tros grwper ei farch i'r llawr. Daeth y ddau farchog arall bob yn ail ac ni bu eu cyrch hwy'n well na'r llall. Yr oedd y forwyn yn ofidus yn sefyll ac yn edrych ar hynny, ar y naill law o dybio y câi Geraint ei frifo yn ymdaro â'r gwŷr ac ar y llaw arall gan lawenydd o'i weld yntau'n trechu. Yna fe ddisgynnodd Geraint ac fe rwymodd y tair arfwisg yn y tri chyfrwy ac fe glymodd ffrwynau'r meirch ynghyd hyd onid oedd ganddo saith march yna i gyd. Ac esgynnodd ar ei farch ei hun a gorchymyn i'r forwyn yrru'r meirch.

"Ac nid yw'n well imi ddweud wrthyt ti na thewi," ebe ef, "gan na wnei di yn ôl fy nghyfarwyddyd."

"Gwnaf, arglwydd, hyd y gallaf," ebe hi, "heblaw na allaf gelu rhagot y geiriau creulon a chwerw a glywaf yn dy gylch, arglwydd, gan dylwythau estron sy'n teithio diffeithwch fel y rhai hynny."

"Rhyngof a Duw," ebe ef, "nid yw dy ymgeledd yn ddim gennyf. Taw bellach."

"Fe wnaf, arglwydd, hyd y gallaf."

A theithiodd y forwyn rhagddi a'r meirch o'i blaen, a chadwodd ei phellter. Ac o'r prysgwydd y dywedwyd amdanynt uchod gynnau fe deithiasant wastatir teg, aruchel, agored, hardd ac uchel iawn. Ac ymhell oddi wrthynt fe welent hwy goed ac ar wahân i weld y cwr agosaf atynt, ni welent wedi hynny na chwr na therfyn i'r coed. A daethant hwy tua'r coed ac fe welent hwy bum marchog dewr eu bryd a chadarn o gorff yn dod o'r coed ar feirch rhyfel nerthol a chadarn, praff eu hesgyrn, yn dihysbyddu'r maes, llydan eu ffroen a dewr, a dogn helaeth o arfau am y gwŷr ac am y meirch. Ac wedi iddynt i gyd ddod yn agos dyma'r ymddiddan a glywai Enid gan y marchogion :

"Wele dro da inni'n rhad ac yn ddiymdrech," ebe hwy, "y meirch a'r arfau hyn oll a gawn ni a'r wraig hefyd, er yr un marchog lliprynnaidd, trwsgl, digalon acw."

Gofidiodd y forwyn yn fawr o glywed ymadroddion y gwŷr fel na wyddai beth yn y byd a wnâi. Ac o'r diwedd fe benderfynodd rybuddio Geraint, a throdd ben y march ato.

"Arglwydd," ebe hi, "pe clywit ti ymddiddan y marchogion acw fel y clywais i, byddai dy ofal yn fwy nag y mae."

Chwarddodd Geraint yn sur-ddicllon ac yn chwerw-greulon, a dweud :

"Fe'th glywaf di," ebe ef, "yn torri popeth a waharddaf iti ac efallai y bydd hynny'n edifar gennyt ti eto."

Ac yn y fan, wele'r gwŷr yn cyfarfod â hwy, ac ymosododd Geraint ar y pum gŵr yn fuddugol a gorfoleddus. A rhoddodd y pump arfwisg yn y pum cyfrwy a chlymodd ffrwynau'r deuddeg march ynghyd a gorchmynnodd hwy i ofal Enid.

"Ac ni wn i," ebe ef, "pa les yw imi dy orchymyn, ond yr un tro hwn, fel y bo'n rhybudd iti, fe'th orchmynnaf di."

A theithiodd y forwyn yn ei blaen i'r coed gan gadw ei phellter fel yr archodd Geraint iddi. A buasai'n flin ganddo edrych ar drafferth gymaint â honno gyda'r meirch ar forwyn gystal â hi, pe gadawai dicter iddo. A chyrchasant y goedwig, a choedwig ddofn ac eang oedd hi. A daeth y nos arnynt yn y goedwig.

"Forwyn," ebe ef, "ni thâl inni geisio teithio."

"Ie, arglwydd," ebe hi, "fe wnawn ni'r hyn a fynni di."

"Y peth gorau inni," ebe ef, "yw troi i'r coed i orffwys ac aros y dydd i deithio."

"Gwnawn yn llawen," ebe hi.

A hynny a wnaethant. A disgynnodd ef a'i chymryd hithau i'r llawr.

"Ni allaf er dim," ebe ef, "na chysgaf gan flinder. A gwylia dithau'r meirch a phaid â chysgu."

"Fe wnaf, arglwydd," ebe hi.

A chysgodd yntau yn ei arfau. A'r nos a aeth heibio gan nad oedd yn hir yr adeg honno. A phan welodd hi oleuni'r wawrddydd yn ymddangos fe edrychodd o'i hamgylch i weld a oedd ef ar ddeffro, ac ar hynny, yr oedd ef yn deffro.

"Arglwydd," ebe hi, "yr oeddwn am dy ddihuno di ers meitin."

Tawodd yntau gan ddicter wrthi hi gan nad ofynnodd iddi siarad. A chododd yntau a dweud wrthi hi,

"Cymer y meirch," ebe ef, "a theithia yn dy flaen. A chadw dy bellter fel y'i cedwaist ddoe."

Ac wedi cyfnod o'r dydd gadawsant y goedwig a dod i faestir agored iawn, ac yr oedd gweirgloddiau ar y naill ochr iddynt a phladurwyr yn lladd y gweirgloddiau. A daethant yn eu blaenau at afon, a gwyrodd y meirch ac yfasant y dŵr a dringasant o'r afon i riw uchel iawn. Ac yna y cyfarfu â hwy lanc ieuanc main a thywel am ei wddf, a gwelent becyn yn y tywel ac ni wyddent hwy beth oedd, a phiser glas bychan yn ei law a ffiol ar wyneb y piser. A chyfarch gwell a wnaeth y gwas i Geraint.

"Duw a fyddo'n dda wrthyt," ebe Geraint, "ac o ble y doi di ?"

"Fe ddof," ebe yntau, "o'r ddinas sydd o'th flaen yna. Arglwydd," ebe yntau, "a fyddai'n ddrwg gennyt ti imi ofyn o ble y doi dithau ?"

"Na fyddai," ebe yntau, "fe ddeuthum drwy'r goedwig acw."

"Nid heddiw y daethost ti drwy'r goedwig."

"Nage," ebe yntau, "fe fûm yn y goedwig neithiwr."

"Fe debygaf i," ebe yntau, "na fu dy amgylchiadau'n dda yno neithiwr ac na chefaist na bwyd na diod."

"Naddo, rhyngof a Duw," ebe yntau.

"A gymeri di fy nghyngor i ?" ebe'r llanc, "—cymryd dy ginio gyda mi."

"Pa fath ginio ?" ebe yntau.

"Borefwyd yr oeddwn yn ei anfon i'r pladurwyr acw, sef bara a chig a gwin, ac os mynni di, wrda, ni chânt hwy ddim."

"Mynnaf," ebe yntau, "a Duw a ad-dalo iti."

A disgynnodd Geraint a chymerodd y llanc y forwyn i'r llawr. Ac ymolchi a wnaethant a chymryd eu cinio, a thorrodd y llanc y bara yn dafellau ac fe roddodd ddiod iddynt a gwasanaethodd arnynt yn llwyr. Ac wedi iddynt ddarfod hynny fe gododd y llanc ac fe ddywedodd wrth Geraint,

"Arglwydd, gyda'th ganiatâd, fe af fi i gyrchu bwyd i'r pladurwyr."

"Dos i'r dref yn gyntaf," ebe Geraint "a sicrhâ lety imi yn y lle gorau a wyddost, ac ehangaf i'r meirch. A chymer dithau," ebe ef, "yr un march a fynni a'i arfau gydag ef yn dâl am dy wasanaeth a'th fwyd."

"Duw a ad-dalo iti," ebe'r llanc, "byddai hynny'n ddigon o dâl am wasanaeth mwy na'r un a roddais i."

Ac aeth y llanc i'r dref a sicrhaodd y lletty gorau a mwyaf esmwyth y gwyddai amdano yn y dref. Ac wedi hynny fe aeth i'r llys, a'i farch a'i arfau gydag ef, a daeth i'r lle yr oedd yr iarll a dweud ei hanes i gyd wrtho.

"Ac fe af fi, arglwydd, i gyfarfod y marchog ac i fynegi iddo am ei lety," ebe ef.

"Dos yn llawen," ebe yntau, "a chaiff ef groeso yma, os mynn hynny, yn llawen."

A daeth y llanc i gyfarfod â Geraint a dweud wrtho y câi groeso gan yr iarll yn ei lys ei hun. Ac ni fynnodd ef ond mynd i'w lety ei hun. A chafodd ystafell esmwyth a digon o wellt a dillad ynddi a lle eang, esmwyth i'w feirch, a pharodd y llanc ddarpariaeth helaeth iddynt. Ac wedi iddynt ddiarfogi fe ddywedodd Geraint wrth Enid,

"Dos di," ebe ef, "i ben draw'r ystafell a phaid â dod i'r pen hwn o'r tŷ ; a galw atat wraig y tŷ os mynni."

"Fe wnaf i, arglwydd," ebe hi, "fel y dywedi."

Ac ar hynny fe ddaeth gŵr y tŷ at Geraint a'i groesawu ganddo.

"Unben," ebe ef, "a fwyteaist ti dy ginio ?"

"Do," ebe yntau.

Ac yna fe ddywedodd y llanc wrtho,

"A fynni di," ebe ef, "ddiod neu rywbeth cyn imi fynd i ymweld â'r iarll ?"

"Mynnaf, ar fy ngwir," ebe yntau.

Ac yna fe aeth y llanc i'r dref ac fe ddaeth â diod iddynt ; a chymerasant ddiod. Ac yn union wedi hynny fe ddywedodd Geraint,

"Ni allaf i lai na chysgu," ebe ef.

"Ie," ebe'r llanc, "tra fyddi di'n cysgu fe af fi i ymweld â'r iarll."

"Dos yn llawen," ebe yntau, "a thyrd yma pan ofynnais iti ddod."

A chysgodd Geraint a chysgodd Enid.

A daeth y llanc i'r lle yr oedd yr iarll a gofynnodd yr iarll iddo ble'r oedd lety'r marchog ; fe ddywedodd yntau,

"Ac y mae'n rhaid imi," ebe ef, "fynd i wasanaethu arno ef yn awr."

"Dos," ebe yntau, "a chyfarch ef drosof i a dywed wrtho yr af i ymweld ag ef yn y man."

"Fe wnaf i," ebe yntau.

A daeth y llanc pan oedd yn amser iddynt ddeffro. A chodasant a theithio. A phan fu'n amser iddynt gymryd eu bwyd fe'i cymerasant ; a bu'r llanc yn gwasanaethu arnynt. A gofynnodd Geraint i ŵr y tŷ a oedd ganddo gyfeillion y dymunai eu gwahodd ato.

"Oes," ebe yntau.

"Dwg dithau hwy yma i gymryd eu digoni o'r pethau gorau a geir ar werth yn y dref ar fy nghost i."

Fe ddug gŵr y tŷ y llu gorau a oedd ganddo yno i gael ei ddigoni ar gost Geraint.

Ar hynny, wele'r iarll yn dod i ymweld â Geraint gyda deuddeng marchog urddol. A chododd Geraint a'i groesawu.

"Duw a fyddo'n dda wrthyt," ebe'r iarll.

Aeth pawb i eistedd fel yr hawliai ei anrhydedd. Ac ymddiddanodd yr iarll â Geraint, a gofyn iddo ar ba fath daith yr oedd.

"Nid oes gennyf i fwriad," ebe ef, "ond edrych am helyntion a chyflawni ymgyrchoedd a fyddo'n dda gennyf."

Dyma a wnaeth yr iarll wedyn, edrych yn graff a diwyro ar Enid. Ac yr oedd yn sicr ganddo na welsai erioed forwyn decach na thlysach na hi, a rhoddodd ei fryd a'i feddwl arni. A gofynnodd i Geraint,

"A gaf i ganiatâd gennyt ti i fynd at y forwyn acw i ymddiddan â hi ? Fe'i gwelaf fel petai wedi ei hysgaru oddi wrthyt ?"

"Cei yn llawen," ebe ef.

A daeth yntau i'r lle yr oedd y forwyn a dweud wrthi,

"Forwyn," ebe ef, "nid yw'n bleserus iti ar y daith hon gyda'r gŵr acw."

"Nid amhleserus gennyf i," ebe hi, "deithio'n awr y ffordd y teithia yntau."

"Ni chei," ebe yntau, "na gweision na morynion a'th wasanaetho."

"Ie," ebe hi, "y mae'n fwy pleserus gennyf fi ddilyn y gŵr acw na phe cawn weision a morynion."

"Mae gennyf gyngor da iti," ebe yntau, "fe roddaf fy iarllaeth dan dy lywodraeth, ac aros di gyda mi."

"Na wnaf, rhyngof a Duw," ebe hi. "I'r gŵr acw y rhoddais fy llw yn gyntaf erioed ac ni fyddaf i'n anwadal tuag ato."

"Yr wyt yn gwneud cam," ebe yntau. "Os lladdaf fi'r gŵr acw fe'th gaf di tra mynnaf : a phan na fydd arnaf dy eisiau fe'th yrraf ymaith. Os o'th wirfodd y gwnei dithau hyn er fy mwyn i, fe fydd cytundeb tragwyddol diwahân rhyngom ni tra fôm byw."

Meddyliodd hithau am a ddywedodd ef ac fe benderfynodd yn ei meddwl fod yn feiddgar tuag ato am a archodd.

"Dyma sydd orau iti, unben," ebe hi, "rhag imi gael fy nghyhuddo'n ormodol o aniweirdeb : dod yma yfory i'm cymryd fel pe na bawn yn gwybod dim am hynny."

"Fe wnaf i hynny," ebe ef.

Ac ar hynny fe gododd a derbyn caniatâd ymadael a mynd ymaith, ef a'i wŷr. Ac yna ni ddywedodd hi wrth Geraint ddim o ymddiddan y gŵr â hi rhag i lid neu bryder neu aflonyddwch gyniwair ynddo. Ac aethant i gysgu mewn iawn bryd.

A chysgodd hi ychydig ar ddechrau'r nos. A deffrôdd am hanner nos a pharatoi arfau Geraint i gyd fel y byddent yn barod iddo eu gwisgo. Ac yn ofnus ac mewn dychryn y daeth hi i ymyl gwely Geraint, ac yn dawel a thyner fe ddywedodd wrtho,

"Arglwydd," ebe hi, "deffro ac ymarfoga. A dyma ymddiddan yr iarll â mi, arglwydd, a'i feddwl yn fy nghylch," ebe hi ac adroddodd ei holl ymddiddan wrth Geraint. Ac er ei fod ef yn llidiog wrthi hi fe dderbyniodd y rhybudd ac fe ymarfogodd. Ac wedi iddi gynnau cannwyll yn oleuni iddo ef wrth wisgo,

"Gâd y gannwyll yna," ebe ef, "a gofyn i ŵr y tŷ ddod yma." Aeth hithau a daeth gŵr y tŷ ato. Ac yna gofynnodd Geraint iddo,

"A wyddost ti faint sy'n ddyledus iti ?"

"Fe dybiaf i, wrda, mai ychydig sydd yn ddyledus gennyt ti," ebe ef.

"Beth bynnag yn awr sy'n ddyledus iti, cymer yr un march ar ddeg a'r un arfwisg ar ddeg."

"Duw a ad-dalo iti, arglwydd," ebe ef, "ond ni threuliais i arnat ti werth un o'r arfwisgoedd."

"Pa wahaniaeth ?" ebe yntau. "Fe fyddi di'n gyfoethocach. Ŵr," ebe ef, "a ddoi di'n arweinydd imi allan o'r dref ?"

"Dof," ebe yntau, "yn llawen. Ac i ba gyfeiriad y mae dy fwriad dithau ?"

"Fe fynnaf fynd i'r cyfeiriad arall i'r fan y deuthum i'r dref." Hebryngodd gŵr y llety ef hyd nad oedd angen ei hebrwng ymhellach. Ac yna fe archodd ef i'r forwyn fynd ymlaen ychydig bellter ac aeth hithau a theithiodd yn ei blaen.

A daeth y lletywr adref. Ac ni wnaeth ond dod i'r tŷ, wele'r twrw mwyaf a glywsai neb yn dod tua'r tŷ. A phan edrychodd allan, wele, fe welai bedwar ugain marchog cyflawn o arfau o gwmpas y tŷ, ac yr oedd yr Iarll Dwnn ar eu blaen.

"Ble mae'r marchog a oedd yma ?" ebe'r iarll.

"Myn dy law di," ebe ef, "y mae ef bellter oddi yma, ac fe aeth oddi yma ers meitin."

"Pam, y cnaf," ebe yntau, "y gadewaist ti iddo fynd heb fynegi hynny i mi ?"

"Arglwydd," ebe yntau, "ni orchmynnaist ti ef i mi : pe baet wedi ei orchymyn ni fuaswn wedi gadael iddo."

"I ba gyfeiriad," ebe yntau, "y tebygi di iddo fynd ?"

"Ni wn," ebe yntau, "ond iddo deithio'r ffordd fawr."

Troesant bennau eu meirch i'r ffordd fawr a gwelsant olion y meirch, a chanlyn yr olion a dod i'r briffordd fawr. Dyma a wnâi'r forwyn, edrych yn ei hôl pan welodd oleuni'r dydd ac fe welai darth a niwl mawr o'i hôl, ac fe'i gwelai yn nes, nes ati. A phryderodd hi am hynny gan debygu bod yr iarll a'i lu yn dod ar eu hôl. Ac ar hynny fe welai hi farchog yn ymddangos o'r niwl.

"Ar fy llw," ebe hi, "fe'i rhybuddiaf er iddo fy lladd. Y mae'n well gennyf i fy lladd gan ei law ef na gweld ei ladd ef heb ei rybuddio."

"Arglwydd," ebe hi, "oni weli di'r gŵr yn dy gyrchu a llawer o wŷr eraill gydag ef ?"

"Gwelaf," ebe yntau, "ac er cymaint y gostegir di, ni thewi di byth. Nid yw'r eiddot yn ddim rhybudd i mi a thaw wrthyf."

A throdd ar y marchog a'i daro i'r llawr o dan draed ei farch gyda'r ergyd gyntaf. A thra parhaodd un o'r pedwar marchog ar hugain fe drawodd pob un ohonynt ar yr ergyd gyntaf. A daethant ato o orau i orau, ac eithrio'r iarll : a daeth yr iarll ato yn ddiwethaf oll a thorri paladr a thorri'r ail. Dyma a

wnaeth Geraint yntau, troi arno ac ergydio â gwaywffon ar
ganol ei darian hyd oni holltodd y darian a hyd oni thorrodd
yr holl arfau yn y cyfeiriad hwnnw a hyd onid oedd yntau
dros grwper ei farch i'r llawr a hyd onid oedd ei fywyd mewn
perygl. A nesaodd Geraint ato a dadebrodd yr iarll gan sŵn y
march.

"Arglwydd," ebe ef wrth Geraint, "dy nawdd !"

A rhoddodd Geraint nawdd iddo. A chan galeted y ddaear
lle y taflwyd y gwŷr ac mor nerthol yr ergydion a gawsant, nid
aeth yr un ohonynt heb gwymp angheuol, chwerw, tost, clwyf-
edig, aml-gleisiog gan Geraint.

A theithiodd Geraint yn ei flaen ar y briffordd yr oedd arni,
a chadwodd y forwyn ei phellter. Ac yna yn agos atynt fe
welent hwy'r dyffryn tecaf a welsai neb erioed ac afon lydan
ar hyd y dyffryn. A gwelent bont ar yr afon a'r briffordd yn
dod at y bont, ac uwchlaw'r bont, o'r tu draw i'r afon, fe
welent hwy'r dref gastellog decaf a welsai neb erioed. Ac fel
y cyrchai ef y bont fe welai ŵr yn dod tuag ato trwy brysg-
wydd bychain, tew ar farch mawr, uchel, gwastad ei symudiad,
balch, hywedd.

"Farchog," ebe Geraint, "o ble y doi di ?"

"Fe ddof," ebe yntau, "o'r dyffryn isod."

"Ŵr," ebe Geraint, "a ddywedi di wrthyf i pwy biau'r
dyffryn teg hwn a'r dref gastellog acw ?"

"Dywedaf yn llawen," ebe yntau, "Gwiffred Petit y geilw'r
Ffrancod ef, a'r Brenin Bychan y geilw'r Cymry ef."

"Ai at y bont acw," ebe Geraint, "yr af i, ac ar y briffordd
isaf o dan y dref ?"

"Paid â mynd," ebe'r marchog, "ar ei dir ef o'r tu draw i'r
bont oni fynni di gyfarfod ag ef, oherwydd ei hynodrwydd yw
na ddaw marchog ar ei dir ef na fynn ef gyfarfod ag ef."

"Rhyngof a Duw," ebe Geraint, "er hwnnw, fe deithiaf fi'r
ffordd."

"Y mae'n fwyaf tebyg gennyf fi," ebe'r marchog, "y cei
gywilydd a gwarth os gwnei felly'n awr."

Teithiodd Geraint y ffordd fel oedd ei fwriad cyn hynny,
yn dra llidiog, ddig-awyddus. Ac nid y ffordd a gyrchai'r
dref o'r bont a deithiodd Geraint ond y ffordd a gyrchai i
gefn y tir caled, trumiog, aruchel, y gellid tremio ymhell ohono.

Ac fel yr oedd yn teithio felly fe welai farchog o'i hôl ar farch rhyfel cadarn, praff, cyflym ei gamau, llydan o garn, eang ei fron. Ac ni welsai erioed ŵr llai nag a welai ar y march, a helaethrwydd o arfau amdano ac am ei farch. A phan oddiweddodd â Geraint fe ddywedodd wrtho :

"Dywed, unben," ebe ef, "ai o anfoesgarwch ai ynteu o ryfyg y ceisi di imi golli fy mraint a thorri fy hynodrwydd ?"

"Nage," ebe Geraint, "ni wyddwn i fod y ffordd ynghau i neb."

"Gan na wyddit," ebe yntau, "tyrd gyda mi i'm llys i dalu iawn imi."

"Na wnaf, ar fy llw," ebe yntau, "nid awn i lys dy arglwydd os nad Arthur yw dy arglwydd."

"Myn llaw Arthur yn awr," ebe ef, "fe fynnaf i iawn gennyt ti neu fe gaf innau boen ddirfawr gennyt ti."

Ac ymgyrchasant yn ddi-oed, a daeth yswain iddo ef i'w wasanaethu â phicelli fel y torrent. A rhoddai'r ddau ohonynt ergydion caled, creulon i'w gilydd hyd oni chollodd y tarianau eu holl liw. Ac yr oedd yn gas gan Geraint ymladd ag ef gan mor fychan oedd ef a chan mor anodd oedd craffu arno, a chan galeted yr ergydion a roddai yntau. Ac ni flinasant hwy ar hynny hyd oni syrthiodd y meirch ar eu gliniau. Ac yn y diwedd fe drawodd Geraint ef dros ei ben i'r llawr. Ac yna fe aethant i ymladd ar eu traed, a rhoddai'r naill ohonynt i'r llall ergydion cas a chyflym, llym a chaled, cadarn a chwerw, a thyllu eu helmau a thorri'r penwisg ac ysigo'r arfau a wnaethant hyd onid oedd eu llygaid yn colli eu goleuni gan y chwys a'r gwaed. Ac yn y diwedd llidiodd Geraint a galw ei nerthoedd ato, a dyrchafodd ei gleddyf yn llidiog-galed, cyflym a sydyn, creulon a chadarn, a'i daro ar wastad ei ben â dyrnod galed, angheuol, garw-wenwynig, a chwerwboenus hyd oni thorrodd holl arfau ei ben a'r croen a'r cig a hyd onid oedd clwyf ar yr asgwrn a hyd onid oedd ei gleddyf o law y Brenin Bychan ym mhen eithaf y maes oddi wrtho. Ac yna archodd nawdd a thrugaredd Geraint, er mwyn Duw.

"Fe gei di nawdd," ebe Geraint, "ond ni fu dy foes yn dda ac ni fuost yn deg. O ddod yn gyfaill imi, nad ei i'm herbyn eilwaith, ac os clywi fod cyfyngder arnaf, iti ei esmwytho."

"Fe gei di hynny'n llawen, arglwydd." A chymerodd ei lw

ar hynny. "A thithau arglwydd," ebe ef, "a ddoi di gyda mi i'm llys acw i fwrw dy ludded a'th flinder oddi arnat ?"

"Nac af, rhyngof a Duw," ebe yntau.

Ac yna edrychodd Gwiffred Petit ar Enid lle yr oedd a bu'n flin ganddo weld gymaint poen ar un mor fonheddig â hi. Ac yna dywedodd wrth Geraint,

"Arglwydd," ebe ef, "yr wyt yn gwneud cam na chymeri ymgeledd ac esmwythder. Ac os bydd i galedi gyfarfod â thi yn y cyflwr hwn ni bydd yn hawdd iti ei drechu."

Ni fynnodd Geraint ond teithio yn ei flaen, ac esgyn ar ei farch yn waedlyd, anesmwyth ; a chadwodd y forwyn ei phellter.

A theithiasant hwy tua choedwig a welent bellter oddi wrthynt. Ac yr oedd y gwres yn fawr a'r arfau'n glynu wrth ei gnawd oherwydd y chwys a'r gwaed. Ac wedi iddynt ddod i'r goedwig, safasant o dan goeden i ochel rhag y tes ; a theimlai yntau'r dolur yn fwy yno na phan gawsai ef. A safodd y forwyn o dan goeden arall. Ac ar hynny fe glywent hwy gyrn a sŵn ymgynnull. Dyma'r ystyr a oedd i hynny : yr oedd Arthur a'i lu yn disgyn oddi ar eu meirch yn y goedwig. Dyma a wnaeth yntau, meddwl pa ffordd yr âi i'w hosgoi hwy. Ac ar hynny, wele ŵr ar droed yn ei ddarganfod. Dyma pwy oedd yna, gwas y distain, a daeth at y distain a dweud iddo weld y fath ŵr ag a welsai yn y goedwig. Dyma a wnaeth y distain wedyn, peri cyfrwyo ei farch a chymryd ei waywffon a'i darian a dod i'r lle yr oedd Geraint.

"Farchog," ebe ef, "beth a wnei di yna ?"

"Sefyll dan goeden gysgodol a gochel rhag y poethder a'r tes."

"Ar ba daith yr wyt a phwy wyt ti ?"

"Edrych am anturiaethau a theithio'r ffordd y mynnaf."

"Ie," ebe Cai, "tyrd di gyda mi i ymweld ag Arthur sydd yn agos yma."

"Na wnaf, rhyngof a Duw," ebe Geraint yntau.

"Fe fydd yn rhaid iti ddod," ebe Cai.

A Geraint a adwaenai Cai ond nid adwaenai Cai Geraint. Ac ymosododd Cai arno fel y gallodd ef orau. A llidiodd Geraint a'i wanu â charn ei waywffon hyd onid oedd dros ei ben ar y llawr, ond ni fynnai wneud dim gwaeth iddo na hynny. A chododd Cai yn wyllt, ofnus ac esgyn ar ei farch a dod i'w lety. Ac oddi yna aeth yn ei flaen i babell Gwalchmai.

"Ŵr," ebe ef wrth Walchmai, "fe glywaf gan un o'r gweision i farchog briwedig ac arfau tlawd iawn amdano gael ei weld yn y goedwig uchod. Ac os gwnei yn iawn fe ei di i edrych a yw hynny'n wir."

"Ni waeth gennyf i fynd," ebe Gwalchmai.

"Cymer dy farch yn awr," ebe Cai, "a pheth o'th arfau : fe glywaf i nad yw ef yn fwyn wrth y sawl a ddêl ato."

Cymerodd Gwalchmai ei waywffon a'i darian ac esgynnodd ar ei farch a daeth i'r lle yr oedd Geraint.

"Farchog," ebe ef, "ar ba daith yr wyt ti ?"

"Teithio ynglŷn â'm negesau ac i chwilio am anturiaethau."

"A ddywedi di pwy wyt ti, neu a ddoi i ymweld ag Arthur sydd yn agos yma ?"

"Ni ddywedaf i wrthyt ti pwy ydwyf ac nid af i ymweld ag Arthur," ebe ef.

Ac fe adwaenai ef Gwalchmai ond nid Gwalchmai ef.

"Ni chlywir amdanaf fyth," ebe Gwalchmai, "imi dy adael i fynd oddi wrthyf hyd oni wn pwy wyt ti."

A'i gyrchu â gwaywffon ac ymosod arno yn ei darian hyd onid oedd ei bicell yn ysig, doredig, a'r meirch dalcen yn nhalcen.

Ac yna edrychodd arno'n graff a'i adnabod.

"Och, Geraint," ebe ef, "ai tydi sydd yma ?"

"Nid Geraint wyf i," ebe ef.

"Geraint, rhyngof a Duw," ebe yntau, "taith annoeth, druenus yw hon."

Ac edrychodd o'i amgylch a darganfod Enid, a'i chyfarch a bod yn groesawus wrthi.

"Geraint," ebe Gwalchmai, "tyrd i ymweld ag Arthur : dy arglwydd ydyw a'th gefnder."

"Nid af," ebe yntau, "nid wyf i mewn cyflwr i allu ymweld â neb."

Ac ar hynny, wele un o'r llanciau ieuainc yn dod ar ôl Gwalchmai i siarad. Dyma a wnaeth Gwalchmai, anfon hwnnw i fynegi i Arthur fod Geraint yno yn glwyfedig ac na ddôi i ymweld ag ef, ac yr oedd yn druenus edrych ar y cyflwr

yr oedd ynddo ; a hynny heb yn wybod i Geraint ac yn sib-
rydiad rhyngddo a'r llanc ieuanc.

"A gofyn i Arthur," ebe ef, "i nesáu ei babell at y ffordd gan
na ddaw ef i ymweld ag ef o'i wirfodd ac nad yw'n hawdd ei
orfodi yntau yn yr agwedd y mae ynddi."

A daeth y llanc ieuanc at Arthur a dywedodd hynny wrtho.
A symudodd yntau ei babell i ymyl y ffordd.

Ac yna fe lawenhaodd bryd y forwyn, a denodd Gwalchmai
Geraint ar hyd y ffordd i'r lle yr oedd Arthur yn gwersyllu
a'i lanciau ieuainc yn gosod pabell ar ochr y ffordd.

"Arglwydd," ebe Geraint, "henffych well."

"Duw a fyddo'n dda wrthyt," ebe Arthur, "a phwy wyt ti ?"

"Geraint yw hwn," ebe Gwalchmai, "ac ni fynnai ymweld
â thi o'i wirfodd heddiw."

"Ie," ebe Arthur, "y mae wedi ei gam-gynghori."

Ac ar hynny daeth Enid i'r lle yr oedd Arthur a chyfarch
gwell iddo.

"Duw a fyddo'n dda wrthyt," ebe Arthur. "Cynorthwyed
rhywun hi i'r ddaear."

A chynorthwyodd un o'r llanciau ieuainc hi.

"Och, Enid," ebe ef, "pa daith yw hon ?"

"Ni wn, arglwydd," ebe hi, "heblaw bod yn rhaid imi dei-
thio'r ffordd y teithia yntau."

"Arglwydd," ebe Geraint, "fe awn ni ymaith, gyda'th
ganiatâd."

"I ble y bydd hynny ?" ebe Arthur. "Ni elli di fynd yr awron
oni bai dy fod yn mynd i gyflawni dy angau."

"Ni adawai ef imi," ebe Gwalchmai, "ei wahodd i aros."

"Fe ganiatâ hynny i mi," ebe Arthur, "ac yn ogystal â
hynny, nid aiff ef oddi yma hyd oni fyddo'n iach."

"Byddai'n well gennyf i, arglwydd," ebe Geraint, "pe gad-
ewit imi fynd ymaith."

"Ni adawaf, rhyngof a Duw," ebe yntau.

Ac yna fe drefnodd i alw morwyn ar gyfer Enid i'w dwyn i
babell ystafell Gwenhwyfar. A bu Gwenhwyfar a'r gwragedd
oll yn groesawus wrthi ; a thynnu ei gwisg marchogaeth oddi
amdani a rhoi gwisg arall amdani. A galwodd ar Gadyriaith
a gofyn iddo godi pabell i Geraint a'i feddygon, a phwyso arno
beri bod digonedd o bob peth fel y gofynnid iddo. A gwnaeth

Cadyriaith hynny i gyd fel y gofynnwyd iddo. A dygodd
Morgan Tud a'i ddisgyblion at Geraint.

A bu Arthur a'i lu yno am yn agos i fis yn meddyginiaethu
Geraint. A phan oedd cnawd Geraint yn gryf fe ddaeth at
Arthur a gofynnodd ganiatâd i fynd i'w hynt.

"Ni wn i a wyt ti'n hollol iach eto."

"Ydwyf, yn wir, arglwydd," ebe Geraint.

"Nid ti a goeliaf ynghylch hynny ond y meddygon a fu
gyda thi."

A galwodd y meddygon ato a gofyn iddynt a oedd hynny'n
wir.

"Y mae'n wir," ebe Morgan Tud.

Drannoeth, fe ganiataodd Arthur iddo fynd ymaith ac fe
aeth yntau i orffen ei hynt ; ac aeth Arthur oddi yno y dydd
hwnnw.

Ac archodd Geraint i Enid deithio ymlaen a chadw ei phell-
ter fel y gwnaethai cyn hynny. A theithiodd hi a dilynodd y
briffordd. Ac fel yr oeddent felly fe glywent hwy yn agos atynt
y sgrech fwyaf croch yn y byd.

"Aros di yma," ebe ef, "a disgwyl. Ac fe af fi i chwilio ystyr
y sgrech."

"Fe wnaf fi," ebe hi.

Ac aeth yntau a dod i lannerch a oedd yn agos i'r ffordd ac yn
y llannerch fe welai ddau farch, un â chyfrwy gŵr arno ac un
arall â chyfrwy gwraig arno, a marchog yn farw a'i arfau
amdano ; ac uwchben y marchog fe welai forwynig ieuanc â'i
gwisg marchogaeth amdani ac yn sgrechian.

"Unbennes," ebe Geraint, "pa beth a ddigwyddodd iti ?"

"Yr oeddwn i'n teithio yma, fi a'r gŵr a garwn fwyaf, ac ar
hynny fe ddaeth tri chawr o gewri atom, a heb gyfiawnder yn
y byd fe'i lladdasant ef."

"Pa ffordd yr aent hwy ?" ebe Geraint.

"Ar y ffordd fawr yna," ebe hi.

Daeth yntau at Enid.

"Dos," ebe ef, "at yr unbennes sydd yna isod ac aros amdanaf
yno, os dof i."

Yr oedd yn flin ganddi iddo orchymyn hynny iddi, ond er
hynny daeth at y forwyn ac yr oedd yn druenus gwrando arni.
Ac yr oedd yn sicr ganddi na ddeuai Geraint fyth.

Aeth yntau ar ôl y cewri a goddiweddodd hwy. Ac yr oedd pob un ohonynt yn fwy na thri o wŷr ac yr oedd pastwn mawr ar ysgwydd pob un ohonynt. Dyma a wnaeth yntau, rhuthro ar un ohonynt a'i wanu â gwaywffon trwy ei ganol a thynnu ei waywffon o hwnnw a gwanu un arall ohonynt trwyddo yn ogystal. A disgynnodd y trydydd arno ac a'i trawodd â phastwn hyd oni holltodd ei darian a hyd onid ataliodd ei ysgwydd yntau yr ergyd a hyd onid ymagorodd ei holl glwyfau yntau a hyd onid oedd ei waed yn llifo i gyd. Dyma a wnaeth yntau yna, tynnu cleddyf a'i gyrchu ef a'i daro ag ergyd dost, lem, erchyll, angerddol galed ar ganol ei ben hyd oni holltodd ei ben a'i war hyd ei ddwy ysgwydd a hyd oni syrthiodd yntau'n farw ; a gadawodd ef felly yn farw a dod i'r lle yr oedd Enid. A phan welodd ef Enid fe syrthiodd oddi ar ei farch i'r ddaear yn farw.

Rhoddodd Enid sgrech aruthr, uchel iawn, chwerw ac aflafar, a dod uwch ei ben i'r lle y syrthiodd. Ac ar hynny, wele Iarll Limwris a'r llu a oedd gydag ef yn teithio'r ffordd, yn dod o glywed y sgrech. Ac fe ddaethant ar draws y ffordd oherwydd y sgrech. Ac yna dywedodd yr Iarll wrth Enid,

"Unbennes," ebe ef, "pa beth a ddigwyddodd iti ?"

"Wrda," ebe hi, "fe laddwyd yr un dyn a gerais i fwyaf erioed, ac a garaf fyth."

"Pa beth," ebe ef wrth y llall, "a ddigwyddodd i tithau ?"

"Fe laddwyd y gŵr a garwn innau fwyaf hefyd," ebe hi.

"Pa beth a'u lladdodd hwy ?" ebe ef.

"Y cewri," ebe honno, "a laddodd y gŵr a garwn fwyaf a'r marchog arall a aeth ar eu hôl," ebe hi. "Ac fel y gweli di ef y daeth oddi wrthynt a'i waed yn llifo y tu hwnt i fesur. Ac y mae'n debyg gennyf," ebe hi, "na ddaeth oddi wrthynt heb ladd naill ai rai ohonynt neu'r cwbl."

Parodd yr Iarll gladdu'r marchog a adawsid yn farw : tebygai yntau fod peth o'r bywyd yn dal o fewn Geraint ac fe barodd ei ddwyn gydag ef yn hafn ei darian ac ar elor i weld a fyddai byw. A daeth y ddwy forwyn i'r llys.

Ac wedi iddynt ddod i'r llys fe roddwyd Geraint fel ag yr oedd ar yr elor, ar ben bwrdd a oedd yn y neuadd. Diarfogodd pawb ohonynt ac archodd yr Iarll i Enid ddadwisgo a chymryd gwisg arall amdani.

"Ni fynnaf, rhyngof a Duw," ebe hi.

"Unbennes," ebe yntau, "paid ti â bod mor drist â hynny."

"Anodd iawn yw fy nghynghori ynglŷn â hynny," ebe hi.

"Fe wnaf â thi," ebe yntau, "fel na raid iti fod yn drist beth bynnag a fo'r marchog acw, ai byw ai marw. Y mae yma iarllaeth dda : fe gei di honno dan dy lywodraeth a minnau gyda hi," ebe ef, "a bydd yn llawen, ddiddan bellach."

"Ni fyddaf yn llawen, cyffesaf i Dduw," ebe hi, "tra fwyf byw bellach."

"Tyrd i fwyta," ebe ef.

"Na wnaf, rhyngof a Duw," ebe hi.

"Fe ddoi di, rhyngof a Duw," ebe yntau, a'i dwyn gydag ef o'i hanfodd at y bwrdd a gorchymyn iddi yn aml i fwyta.

"Ni fwytâf, cyffesaf i Dduw," ebe hi, "hyd oni fwytao'r gŵr sydd ar yr elor acw."

"Ni elli di gadw'r addewid honno," ebe'r Iarll. "Mae'r gŵr acw bron yn farw."

"Fe brofaf i y gellir," ebe hi.

Dyma a wnaeth yntau, cynnig ffiolaid iddi hi.

"Yf y ffiolaid hon," ebe yntau, "ac fe newidia dy synnwyr."

"Gwarth arnaf," ebe hi, "os yfaf i ddiod hyd onid yfo yntau."

"Ie," ebe'r Iarll, "ni thâl yn well imi fod yn gwrtais wrthyt ti nac yn anghwrtais."

A rhoddodd fonclust iddi. Dyma a wnaeth hithau, rhoi sgrech fawr, chwerw, aruchel ac yna cwyno'n fwy o lawer na chyn hynny, a daeth i'w meddwl, pe bai byw Geraint, na roddid bonclust iddi felly. Dyma a wnaeth Geraint yna, dadebru o glywed datseinio'r sgrech a chodi ar ei eistedd a chael ei gleddyf yn hafn y darian a rhuthro i'r lle yr oedd yr Iarll a'i daro ag ergyd lem, nerthol, garw-wenwynig, fer a chadarn, ar ganol ei ben hyd oni holltodd yntau a hyd onid ataliwyd y cleddyf gan y bwrdd. Dyma a wnaeth pawb wedyn, gadael y byrddau a ffoi allan. Ac nid ofn y gŵr byw a oedd arnynt fwyaf ond gweld y gŵr marw yn codi i'w lladd. Ac yna edrychodd Geraint ar Enid a daeth dau ddolur drosto : un ohonynt o weld Enid wedi colli ei lliw a'i gwedd, a'r ail ohonynt o wybod ohono yna ei bod hi yn yr iawn.

"Arglwyddes," ebe ef, "a wyddost ti ble mae ein meirch ni ?"

"Fe wn i," ebe hi, "ble'r aeth yr eiddot ti ond ni wn i ble'r aeth y llall. Fe aeth dy farch di i'r tŷ acw."

Daeth yntau i'r tŷ ac fe dynnodd ei farch allan ac esgynnodd arno, a chymryd Enid oddi ar y llawr a'i rhoi rhyngddo a bwa blaen y cyfrwy, a theithio yn ei flaen ymaith.

Ac fel yr oeddynt yn teithio felly rhwng dau glawdd a'r nos yn trechu'r dydd, wele, yno rhyngddynt a'r ffurfafen fe welent bicelli gwaywffon o'u hôl, a chlywent dwrw meirch a dadwrdd llu.

"Fe glywaf fi rai'n dilyn," ebe ef, "ac fe'th roddaf di dros y clawdd."

Ac fe'i rhoddodd. Ac ar hynny, wele farchog yn cyrchu ato yntau ac yn gostwng ei waywffon. A phan welodd hi hynny fe ddywedodd :

"Unben," ebe hi, "pa glod a gei di o ladd gŵr marw, pwy bynnag fyddo ?"

"Och, Dduw," ebe yntau, "ai Geraint yw ef ?"

"Ie, rhyngof a Duw," ebe hi, "a phwy wyt tithau ?"

"Myfi yw'r Brenin Bychan," ebe yntau, "yn dod yn gymorth iti o glywed bod gofid arnat. A phe baet wedi cyflawni fy nghyngor ni fuasai'r caledi a ddigwyddodd iti wedi digwydd."

"Ni ellir gwneud dim," ebe Geraint, "ond fel y mynno Duw. Fe ddaw llawer o dda," ebe yntau, "o gyngor."

"Ie," ebe'r Brenin Bychan, "fe wn i am gyngor da iti'n awr : dod gyda mi i lys brawd-yng-nghyfraith imi sydd gerllaw yma iti gael dy feddyginiaethu gyda'r gorau o'r hyn a geir yn y deyrnas."

"Awn, yn llawen," ebe Geraint.

A rhoddwyd march un o ysweiniaid y Brenin Bychan i Enid fynd arno. A daethant rhagddynt i lys y barwn a rhoddwyd croeso iddynt yno a chawsant ymgeledd a gwasanaeth. A'r bore trannoeth fe aed i chwilio am feddygon, a chafwyd y meddygon. Ac fe ddaethant hwy ar fyr o dro a buwyd yn meddyginiaethu Geraint yna hyd onid oedd yn holliach. A thra buwyd yn ei feddyginiaethu ef fe drefnodd y Brenin Bychan i drwsio ei arfau hyd onid oeddynt gystal ag y buasent ar eu gorau erioed. A buont yno am bythefnos a mis.

Ac yna fe ddywedodd y Brenin Bychan wrth Geraint :

"Fe awn ni tua'm llys innau yn awr i orffwys ac i fod yn esmwyth."

"Pe byddai'n dda gennyt ti," ebe Geraint, "fe deithiem ni un dydd arall ac wedyn dychwelyd drachefn."

"Yn llawen," ebe'r Brenin Bychan, "teithia dithau."

A theithiasant yn ieuenctid y dydd, a theithiodd Enid gyda hwy y dydd hwnnw yn fwy dedwydd a llawen nag erioed. A daethant hwy i ffordd fawr ac fe'u gwelent yn gwahanu'r ddwy. A gwelent hwy deithiwr yn dod i'w cyfarfod ar hyd y naill ohonynt. A gofynnodd Gwiffred i'r teithiwr o ble y deuai.

"Fe ddof," ebe yntau, "o gyflawni negesau yn y wlad."

"Dywed," ebe Geraint, "pa ffordd o'r ddwy hyn sydd orau imi ei theithio ?"

"Honno yw'r orau iti i'w theithio," ebe ef. "Os ei ar hon, ni ddoi yn dy ôl fyth. Isod," ebe ef, "y mae clawdd niwl ac y mae chwaraeon lledrithiol yn hwnnw, a chynifer dyn ag a aeth yno ni ddaeth fyth yn ei ôl. Ac y mae llys yr Iarll Owain yno ac ni chaniatâ i neb letya yn y dref heblaw'r rhai a ddaw ato i'w lys."

"Rhyngof a Duw," ebe Geraint, "fe awn ni i'r ffordd isod." A daethant ar hyd honno hyd oni ddaethant i'r dref, a chymerasant lety yn y lle mwyaf dymunol a hyfryd ganddynt yn y dref.

Ac fel yr oeddynt felly, wele was ieuanc yn dod atynt ac yn cyfarch gwell iddynt.

"Duw a fyddo'n dda wrthyt," ebe hwy.

"Wyrda," ebe ef, "pa fwriad sydd gennych chwi yma ?"

"Cymryd llety," ebe hwythau, "ac aros heno."

"Nid yw'n arfer gan y gŵr biau'r dref ganiatáu i neb letya ynddi a fo'n wŷr bonheddig ar wahân i'r rhai a ddaw ato ef ei hun i'r llys. A dowch chwithau i'r llys."

"Awn yn llawen," ebe Geraint.

Ac aethant gyda'r gwas ieuanc a chawsant groeso yn y llys, a daeth yr iarll i'r neuadd i'w cyfarfod ac fe archodd baratoi'r byrddau. Ac ymolchi a wnaethant a mynd i eistedd. Dyma fel yr eisteddasant, yr oedd Geraint ar y naill ochr i'r Iarll ac Enid ar yr ochr arall. Yn nesaf at Enid yr oedd y Brenin Bychan, wedyn yr Iarlles yn agosaf at Geraint, ac wedi hynny, pawb fel y gweddai iddynt.

Ac ar hynny meddyliodd Geraint am y chwarae, a thybio na châi ef fynd i'r chwarae a pheidio â bwyta o achos hynny. Dyma a wnaeth yr Iarll, edrych ar Geraint a meddwl a thybio mai oherwydd mynd i'r chwarae yr oedd yn peidio â bwyta ac yr oedd yn ddrwg ganddo iddo erioed greu'r chwaraeon hynny pe bai ond rhag colli llanc cystal â Geraint. A phed archai Geraint iddo beidio â'r chwarae hwnnw fe beidiai ag ef yn llawen am byth. Ac yna fe ddywedodd yr Iarll wrth Geraint :

"Beth sydd ar dy feddwl di, unben, fel na fwytei di ? Os wyt ti'n petruso rhag mynd i'r chwarae fe gei di beidio â mynd ac ni chaiff undyn fyth fynd yno er anrhydedd i tithau."

"Duw a ad-dalo iti," ebe Geraint, "ond ni fynnaf i ond mynd i'r chwarae a'm cyfarwyddo iddo."

"Os hynny sydd orau gennyt fe gei di hynny'n llawen."

"Gorau yn wir," ebe yntau.

A bwytasant a chawsant ddigonedd o wasanaeth a seigiau niferus a lluosogrwydd o wirodydd.

A phan ddarfu'r bwyta, codasant, a galwodd Geraint am ei farch a'i arfau ac ymarfogodd ei hun a'i farch. A daeth yr holl luoedd hyd onid oeddent yn ymyl y clawdd. Ac nid oedd y clawdd a welent yn is na'r man uchaf a welent yn yr awyr. Ac ar wahân i ddau bolyn yr oedd pen gŵr ar bob polyn a welent yn y cae ac yr oedd y polion yn niferus iawn yn y clawdd a thrwyddo. Ac yna fe ddywedodd y Brenin Bychan :

"A gaiff unrhyw un fynd gyda'r unben heblaw ef ei hunan ?"

"Na chaiff," ebe'r Iarll Owain.

"I ba gyfeiriad," ebe Geraint, "yr eir yma ?"

"Ni wn i," ebe Owain, "ond dos di yn y cyfeiriad sydd hawsaf gennyt fynd."

Ac aeth Geraint rhagddo i'r niwl yn eofn, ddibetrus. A phan adawodd y niwl fe ddaeth i berllan fawr, a gwelai lannerch yn y berllan ac yn y llannerch fe welai babell sidanwe a'i brig yn goch, a gwelai fynediad y babell yn agored. Ac yr oedd afallen gyferbyn â mynediad y babell ac yr oedd corn canu mawr ar gangen o'r afallen. Ac yna disgynnodd yntau a dod i mewn i'r babell. Ac nid oedd yn y babell ond un forwyn yn eistedd mewn cadair euraid a chadair arall gyferbyn â hi yn wag. Dyma a wnaeth Geraint, eistedd yn y gadair wag.

"Unben," ebe'r forwyn, "ni chynghoraf i iti eistedd yn y gadair yna."

"Pam ?" ebe Geraint.

"Ni oddefodd y gŵr biau'r gadair yna i arall eistedd yn y gadair."

"Ni waeth gennyf i," ebe Geraint, "er bod yn gas ganddo ef i neb eistedd yn ei gadair."

Ac ar hynny fe glywent hwy dwrw mawr yn ymyl y babell. Ac edrychodd Geraint beth oedd ystyr y twrw ac fe welai farchog oddi allan ar farch rhyfel ffroenlydan, dewr, mawr ei awydd a phraff ei esgyrn, a mantell ddau hanner amdano ac am ei farch a lluosogrwydd o arfau o dan honno.

"Dywed, unben," ebe ef wrth Geraint, "pwy a ofynnodd iti eistedd yna ?"

"Fy hunan," ebe yntau.

"Yr oedd yn anghyfiawn iti wneud cymaint cywilydd a gwaradwydd â hynny imi. A chyfod di bellach i wneud iawn i mi am dy anfoesgarwch dy hun."

A chododd Geraint ac aethant i ymladd yn ddi-oed. A thorasant gyfres o bicelli, a thorri'r ail gyfres, a thorri'r drydedd gyfres a rhoddai'r naill a'r llall ohonynt ergydion chwerw a chaled, nerthol a chadarn i'w gilydd. Ac yn y diwedd llidiodd Geraint a sbarduno ei farch a'i gyrchu ac ymosod arno ar ganol ei darian hyd oni holltodd a hyd onid oedd blaen y waywffon yn ei arfau a hyd oni thorrodd yr holl genglau a hyd onid oedd yntau dros grwper ei farch i'r ddaear hyd gwaywffon Geraint a hyd ei fraich tros ei ben, ac yna tynnu cleddyf yn gyflym gan fwriadu torri'r pen.

"Och, arglwydd," ebe yntau, "dy nawdd ac fe gei di'r hyn a fynni."

"Ni fynnaf fi," ebe yntau, "ond na fyddo yma fyth y chwarae hwn na'r clawdd niwl na'r hud na'r lledrith a fu."

"Fe gei di hynny'n llawen, arglwydd."

"Pâr dithau," ebe ef, "i'r niwl fynd ymaith o'r lle."

"Cân di'r corn acw," ebe ef, "a'r funud y ceni di ef fe â'r niwl ymaith. Ac oni fyddai i farchog a'm trechai i ei ganu nid âi'r niwl fyth oddi yma."

Ac yr oedd Enid yn drist a phryderus yn y lle yr oedd oherwydd ei gofal am Geraint. Ac yna daeth Geraint a chanu'r

corn a'r funud y rhoddodd ef un llef arno fe aeth y niwl ymaith.
A daeth y llu ynghyd a heddychwyd pawb ohonynt â'i gilydd.
Ac fe wahoddodd yr Iarll Geraint a'r Brenin Bychan y nos
honno. A'r bore trannoeth fe wahanasant ac fe aeth Geraint
tua'i deyrnas ei hun ac fe'i llywodraethodd o hynny allan yn
llwyddiannus, ef a'i allu milwrol, a'i wychder yn parhau gyda
chlod ac edmygedd iddo ef ac i Enid o hynny allan.

GEIRFA

bacsen (bacsau)	hen hosanau.
banw	porchell.
bêr (berau)	fforch gig, sgiwer.
botasen	esgid uchel.
broch	mochyn daear.
bwcran	defnydd cotwm.
celwrn	ystên.
cerwyn	casgen, twba.
creu	twlc mochyn, (e.e. Creuwrion).
cyfranc	stori antur, chwedl.
cynnydd (tir)	tir wedi ei ennill drwy goncwest ac felly'n cynyddu'r deyrnas.
delysg	math o fwyd môr, gwymon.
distain	goruchwyliwr, stiward.
gwledig	brenin, tywysog, (e.e. Macsen Wledig).
gwyddbwyll	nid fel y'i chwaraeir heddiw, ond gêm fwrdd a ymdebygai i helfa.
gwyrda	pendefigion.
hem (hemau)	hoelion dur.
Lleu Llaw Gyffes	yn llythrennol "yr un â gwallt golau a llaw sydyn."
meichiad	ceidwad moch.
muchudd	carreg ddu, jet.
noe	cafn tylino.
rhagynys	ynys gyfagos.
serig	math arbennig o sidan.
swrcot	côt uchaf, gwisg allanol.
syndal	defnydd main.
tryfer	fforch dridant.
unben (nes)	arglwydd(es).
ysbytywr	perchennog gwesty.

237